西方马克思主义概论（第二版）

XIFANG MAKESI ZHUYI GAILUN

衣俊卿 著

北京大学出版社
PEKING UNIVERSITY PRESS

图书在版编目(CIP)数据

西方马克思主义概论/衣俊卿著. —2 版. —北京：北京大学出版社，2019.8
（博雅大学堂·哲学）
ISBN 978-7-301-30659-8

Ⅰ.①西… Ⅱ.①衣… Ⅲ.①西方马克思主义—高等学校—教材 Ⅳ.①B089.1

中国版本图书馆 CIP 数据核字（2019）第 170114 号

书　　名	西方马克思主义概论（第二版） XIFANG MAKESI ZHUYI GAILUN（DI-ER BAN）
著作责任者	衣俊卿　著
责任编辑	艾　英
标准书号	ISBN 978-7-301-30659-8
出版发行	北京大学出版社
地　　址	北京市海淀区成府路 205 号　100871
网　　址	http://www.pup.cn　新浪微博：@北京大学出版社
电子邮箱	编辑部 wsz@pup.cn　总编室 zpup@pup.cn
电　　话	邮购部 010-62752015　发行部 010-62750672 编辑部 010-62756467
印刷者	三河市北燕印装有限公司
经销者	新华书店
	965 毫米×1300 毫米　16 开本　26.25 印张　445 千字 2008 年 8 月第 1 版 2019 年 8 月第 2 版　2025 年 1 月第 7 次印刷
定　　价	79.00 元

未经许可，不得以任何方式复制或抄袭本书之部分或全部内容。
版权所有，侵权必究
举报电话 010-62752024；电子邮箱：fd@pup.cn
图书如有印装质量问题，请与出版部联系，电话：010-62756370

目 录

导 论 …………………………………………………… (1)

第一章 卢卡奇的物化理论和辩证法思想 ………… (15)
一、物化和物化意识 ………………………………… (17)
二、总体性原则和主客体统一的辩证法 ………… (28)
三、阶级意识与意识革命 ………………………… (35)

第二章 科尔施的马克思主义观 ………………… (47)
一、"哲学转折"与总体性原则 …………………… (49)
二、马克思主义发展三阶段论 …………………… (58)

第三章 葛兰西的市民社会理论和实践哲学构想 …… (67)
一、市民社会与西方革命观 ……………………… (69)
二、实践哲学构想 ………………………………… (81)

第四章 布洛赫的乌托邦精神论和希望哲学 ……… (91)
一、丰厚的思想资源 ……………………………… (93)
二、乌托邦精神与"尚未存在"本体论 …………… (102)
三、希望:人的本质性生存结构 ………………… (109)

第五章 霍克海默和阿多诺的社会批判理论 …… (122)
一、批判的社会理论 ……………………………… (126)
二、启蒙的辩证法 ………………………………… (133)
三、否定的辩证法 ………………………………… (154)

第六章 马尔库塞和弗洛姆的性格结构批判理论 …… (171)
一、技术统治与单向度的人 …………………… (173)
二、压抑性的心理机制 ………………………… (184)

三、"逃避自由"的心理机制 …………………（196）
四、非生产性(非创造性)的性格结构 …………（207）
五、重占有的生存方式………………………………（216）

第七章 哈贝马斯的交往行为理论 …………………（226）
一、作为"意识形态"的技术与科学 ……………（227）
二、交往行为的合理化………………………………（240）
三、交往行为理论的社会哲学和政治
　　哲学维度 ………………………………………（251）

第八章 萨特的存在主义马克思主义 ………………（266）
一、存在哲学的自由理论……………………………（267）
二、存在主义与马克思主义的结合…………………（280）

第九章 阿尔都塞的结构主义马克思主义 …………（308）
一、结构主义马克思主义的方法论…………………（309）
二、从意识形态到科学：马克思思想
　　进程中的"认识论断裂" ……………………（319）
三、"多元决定"的辩证法 …………………………（330）

**第十章 列斐伏尔的日常生活批判和
　　　　都市革命思想** ……………………………（342）
一、马克思人道主义的系统阐释……………………（344）
二、日常生活批判的理论范式和
　　基本理论框架…………………………………（357）
三、都市社会背景下的日常生活批判………………（376）

结　语 ………………………………………………（394）

主要参考文献 ………………………………………（411）
第一版后记 …………………………………………（416）
第二版后记 …………………………………………（418）

导 论

如果我们以20世纪之始为分界线,可以把马克思主义迄今为止的演进历程划分为两大阶段,即19世纪的马克思主义和20世纪的马克思主义。比较一下就会发现,这两个时代的马克思主义呈现出不同的存在格局。一般说来,19世纪的马克思主义以马克思和恩格斯的思想为基本内涵,对它的界定不会产生很大的歧义;而在20世纪的历史条件下,则出现了各种导源于马克思和恩格斯学说的马克思主义理论并存的格局。具体说来,进入20世纪后,马克思主义经历了深刻的分化。一方面,它同当代哲学、社会学等领域的其他理论成果交汇形成了众多马克思主义流派;另一方面,它被运用于不同地区的实际革命进程,由此而导致了不同的马克思主义实践模型,即社会主义模式。这样,20世纪马克思主义的表述形态便呈现出多样化的格局。

20世纪马克思主义表述形态的多样化格局给我们把握马克思主义增加了一定的难度。这些自称的或公认的马克思主义有着共同的理论源泉(即马克思和恩格斯的思想)和共同的终极目标(即人的自由和人类解放),但又提出一些彼此之间相去甚远的理论原则和革命策略,以至于成为不同类型的,甚至相互冲突的马克思主义。尽管有这些问题,我们还是应当以积极的态度来对待20世纪马克思主义表述形态多样化这一事实。从人类文化和精神的演进机制来看,多样性与自我分化体现了人类思维的创造性,是十分积极的现象。面对新的历史条件,面对新的解释者和阐述者,唯有那些富有内在创造力与生命力的理论才可能通过解释、修正、重建、分化以形成多样化格局,并在多样化中展示其生命力与更高层次上的内在统一性;而不具备这种创生力和再生力的理论则只能寿终正寝,变为历史的陈迹。众所周知,马克思主义是以"使现存世界革命化"和实现人类解放为宗旨的,富有极强实践性的革命的和批判的理论,要求这样一种富有创造性的理论在历史的沉浮中始终固守一种形态,无异于宣布它的终结。实际上,一方面,马克思主义不是绝对真理的封闭体系，不能不同体现在当代哲学社会科学等领域中的人类思维成果交汇；另一方面，它不是人类未来的预言者，而是现实历史进程的参与者，因而不可能不经历自身形态的变化。

在20世纪多样化的马克思主义理论表述形态和实践表述形态中，不仅有长期在社会主义国家中占主导地位的马克思主义，而且包括西方马克思主义、东欧新马克思主义、欧洲共产主义、民主社会主义，等等。其中，西方马克思主义由于对西方发达资本主义社会展开最激烈批判而在20世纪的人类思想中产生了重大的影响。一般说来，西方马克思主义，由于在许多方面提出了很多不同于传统马克思主义教科书的理解，也被称为"新马克思主义"，主要包括：以卢卡奇（György Lukács, 1885—1971）、科尔施（Karl Korsch, 又译柯尔施, 1886—1961）、葛兰西（Antonio Gramsci, 1891—1937）和布洛赫（Ernst Bloch, 1885—1977）等人为代表的在20世纪二三十年代就开始形成的非正统马克思主义；发端于30年代，在60年代达到高峰的，以霍克海默（Max Horkheimer, 1893—1973）、阿多诺（Theodor Adorno, 1903—1969）、马尔库塞（Herbert Marcuse, 1898—1979）、弗洛姆（Erich Fromm, 1900—1980）、哈贝马斯（Jurgen Habermas, 1929—　）等人为核心的法兰克福学派；萨特（Jean-Paul Sartre, 1905—1980）的存在主义马克思主义；意大利理论家德拉-沃尔佩（Galvano Della-Volpe, 1895—1968）和科莱蒂（Lucio Colletti, 1924—2001）的实证主义马克思主义，法国哲学家阿尔都塞（Louis Althusser, 1918—1990）的结构主义马克思主义；赖希（Welhelm Reich, 1897—1957）的弗洛伊德主义马克思主义；列斐伏尔（Henri Lefebvre, 1901—1991）的日常生活批判；等等。西方马克思主义的不同流派和思想家之间存在很多差异，其中科学主义马克思主义同人道主义马克思主义直接处于对立之中。但是，在这些流派和思想家的努力中不难看到一些共同的趋向：他们都坚持马克思哲学的彻底的批判精神，并努力使马克思的思想成为发达资本主义的深刻的、具有活力的批判精神。而且，西方马克思主义对发达资本主义的批判涉及的范围十分广泛，如意识形态批判、技术理性批判、大众文化批判、性格结构与心理机制批判、现代国家批判、现代性批判等。

因此，深入了解西方马克思主义的主要理论观点，不但有助于我们在现时代从多重角度理解马克思学说的本质精神和理论价值，而且有助于我们对20世纪人类历史和人类文化进程的深入理解，因为，西方马克思主义的各种批判理论，从一个侧面折射了20世纪人类历史和人类文化演进中的各种矛盾与冲突。

一、西方马克思主义兴起的理论原因

具体说来,我们可以把西方马克思主义兴起的理论原因划分为两个方面:一是内在的理论根据,二是外在的理论原因。这里所说的内在的理论根据主要指马克思主义理论本身的进展状况,主要体现为马克思前后期思想的差别性,不同的马克思主义理论家从不同的视角出发对马克思不同阶段、不同层面的思想进行取舍,并对马克思主义作了不同的阐释和重建,由此而出现了众多的新马克思主义流派。而外在的理论原因则是指与马克思主义并存的各种理论学说和思潮的外在影响,其中特别要提及的是现代人本主义思潮和科学主义思潮对20世纪马克思主义的进展及分化的影响。这双重理论背景都十分重要。正因为西方马克思主义流派同其他马克思主义学说分化的深层理论根据在于马克思主义理论本身,所以我们将这些西方马克思主义流派置于20世纪马克思主义分化的总体格局中加以把握;同时,正因为从这一分化中产生出的许多理论流派的理论观点呈现出与马克思主义之外的其他理论学说相交汇的特点,所以,我们习惯称这些流派为"新马克思主义",以区别于原有的马克思主义理论体系。

第一,西方马克思主义兴起的内在理论原因。对于西方马克思主义兴起的理论原因,首先应当从马克思主义本身的发展和演化的角度来思考,因为,各种西方马克思主义流派都是从马克思主义的经典著作,主要是马克思和恩格斯的著作中寻找自己的理论根据。

在20世纪的马克思主义争论中,一直存在着一个比较敏感的话题,即关于"青年马克思"和"老年马克思"的争议,在很长时期内,人们大多强调马克思的后期思想是他的成熟观点,而随着马克思早期著作和手稿的陆续问世,一些研究者开始关注马克思早期的异化理论和实践哲学,强调这些思想构成了马克思思想的本质。

我们一般习惯于把从马克思的博士论文到他与恩格斯合写的《共产党宣言》这一段思想历程作为马克思的早期思想。在这一历程中,有几个主要的环节,代表着马克思早期思想演进的逻辑。(1)自由理性和自我意识的至上性。在写作博士论文期间,马克思从青年黑格尔派的立场出发,强调自由理性和自我意识的神圣性和至上性,试图凭借自我意识所具有的批判性和革命性,实现"世界的哲学化"和"哲学的世界化",以达到变革现存世界的目标。(2)市民社会决定国家。从自由理性和自我意识立场出发,《莱茵报》时期的马克思开始了对现实社会问题的批判。为了解答物质利益和客观关系等问题所引起的思想困惑,马克思研讨了黑格尔的法哲学。在这里,马克思得出了一个重要结论:现实的社会运动并非像黑格尔所断言的那样,是国家决定市民社会,而是相反,代表着现实物质关系的市民社会决定着国家。(3)以人本身(人的活动)为主题的异化理论和实践学说。马克思并未停留于市民社会决定国家这一命题。在他的视野中,市民社会并不是人类存在的终极基础,并不是我们可以非批判地接受下来的价值实体,相反,在现实中,以私有制和阶级对立为标志的市民社会自身经历着不可克服的矛盾和分裂。而造成市民社会自我分裂的根源则在于人的活动,即人的实践走向了异化。在这种意义上,人的实践活动构成人的现实世界的基础,只有扬弃了人的劳动的异化,即扬弃了人的自我异化,才可能从根本上铲除私有制和阶级对立,从而恢复人的实践的自由自觉的和创造性的本质,实现人的自由和解放。马克思关于异化理论和实践哲学的构想集中体现在他的《1844年经济学哲学手稿》《关于费尔巴哈的提纲》和《德意志意识形态》之中。(4)以生产力与生产关系、经济基础与上层建筑的矛盾运动为内涵的唯物史观。1847—1848年间,面对正在迫近的欧洲革命,马克思开始设计具体的革命方略,以期在现实中实现人的解放。而为了这一目的,马克思开始在其关于人的本质和人的存在的基本理论(异化理论和实践学说)的基础上,形成一种可操作的实践性革命理论,从现实的社会矛盾运动中揭示出扬弃异化和实现人的解放的条件。这一理论探索的结果便是马克思在《哲学的贫困》和《共产党宣言》中所阐述的以生产力决定生产关系、经济基础决定上层建筑的原理为基本内涵的唯物史观。

把握上述四个思想环节,对于我们理解西方马克思主义的兴起具有重要的意义。如果我们在深层次上、从总体上把握这四个思想环节,可以看出,马克思早期思想的演进体现出一种深刻的理论逻辑。但是,如果人们停留在思想表面,不对这几个环节加以总体性的把握,那么,这四个思想环节完全有可能彼此分离地导致对马克思学说的不同诠释,例如,重视异化理论和实践学说的人可能提出一种对马克思学说的人本主义解释,而固守唯物史观的人则可能强调某种对马克思学说的自然主义或实证主义的解释。

有一个历史事实促使人们对马克思学说的多种解释由可能变为现实,这就是集中表述马克思的异化理论和实践哲学的三部著作,即《1844年经济学哲学手稿》《关于费尔巴哈的提纲》和《德意志意识形态》,它们在马克思的有生之年由于各种原因均未发表,因此而不为19世纪的人们所知。这样一来,在19世纪理论家的视野中,并没有马克思的异化理论和实践学说这一思想环节,换言之,那时人们对马克思学说的解释是从"市民社会决定国家"这一命题直接过渡到唯物史观的"经济基础决定上层建筑"这一命题。因此,19世纪人们对马克思学说的解释在主要之点上是一致的,都强调马克思关于社会存在决定社会意识、经济基础决定上层建筑的思想,而很少注意到马克思学说中的人本主义因素。

而20世纪的情况则有所不同。继恩格斯于19世纪末发表了马克思《关于费尔巴哈的提纲》之后,《德意志意识形态》和《1844年经济学哲学手稿》于20世纪20年代末和30年代初得以问世。马克思的市民社会理论和唯物史观之间的一个思想环节,即异化理论和实践哲学的重新发现使得人们对马克思学说的解释开始出现分歧。依旧坚持从唯物史观出发去理解马克思学说的人们,往往把异化理论和实践学说视作马克思早期不成熟的理论,而具有人本主义倾向的一些思想家则坚持认为,青年马克思的异化理论和实践学说是马克思最富创造性的思想,在20世纪依旧具有重要的价值和意义。这就引发了著名的关于"青年马克思"和"老年马克思"的争论。

可以断言,无论"青年马克思"和"老年马克思"之间是否真的存在着如此大的差异,这一争论本身都成为20世纪马克思主义分化的内在理论根据,同时也是西方马克思主义兴起的重要理论原因。这是因为,假如没有马克思的异化理论和实践学说这一思想环节的重新发现,尽管20世纪的理论家们依旧可以表述自己的人本主义立场,却没有理由将自己的学说冠以"马克思主义"。而从现实的历史进程来看,20世纪的西方马克思主义,特别是人本主义西方马克思主义流派的兴起,的确与马克思的异化理论和实践学说的影响直接相关。例如,卢卡奇的主客体统一的辩证法、葛兰西的实践哲学、布洛赫的希望哲学、法兰克福学派的社会批判理论、萨特的存在主义马克思主义、列斐伏尔的日常生活批判,等等,均是在马克思的异化理论的基础之上所形成的现代文化批判理论。

第二,西方马克思主义兴起的外在理论原因。应当说,20世纪西方哲学的发展,对西方马克思主义的兴起也产生了重要的影响。

众所周知,由马克思和恩格斯开创的马克思主义不是一种纯学院式的学术理论,而是一种具有很强的实践性的社会批判理论。这一实践理论由于其对人之存在的终极关切和对社会历史进程的自觉介入而不可能使自身封闭在纯理念的学术王国中,不可能远离时代的文化精神冲突而自足地发展,它必然以开放的理论视野与同时代的各种文化思潮和理论学说相交汇或交锋,并在影响同时代的其他理论和文化思潮的前提下,也经历着自身的改变、分化或进展。

在过去相当长的一段时期,社会主义国家的意识形态界和理论界流行着一种十分有影响的说法:马克思主义哲学的产生代表着人类思想史上最伟大的革命,它终结了一切旧哲学,并使得在它之后所产生的一切新哲学和新学说都不可能具有创造性和进步性,而只能具有保守、落后,甚至腐朽、反动的本质特征。从这样一种基点出发,人们把马克思主义当作穷尽了一切真理的封闭的理论体系,从不相信在同时代的其他理论学说中也可能包含着某种新意,更不相信马克思主义会在同这些理论学说的交锋中受到影响,或在与之交汇中有某些受益。

然而,历史现实和历史进程在实际上宣告了上述观念的褊狭和保守。冷静地分析一下人类的历史进程就会发现,人类的前行无论遇到多少挫折,在总体上都循着一条越来越走向自觉的路径。到了近现代,由于工业文明及其市场经济所造成的人类普遍交往和共同的世界历史进程,人类的创造性得到空前的展示,人类的精神王国不再是亚里士多德式或黑格尔式的某几位集大成者独白的舞台,而变成众多智慧头脑争相对话的、群星璀璨的思想天空。在这样一种背景下,马克思的学说以最深刻的方式揭示着人类实践所内含的创造本性,并形成了最具创造性和变革性的理论,但它并没有截断人类精神不断超越的开放历程,并没有剥夺其他思想家在不同方面的创造权。从这样一种宽广的理论视野出发,我们发现,19世纪40年代,就在马克思致力于创造自己的理论学说并在历史进程中产生重要影响时,另外两位重要的思想家也在使自己的理论学说从不同侧面介入人类思想历程,并对19世纪下半叶和20世纪人类精神的演化格局产生重要的影响。这两位思想家便是德国的叔本华(Arthur Schopenhauer,1788—1860)和法国的孔德(Auguste Comte,1798—1857)。叔本华的哲学开启了现代西方人本主义思潮,而孔德的学说则开始了现代西方实证主义或科学主义思潮。众所周知,直到今天,这两种思潮依旧构成当代哲学的主要内涵。

叔本华的生存意志论突破了传统理性主义的视界,把世界和人的本质界定为意志,由此被人们称为非理性主义。应当指出,他的唯意志论在哲学发展史上的独特性不只是表现在从理性向非理性的转折,更为重要的是,他继承了康德哲学的"哥白尼革命"的思路,把哲学的目光从外在世界转向人的存在本身,从而把人的本质与人的存在问题变为哲学的核心问题,这样一来,叔本华唯意志论在哲学史上的地位是开启了现代人本主义思潮。与叔本华同时代的丹麦哲学家克尔凯郭尔（Soren Kierkegaard，1813—1855）以"孤独个体"为主题,揭示了现代人的生存困境。叔本华之后的德国哲学家尼采（Friedrich Nietzsche，1844—1900）则通过权力意志论以更加震撼人心的方式展示出现代文明的危机和人的异化的生存状态。到了20世纪,经过胡塞尔现象学在方法论上的创新,发端于叔本华、克尔凯郭尔和尼采的现代人本主义思潮就通过一场声势浩大的存在主义运动而成为当代哲学中最有影响的趋势之一。海德格尔（Martin Heidegger，1889—1976）、萨特、雅斯贝尔斯（Karl Theodor Jaspers，1883—1969）、加缪（Albert Camus，1913—1960）、梅洛-庞蒂（Maurice Merleau-Ponty，1908—1961）等思想家从不同侧面、不同视角把现代人的文化历史困境展示出来,这就使得以人的存在境遇为主题的人本主义不可抗拒地渗透到哲学、文学以及人的意识的各个方面。

而法国哲学家孔德开创的实证主义则从另一个层面深刻地影响着现代思维和现代哲学的发展。实证主义同样试图超越传统理性主义,它尝试着将现代科学的精密的证明程序和实证精神引入哲学思维,从而拒斥传统形而上学的独断性和虚妄性。经过罗素（Bertrand Russell，1872—1970）、维特根斯坦（Ludwig Wittgenstein，1889—1951）、维也纳学派的逻辑实证主义和波普（Karl Popper，1902—1994）、库恩（Thomas Kuhn，1922—1996）等人的科学哲学,实证主义也成为20世纪最有影响的哲学思潮之一。或者换句话说,人本主义和实证主义是马克思主义之外的两种主要思潮,它们的争论反映了20世纪哲学的主要内涵。

19世纪末及20世纪人本主义和实证主义得以兴起并成为两大主导性思潮并非纯粹的学理现象,而是有着深刻的文化和历史原因。现代文化的发展有着内在的悖论。现代工业文明和市场经济开创了一个人类创造性得以充分发挥的时代,尤其是现代科学技术的发展,不仅为人类提供了前所未有的物质财富,而且使人的主体意识、参与意识和创造性得以日渐增强。但是,问题还有另外一面。现代科学技术的自律性发展特征在一定条件下又造成了现代人的普遍异化。意识形态、技术理性、大众文化等都成为消解人的主体性的物化力量。现代实证主义与人本主义的冲突正反映了现代文化和现代人性的自我冲突和对立。实证主义或科学主义思潮在某种意义上是现代科学技术,特别是科学精神和技术理性空前大发展的自觉的理论折射,而人本主义思潮则是对技术世界之中面临着深刻文化困境的现代人的深层生存底蕴的批判与剖析。

现代西方人本主义和科学主义思潮各有其偏颇性和极端之处,但是,由于它们从不同侧面切入到现代人和现代世界的实质性问题,因此它们在某种意义上构成现代哲学和文化的主要流派,同时对于同时代的其他流派与理论学说产生各种各样的影响。稍加分析就会发现,现代人本主义和科学主义思潮的存在及其争论对于20世纪马克思主义的分化也产生了很大的影响,它们构成西方马克思主义兴起的外在理论原因。与这两种思潮的分野和基本格局相对应,西方马克思主义也分为人本主义新马克思主义和科学主义新马克思主义两种主要思潮。一般说来,在第二次世界大战之前,西方马克思主义的主要代表人物,如卢卡奇、布洛赫、科尔施、葛兰西等人均为人本主义新马克思主义者,他们不同程度上受西方人本主义哲学思潮以及韦伯(Max Weber,1864—1920)等人所代表的文化哲学思潮的影响。而在第二次世界大战之后,新马克思主义阵营开始出现分化,形成了以德拉-沃尔佩的实证主义马克思主义和阿尔都塞的结构主义马克思主义为代表的科学主义新马克思主义与人本主义新马克思主义之间的对立或交锋。当然,从总体上看,第二次世界大战之后,人本主义倾向依旧在新马克思主义中占据主导地位,如从存在主义立场重建马克思主义的存在主义马克思主义,以社会批判理论而著称的法兰克福学派等,均属于人本主义新马克思主义思潮。现代人本主义观点同青年马克思的异化理论的结合,构成新马克思主义的主导倾向。

二、西方马克思主义兴起的历史与文化背景

西方马克思主义的兴起不仅有着深刻的理论根据,而且有着现实的文化和历史原因。换言之,西方马克思主义的兴起并非纯粹是理论情趣不同而导致的结果,而是对新的文化和历史背景的新的应答的产物。我们发现,不同的西方马克思主义流派,无论理论观点有多大差异,无论其理论结论是否正确,都有着一个共同的特点,即都试图依据新的历史条件为无产阶级革命运动或人类解放运动制定新的策略,即是说,是20世纪新出现的革命形势、革命条件或人类生存的文化境遇的转变促使一些理论家或政治家重新审视马克思主义的理论观点和革命策略,在新的历史条件下发展了青年马克思的异化理论,或者接受了现代西方人本主义或科学主义思潮的影响,由此而导致各种西方马克思主义流派的产生。

从实际历史进程来看,不同的西方马克思主义流派并不是同时产生的,而是经历了一个生成过程。应当说,西方马克思主义流派的生成过程同20

世纪人类历史的总体变化有直接或间接的关系,可以从20世纪人类文化和历史的大背景入手而加以把握。但是,如果我们更具体地、分阶段地考察马克思主义分化的情形,就会发现,20世纪上半叶和20世纪中叶的西方马克思主义流派产生的文化和历史背景有某些差异。一般说来,20世纪早期的马克思主义者争论的焦点是无产阶级革命的命运问题和革命策略问题,以卢卡奇和葛兰西等人为代表的第一代西方马克思主义者尝试依据新的历史条件去制定新的无产阶级革命战略,由此而完成人类解放的历史使命。而20世纪中期的马克思主义者关注的焦点则是人类普遍的生存境遇,他们试图寻找现代人摆脱普遍的异化或物化的文化困境,实现人的自由和解放的新途径。同早期西方马克思主义者相比,这一时期的西方马克思主义者的视界不再限于无产阶级及其革命运动的范围内,而是拓宽到现代人的生存境遇问题。我们可以从以上两个方面入手,分阶段揭示20世纪西方马克思主义流派兴起的文化和历史背景。

第一,20世纪上半叶早期西方马克思主义的兴起同国际共产主义运动的复杂命运密切相关。第一次世界大战后无产阶级暴力革命运动在不同国家和地区经历了不同的命运,促使一些马克思主义者重新反思传统马克思主义的革命观,开始把注意力从革命的经济基础和政治条件转向革命的文化内涵和总体特征,由此形成了马克思主义中的人本主义思潮,这即是以卢卡奇为代表的早期西方马克思主义。

众所周知,马克思和恩格斯通过对1848—1850年欧洲革命和1871年巴黎公社经验教训的总结,制定了以暴力革命和无产阶级专政为内涵的革命战略。这一无产阶级暴力革命观是建立在马克思和恩格斯的唯物史观基础之上的。按照唯物史观的观点,人类社会的前行主要是由生产力和生产关系、经济基础和上层建筑之间的矛盾所推动的。在阶级社会中,这些矛盾往往带有对抗的性质。当生产力和生产关系的矛盾以对抗和冲突的形式表现出来时,当原有的生产关系已经严重束缚生产力的发展时,现存社会的经济基础就要发生动摇,这种经济危机为新兴阶级和革命阶级的革命提供了客观的条件和形势。在阶级社会中,新兴阶级往往要运用暴力手段打碎旧的国家机器,建立新的政权和新的经济基础,才会使人类社会进入一个新的常规发展时期。无产阶级革命发生于最后一个阶级对抗社会,它只有通过暴力打碎旧的国家机器和建立无产阶级专政,才能实现消灭阶级、实现人类解放的历史使命。这是马克思主义传统革命观的基本内涵,也是国际共产主义运动在相当长的时期内依据的根本原则。

然而,在20世纪初的国际共产主义运动中,这一传统革命观在不同国家和不同地区经历了不同命运。首先是俄国十月革命在实践中首次成功地验证了无产阶级暴力革命观。列宁反对第二国际理论家建立于经济决定论之上的自发革命论,他领导俄国无产阶级利用第一次世界大战期间的经济危机和革命形势,用暴力推翻了原有的旧政权,建立了第一个无产阶级专政的国家。这极大地鼓舞了各国无产阶级的斗志,增强了人们对于无产阶级暴力革命的信念。然而,接下来的国际共产主义运动则提供了一系列无产阶级暴力革命失败的教训。1918—1922年间,在俄国十月革命的鼓舞下,德国、奥地利、意大利、匈牙利等国家和地区相继爆发了以暴力夺取政权为宗旨的无产阶级革命。但是,这些起义和革命却均以失败告终。

如何解释这一反差现象?继续坚持传统革命观、强调革命的经济内涵与政治内涵的马克思主义者一般认为,经济方面和政治方面革命形势尚不成熟或无产阶级革命运动的组织工作的不完善是这些国家和地区无产阶级革命失败的主要原因。但是,另外一些马克思主义理论家则通过对东西方社会结构的比较分析或者通过对无产阶级的自身状况和文化模式的分析,对传统无产阶级革命观提出质疑,并制定了以意识革命和文化革命为先导或主要内涵的新的革命观。在这方面,卢卡奇和葛兰西的探索尤为突出,他们也由此而成为西方马克思主义的创始人。

卢卡奇于1923年发表的《历史和阶级意识》一书被视为西方马克思主义的奠基之作,仅从书名上已可以看出"阶级意识"在卢卡奇思想中所占据的重要地位。卢卡奇认为,资本主义商品经济的发展导致了物化现象的产生,人与人的关系变成了物的关系,人受制于自己的产品。这种物化现象无所不在,不断加深,从而使物化结构内化到人的意识之中,形成了与现状认同的物化意识。这种物化现实和物化意识使社会现实和社会进程支离破碎,丧失了历史的总体性,这是影响无产阶级革命的主要因素。从这一分析,卢卡奇得出结论,要扬弃物化,就要依赖于历史的总体性的生成,而总体性的生成又取决于无产阶级的阶级意识的自觉。当资本主义最终的经济危机爆发时,革命的命运和人类的命运将依赖于无产阶级的阶级意识的成熟。这样一来,卢卡奇把意识革命提到了无产阶级革命的核心地位,对传统无产阶级革命观提出了很大的修正。

葛兰西则从分析东西方社会结构的不同点入手来修正传统无产阶级革命观。他认为,东西方社会结构的主要差异体现于市民社会地位的不同。在东方社会,没有形成独立的市民社会,整个上层建筑主要是由政治领域构成,在这里,国家就是一切,它的本质是暴力加强权。而在西方社会,上层建筑由国家政治社会和作为意识形态—文化活动领域的市民社会两部分构成。这样,在西方社会,资产阶级不但拥有政治上的领导权,而且取得了文化霸权或意识形态领导权,因此,它的国家也具有二重本质,即强权加同意(领导权)。葛兰西认为,东西方社会结构的不同决定了无产阶级暴力革命所经历的命运的不同。在俄国所代表的东方社会中,由于没有独立的市民社会,国家就是一切,所以,当出现经济和政治危机时,只要用暴力打碎旧的国家机器,革命就能获得成功。而在西方社会,当出现政治经济危机时,无产阶级仅仅用暴力夺取政权并不能保证革命的成功,因为市民社会还强有力地支撑着社会和国家。20世纪初西方无产阶级革命失败的原因就在于此。由此,葛兰西得出结论,在西方社会,革命的首要任务不是政治革命,而应当是文化革命,首要的任务是同资产阶级争夺意识形态领导权。

其他一些思想家,如科尔施和布洛赫也从不同视角得出类似的结论,即把理性的目光从政治革命转向意识革命和文化革命。必须看到,这一转变并不仅仅限于革命观的转变,而是引起整个哲学构想和理论学说的改变。对意识革命和文化革命的重视导致了这些理论家对人的存在境遇和人的活动方式的重视,他们由此发挥了青年马克思的异化理论和实践哲学构想,或者在某种程度上接受了现代西方人本主义思潮的影响,在此基础上形成了一种人本主义马克思主义倾向或思潮,与第二国际理论家的马克思主义和列宁所代表的正统马克思主义相冲突。其中,最具代表性的是卢卡奇的主客体统一的辩证法、科尔施的总体性理论、葛兰西的实践一元论、布洛赫的希望哲学与乌托邦精神,等等。这是20世纪初马克思主义分化的基本情形。

第二,第二次世界大战以后更多西方马克思主义流派的产生或发展壮大与应对现代人的文化—历史困境的重大课题密切相关。

第二次世界大战结束后,陆续出现了更多的西方马克思主义流派,如存在主义马克思主义、弗洛伊德主义马克思主义、实证主义马克思主义、结构主义马克思主义,等等,特别是法兰克福学派在这一时期得到很大的发展。这是西方马克思主义产生重大社会影响的时期,同时,也是各种马克思主义流派之间展开交流、交锋的时期。应当说,20世纪中叶,马克思主义的分化加剧,西方马克思主义流派的社会影响增大,都同这一时期的文化历史背景密切相关。在分析第二次世界大战时期的历史时,人们往往容易关注社会主义阵营形成这一事实。但是,社会主义和资本主义两大阵营对峙这一事实并没有使经济政治冲突和阶级对抗成为人类历史的全部内涵。这是因为,第二次世界大战的发生,使得孕育已久的西方文化危机,即技术理性主义的文化危机淋漓尽致地表现出来,它通过现代人所经历的深刻的文化—历史困境而把社会历史的文化层面从背景世界中拉出,变成人类历史的中心内容。现代人的文化—历史困境在某种程度上比经济政治冲突的困境更加困扰着现代思想家,因而它构成了一些马克思主义理论家的批判主题,环绕这些问题所展开的讨论和争论使马克思主义的分化加剧,并成为众多马克思主义流派得以形成的契机。

  西方世界在20世纪中期所经历的文化危机是西方文化精神长期演化的结果。众所周知,希腊古典主义是西方文化的主要渊源之一,它塑造了理性把握实在和技术征服自然的文化模式。在经历了中世纪神学的漫长统治时期之后,古希腊理性主义同现代科学技术的发展相结合,以技术理性主义的形式而得以复兴。与此同时,高扬人的价值、歌颂人的主体性的人本主义文化精神也得以发扬光大。在相当长的时期内,人们相信理性至上、技术万能,而理性与技术的发展最终将确证人的本质力量,实现人的解放。这即是韦伯所分析的工具理性同价值理性相互协调一致的状态。然而,进入19世纪之后,技术理性和人本精神之间的张力开始加大,甚至开始发生冲突。随着马克思所分析的物化现象或异化现象的加剧,技术理性越来越由解放人、确证人的本质的文化力量转变为束缚人和统治人的异化力量。经过20世纪上半叶的两次世界大战,西方技术理性主义和人本主义两种文化精神的冲突以更加直接的方式展示出来,西方人普遍生活于一种文化悖论和文化危机之中:一方面,现代科学技术呈加速发展的趋势,它使人征服自然、创造物质财富的能力空前提高,人显示出前所未有的创造力;但是,另一方面,人的创造活动的结果并非必然是对人的本质力量的确证,相反,现代人处于普遍的异化之中,技术理性本身,以及与此相关的意识形态、大众文化等等,都变成了统治人的异化力量。

  现代人所经历的这种文化困境成为现象学、存在主义等众多哲学流派关注的对象,也成为西方马克思主义的批判对象。在这种文化背景中,更多的西方马克思主义者或流派开始超越传统的阶级分析和政治革命的视野,从文化层面切入现代人的生存境遇。其中最有影响的是以霍克海默、阿多诺、马尔库塞、弗洛姆、哈贝马斯等人为代表的法兰克福学派,以萨特、梅洛-庞蒂、列斐伏尔为代表的存在主义马克思主义,他们继承了卢卡奇等人所开创的人本主义西方马克思主义传统和倾向,对现存社会进行了全方位的文化批判。这一人本主义新马克思主义思潮在20世纪60年代末以巴黎"五月风暴"为代表的、席卷全球的青年学生和工人的反抗运动中得到了共鸣,法兰克福学派的社会批判理论,尤其是马尔库塞等人的"单向度理论"和"大拒绝"战略、萨特的存在主义自由观、列斐伏尔的日常生活批判理论等,被众多反抗生存文化困境的现代人所接受。这是西方马克思主义发展的鼎盛时期。

第二次世界大战之后,在马克思主义的分化中,还出现了另外一种超越传统辩证唯物主义立场的西方马克思主义思潮,这就是作为西方人本主义马克思主义的对立面而出现的西方科学主义马克思主义,其中最具影响力的是意大利的德拉-沃尔佩所代表的实证主义马克思主义和法国思想家阿尔都塞所代表的结构主义马克思主义。科学主义马克思主义显然十分看重现代文化精神中技术理性的发展,力图以现代科学精神来扬弃传统哲学的独断性,重建马克思主义。虽然科学主义新马克思主义在现代社会中的影响不及人本主义新马克思主义那样大,但是它依旧构成20世纪马克思主义分化和多样化格局之中的一个重要组成部分。

几乎与此同时,在东欧社会主义阵营中,马克思主义队伍也经历了某种分化。虽然在这里,以辩证唯物主义和历史唯物主义为代表的正统马克思主义占主导地位或统治地位,但它并未能完全抑制住不同的思想倾向的产生。从50年代起,社会主义阵营内部就陆续出现官方的或民间的、带有人道主义和民主化的改革倾向,对于以中央集权为特征的计划经济体制和国家社会主义体制提出了质疑,并进行改革。其中最具代表性的是1948年的"苏南冲突"、1956年的"波兹南事件"和"匈牙利事件"、1968年的"布拉格之春"。这些历史事变促使一些具有人道主义倾向的知识分子和理论家批判东欧的现存社会体制和斯大林主义的社会主义模式,在这一批判过程中,他们普遍接受了青年马克思的异化理论和卢卡奇、布洛赫等人所代表的人本主义马克思主义构想,由此形成了以人本主义为特征的东欧新马克思主义,其中最有影响的有南斯拉夫实践派、匈牙利布达佩斯学派、波兰意识形态批判学派和捷克的人道主义流派等。

总而言之,20世纪出现了多种类型的马克思主义,其中既有第二国际理论家的马克思主义、列宁主义及其第三国际的马克思主义、各社会主义国家的正统马克思主义,也有以卢卡奇、科尔施、葛兰西、布洛赫为代表的西方马克思主义,还有以发达资本主义社会中工人阶级的实际革命策略和社会主义具体实践为基本定位的欧洲共产主义和民主社会主义流派。应当说,

20世纪的各种类型的马克思主义存在着很大的差异,其中,既有在新的历史条件下创造性地坚持和发展马克思思想的理论流派,也有只是在某些方面借鉴和采用了马克思的一些观点,但总体上不属于马克思主义的流派,还有打着马克思主义的旗号,实际上已经背离了马克思主义的社会思潮,对于这些理论,我们必须坚持具体的批判分析。在本书中,我们严格按照"西方马克思主义"的概念选取了其中最有代表性的一些流派,加以分析介绍,主要包括卢卡奇、科尔施、葛兰西、布洛赫所代表的早期西方马克思主义,以霍克海默、阿多诺、马尔库塞、弗洛姆、哈贝马斯等人为核心的法兰克福学派,萨特的存在主义马克思主义,阿尔都塞的结构主义马克思主义等。这些思想家和流派虽然不能穷尽20世纪西方马克思主义的全部内容,但的确可以展示其基本风貌。

第一章
卢卡奇的物化理论和辩证法思想

卢卡奇是匈牙利著名的哲学家和文学批评家,在20世纪马克思主义的演进中占据十分重要的地位。1923年,他以著名的《历史和阶级意识》开启了西方马克思主义思潮,被誉为西方马克思主义的创始人和奠基人。

卢卡奇一生经历坎坷,他的理论曾产生巨大的影响,培育了一代新马克思主义者,由此给他带来很大的国际性声誉,但他也在国际共产主义运动中受到过严厉的批判,他的理论也引起了无穷无尽的争论;在这期间,他义无反顾地坚持共产主义信念,执着于他所钟爱的哲学和人类理性事业,但也由于主客观的原因或压力,而经常作一些发自内心的或违心的、言不由衷的自我批评。因此,要理解卢卡奇的理论,首先应当简单地了解一下他的坎坷经历。

1918年之前,可以称作卢卡奇的前马克思主义时期,主要是他早年成长和求学时期。卢卡奇出生于布达佩斯的一个犹太银行家的家庭,从小就受到良好的教育。大学期间,卢卡奇先后修读法学、国民经济学、文学艺术和哲学,于1906年在科罗茨瓦获法学博士学位,于1909年在布达佩斯大学获哲学博士学位。在这期间以及后来,特别是在1912—1917年间,他先后几次在德国的柏林、海德堡等地攻读德国古典哲学和现代西方哲学。这一时期的哲学研究影响了他一生的理论思索,因为其间他直接接触了胡塞尔、李凯尔特、文德尔班、狄尔泰等著名哲学家,特别是直接就学于著名生命哲学家席美尔和著名社会学家韦伯,并同西方马克思主义的另一重要代表人物布洛赫成了同学和朋友。卢卡奇后来在《历史和阶级意识》中对物化和物化意识等问题的阐释都同这一时期所建立起的哲学理解框架密切相关。1918年以前,卢卡奇所写作和发表的著作主要集中于美学和文学批评,如1910年的《心灵与形式》、1911年的《现代戏剧发展史》、1913年的《审美文化》、1916年的《小说理论》等。1918年以前的就学时期可以看作卢卡奇理论生涯的准备时期。

1919—1929年是卢卡奇开创西方马克思主义的时期,由于这十年卢卡奇主要在维也纳活动,因此也可以称作"维也纳时期"。俄国十月革命的胜利,鼓舞了各国无产阶级,匈牙利于1918年10月暴发了无产阶级的武装革命,并于同年11月成立了匈牙利共产党。卢卡奇于1918年12月加入匈牙利共产党,并投身革命。1919年3月匈牙利苏维埃共和国成立,卢卡奇出任主管文化和教育的人民委员。同年8月匈牙利苏维埃共和国被推翻,革命宣告失败,卢卡奇同许多政治流亡者一样,移居维也纳。在维也纳期间,卢卡奇曾主办左派刊物《共产主义》,但是,对他而言,这一时期最大的事件是他的《历史和阶级意识》的问世。1923年,卢卡奇把过去几年写成的几篇文章结集,以"历史和阶级意识"为题出版。卢卡奇在此书中以物化、总体性、阶级意识、主客体的统一等范畴所表述的对马克思主义的新的理解在国际马克思主义理论界产生了轰动效应,获得了许多人的赞同与信奉,成为一些理论家反对苏联马克思主义哲学中的机械论、宿命论和经济决定论的重要理论来源。但同时,卢卡奇也因此遭到许多批评,特别是受到共产国际的领导人和理论家的严厉批判和指责。1928年,卢卡奇又因为"勃鲁姆纲领"而进一步遭到批评。当时,卢卡奇化名"勃鲁姆"(Blum)为匈牙利共产党起草了一份新纲领,提出要建立以资产阶级民主为基础的"无产阶级和农民的民主专政"。这一纲领被共产国际执委会斥责为社会民主党的"取消主义的纲领"。1919—1929年间,卢卡奇的主要理论著述是1923年发表的《历史和阶级意识》一书。

1930—1945年是卢卡奇相对远离政治,在苏联莫斯科马克思恩格斯研究院潜心研究理论的时期。这一阶段卢卡奇总的思想倾向是从《历史和阶级意识》向回退,更接近于共产国际的官方马克思主义立场,因此往往被称作卢卡奇的"斯大林主义时期"或"苏联时期"。在这十几年中,卢卡奇除了于1932年前后一度到柏林研究文学与哲学外,其余时间均在莫斯科,他研读了马克思1844年写成的哲学经济学手稿,并做了大量理论研究,埋头著述。这期间,他对《历史和阶级意识》中的许多观点作了自我批评,从理论立场上更接近在共产国际占主导地位、按斯大林的理解所表述的正统马克思主义;他还从这一立场出发,对存在主义等现代人本主义或非理性主义思潮进行了批判。这一时期卢卡奇的理论著述很多,主要有《青年黑格尔》《存在主义还是马克思主义》《理性的毁灭》等。

1945—1971年是卢卡奇回到匈牙利,从事教学和理论研究的时期。第二次世界大战结束后,卢卡奇回到了匈牙利,任布达佩斯大学哲学和美学教授,并当选为匈牙利科学院院士,此后,直到1971年逝世,他一直留在匈牙利。这一时期,卢卡奇的理论生涯又同政治活动有密切的关系,他热情投身于匈牙利的社会改革运动和民主运动,并由此受到各种批评,例如,卢卡奇在1949—1951年间、1956年匈牙利事件时期、1968年"布拉格之春"前后,都多次受到党内意识形态专家的批判。同以前几个时期相比,卢卡奇晚期的理论研究的重要特点之一是同教学活动相结合,培养了一批青年理论家,如A.赫勒、F.费赫尔、G.马尔库塞、M.瓦伊达等人,他们在60年代形成了东欧新马克思主义的重要流派之一——布达佩斯学派。卢卡奇也在这一时期回顾和重新思考了自己的理论研究历程,一方面,他继续对《历史和阶级意识》中的一些观点进行自我批评,另一方面,他又超越了苏联时期的保守的斯大林主义立场,试图以社会存在本体论、日常生活等新的理论范式来阐释自己的观点。这一时期的理论著述集中表现为两部巨著,即1963年的《审美特征》和1971年的《社会存在本体论》。

从上述简要的概括可以看出,西方马克思主义创始人卢卡奇的一生充满了波折,多次卷入各种政治争论和理论争论。尽管卢卡奇后来对自己青年时代的《历史和阶级意识》不断作自我批评,但是,我们有理由断言,真正确立卢卡奇在20世纪人类理性事业中的重要地位,并对20世纪马克思主义的分化及新马克思主义(包括西方马克思主义和东欧新马克思主义)产生巨大影响的正是《历史和阶级意识》。因此,我们在这里主要依据《历史和阶级意识》来阐述卢卡奇的理论建树,其中,物化、总体性、主客体的统一、阶级意识四个核心范畴搭起了卢卡奇所理解的马克思主义的基本构架。我们拟从这四个范畴入手来阐释和解析西方马克思主义的开山之作《历史和阶级意识》所提出的关于马克思主义的新理解。

一、物化和物化意识

应当说,卢卡奇被誉为西方马克思主义的创始人,不仅仅因为他率先尝试对马克思主义作出一种新的解读,更重要的是他在《历史和阶级意识》中明确提出物化理论,表达了对发达工业社会的文化批判,而这一批判构成了20世纪后来的各种西方马克思主义流派的主题。毫无疑问,卢卡奇作为国际共产主义运动内部的理论家,对资本主义社会的政治体制和经济制度进行了深刻的批判,但是,他的批判没有仅仅停留在经济和政治层面,而是深入到文化层面,对发达工业社会条件下理性和技术对人的统治、人的物化和主体性的缺失等问题进行了深刻的剖析。这一文化批判的依据就是关于物化和物化意识的理论。

　　熟知现代哲学思潮和文化思潮的人都不难发现,卢卡奇的物化理论同马克思的异化理论在本质上是一致的,都是对现代人的生存困境的文化批判。特别要指出的一个事实是,卢卡奇在表述物化理论时,马克思的《1844年经济学哲学手稿》尚未被世人所知,他是通过韦伯、席美尔等人的理论和对《资本论》中商品拜物教理论的研究而形成关于物化和物化意识的理论的。而到了1932年马克思的《1844年经济学哲学手稿》及其异化理论得以发表时,人们不得不承认卢卡奇物化理论的深刻。许多进步知识分子正是通过卢卡奇的物化理论而真正接受了马克思的异化理论。这些事实从一个侧面反映出物化理论和异化理论在现代社会中所具有的重要价值。正如卢卡奇在谈到关于异化和物化问题的争议时所指出的那样:"在这里,谁最早,谁影响谁的问题并不特别值得注意。重要的是,人的异化是我们这个时代的关键问题,资产阶级思想家和无产阶级思想家,右派和左派评论家都承认这一问题。因此,《历史和阶级意识》对青年知识分子界产生了深远影响;我知道有一大批优秀的共产主义者被这一事实吸引到这个运动中来。"①因此,要了解青年卢卡奇的《历史和阶级意识》,首先要了解他的物化理论,了解他依据物化理论对现代人的生存困境所展开的文化批判。

(一) 商品拜物教与物化现象

　　正如马克思有意识地把劳动异化现象放到资本主义条件下加以探讨一样,卢卡奇也把物化现象同资本主义的商品生产紧密联系起来。他认为,是资本主义商品经济所具有的拜物教本质导致了物化现象的产生,而资本主义商品经济的发展则使物化现象不断加剧。

　　众所周知,马克思在《资本论》中使用商品拜物教这一范畴主要是用以揭示发达商品经济结构所具有的以物的关系掩盖人的关系的本性。在资本主义条件下,商品生产成为主体经济,商品结构及特性普遍渗透到一切领域,劳动力本身也成为特殊的商品,物的关系成为主导性的社会关系。马克

---

① 卢卡奇:《历史和阶级意识》,王伟光、张峰译,北京:华夏出版社1989年版,"新版序"第14页。

思在《资本论》中明确指出:"商品形式的奥秘不过在于:商品形式在人们面前把人们本身劳动的社会性质反映成劳动产品本身的物的性质,反映成这些物的天然的社会属性,从而把生产者同总劳动的社会关系反映成存在于生产者之外的物与物之间的社会关系。由于这种转换,劳动产品成了商品,成了可感觉而又超感觉的物或社会的物……这只是人们自己的一定的社会关系,但它在人们面前采取了物与物的关系的虚幻形式。"①

卢卡奇认为,马克思在《资本论》中所描述的商品拜物教现象正是现代人的物化现象,它使商品结构中物的关系掩盖了人的关系,或者说,它使人的关系变成了一种物的关系。卢卡奇这样写道:"人们已经多次指出过商品结构的本质。其基础在于人与人之间的关系表现为一种物的特性,从而其获得了一种'虚幻的客观性',即一种看来十分合理的和包罗一切的自主性,这种自主性掩盖了商品的基本性质(即人与人的关系)的一切痕迹。"②卢卡奇在进行这种概括时反复强调,这种商品拜物现象和物化现象是资本主义时代特有的现象,是现代人所面临的特有的问题。对此,卢卡奇主要是从两个方面展开论述的。

首先,物化现象是在商品成为普遍现象,商品结构渗透到社会的所有方面时才出现的。卢卡奇指出,正如人们所熟知的那样,商品和商品交换并不是资本主义时代所特有的,早在原始时代,就已出现零散的、偶然的商品交换,而在农业文明条件下,一直存在着简单商品生产或小商品生产。但是,在近代资本主义产生以前,商品在社会中始终没有发展到支配的地位,农业文明条件下的社会主要不是由商品所代表的物的关系和交换关系所支配,而是靠基于宗法血缘的人际关系来维系。在卢卡奇看来,资本主义商品生产和农业文明条件下的简单商品生产在社会中的不同地位绝不是一个可以忽略不计的差异,相反,商品作为控制人类社会新陈代谢的许多形式中的一种要素和作为普遍结构原则发挥作用是有本质区别的。用他的话说,"商品形式占统治地位,并且渗透到人们一切日常生活方式中的社会,同商品形式仅仅是暂时现象的社会之间的区别,本质上是一种质的区别"③,这种本质差别同物化现象是否存在的问题密切相关。在前资本主义时代,商品经济尚不发达,不存在以物的关系掩盖人的关系的问题,因此,不存在物化现

---

① 《马克思恩格斯选集》第 2 卷,北京:人民出版社 1995 年版,第 138—139 页。
② 卢卡奇:《历史和阶级意识》,王伟光、张峰译,北京:华夏出版社 1989 年版,第 82 页。
③ 同上书,第 83 页。

象。而在资本主义时代,商品结构成了社会的普遍力量和支配原则,物的关系开始掩盖和统治人的关系,商品拜物教和物化现象开始出现。因此,卢卡奇断言:"只有商品成为整体的社会普遍范畴,人们才能理解它的没有歪曲的本质。仅就此而言,商品关系所产生的物性化,既对社会的客观的进化,又对人们对其所采取的态度,具有决定性的作用。"①

其次,不仅在前资本主义时代不存在物化现象,即使在资本主义商品条件下,物化现象也有一个生成的过程,它随着资本主义商品经济的发展而不断加剧。卢卡奇指出:"直到资本主义社会产生,商品才发展到在社会中居统治地位的这种状况。因此,毫不奇怪,在资本主义发展的初期,人们仍然能够清楚地理解经济关系的人的性质,但是,随着资本主义的发展,随着经济关系的形式变得越来越复杂,越来越间接,人们就越来(越)难于、并且很少能够发现经济关系的人的性质,很少有人能够看透这个物性化的面纱。"②这一点不难理解,当人的关系尚未被商品结构中物的关系所掩盖和吞没时,它对社会的影响不会完全被物的因素所消解,物化现象对人的支配作用相对薄弱;而当商品结构越来越发达,其物的关系完全掩盖和吞没了人的关系时,人在理论上和实践上要超越物的关系的支配都是十分困难的,因此,物对人的统治,即物化现象必然要不断加剧。

(二)物化的规定性和具体表现形式

在揭示商品拜物教的本质特征的基础上,卢卡奇给物化(reification)下了一个明确的定义:"在这里,关键问题在于,由于这种情况,人自己的活动,自己的劳动成为某种客观的、独立于人的东西,成为凭借某种与人相异化的自发活动而支配人的东西。"③通过这个定义,我们对物化有了更为具体的了解。商品拜物教所表现出来的物的关系取代和支配人的关系的物化现象,最确切的含义就是指,在发达商品经济条件下,人的活动的结果或人的造物变成某种自律的并反过来统治人和支配人的力量。

如果我们把卢卡奇的物化定义同马克思关于劳动异化或异化劳动的表述对比一下,就会发现二者本质上的一致性。马克思在《1844年经济学哲学手稿》中指出,在资本主义商品经济条件下,"劳动所生产的对象,即劳动

---

① 卢卡奇:《历史和阶级意识》,王伟光、张峰译,北京:华夏出版社1989年版,第85页。
② 同上。
③ 同上书,第86页。

的产品,作为一种**异己的存在物**,作为**不依赖于**生产者的**力量**,同劳动相对立。劳动的产品是固定在某个对象中的、物化的劳动,这就是劳动的**对象化**。劳动的现实化就是劳动的对象化。在国民经济学假定的状况中,劳动的这种现实化表现为工人的**非现实化**,对象化表现为**对象的丧失**和**被对象奴役**,占有表现为异化、外化"①。显然,马克思在对立的意义上使用异化和对象化两个范畴。在对象化劳动中,劳动结果表现为对人的本质力量的积极的确证;而在异化劳动中,劳动结果则表现为对人的本质力量的否定和消解。卢卡奇在不了解马克思的异化理论的情况下,通过解读《资本论》所表述的物化概念,在本质上同马克思异化概念完全一致,这充分表明物化和异化范畴在现代人类理性演进中的重要地位,同时也从一个侧面反映出卢卡奇思想的深度。

卢卡奇关于物化规定性的揭示并没有停留于上述定义,而是进一步从客观方面和主观方面分别展示物化的内涵和基本规定性。他指出,物化现象"既有客观方面,也有主观方面。**在客观方面**,一个客观事物和事物之间诸关系的世界形成了(即商品和商品在市场上运动的世界)。人的确逐渐地认识到支配这些客观事物的规律,但是尽管这样,它们仍然是作为产生自己权威的看不见的力量而与人相对立。个人能够利用其关于这些规律的知识来为自己的利益服务,但是个人不能够通过自己的行动来改造这一过程。**在主观方面**——在市场经济已经相当发达的地方——一个人的活动变得跟他自身相疏离,变成为服从于社会的自然规律的非人的客观性的商品,变成为恰恰与任何消费商品一样的,必须按照独立于人的自己的活动方式进行活动的商品"②。

如果我们把卢卡奇关于物化的客观方面和主观方面的论述与马克思关于"物的异化"和人的"自我异化"的论述加以联系和对比,就能更深刻地理解卢卡奇对物化的这一界定的理论价值,并能进一步了解卢卡奇物化思想的深度。马克思在《1844年经济学哲学手稿》中,论述了劳动异化的四种形式或规定性,也即劳动产品的异化、劳动活动本身的异化、人的本质的异化和人与人的异化。接着,马克思又作了进一步区分,提出了"物的异化"和人的"自我异化"的概念。在马克思看来,异化劳动的最直接的表现形式就是处处可见的劳动产品的异化现象,即工人生产的财富越多,他的产品的力

---

① 《马克思恩格斯选集》第1卷,北京:人民出版社1995年版,第41页。
② 卢卡奇:《历史和阶级意识》,王伟光、张峰译,北京:华夏出版社1989年版,第86页。

量和数量越大,他就越贫穷,并且他的劳动产品反过来成为统治他的异己力量。这种劳动产品的异化现象属于"物的异化",与卢卡奇所说的物化的客观方面相一致,即一个充满客体与商品的世界作为异己的力量同人相对立。马克思认为,要分析劳动异化问题,不能停留于"物的异化",而应当深入到人的活动的性质和方式方面,以揭示异化的深层原因。用马克思的话说,"异化不仅表现在结果上,而且表现在**生产行为**中,表现在生产活动本身中。如果工人不是在生产行为本身中使自身异化,那么工人怎么会同自己活动的产品象同某种异己的东西那样相对立呢?产品不过是活动、生产的总结。因此,如果劳动的产品是外化,那么生产本身就必然是能动的外化,或活动的外化,外化的活动。在劳动对象的异化中不过总结了劳动活动本身的异化、外化"①。马克思认为,人的劳动活动本身的异化是深层次的异化,因为它是人的类本质的异化,即构成人的本质规定性的自由自觉的对象化劳动转变为外在的、强制性的、属于他人的、自我折磨和自我牺牲的、谋生的异化活动,这是人的"自我异化"。卢卡奇所说的物化的主观方面正属于这种意义上的人的"自我异化",即一个人的活动成了与他自己相疏远的东西,变成了附属于社会自然规律的人类之外的客观商品。

卢卡奇关于物化现象的定义与对物化的客观方面和主观方面的规定性的提示为我们提供了关于物化的最基本的理解。而他依据这些理解对现代世界,特别是发达商品经济条件下物化的具体表现形式的分析,则有助于我们在理论与现实相结合的层面上把握和了解物化现象。我们发现,在关于物化的基本规定性方面,虽然卢卡奇没有读到马克思关于异化的论述,但他关于物化的主、客观方面的规定性的表述与马克思关于劳动异化的基本规定性的理解有着惊人的一致性。而在关于物化的具体表现形式的分析方面,卢卡奇的论述则比马克思走得远,涉及许多马克思没有加以论述或者没有充分展开论述的内容。其中,卢卡奇最具特色之处在于他把物化同近现代社会的理性化进程结合起来,从理性,特别是技术理性对人的主体性发展的负面效应的视角揭示现代社会的物化现象。在这方面,卢卡奇接受了韦伯关于合理性或工具理性的思想以及席美尔关于物化的分析。同时,卢卡奇关于物化与理性化的批判也开启了新马克思主义技术理性批判的主题。关于这方面的论述,《历史和阶级意识》中有许多,我们可以从以下几点来概括卢卡奇关于理性化时代物化的具体表现形式的基本论述。

---

① 《马克思恩格斯全集》第42卷,北京:人民出版社1979年版,第93页。

1. 人的数字化

人的数字化亦即人的符号化或抽象化。这是现代人所面临的一个重要的文化困境,而这一问题直接与人类社会的理性化进程相关。人类社会所经历的从传统农业文明向现代工业文明转型的现代化,从本质上包含两个过程:一是人的个体化进程,一是社会机制和社会运行的理性化进程。与这两个进程直接相关联的是工业文明的两种主导性的文化精神:一是以人的主体性为核心的人本精神,一是以可计算性和定量化为特征的技术理性和科学精神。在相当长的一段历史时期中,这两种文化精神相互支撑,促进现代工业文明的发展。但是,从19世纪后期,特别是进入20世纪后,人们开始发现这两种文化精神之间的张力和冲突。也就是说,社会的理性化进程并没有像人们所期待的那样,成为解放人、确立人在历史中的主体地位的积极力量,而是在一定条件下导致人的主体性的失落和人在机械体系中的抽象化。许多思想家注意到了这一问题。胡塞尔(Edmund Husserl,1859—1938)晚年通过现代科学世界对前科学的"生活世界"及其自在的意义世界的遗忘来说明现代人的文化危机。韦伯则通过工具理性(计算理性)的膨胀和对价值理性的压抑来说明理性化进程的负面效应。

卢卡奇在《历史和阶级意识》中明确继承了上述思想倾向。他指出,发达的商品经济遵循着"建立在被计算和能被计算的基础上的合理化原则",它在不断理性化的进程中,逐步形成和强化了依据商品本性和理性原则建立起来的机械化体系,这一专门化、理性化的生产体系和社会机制取得了超人的自律性,劳动者被整合到这一机械体系之中,变成了抽象的数字,失去了主体性和能动性,其活动变成一个专门的固定动作的机械重复。人被整合到自律的机械体系之中所导致的抽象化和数字化是物化的最重要的表现形式。对此,卢卡奇有详细的描述。他指出:"如果我们追溯劳动在从手工业经过合作生产和工场手工业再到机器生产的发展过程中所经历的道路的话,我们就能看到一个更加合理的,逐步消除工人的质上的、人的和个人的差别的不断进步的趋向。另一方面,劳动过程被逐步分解为许多抽象的、合理的和专门化的操作,使得工人不同最终的制成品发生接触,并且工人的劳动简化为一套专门化操作的机械性的重复行为。另一方面,随着加强机械化和合理化,完成一件工作所必要的时间周期(这是合理计算的基础),则从仅仅是一个经验的平均数转化为一个客观上可以计算的,作为工人所面对的固定和既成的现实的工作定额。随着对劳动过程的现代'心理分析'(在泰勒制中),这种合理的机械化一直扩展到工人的'心灵'中……"①

2. 主体的客体化

与合理化过程中人的抽象化和数字化密切相关的物化现象是主体的客体化,即人由生产过程和社会历史运动的自由自觉的主体沦为被动的、消极的客体或追随者。这一现象同样与理性化或合理化进程直接相关。由于生产过程严格遵循可计算性原则,表现为一个服从自身理性原则的自律运转的机械体系,人只是这个体系中的一个零件和可替换的数字化的组成部分,因此,每个人的个性、特性、主体创造性理所当然地要被生产过程的理性原则所排斥。在这种情况下,人自然失去了主体地位,并从认识上失落了自觉的主体性,沦为生产过程的被动的客体。卢卡奇指出:"劳动过程的合理化的结果是,工人的人的性质和特征,在同按照合理的预测而发生作用的那些抽象的特殊规律相对照时,越来越成为只是错误的源泉。人在客观上和劳动的关系上都不表现为那个过程的真正的主人;相反,他是结合于机器系统中的一个机器的部件。他发现这个机器系统事先已经存在,并且自给自足,它不依赖于他而自行运行,而无论他愿意不愿意,他都不得不服从于机器系统的规律。随着劳动的逐步合理化和机械化,由于工人的活动越来越少主动性,并且变得越来越被动消极,从而在劳动中他越来越缺乏自己的意志。面对着机械地服从固定的规律,受制于独立于人的意识,不受人的干涉影响的过程,即一个完全封闭的系统,人们所采取的被动的态度,同样必定改变人对世界的直接态度的基本范畴,即把空间和时间都归结为一个最小的分母,把时间降低为空间的一个度。"②

3. 人的原子化

理性化和机械化时代的另一重要的物化形式便是人的原子化,即人与人的隔膜、疏离、冷漠,人与人之间丧失了统一性和有机的联系,这很接近马克思所描述的人与人的异化的现象。这一点不难理解。卢卡奇分析道,由于生产过程和社会过程完全是按照精确的理性原则组织起来的,人由主体沦为客体,因此,不但每一个体变成被动的存在,而且人与人之间的有机联系也被割断,人变成各自孤立的、被动的原子。在这种情况下,社会完全是按照物的关系和物的原则组织起来的,人的关系被物的关系所吞没和掩盖。

---

① 卢卡奇:《历史和阶级意识》,王伟光、张峰译,北京:华夏出版社1989年版,第87页。
② 同上书,第88—89页。

卢卡奇在分析工人的劳动时间由于计算理性原则而转化为凝固的、抽象的物理空间时指出："一方面，他们的劳动能力对象化为与他们的整个人格相对立的东西（这个过程已经通过把劳动力作为商品出卖而完成），这种对象化现在已经成为人们日常生活中不可改变的现实了。在这里，当人本身的存在被归结为一个孤立的粒子而被一个异己的关系所吞并时，人格只能处于无可奈何的旁观地位。另一方面，把生产过程机械地分解成其各个组成部分，这也破坏了生产还是'有机'的过程时个人与社会共同连结的纽带。在这方面，机械化也把个人改变成了孤立的抽象的原子，个人的工作不再把个人直接地和有机地联系起来；个人越发专门受到禁锢他们的抽象的机械规律的居中调解。"①

这样，通过对人的数字化、主体的客体化、人的原子化等物化形式的剖析，卢卡奇比较深刻地展示了发达工业社会条件下由于工具理性或技术理性过分发达而导致的人的文化困境。同马克思相比，卢卡奇更加注重从人的活动方式本身来展示物化结构和物化的负面效应。他通过这种分析表明，在我们生活于其中的这个时代，人的物化和异化问题非但没有消除，反而更加普遍化和深化。而物化和异化日益普遍化和深化的一个重要标志便是卢卡奇通过上述关于物化形式的分析所揭示的另一现象，即物化结构在人的生存结构中的内化，也就是物化意识的产生。

（三）物化的普遍化和物化意识的生成

马克思早在19世纪40年代就把共产主义的任务归结为异化的扬弃和实践的人道主义的生成。当时马克思的着眼点主要是使工人从自我折磨的、自我牺牲的、强制性的异化劳动中解脱出来，恢复劳动的自由自觉的本质规定性，恢复人的主体性。但是，按照卢卡奇的物化理论，在20世纪，物化和异化并没有真正被扬弃，反而呈现出加剧和普遍化的趋势。其中的一个重要问题便是，我们无法仅仅从阶级对立的视角来区分物化的存在方式和非物化的存在方式，因为物化是发达工业社会的普遍性结构，它与每个人的生存和命运相关。因此，卢卡奇在论述现代社会政治领域的异化时曾解释道："如果我们在这种情况下并没有强调国家的阶级性质，那么，这是因为我们的目的是要把物性化理解为整个资产阶级社会的一般现象构成。"②

---

① 卢卡奇：《历史和阶级意识》，王伟光、张峰译，北京：华夏出版社1989年版，第90页。
② 同上书，第99页注释。

从这样的理解出发,卢卡奇得出了物化是发达工业社会中所有人的普遍命运的结论。他指出,"物性化就是生活在资本主义社会中一切人的必然的、直接的现实"①。关于物化的加剧和普遍化问题,卢卡奇主要从两个方面入手加以探讨。

首先,卢卡奇指出,在资本主义经济条件下,工人的命运成为整个社会的命运,或者说,全社会的人面对着同样的商品原则和物化结构。他承认,在前资本主义时期的大规模生产中已经存在着各种形式的统一的体力劳动,以及人格受侮辱的剥削和压迫。但是,这些大规模的生产和工程并没有"被合理地机械化",因此这种不幸的命运只是工人本身的命运。同时,任何一个阶层,任何一个人,甚至那个时代最伟大、最杰出的思想家也不可能把他们的命运看作人的命运。而在资本主义时代,由于商品结构在社会中处于支配地位,生产过程和社会运行被合理化和机械化,因此,无产阶级的命运,即它的物化命运开始普通化,成为社会的命运。卢卡奇指出:"随着商品变得普遍地占据统治地位,这种局面发生了彻底的和质的改变。工人的命运成为整个社会的命运;的确,这种命运一定是普遍的,因为如果不这样,工业化就不能在这个方向上发展。"②

其次,在揭示物化现象的普遍化问题时,卢卡奇除了如我们上文所述揭示工人在合理化的生产过程中所面临的数字化、客体化和原子化的物化命运外,还特别分析了政治领域的物化和普通官吏在官僚政治体制中的物化命运。卢卡奇指出,在资本主义商品经济条件下,司法、国家、行政机构,以及公司中的行政管理均实现了形式上的标准化和理性化,成为自律运转的机构。在这种"非人性的、标准化的分工"中,工作和工作人员的个人能力及其需要相脱离,成为一种无主体性的例行公事,而工作人员本身则片面化和抽象化,成为给定机构的被动的客体。对此,卢卡奇作了比较形象的描述:"官僚政治机构下层工作人员的工作非常类似于机器的操纵,并且在枯燥乏味和死板单调方面,确实还经常过之而无不及,这不仅仅是一个完全机械化的、毫无主动精神的工作的问题,而且还是一个方式问题,一方面,客观上,一切的问题都要以这种方式服从于越来越形式化的、标准化的处理,而且以这种方式,存在一种与官僚活动所适于的'事物'的质的和物的本质越

---

① 卢卡奇:《历史和阶级意识》,王伟光、张峰译,北京:华夏出版社1989年版,第213页。
② 同上书,第90页。

来越疏远的情况。另一方面,违背人的本性的片面的专门化越来越畸形发展。"①

物化在全社会的普遍化的一个最直接的后果便是物化的内化,即物化不只是作为一种统治人、支配人的外在的力量和结构而存在,而是内化到人的生存结构和活动方式之中,变成一种物化意识。所谓物化意识是指人自觉地或非批判地与外在的物化现象和物化结构认同的意识状态。具体说来,它是指这样一种生存状态:物化的结构逐步积淀到人们的思想结构之中,人从意识上缺乏超越这种物化结构的倾向,反而将这种物化结构当作外在的规律和人的本来命运而加以遵循与服从,由此,人丧失了批判和超越的主体性维度。

在《历史和阶级意识》中,卢卡奇对物化意识的生成机制作了描述。他指出,随着物化的普遍化,隐蔽在直接商品背后的人与人之间的关系和人与真正满足他们的需求的物体之间存在的关系都隐退到无法被认出、被察觉的地步。"因为所有上述理由,物性化的心灵已经开始把它们看作为他的社会存在的真正代表。商品的商品特征,商品的可以计算的抽象的、数量的方式在这里表现为最纯粹的形式:物性化的心灵必然把它变成这样的形式,即物性化的心灵的真实的直接性通过这种形式变得显而易见了,它——作为物性化的意识——甚至并不企图超越这种形式。相反,物性化的心灵关心的是通过'科学地深化'这些规律的作用而使其永久化。正是当资本主义的体系在越来越高的水平上,从经济上不断地生产和再生产自身的时候,物性化的结构一步一步地越来越深地,越来越致命地,越来越决定性地陷入到人的意识之中。"②

正如物化的普遍化使之成为一切人的共同命运,物化在人的生存结构中的内化而导致的物化意识也同样支配着所有人的精神活动和心理活动。卢卡奇指出,不仅一般的工人在意识上缺少超越物化结构的批判维度,而且统治阶级及知识阶层同样对人的物化境遇无动于衷,主体本身的知识、气质、表达能力等都转变为"自动发挥作用的抽象的机器"。卢卡奇认为,这种统一的意识结构在前资本主义时期是不存在的。"直到资本主义兴起,统一的经济结构,因此而包括整个社会的形式上统一的意识结构才得以形成。这种统一表现在这样的事实上:雇佣劳动所产生的意识问题以一种精

---

① 卢卡奇:《历史和阶级意识》,王伟光、张峰译,北京:华夏出版社1989年版,第99—100页。
② 同上书,第93—94页。

心制作的、超俗的,因此而更加强化的形式,在统治阶级那里重复出现。专门化了的'学者',其对象化和物性化的能力的出售者,不仅仅成为社会的(被动的)观察者;而且还沦落为对自己的物性化和对象化的能力的作用抱默然从之态度的人。……在此,正是主体本身,即知识,情感和表达能力被归结为自动运转的抽象的机器,并且它既同其'所有者'的人格相脱离,又跟所掌握的题材的物质的和具体的情况相脱离。只有把新闻工作者缺乏信息,滥用经验和信念作为资本主义物性化的极端表现,才能理解上述情况。"①

我们从商品拜物教所具有的以物的关系掩盖人的关系的本性出发,展示了卢卡奇关于物化的客观方面和主观方面的规定性的论述,并以此为基础揭示了人的数字化、客体化和原子化等物化形式,最后落脚于物化意识的产生,这样就一方面比较完整地展示了卢卡奇的物化理论,另一方面触及当代社会和人所面临的物化问题的普遍化和前所未有的深度,人丧失了超越物化和异化的批判维度,形成了与物化结构认同的物化意识,这是生活在高度理性化时代的人类所面临的一个重要的文化困境。正是由于这一事实,马克思的异化理论以及卢卡奇的物化理论在现时代仍具有十分重要的价值,它使人类理性的批判目光不仅关注政治压迫和经济剥削问题,而且也深入到现代人在文化层面上普遍面临的困境。也正是由于物化在现代社会中具有前所未有的深度,已深浸到人的意识结构之中,所以说,扬弃异化、消除物化是现代人面临的十分艰难的任务。卢卡奇为此把物化理论当作把握现代社会的最为根本的理论依据,把扬弃物化作为自己理论的宗旨。为了达到这一根本目的,他提出了总体性原则和主客体统一的辩证法,并设计了以无产阶级的阶级意识的生成为核心的革命观。

二、总体性原则和主客体统一的辩证法

一些研究者在阐述卢卡奇在《历史和阶级意识》中反复强调的总体性(totality)范畴时,倾向于从黑格尔哲学中揭示它的根源,并以此证明卢卡奇的理论是黑格尔式的唯心主义的理性历史观。这种分析从表面上看有一定道理,卢卡奇本人也强调要恢复马克思主义哲学的黑格尔传统,以超越实证主义的立场。但是,从深层次上看,卢卡奇对黑格尔辩证法的强调,正如布

---

① 卢卡奇:《历史和阶级意识》,王伟光、张峰译,北京:华夏出版社1989年版,第100—101页。

洛赫对黑格尔关于主体与客体的理论的强调一样,其着眼点不是强调黑格尔以绝对理念为核心的泛理性主义立场所具有的吞噬个体性的逻辑总体的力量,而是强调黑格尔"实体即主体"原则中包含的关于主体的创造性原则,以及主客体相互作用的思想。因此,卢卡奇强调哲学要恢复对总体性的认识,并不是要简单恢复黑格尔的理性主义原则,而是要以此确立扬弃物化的原则,寻找超越物化结构的现实力量。

(一)物化的扬弃与总体性原则的恢复

卢卡奇在分析物化结构和物化意识对人的支配和统治时指出,物化对人的存在和社会历史过程的最消极的影响就在于,它使人的存在和历史进程无论在理论上还是在实践上都丧失了内在的、有机的、具体的总体性。换言之,物化使人的存在和社会历史进程支离破碎。因此,扬弃物化的首要任务,就是恢复对总体性的认识,恢复总体性原则的地位。

在现代社会中,物化对总体性的消解是显而易见的。如前所述,资本主义发达商品经济社会建立在高度的计算理性或工具理性的基础之上,商品和物的结构及关系处于支配地位,它严格地决定着生产过程和社会组织的分工、运行和结构,使每一主体被动地、片面地固定到物的某一环节上。这样一来,人与人之间的有机统一和社会进程基于人的实践活动和人的关系而形成的具体的总体性陷于瓦解。卢卡奇指出:"分工破坏了一切劳动和生活的有机的统一的过程,并且把这个过程分解成其组成部分。"[1]

现实生产过程和社会进程的支离破碎,即总体性的丧失,又进一步导致了人对总体性认识的丧失和人在现实活动中缺乏对总体性的渴望。一方面,科学具有了实证主义的本性,丧失了对世界的总体性图景的把握。"技术的专门化导致了一切整体形象的破坏。然而,尽管如此,人们至少在认识上把握整体的要求是不可能消失的。我们发现,同样以专门化为基础,并卷入同样的直接性中的科学,因其把现实世界分裂为片断,从而使世界失去了整体形象而受到批判。"[2]另一方面,每个人在面对丧失总体性、支离破碎的世界时,缺乏批判和超越的维度,把各个孤立的进程和方面视作不可超越的"规律",从而与物化结构认同,"看起来,世界的合理性似乎是圆满的,它似乎渗透到人的物理和心理的本性的各个深处。然而,它却受到它自己形式

---

[1] 卢卡奇:《历史和阶级意识》,王伟光、张峰译,北京:华夏出版社1989年版,第104页。
[2] 同上书,第104—105页。

主义的局限。也就是说,生活的各个孤立方面的合理化导致形式'规律'的创造。全部这些事物都的确要归入肤浅的观察者看来是构成一般的'规律'的统一体系中。但是,忽视这些规律的主观材料的各个具体方面,忽视规律所依据的主观材料的各个具体方面而具有的权威性,就使世界的合理化陷入事实上是支离破碎的体系中"①。

　　基于上述分析,卢卡奇得出结论,要扬弃社会现实和社会进程支离破碎的物化状态,就要期待社会历史进程的总体性的生成;而总体性生成的首要前提条件是要恢复哲学对总体性的认识,确立总体性的辩证法,即总体性的原则。

　　对于哲学应当恢复对总体性的认识,卢卡奇有很明确的论述。他认为,社会进程的高度理性化和科学的实证化也直接影响了哲学理性思维,使哲学缺少对现实的超越维度和批判维度,现代哲学也被实证主义精神所渗透。面对这种情况,扬弃物化首先应当从哲学恢复对总体性的认识这一点做起。卢卡奇指出:"如果哲学能够彻底改变其研究方法,集中注意那些能够并且应该知道的具体的物质整体的东西的话,那么哲学才会有可能做出这样的综合。只有这样,哲学才能打破由退化为一种完全破裂状态的形式主义所设立的障碍。"②

　　哲学恢复对总体性的认识,是为了确立总体性原则或总体性辩证法。在这里,卢卡奇提出了一个不同于传统理解的新结论,他指出,在马克思主义体系中,总体性原则应当高于经济原则,它是马克思主义的核心原则。在论述卢森堡的马克思主义观的时候,卢卡奇明确地强调了总体性对于经济原则的优先性。他说:"在历史的说明中强调经济动机的首要性,这并不能作为马克思主义同资产阶级思想决定性的差别,决定性的差别乃是总体观点。总体范畴,即整体完全优于各部分,是马克思从黑格尔那里获得的那种方法的本质,马克思卓越地把这种方法改变成一种全新的科学的基础。……**总体性范畴的首要性是科学里的革命原则的承担者**。"③卢卡奇认为,资产阶级哲学不可能确立总体性原则的核心地位,因为在现实生产过程中,资产阶级往往把生产者从总体的生产过程中分离开来,并把劳动过程分化为部分而无视工人作为人的个性。这种哲学本质上是与物化现实认同的

---

① 卢卡奇:《历史和阶级意识》,王伟光、张峰译,北京:华夏出版社1989年版,第101页。
② 同上书,第111页。
③ 同上书,第27页。

实证哲学。只有旨在超越物化结构和物化意识的批判哲学才能确立总体性的优先地位。马克思主义哲学本质上是总体性的辩证法,总体性原则对于它具有至关重要性。卢卡奇断言:"这种辩证法的整体概念似乎已经远离现实,似乎很'不科学'地塑造现实。但是,它是能够理解和再造现实的唯一方法。因而,具体的整体性是支配现实的范畴。"①

从上述论述,我们可以清楚地看到卢卡奇从物化理论进入总体性辩证法的基本思路。问题在于,为什么总体性原则具有如此至上的重要性?为什么总体性原则会成为扬弃物化的革命性原则?要回答这些问题,必须从总体性的规定性入手,而其中最为根本的要点,是总体性与人的主体性的本质关联。

(二) 总体性与人的主体性

对于总体性和总体性原则的重视,是西方马克思主义思潮的一个重要倾向。科尔施、布洛赫、葛兰西等人也都从不同角度阐述了总体性的观点。卢卡奇在《历史和阶级意识》中,曾多处谈及总体性范畴和总体性原则。概括起来,卢卡奇主要在两个层面上揭示总体性的基本规定性。

首先,总体性的最直接的含义在于,强调总体是具体的,是社会和历史的各种要素的辩证的统一体,无论是生产过程,还是社会进程的各组成部分和各要素,都只有放在社会历史的总体性关联之中才有意义。卢卡奇处处批判那种把生产过程的组成部分和社会现象当作"孤立的事实"和独立的存在物的物化状态,反复强调这些要素和组成部分的内在的、有机的统一,"坚持整体的具体统一"。卢卡奇指出,"整体性的范畴不是把它的各个成分归结为一个毫无差别的统一体、同一体",而是展示不同因素、不同组成部分间的"能动的辩证关系"。他认为,"只有根据这种联系,才能把社会生活的孤立的事实看作为历史进程的各个联系环节,并且把它们归纳为一个**整体**,对事实的认识才能够有希望成为对**现实**的认识"。②

应当承认,从有机的、辩证的联系的角度来揭示社会历史进程的总体性的内涵无疑是正确的,这也就是辩证法通常所强调的事物普遍联系的观点,而从认识论的角度来看,这样界定总体性的规定性也符合马克思所说的从抽象到具体的思维原则。马克思在《资本论》中曾强调,具体之所以具体,

---

① 卢卡奇:《历史和阶级意识》,王伟光、张峰译,北京:华夏出版社1989年版,第11页。
② 同上书,第14、9页。

并不在于它给定的可感性质,而在于它是许多规定的综合,是多样性的统一。这种多样性的统一正是卢卡奇所强调的具体的总体。

然而,如果我们再作一点深层次的思考,则应看到,对总体性的认识似乎不应停留于这种直接含义的层面上,否则,卢卡奇对总体性原则的强调同一般哲学观点并没有什么不同之处。实际上,卢卡奇并没有在不加限定的、一般的意义上谈论总体性所具有的多样性辩证统一和具体统一的内涵。这是因为,假如总体性代表的是商品和事物完全按照物的本性,在与人的活动完全无涉的情况下形成的整体,那么它必然陷入卢卡奇所批评的自在的"无差别的一致性",而从人的存在的视角来看,这种自在的总体是一种脱离人的关系、掩盖和消解人的关系的物化结构。因此,当我们强调总体性代表着多样性的辩证统一的时候,我们总是面临着在什么基础上、以什么为核心而生成这种多样性的统一的问题。也正是这个原因,卢卡奇对总体性含义的理解没有停留于表面,而是深入其本质的层面,即在与人的主体性的关联之中来界定总体性。

其次,如上所述,在卢卡奇那里,真正意义上的总体性与人的主体性有着本质的关联,它首先是人的存在的总体性。所谓人的存在的总体性就是说,人不是作为片面的、抽象的、孤立的、纯粹的物(客体)而存在,而是作为历史的主客体的统一体而存在。即是说,从最本质的意义上讲,总体性首先是人作为统一的主体与客体而存在的总体状态,而当人失去了这种统一性,仅仅作为客体存在时,那就是丧失总体性,就是物化。

正是在这种意义上,卢卡奇特别强调总体性与人的主体性的本质关联,强调总体性所具有的主客体统一的本质规定性。他明确指出:"总体范畴,不仅制约着认识的客体,而且也制约着主体。……只有论断的主体本身是一个总体,才谈得上客体的总体性;而且主体如果想理解自身,它就必须把客体当作一个总体。"[①]如果说我们所引证的这一论述尚具有抽象的特点的话,那么,我们可以列举卢卡奇的另一论述。卢卡奇断言:"马克思绝不谈论一般的人,抽象的绝对化了的人;他总是把人看作为社会这个具体整体中的一个分子。人们一定要从人的观点出发来解释人,但是只有在人已经被纳入那个具体的整体中,并且自己已经被真正地具体化以后,才能够解释社会。"[②]

---

① 卢卡奇:《历史和阶级意识》,王伟光、张峰译,北京:华夏出版社1989年版,第28页。
② 同上书,第204页。

如果我们把卢卡奇关于总体性的论述与他关于物化的论述结合起来，就会发现，他始终是从人的存在的角度、从主体与客体的辩证统一的角度思考问题。具体说来，当卢卡奇批判物化现象时，他的侧重点不是一般地谈论物的某种结构或某种关系，而是强调原本与人的主体活动交织在一起、有机地联系在一起的对象和客体，现在取得了自律性和独立性，并且反过来成为支配人和统治人的力量；同样，当卢卡奇强调总体性原则的优先性时，他也不是在一般意义上强调事物的普遍的、有机的联系，而是强调建立在人的对象性活动基础之上、以人的主体性为核心的总体性，即人作为主体与客体的统一体的总体性。在这种意义上，总体性统一的辩证法也就是主客体统一的辩证法，关于人的存在的辩证法。

（三）主客体统一的辩证法

主客体统一的辩证法是卢卡奇学说中引起巨大争议的主要问题之一。持传统辩证唯物主义立场的论者强调主客体统一的辩证法是卢卡奇滑向唯心主义立场的重要证据，而卢卡奇本人在1967年为《历史和阶级意识》所写的新版序言也对此作了自我批评。但是，从另一个侧面看，正是这一主客体统一的辩证法对后来的新马克思主义者产生了重大的影响，成为人本主义新马克思主义的主要论点之一。撇开这些争议不谈，我们有必要首先依据卢卡奇的理论逻辑，展开主客体统一的辩证法的基本内容。

首先，卢卡奇的主客体统一的辩证法强调辩证法同人的存在和人的活动的本质关联，强调人本身是历史辩证法的现实基础。卢卡奇指出："人本身是历史辩证法的客观基础，是构成历史辩证法基础的主—客观的客观根据，而且他本身富有决定性地经历了辩证过程。"[①]

这一点是卢卡奇的辩证法理论同传统的辩证唯物主义辩证法观的重要分歧点。众所周知，黑格尔虽然在理性的运动中阐释了主体与客体的交互运动，但他更多地强调绝对理念所具有的泛逻辑和泛理性的本性，最终没能把辩证法同个体的能动活动联系起来，恩格斯批判和改造了黑格尔辩证法的唯物辩证法，把辩证法界定为关于自然、人类社会和思维运动的一般规律的学说。这里虽然涉及人的活动，但是与人有关的内容主要被归结于思维的层面，属于被客观辩证法决定的主观辩证法。只有与人的活动无关，不依人的意志和人的活动为转移的客观过程的规律才构成辩证法的内容。相

---

① 卢卡奇：《历史和阶级意识》，王伟光、张峰译，北京：华夏出版社1989年版，第204页。

反,卢卡奇则把历史运动的辩证法建立在人本身,即人的活动基础之上,这不能不说是对传统唯物辩证法的一个根本性的改变,因此,它引起巨大争议也就不足为奇了。

其次,卢卡奇的主客体统一的辩证法从主体与客体相互作用的角度、从主体对客体改造的角度强调辩证法的革命和批判的本质。在他看来,辩证法的革命本质并不在于人对外在的某种给定的规律的遵循,而在于人通过自由自觉的实践活动对客体和对象的改造。在这一变革现实的活动中,人既扬弃了客体的自在性和给定性,也扬弃了主体的纯粹主观性,从而达到主客体的统一。因此,辩证法的实质是主体与客体的相互作用和具体的统一,这也就是历史进程的总体性。卢卡奇是在对恩格斯的辩证法观提出质疑的情况下论述了辩证法的主客体统一的本质的。他指出:"但是他(恩格斯——引者注)甚至没有提最重要的相互作用——**历史过程中的主体和客体之间的辩证关系**,更不用说让它处于其应有的突出地位了。当然,但如果没有这一因素,辩证法就不再是革命的了,尽管试图(终归是幻想)保持'流动的'概念。因为,这意味着无法认识到:在一切形而上学中,客体仍然始终不变,这样思想始终就是**直观的**,不能成为实践的东西;而对于辩证法来说,中心问题还是**要改变现实**。"①

从三客体相互作用以及主体对客体的实践改造的角度出发,卢卡奇反复强调应当把辩证法限定在社会历史领域,即限定在与人的活动有关的领域,以及人认识和改造自然的领域。卢卡奇在这里主要是把辩证法同人的主体性和人的对象化活动联系起来,这在一定的条件下容易导致对人的主体性的夸大,卢卡奇在1967年为《历史和阶级意识》所写的新版序言中也对此作了自我批评,他认为自己当年谈论这一问题时"是以纯粹黑格尔主义的方法进行的",因此,未能完全超越黑格尔的唯心主义立场。当然,应当看到,卢卡奇关于主客体统一的辩证法的论述主要是强调人的劳动或人的实践对于人的世界的基础性地位。在这方面,马克思较少在纯粹的、自在的自然的意义上谈论辩证法,相反,他的兴奋点主要在于人的存在,因此倾向于把辩证法同人的对象化劳动结合起来。例如,他认为,黑格尔哲学的"真正诞生地和秘密"在于《精神现象学》。他指出:"黑格尔的《现象学》及其最后成果——作为推动原则和创造原则的否定性的辩证法——的伟大之处首先在于,黑格尔把人的自我产生看作一个过程,把对象化看作失去对

---

① 卢卡奇:《历史和阶级意识》,王伟光、张峰译,北京:华夏出版社1989年版,第3—4页。

象,看作外化和这种外化的扬弃;因而,他抓住了**劳动**的本质,把对象性的人、现实的因而是真正的人理解为他**自己的劳动**的结果。"①特别需要指出的是,卢卡奇阐述主体与客体相互作用、相互统一的辩证法,并不是为了进行某种严格的理论推演和学术论证,而是为了寻找扬弃物化,重建人的具体的总体性存在的动力机制,为了实现人的解放。

三、阶级意识与意识革命

必须看到,同马克思一样,卢卡奇也不是一位学院式的理论家,而是一位时刻关注革命过程的实践家。因此,卢卡奇无论是在揭示现代社会的物化现实和物化结构,还是在建构总体性辩证法和主客体统一的辩证法时,都不是为了形成某种纯粹理论形态的哲学体系,而是旨在建构一种实践性的革命理论。正如他指出的那样,"整体性就是范畴问题,特别是一个革命的行动的问题"②。实际上,在卢卡奇那里,从理论形态到革命实践之间并不需要特殊的过渡或中介,主体与客体相统一的辩证法本身就是一种革命理论和实践理论。这是因为,无论主体还是客体,以及二者的统一都不是纯粹的理论范畴和逻辑推演的问题,在卢卡奇看来,这种"统一的主体与客体"(the identical subject-object)在现代社会中有现实的承载者,即无产阶级。因此,主客体统一的辩证法实质上是无产阶级作为自觉的、统一的主体与客体的现实活动的辩证法。然而,无产阶级并非与生俱来地对自身作为统一的历史主体和客体有自觉的认识,因此,主体与客体的现实的辩证的统一,即物化的扬弃和总体性的生成就在很大程度上有赖于无产阶级的阶级意识的觉醒和生成。正因为这一原因,阶级意识范畴在卢卡奇的《历史和阶级意识》中占据十分重要的地位。

(一)无产阶级的阶级意识的生成

阶级意识(class consciousness),特别是无产阶级的阶级意识在主客体统一的辩证法中占有十分重要的地位,无论在理论的维度还是在实践的维度上都是不可或缺的范畴。这是因为,在卢卡奇的基本思路中,阶级意识是一个必不可少的环节,具体说来,物化结构和物化意识导致人的世界和社会

---

① 《马克思恩格斯全集》第42卷,北京:人民出版社1979年版,第163页。
② 卢卡奇:《历史和阶级意识》,王伟光、张峰译,北京:华夏出版社1989年版,第214页注释。

历史进程支离破碎,因此,物化的扬弃取决于总体性的生成,真正的总体性的内涵是人作为社会历史进程的自觉的和统一的主体与客体。然而,无产阶级并不是与生俱来地具有关于自身作为"统一的主体与客体"的地位的自觉,因此,主体与客体的自觉统一,即总体性的生成,有赖于人对自身作为"统一的主体与客体"的地位的理论自觉与实践行动。

卢卡奇认为,由于历史的局限,在迄今为止的各社会阶级中,只有无产阶级有可能对人作为"统一的主体与客体"的地位形成自觉的认识,这就是无产阶级的阶级意识,这是因为,无产阶级本身就是历史进程的"统一的主体与客体",它的命运与人类的命运是一致的。只是,无产阶级并非在任何时候都对自己的这种地位有自觉的阶级意识。卢卡奇认为,无产阶级的阶级意识的形成既是无产阶级自身成熟的结果,更是人类自身不断走向觉醒的成果,因此,这一自觉和生成的过程不是简单的、轻而易举的和短暂的,而是需要现实历史进程的推演和人类理性的自觉投入。我们可以简要地揭示无产阶级阶级意识的觉醒和生成过程。

第一,前资本主义时期不可能有自觉的阶级意识,即人不可能真正把握人在历史进程中的"统一的主体与客体"的地位。

对于这一论点,卢卡奇在《历史和阶级意识》中有明确论述。他断言:"对于前资本主义时代来说,对于其经济基础根源于前资本主义的许多资本主义的阶层的行为来说,阶级意识不可能达到完全清晰,也不可能自觉地影响历史的进程。"①究其原因,主要有以下因素妨碍了前资本主义时代阶级意识的产生。首先,从总体上说,在前资本主义社会中,人与人之间的关系主要不是自觉的社会关系,而是以自然经济为基础的宗法血缘等自然关系,人还没能认识到自己是一种社会的存在,"社会远未组织起来,并且远未控制人们之间的整体关系,因此,社会还没有作为人的现实而在意识中显示出来"②。其次,从具体的阶级关系上看,在前资本主义社会中,经济上的阶级利益并未充分明确地表达出来,社会结构划分为等级和阶层,结果经济因素同政治因素、宗教因素等不可分割地混合在一起。卢卡奇认为,基于等级和阶层的地位意识"掩盖了阶级意识;事实上它极力阻止阶级意识出现","因为等级的形式掩盖了——真实的但'无意识的'——等级的经济存在和社会的经济总体之间的联系。它把意识直接确定在它的特权上(如宗

---

① 卢卡奇:《历史和阶级意识》,王伟光、张峰译,北京:华夏出版社1989年版,第54页。
② 同上书,第21页。

教改革期间骑士的情形),或者——同样直接地——确定在产生特权的社会特定要素上(如中世纪行会的情形)"。① 正因为缺乏自觉的阶级意识,前资本主义时代社会的运行正如马克思所描绘的那样,表现为一种"自然历史进程",或者用现代哲学的术语说,表现为一种"无主体的"进程。

第二,资产阶级是自觉的、真正的阶级,但它特有的地位、利益使它无法超越物化,无法形成关于社会总体性的阶级意识。

卢卡奇认为,在以商品经济为基础的资本主义时代,只有资产阶级和无产阶级成为"纯粹的阶级",即自觉的阶级。这是因为,资本主义社会实现了人类社会由传统农业文明向现代工业文明的转型,"资产阶级社会实现了社会的社会化过程,资本主义既摧毁了不同地域之间的时空障碍,也破坏了不同等级之间的法律隔阂。在资本主义世界里,表面上人人平等;直接决定人和自然之间新陈代谢的变化的经济关系逐步消失殆尽。人成为真正意义上的社会存在物。社会成为人的现实"②。在这种情况下,阶级取代了等级,构成了直接的历史现实,纯粹的经济关系及阶级关系摆脱了等级、宗教等因素,清晰地表现出来。这样,在资本主义条件下,"对社会现实的认识",即自觉的阶级意识的生成变得可能。

然而,资本主义时代所创造的条件,并没有促使资产阶级在阶级意识上达到自觉,在卢卡奇看来,资产阶级的阶级利益是同它的阶级地位相对立的,结果,"资本主义生产的客观限制就成为资产阶级阶级意识的限制"③。卢卡奇从不同侧面展示了资本主义的内在矛盾所造成的资产阶级地位的两重性。例如,"一方面,资本主义是第一个能够对社会进行全面渗透的生产体系,这暗含着在理论上资产阶应能从这一核心地位出发,进而拥有关于整个生产体系的'被赋予的'阶级意识。但另一方面,资本家阶级所占据的地位以及决定其行动的阶级利益,又确证它甚至在理论上也不能控制它的生产体系"④。再如,"在意识形态上我们也看出了同样的矛盾,资产阶级赋予个人以前所未有的重要性,但同时这个个人的个性又被他所从属的经济条件所消灭,被商品生产造成的物化所消灭"⑤。因此,从总体上说,在资产阶级那里,人在实践上并没有作为"统一的主体与客体"而存在,在理论上也

---

① 卢卡奇:《历史和阶级意识》,王伟光、张峰译,北京:华夏出版社1989年版,第58页。
② 同上书,第22—23页。
③ 同上书,第64页。
④ 同上书,第62—63页。
⑤ 同上书,第62页。

没有形成关于这一地位的自觉的意识,而实际上占主导地位的是物化结构和物化意识。

第三,只有无产阶级才能形成真正的总体观念,即自觉的阶级意识,这是由它特殊的历史地位决定的,它既是物化的彻底牺牲者,又是扬弃物化的根本力量。

卢卡奇认为,无产阶级是同资产阶级一道产生的真正意义上的阶级,它的诞生为充分认识社会现实提供了必不可少的条件,只有无产阶级才能形成关于人作为"统一的主体与客体"的地位的自觉意识,而这种阶级意识为无产阶级认识整个社会提供了一个有利的出发点。具体说来,无产阶级能够超越资产阶级的阶级地位的局限,形成自觉的阶级意识,这是由无产阶级本身特殊的历史地位决定的,它既是物化的彻底牺牲者,又是扬弃物化的根本力量。卢卡奇指出,资产阶级超越了自然关系,把人与人之间的所有关系都变成了"纯粹的社会关系",但是,资产阶级在理论和意识上仍囿于商品拜物教的范畴,把物化结构当作永恒的自然状态。而"无产阶级是这种社会化过程的关键点。一方面,劳动成为商品的转变把一切'人的'因素从无产阶级的直接存在中除掉,另一方面,同样的发展过程逐步地把一切'有机的'东西,把一切同自然的直接联系从社会形式中排除出去,以致于社会化的人能够把在与人性相疏远或甚至与人性相对立的客观性中表现出来。正是在这种一切社会形式客观化、理性化和物性化的过程中,我们第一次清楚地看到了社会是怎样从人们的相互关系中构造出来的"①。

卢卡奇指出,上述关于无产阶级的特殊地位的分析同马克思和恩格斯在《共产党宣言》等著作中所作的分析是一致的。具体说来,无产阶级革命的目标不像以往的阶级那样,使自身作为直接现实的特定社会的阶级而存在,而是要导致无产阶级自身的消亡。同样,过去一切阶级在争得统治之后,总是力图把已经获得的生活地位巩固起来,使全社会都服从那种保证它们的占有方式的条件。而无产阶级则只有消灭自己现有的占有方式,从而消灭迄今存在的全部占有方式,才能获得社会生产力。因此,只有无产阶级才能形成自觉的阶级意识,而对于无产阶级的阶级意识而言,直接的利益和对整个社会的客观影响之间的辩证关系就在无产阶级自身的意识之中。

---

① 卢卡奇:《历史和阶级意识》,王伟光、张峰译,北京:华夏出版社1989年版,第189页。

（二）无产阶级的阶级意识的基本内涵

从上述论述可以看出，卢卡奇对于阶级意识这一重要范畴实际上是在两个层面上使用的，当然，这两个层面是相互联系的。首先，在广义上，任何一个阶级都应当有自己的阶级意识，即对于自身的社会历史地位的某种自觉的或不自觉的认识与把握，这种理解自觉地或自发地引导着这个阶级的行动。就目前为止的大多数阶级而言，它们往往在理论上无法超越自身的经济结构和物质利益的局限，无法形成关于人的一般存在状况和社会地位的自觉意识，而具有某种关于自身社会地位的自发的认识。正是在这种意义上，卢卡奇断言："抽象地和形式地看，阶级意识就意味着对人们的社会历史和经济状况的一种受阶级制约的**无意识**。"① 其次，从狭义上讲，卢卡奇在这里所强调的阶级意识特指只有无产阶级才能形成的一种自觉的阶级意识，一种关于人作为社会历史进程的"统一的主体与客体"的自觉意识。这既是无产阶级关于自身阶级状况和社会地位的一种自觉的阶级意识，也是超越无产阶级的阶级局限，关于扬弃物化结构的真正意义上的人的存在的意识，因为无产阶级的命运同人类一般命运有着本质上的一致性。

卢卡奇在《历史和阶级意识》中反复强调的阶级意识，是指无产阶级的自觉的阶级意识，它的生成对于现代人超越支离破碎的物化现实，形成社会历史的总体性，实现主体与客体的自觉统一，具有十分重要的意义。卢卡奇始终是在扬弃物化的意义上阐述无产阶级的阶级意识的，其基本内涵可以概括为以下几点。

第一，无产阶级的阶级意识的实质是关于无产阶级作为社会历史进程的"统一的主体与客体"的地位的自觉意识，而这一意识的形成与无产阶级在实际上成为历史的主客体统一体的发展密切相关。

如前所述，物化结构和物化现象的无所不在使人，特别是劳动者沦为抽象的、被动的、孤立的客体，而物化意识的强化又使物化的人对于自身的物化境遇习以为常，缺少超越的维度。无产阶级的阶级意识的核心内容是要使无产阶级在理论上和实践上超越片面的物化境遇，从被动的客体生成为主动的、自由自觉的主体，使主体与客体的自觉的相互作用和辩证统一成为社会历史进程的主要内涵。因此，卢卡奇断言："只有当无产阶级的意识能够指出，历史的辩证法受到客观地推动，但不能毫无目的地发展所遵循的道

---

① 卢卡奇：《历史和阶级意识》，王伟光、张峰译，北京：华夏出版社1989年版，第51—52页。

路的时候，无产阶级的意识才会觉悟成为对这个过程的意识，而且只有到那时，无产阶级才会成为其实践将改变现实的历史的统一的主客体。如果无产阶级不能达到这一步，那么这些矛盾将仍然无法解决，而且通过历史的辩证机制将在更高水平上，以改变了的形式越加激烈地再生产出来。"①

第二，无产阶级的阶级意识的核心是总体性在实践上的生成和在理论上的自觉，即人应当"渴望总体性"。

强调无产阶级要成为社会历史进程的"统一的主体与客体"或者成为主体与客体的统一体，就是说，无产阶级应当在真正意义上的人的存在层面上，扬弃自身存在的分裂和社会历史进程的支离破碎，不再单纯作为被动的客体，而成为积极主动的主体，在实践中促使主体与客体辩证统一，促使以人的存在为核心的总体性在理论上和实践上生成，使社会历史进程不再作为"无主体的"、自律的"自然历史过程"，而作为主体与客体相互作用和辩证统一的自觉进程。正是在这种意义上，卢卡奇断言："重要的是，应该有一种对整体性的要求，行动应在如此描述的过程的整体中为目的服务。当然，随着社会的资本主义化的发展，把每个特殊事件的丰富内容纳入内容的整体中，越来越有可能，从而越来越成为必然。"②在卢卡奇看来，这种总体性的生成对于一个阶级的阶级意识和它在社会历史进程中的作用而言是关键性的因素。这是因为，"如果从一个特定阶级的优越点出发，那就看不到现存社会的总体。如果一个阶级思考那些它创造的而且最终要影响它的利益的思想，而又不能触及这个总体的心脏，那么这个阶级注定仅仅扮演了一个次要的角色"③。正因如此，卢卡奇总是把无产阶级成为主体与客体的统一体与总体性的生成在本质上看作同一个问题，并视之为无产阶级的阶级意识生成的核心问题。

第三，作为无产阶级阶级意识的自觉表述的无产阶级阶级理论本质上是实践理论。

这一点很好理解。正如马克思的理论始终是一种革命的和批判的理论一样，卢卡奇关于阶级意识的理论同样是一种实践理论。无论强调主体与客体的辩证统一，还是强调总体性的生成，从根本上讲，都不只是为了表述

---

① 卢卡奇：《历史和阶级意识》，王伟光、张峰译，北京：华夏出版社1989年版，第213—214页。
② 同上书，第214页。
③ 同上书，第52页。

一种理论观点或建构一种理论形态,而首先是要根本扬弃无产阶级的物化境遇,使真正意义上的"统一的主体与客体"得以生成,使社会历史进程真正作为一种环绕着人的主体与客体的辩证运动而展开的总体性进程。正是在这种意义上,卢卡奇反复强调无产阶级的自觉的阶级意识、无产阶级的自觉的理论是"实践理论",无产阶级是"历史上第一个(客观地)能有充分社会意识的主体",因此,它的阶级意识要"在实践中变为真实的过程"。他清楚地说道:"无产阶级思想首先纯粹是一种**关于实践的理论**,这种理论只是渐渐地(而且时常间歇地)转变成推翻现实世界的**实践的理论**。……然后,才可能阐明无产阶级的社会历史地位和阶级意识之间的密切相互作用的辩证过程。这样,无产阶级是社会历史的统一的主—客体这一陈述才能成为真正具体的。"①

第四,作为一种实践理论,无产阶级的阶级意识的核心是改变现实与自身。

应当说,这是关于无产阶级的阶级意识或理论的功能的表述,它是上述几点论述的必然逻辑。一方面,作为一种旨在超越现存世界的物化结构和物化意识,实现主客体的总体性统一的实践理论不可能不以改变现实和改变自身为己任和宗旨。正如马克思在表述他的实践理论时所强调的那样,哲学家们只是以不同的方式解释世界,而问题在于改变世界。卢卡奇也是这样理解哲学问题的。他断言:"**只有无产阶级的实践的阶级意识才拥有这种改造事物的能力。每一种思辨的纯粹认识的立场,最终导致同其对象有一种分化的关系。**"②对于无产阶级阶级意识的实践功能的这种强调,使得卢卡奇的物化理论、总体性理论、主客体统一的辩证法理论、阶级意识理论等,都成为在理论和实践相结合的层面上的完整的、统一的理论学说。

(三)阶级意识与意识革命

卢卡奇的物化理论、总体性原则、主客体统一的辩证法和阶级意识理论作为革命的和实践的理论,其落脚点是无产阶级革命。卢卡奇依据这些理论,提出了与传统的暴力革命观有所不同的新的无产阶级革命观。他认为,无产阶级阶级意识的生成对于无产阶级革命具有至关重要的影响,当客观的,即经济上和政治上的革命条件已经具备,无产阶级的阶级意识的觉醒程

---

① 卢卡奇:《历史和阶级意识》,王伟光、张峰译,北京:华夏出版社1989年版,第222页。
② 同上书,第221页。

度就成为决定革命成败的关键性因素;在这种意义上,以无产阶级的阶级意识的生成,即无产阶级的内在转变为内涵的意识革命就不只是经济革命和政治革命的伴随现象,而是无产阶级革命的首要问题。无产阶级革命是彻底扬弃物化,根本改变人的生存方式的总体性进程,它包括政治上的、经济上的、文化上的、心理性的多方面的转变。在这一总体革命进程中,意识革命处于核心的地位。

第一,无产阶级的阶级意识对于无产阶级革命具有至关重要性。

卢卡奇分析了俄国十月革命之后所发生的一系列无产阶级暴力革命的经验教训,他认为,这些主要发生于西方国家的革命之所以失败,根本原因在于,这些国家的无产阶级尚未超越物化意识的束缚,其阶级意识尚未达到自觉。从这一视角出发,卢卡奇反复强调无产阶级的阶级意识对于无产阶级革命的重要性。在谈到无产阶级反对资产阶级的斗争时,卢卡奇指出:"'自由王国','人类史前史'的终结,意味着人们之间对象化的、物化的关系的力量开始复归于人。这一过程越是接近它的目的,对无产阶级来说,越是要迫切地理解自身的历史使命,无产阶级的阶级意识也就越强烈、越直接地决定它的每一行动。因为只要盲目起作用的力量还未达到它自我消灭的目标,这种力量就会'自动地'推进到这一目标。当向'自由王国'的过渡时刻产生时,这就更为明显。因为这盲目的力量将盲目地冲向万丈深渊,唯有无产阶级的自觉意志能使人类免遭即将来临的灾难。换言之,当资本主义最终的经济危机发展时,**革命的命运(以及人类的命运)将取决于无产阶级意识形态的成熟,即取决于无产阶级的阶级意识。**"[①]

卢卡奇不但一般地强调无产阶级的阶级意识对于无产阶级革命及整个人类命运的至关重要性,而且从不同侧面具体地阐述这一重要性。例如,卢卡奇指出,物化意识同物化结构一样普遍支配着各个阶级和各个阶层,因此,当资本主义社会已经出现了严重危机时,无产阶级以及其他一些阶级和阶层仍然觉得,资产阶级国家、法律和经济对于他们来说,是"唯一"可能在其中生存的环境。卢卡奇认为,"在资本主义内部仍然相当安稳的时代里,大部分工人阶级完全在资本主义的范围内采取一种**意识形态**的立场是可以理解的"[②]。在这种情况下,物化的意识形态就会成为现实革命进程的主要障碍,这一障碍的消除有赖于无产阶级阶级意识的觉醒。再如,革命组织特

[①] 卢卡奇:《历史和阶级意识》,王伟光、张峰译,北京:华夏出版社1989年版,第70页。
[②] 同上书,第264页。

别是革命政党在无产阶级革命运动中占据十分重要的地位。对此,卢卡奇在《历史和阶级意识》中以"合法性和非合法性""关于组织问题的方法"等为题,进行了专门探讨。但是,卢卡奇明确指出,革命组织和革命政党并不是从无产阶级之外强加给无产阶级的东西,相反,"革命组织应以高度的阶级意识为先决条件"①,而"阶级意识的独立表现——即共产党——的内在发展是第一重要的因素"②。这些论述都从不同的具体层面展示了无产阶级的阶级意识对于无产阶级革命的重要性。

第二,无产阶级阶级意识的重要性决定意识革命在无产阶级的总体性革命中处于核心地位,以无产阶级的内在转变、自我教育或阶级意识的生成为内涵的意识革命是无产阶级革命的关键环节。

以暴力革命为特征的传统革命观强调革命的政治和经济内涵,习惯于把意识和心理等层面的转变视作政治革命和经济变革的产物和伴随现象。而卢卡奇的阶级意识理论则把无产阶级的革命理解成一种总体性的革命。这是因为,从内涵上讲,无产阶级革命不仅要改变现存的经济制度与政治体制,而且要从根本上扬弃物化,实现人的生存方式的根本改变,因此,它必然涉及人与社会各个层面的变革;从途径上讲,无产阶级革命不可能单纯通过政治经济变革来完成,如前所述,在缺乏无产阶级自觉的阶级意识的情况下,单纯由客观的革命形式不可能引发实质性的革命,因此,以无产阶级的内在转变、自我教育为内涵的意识革命就成为总体性的无产阶级革命的核心问题。

上述两种革命观的差异和分歧很大程度上与它们对无产阶级的不同理解有直接关系。在以暴力革命为特征的传统革命观中,无产阶级本身往往被视作现成的、完成了的革命力量,因此,革命主要是一个客观自律的进程。而在卢卡奇那里,虽然无产阶级的历史地位使它有可能成为代表人类利益的革命力量,但它并不天然地具有自觉的阶级意识;相反,深受物化结构和物化意识支配的无产阶级要获得自觉的阶级意识需要艰巨的努力和相当长的过程。卢卡奇反复指出,无产阶级是物化的最大牺牲者,它在获得成熟的阶级意识之前,要遭受许多"苦难"。他指出:"作为资本主义的产物,无产阶级必然从属于它的创造者的存在方式。这种存在方式是非人性的和物化的。毋庸置疑,无产阶级的存在包含着批判和否定这种生活方式。但只有

---

① 卢卡奇:《历史和阶级意识》,王伟光、张峰译,北京:华夏出版社1989年版,第323页。
② 同上书,第334页。

在资本主义客观危机已经成熟,无产阶级已经到达真正的阶级意识并能充分理解这种危机时,它才能超出对物性化的批判。所以,它对它的对手只具有否定的优势。的确,如果它只不过否定资本主义的某些方面,如果它甚至不想批判这一整体,那么它就不能取得这种否定的优势。"①正因如此,卢卡奇反复强调,无产阶级在意识形态领域还有"漫长的道路",对此抱有任何幻想都将是"灾难性的"。

从这样的理解出发,卢卡奇所强调的无产阶级的意识革命就具有了十分重要的地位和十分丰富的内涵,它不仅要求作为社会历史进程的"统一的主体与客体"的无产阶级能以一种自觉的批判意识来同资本主义社会中占主导地位的物化意识相抗衡,并在意识形态领域中逐步取得主导地位,而且要求无产阶级首先完成自身的意识结构的转变,首先形成这种自觉的阶级意识。卢卡奇从"内在转变"和"自我教育"的角度揭示无产阶级意识革命的具体内涵。他认为,在当代社会,无产阶级的内在转变已成为一个十分紧迫的问题。"今天对整个阶级来说,现实的和相关的问题是:无产阶级的内部改造问题,即向它的客观历史使命阶段发展的问题。这是一个在能找到实际上解决世界经济危机的办法之前,必须先解决的意识形态危机。"②卢卡奇把无产阶级的内在转变问题视作无产阶级的"自我教育"问题。无产阶级在一个物化的世界中要形成超越物化的自觉意识,必须经历自我教育的过程。"无产阶级的自我教育是一个长期的和困难的过程,只有经过这个过程,无产阶级才能成为'成熟'的革命阶级,因为无产阶级受着资本主义生活方式的影响,所以一个国家的资本主义,以及资产阶级的文化越是高度发展,那么无产阶级的自我教育过程就越是这样一个艰巨的过程。"③

以上,我们通过对物化意识和物化结构、总体性原则、主客体统一的辩证法、阶级意识、意识革命等范畴的分析比较完整地展示了青年卢卡奇在《历史和阶级意识》中所建构的哲学理解框架,以及他的物化理论和辩证法思想的内在逻辑结构。如前所述,虽然这只是卢卡奇青年时代表述的思想观点,虽然他在此后又阐述了许多不同的哲学思想,但是,这些思想观点无疑是他最重要、最有影响的理论创建,正是他的物化理论和主客体统一的辩证法开启了西方马克思主义思潮,使他成为西方马克思主义的奠基人和创

---

① 卢卡奇:《历史和阶级意识》,王伟光、张峰译,北京:华夏出版社1989年版,第77页。
② 同上书,第80页。
③ 同上书,第267页。

始人。

卢卡奇的早期思想和他所开辟的西方马克思主义同马克思的思想的关系以及同20世纪人类思想演进的关系问题，是需要从多方面加以分析的复杂问题。我们在这里，只能作一些简要的分析。一方面，我们在青年卢卡奇的物化理论和主客体统一的辩证法对于实践的创造性及人在历史进程中的主体作用的强调中，的确看到他的思想同马克思的思想的差别，以及这种差别导致背离马克思思想的可能性。但是，另一方面，我们不难看出卢卡奇的物化理论和主客体统一的辩证法同马克思的异化理论和实践哲学构想的本质关联。同时，在卢卡奇理论同马克思思想的差异中，我们也不难看出卢卡奇在20世纪历史条件下对马克思异化理论的发展，而正是这种发展使他的理论同20世纪人类文化精神的演进有着本质的联系，使他的学说深刻地影响了20世纪新马克思主义的发展。

关于卢卡奇的理论同马克思学说的关系，学界的看法不一。有一些研究者认为，青年卢卡奇的物化理论和主客体统一的辩证法背离了马克思主义，滑向了唯心主义。卢卡奇本人也承认《历史和阶级意识》中存在着某些"对马克思主义的偏离"①，其中最突出的偏离表现在混淆了异化和对象化，从而把"一种社会的批判"变为"一种纯粹哲学批判"，一种"典型的文化批判"的问题②。

不可否认，卢卡奇的物化理论的确具有把传统的社会政治批判转变为以人的境遇为关注点的文化批判的特征。但是，对于这一转折，不能简单地视为"对马克思主义的偏离"，也不能简单地视为消极的倾向。首先，如前所述，虽然卢卡奇在表述物化理论时没有读过马克思《1844年经济学哲学手稿》，但是，他关于物化的客观方面和主观方面的规定性的论述同马克思关于劳动异化的基本规定性的理解有着惊人的一致性，在这里，不存在对马克思的学说的背离问题。其次，卢卡奇的物化理论与马克思的异化理论的不同之处在于，他把物化同近现代社会的理性化进程结合起来，从技术理性对人的主体性发展的负面效应，如人的原子化、数字化、片面化和物化意识的普遍化等方面揭示现代社会的物化现象，剖析现代人的文化困境。卢卡奇把哲学批判的重心由社会政治批判向文化批判转移，并非是某种理论或

---

① 卢卡奇：《历史和阶级意识》，张西平译，重庆：重庆出版社1989年版，新版序第21页。此处采用了不同译本，因其译文更简洁准确。后面章节亦有类似情况，不另说明。

② 同上书，第29页。

学术偏好使然，而是有着深刻的文化和历史原因。从19世纪末到20世纪上半叶，人类经历了一场深刻的文化危机，即技术理性主义的危机。科学技术作为人类最杰出的创造给人类带来了巨大的财富和力量，但它的自律膨胀也导致了一系列的负面效应，它使现代人不仅继续受政治和经济问题的困扰，而且受技术理论、意识形态、大众文化等普遍的文化力量的统治与束缚。在这种意义上，卢卡奇的物化理论对文化批判的强调有着积极的意义，有助于在20世纪历史条件下发挥马克思异化理论的生命力，使马克思的学说同当代人类社会历史进程保持本质性的关联。同时，它也使得马克思的文化批判理论同20世纪的各种文化批判思潮，如韦伯关于工具理性的批判、胡塞尔关于科学危机的分析、西方人本主义的批判理论等形成对话与碰撞。正因如此，卢卡奇的物化理论和主客体统一的辩证法影响了20世纪的众多新马克思主义者，完成了从马克思的异化理论到法兰克福学派等新马克思主义流派关于意识形态、技术理性、大众文化、心理机制等异化力量的文化批判之间的联结与转变。

　　由此可见，尽管卢卡奇的物化理论和主客体统一的辩证法，以及20世纪其他新马克思主义的文化批判，在阐述人在历史进程中的主体作用等方面存在着走向偏颇或极端的可能性，并导致了各种各样的理论失误和偏差，但是，我们应当以积极的态度对待他们的理论突破和建树，因为，他们一方面继承了马克思的异化理论和实践学说，另一方面直面了20世纪人类的文化和历史困境。无论这些理论探索成功与否，无论这些理论观点正确与否，它们都将给我们以深刻的启迪。正是从这样的角度思考问题，我们充分肯定卢卡奇在20世纪新马克思主义和20世纪人类思想发展中的重要地位。

第二章
科尔施的马克思主义观

科尔施(又译柯尔施)是卢卡奇的同时代人。尽管他在新马克思主义和20世纪人类思想演进中的影响远不及卢卡奇那样大,但是,他在1923年与卢卡奇的《历史和阶级意识》同时发表的《马克思主义和哲学》中,表述了一种以总体性原则为核心的马克思主义观,这使他同卢卡奇并列为西方马克思主义的奠基人,而他的《马克思主义和哲学》也成为西方马克思主义(或称新马克思主义)的经典著作之一。

科尔施于1886年5月15日出生于德国汉堡附近的托斯泰特的一个银行职员家庭。他受过良好的教育,先后在慕尼黑、柏林、日内瓦和耶拿等地接受高等教育,1910年在耶拿大学以《关于合格供状的证明——兼论法律和行为问题》一文获得法学博士学位,而他实际所受的教育不限于法律,还包括经济学和哲学。一般说来,我们可以把科尔施大学毕业以后的学术和社会活动生涯粗略地划分为三个主要阶段。

1911—1919年是科尔施的前马克思主义时期。科尔施获博士学位后,于1911年去英国研究法律,1914年世界大战爆发后,回国参军,战争结束后,他开始积极参加政治活动,加入了德国"独立社会民主党"。在这一时期,科尔施的思想主要受英国费边社的改良主义影响。他去英国后,很快加入了费边派,他赞同费边派以国家的中立性作用、工人民主、逐步扩大公有制成分等为内容的社会主义模式。正是由于这些思想的影响,科尔施在1918—1920年间德国独立社会民主党所组织的革命中,提出了著名的工人委员会和实践社会主义的理论。此时,他的思想已经非常接近马克思主义的观点。

1920—1926年是科尔施在德国共产党内部和国际共产主义运动中从事政治活动和理论活动的时期。科尔施于1920年加入德国共产党。在20

年代初,他试图从理论上总结第一次世界大战后国际无产阶级革命运动的经验和教训。在这一阶段,他坚持以工人委员会为核心的实践社会主义的理论,认为,工人委员会是无产阶级革命斗争的中坚力量。参加德国共产党后,科尔施在政治上更加活跃,1923年他担任图林根社会民主党政府的司法部长,1924—1925年任德国共产党理论刊物《国际》的主编,1924—1928年还担任了州议会和德国议会的议员。不过在这一时期,对科尔施来说,最重大的事件是他的《马克思主义和哲学》的问世。他在1923年所发表的这篇长篇论文中,分析了第二国际理论家的实证化倾向所导致的"马克思主义的危机",并从总体性原则出发,重新阐发了马克思主义与哲学的关系,提出了新的马克思主义观。在《马克思主义和哲学》中,科尔施不但尖锐地批判了第二国际理论家的"正统"马克思主义,而且间接地批评了列宁的一些观点,因此,该论文一发表就同卢卡奇的《历史和阶级意识》一样,在德国共产党和共产国际内部遭到激烈的批判。由于科尔施拒绝修正自己的观点,拒绝作自我批评,于1926年4月被开除出德国共产党。

  1926—1961年是科尔施脱离国际共产主义运动,独立从事教学与研究的时期。被德国共产党开除这一事件并未使科尔施在政治态度和理论观点上有所改变,他一如既往地坚持自己的见解,成为"独立的马克思主义者"或称"自由的批判理论家"。科尔施于1930年发表了《关于"马克思主义和哲学"问题的现状:一个反批判》的论文,对《马克思主义和哲学》发表之后所遭到的各种批判进行了驳斥,并且公开地、更加系统地批评了列宁的哲学观点。科尔施于1933年移居丹麦,于1936年迁居美国,逐步退出了政治活动,从事研究与教学。1961年科尔施在美国马萨诸塞州去世。

  正如卢卡奇一生著述颇多,而《历史和阶级意识》最有影响一样,科尔施一生也有许多论文和著作,但在20世纪的理论和思想演进中产生重要影响的,是与《历史和阶级意识》同年出版的《马克思主义和哲学》,它同《历史和阶级意识》一道成为西方马克思主义的奠基性著作。我们在这里,依据科尔施1923年出版的《马克思主义和哲学》和1930年发表的《关于"马克思主义和哲学"问题的现状:一个反批判》,阐述科尔施的马克思主义观,其中最主要的内容是科尔施关于马克思主义发展中的"哲学转折"问题和马克思主义发展的三阶段的论述。

一、"哲学转折"与总体性原则

《马克思主义和哲学》一书的名称本身已经透露出,在科尔施的眼中,哲学对于马克思主义而言具有特殊的重要性。在今天的人们看来,这似乎不是一个问题,因为马克思主义显然具有它的哲学维度。然而,科尔施提出马克思主义与哲学的关系问题,其目的并不是为了用某种哲学理论来保证马克思主义理论体系的完整性,也不是一般地从理论上说明马克思主义内在地包含有自己的哲学组成部分,他在这里实际上提出了一个事关马克思主义的理论性质和社会功能的大问题。在他看来,马克思主义同哲学是否具有本质的联系,直接关系到马克思主义的本质特征:它是作为一种超越现存的总体性革命理论,还是作为一种与现存认同的实证性理论?

科尔施认为,马克思主义在本质上是一种以理论和实践的统一为特征的总体性革命理论,一种深刻的哲学立场。但是,在相当长的时期,马克思主义的哲学性质被忽视或被否定了,由此,马克思主义陷入了深刻的危机,成为一种丧失总体性的实证性理论。要使马克思主义摆脱危机,就必须恢复马克思主义的哲学精神,在马克思主义的进一步发展中实现深刻的"哲学转折"。

(一)理论的危机与哲学性的丧失

科尔施在《马克思主义和哲学》一书中,毫不犹豫地提出了马克思主义理论的危机问题。他认为,在第二国际的正统马克思主义占主导地位的几十年中,马克思主义经历了深刻的危机,"在20世纪初,资本主义长期的纯粹进化的发展时期结束了,一个新的革命斗争时代开始了。由于阶级斗争实际条件的这个变化,出现了马克思主义理论进入了危机阶段的日益增长着的迹象。很明显,追随者们的极其平庸的和残缺不全的庸俗马克思主义,甚至不能适当地意识到它自己的所有问题,更不用说对他们之外的一系列问题的任何明确的见解了"①。

科尔施认为,马克思主义理论危机的根源在于哲学性的丧失。他指出,在当时的历史条件下,并不是只有某些人偶尔地忽略马克思主义和哲学的

---

① 卡尔·柯尔施:《马克思主义和哲学》,王南湜、荣新海译,重庆:重庆出版社1989年版,第19页。

本质关联;相反,"直到最近,不论是资产阶级的还是马克思主义的思想家们,对于马克思主义和哲学之间的关系可能会提出一个非常重要的理论的和实践的问题这一事实,都没有较多的了解"①。科尔施主要从以下三个方面分析马克思主义哲学本性的丧失或马克思主义和哲学的本质联系被忽略的情形。

首先,资产阶级学者大都不重视马克思在哲学上的贡献和马克思主义在哲学史上的重要地位。

科尔施指出,资产阶级学者往往不承认马克思在哲学发展史上的地位,他们往往反复强调,"马克思主义没有任何它自己的哲学内容"②,在他们看来,如果说马克思主义有什么哲学,那也不过是不值得考虑的"黑格尔主义的余波",充其量"不过是19世纪哲学史中一个相当不重要的分支"③。科尔施列举资产阶级学者的一些关于哲学史的专著,如库诺·费舍的九卷本《近代哲学史》、宇伯威格的《19世纪初到现代的哲学史概论》、F. A. 朗格的《唯物主义史》等,这些著作都无视马克思的哲学观点,至多也只是只言片语地提及马克思和恩格斯的名字,而且给予他们的评价也很低。科尔施认为,造成上述这一现象的原因与近代资产阶级哲学各方面的局限性有直接的关系。"自从19世纪中叶以来,全部资产阶级哲学,尤其是资产阶级的哲学史著作,出于社会经济的原因,已经抛弃了黑格尔哲学和辩证的方法。它已经返回到这样一种哲学的和写哲学史的方法,这种方法使得它几乎不可能从像马克思的科学社会主义这样的现象中得出任何'哲学的'东西来。"④科尔施认为,资产阶级哲学史研究的局限性表现在各个方面:首先是"纯粹哲学的"局限性,即资产阶级理论家只承认独立形态的纯哲学,而不懂得,哲学的观念和精神可以存活于各种具体科学之中;其次,资产阶级哲学还存在"地域的"局限性,尤其是德国哲学教授,他们不承认在德国的界限之外,还存在着其他的哲学家;此外,资产阶级哲学家还有一个不可克服的局限性,他们无法真正把握纯粹的、观念的哲学的发展同社会具体历史发展的本质关联。从上述狭隘的眼界出发,资产阶级学者显然不可能承认马克思主义具有哲学内涵,因为,在马克思那里,哲学不是一种独立的理论形态,而是

---

① 卡尔·柯尔施:《马克思主义和哲学》,王南湜、荣新海译,重庆:重庆出版社1989年版,第1页。
② 同上书,第4页。
③ 同上书,第1页。
④ 同上书,第7页。

一种变革现实的理论精神。

其次,以第二国际理论家为代表的所谓"正统"马克思主义者把马克思主义归结为一种实证的社会理论,他们同样否认马克思主义同哲学之间的本质关联。

众所周知,第二国际理论家受现代实证主义思潮的影响,否认马克思主义包含一种哲学立场,他们把马克思的学说归结为一种以"经济决定论"为特征的经济学说或社会学说。科尔施指出,第二国际理论家并不断然否定任何哲学问题,他们往往允许在马克思主义的阵营中讨论某些哲学问题,但是,他们认为,讨论这些问题对于无产阶级的阶级斗争实践是"全然无用的"。例如,梅林曾研究了马克思和恩格斯学说的哲学起源,但他却强调他本人接受了大师们不朽成就的前提,即"抛弃所有的哲学幻想"①。第二国际理论家的一个基本结论和基本的出发点就是:"马克思主义作为理论和实践在本质上是全然不可变化、并且不包含任何哲学问题上的特定立场的。"②科尔施认为,这样一来,第二国际理论家们在马克思主义与哲学的关系问题上就同资产阶级学者们走到一起了。"在那个时期,无论马克思主义理论和资产阶级理论在所有其它方面有着多大的矛盾,这两个极端在这一点上却有着明显的一致之处。资产阶级的哲学教授们一再互相担保,马克思主义没有任何它自己的哲学内容,并认为他们说的是很重要的**不利于**马克思主义的东西。正统的马克思主义者们也一再互相担保,他们的马克思主义从其本性上来讲与哲学没有任何关系,并认为他们说的是很重要的**有利于**马克思主义的东西。"③

再次,除了上述资产阶级学者和第二国际理论家之外,还有一种思想倾向也关心马克思主义与哲学的关系。这一倾向同上述两种倾向一样,也认为"马克思主义本身是缺乏哲学内容的"④,但有所不同的是,他们认为,马克思主义体系需要哲学,因此,他们致力于用"文化哲学观点"和康德、狄慈根、马赫等人的哲学概念来"补充"马克思主义。科尔施称这些人为"研究哲学的社会主义者",他们虽然强调马克思主义应当同哲学具有本质的关联,但是他们同资产阶级学者和第二国际理论家一样,没有理解马克思学说

---

① 卡尔·柯尔施:《马克思主义和哲学》,王南湜、荣新海译,重庆:重庆出版社1989年版,第3页。
② 同上书,第4页。
③ 同上。
④ 同上。

中所包含的深刻的哲学精神。

由于上述各种思想倾向的共同作用,19世纪末20世纪初人们通常所理解的马克思主义丧失了哲学性,即内在的哲学维度。科尔施认为,上述各种思想倾向从不同侧面否定马克思主义的哲学内涵,"都是起因于对历史和逻辑的发展非常肤浅而不完整的分析"。这种肤浅性突出地表现在他们对哲学本性的不正确的理解,表现在他们对黑格尔哲学的漠视。科尔施指出:"在19世纪后半期的资产阶级学者中,存在着对黑格尔哲学的极度漠视,这与完全不理解哲学对现实、理论对实践的关系相一致,但这种关系却构成了黑格尔时代的全部哲学和科学的生存原则。另外,**马克思主义者们**同时也以完全同样的方式日益倾向于忘记辩证法原则的原初意义。"①

如果我们把科尔施的上述思想梳理一下,可以概括和揭示出这样的理论思路或称理论逻辑:哲学的最根本原则是理论和实践相统一的原则,这也即是理论和实践的总体性统一的原则。依据这一总体性原则,哲学不仅可以存在于纯粹的观念体系之中,更可以存活于各种具体理论和社会实践之中,成为理论和实践的内在的本质精神。从这样的视角来看,无论是固守纯粹理论形态的哲学立场的资产阶级教授,还是从实证主义立场根本拒斥哲学的第二国际理论家,都未能看到以变革现存世界为宗旨的马克思学说所包含的理论与实践相统一的总体性原则,因而从不同角度否定或消解了马克思主义的哲学性。科尔施认为,丧失了哲学性的理论必然丧失其革命的和批判的维度,因此,必须在马克思主义的发展中自觉地实现"哲学转折",恢复马克思学说本应包含的哲学性,即理论与实践相统一的总体性原则。因此,"哲学转折"的实现是通过总体性原则的恢复或确立来完成的。

(二)"哲学转折"与总体性原则的恢复

如前所述,"哲学转折"实质上是要恢复马克思学说本应内含的革命的哲学性,而恢复哲学性实质上是要重新确立理论与实践相统一的总体性原则,确立理论变革现实的辩证的革命本性。对于这一主题,科尔施首先从强调马克思学说同德国古典哲学,特别是黑格尔哲学的内在联系入手;进而着重分析了马克思和恩格斯以"消灭哲学"为外在形式所实现的深刻的哲学变革;最后落脚于理论和实践相统一的总体性原则的恢复和确立。

---

① 卡尔·柯尔施:《马克思主义和哲学》,王南湜、荣新海译,重庆:重庆出版社1989年版,第5页。

科尔施同卢卡奇一样,强调马克思主义同黑格尔哲学之间的内在关联。他认为,资产阶级学者漠视以黑格尔哲学为代表的德国古典哲学,是因为他们没有真正把握黑格尔哲学所包含的辩证的和革命的原则。他指出,在马克思主义产生以后,"德国古典哲学,这一资产阶级革命运动的意识形态表现,并未**退场**,而是**转变成了**一种新的科学,这种科学以后作为无产阶级革命运动的一般表现而出现在观念的历史上。这就是最早由马克思和恩格斯在 40 年代发现和系统论述的'科学社会主义'理论。资产阶级的哲学史家们至今或者是全然无视在德国唯心主义和马克思主义之间的这一本质的和必然的联系,或者只是不适当地和不连贯地想象和描述它。为了真正地把握它,必须抛弃现代哲学史家们的常规的抽象的和观念形态的方法,而代之以一种不必专门是马克思主义的,但一定是在黑格尔和马克思的意义上直接辩证的方法。如果我们这样做了,我们就一下子不仅看到德国的唯心主义哲学和马克思主义哲学之间的相互关系,而且也看到它们的内在必然性"①。

在这里,需要指出的是,一些研究者基于卢卡奇和科尔施等人对马克思主义哲学同德国古典哲学,特别是同黑格尔哲学的内在联系的强调而把他们的学说称为"黑格尔主义的马克思主义"或"黑格尔式的马克思主义",这种说法是很不确切的。首先,卢卡奇和科尔施等人对马克思学说同黑格尔学说之间的联系的强调,同萨特对马克思主义同存在主义之间的联系的强调或者阿尔都塞对马克思主义同结构主义之间的联系的强调有着性质的差别。前者不是从一种新的哲学立场来改造马克思的学说,因而构不成一种所谓的"黑格尔式的马克思主义",实际上,黑格尔辩证法对马克思主义哲学的影响原本已经是一个事实;而后者则表现为从一种不同的哲学立场改造或重建马克思主义,因而可以构成所谓的"存在主义马克思主义"或"结构主义马克思主义"。其次,更为重要的是,科尔施和卢卡奇强调马克思主义哲学同黑格尔哲学之间的内在联系,并非认为黑格尔哲学的庞大理论体系和思辨唯心主义观念可以直接成为马克思主义哲学的来源或前提,相反,马克思主义哲学从黑格尔哲学那里吸收的主要是理论的历史感和现实感,这即是科尔施所强调的黑格尔哲学所内含的关于"哲学和现实之间的辩证关系"的原则。正是从这样一条理论与实践相统一的总体性原则出发,马克思和恩格斯一方面彻底超越了一切以独立观念形态存在的旧哲学,即

---

① 卡尔·柯尔施:《马克思主义和哲学》,王南湜、荣新海译,重庆:重庆出版社 1989 年版,第 13 页。

"消灭"了哲学,另一方面则使变革现存世界的革命的和批判的哲学原则或理性精神内在于具体的科学理论和现实的社会实践之中。这实际上是一种深刻的哲学变革。从这样的视角才能理解马克思主义哲学变革的实质,才能理解科尔施通过对马克思学说和黑格尔哲学的内在联系的强调而实现的"哲学转折"和总体性原则的重建。我们可以从两个基本方面展开这一问题。

1. 以"消灭哲学"为表现形式的深刻的哲学革命

在马克思主义的发展史上,马克思和恩格斯关于"消灭哲学"或"哲学的终结"的观点曾引起很多争议,也产生过重大影响。应当承认,第二国际理论家之所以断然否认马克思主义包含哲学,除了那个时代的实证主义思潮对他们的影响之外,他们对于马克思和恩格斯关于"消灭哲学"或"哲学的终结"观点的肤浅或片面的理解是最为根本的原因。因此,要深刻理解马克思学说所实现的哲学变革,就必须从正确理解马克思和恩格斯关于"消灭哲学"或"哲学的终结"的观念入手。正因如此,科尔施在《马克思主义和哲学》中用了许多篇幅来讨论"消灭哲学"的问题。

如科尔施所指出的那样,马克思和恩格斯在许多地方明确地表明了彻底超越旧哲学的倾向,有时甚至将这种倾向激烈地表述为拒斥一切哲学的立场。19世纪70—80年代,恩格斯在对自然科学成就的研究和同杜林的论战中,曾宣布"以往所理解的哲学"的终结。他指出,现代自然科学和历史科学的发展越来越揭示出自然和历史进程的内在联系和辩证特征,因而"关于事物的知识的总联系"的任何特殊科学都是多余的。在这种意义上,恩格斯断言,"哲学在黑格尔那里完成了"。[1] 由此,他宣布,"在以往的全部哲学中仍然独立存在的,就只有关于思维及其规律的学说——形式逻辑和辩证法"[2]。

相比之下,马克思关于"消灭哲学"的论述更为深刻。因为,恩格斯在论述这一问题时,主要着眼于哲学的外在领域,而马克思更多地关注哲学的本质精神,关注哲学同现实的内在关联。马克思比恩格斯早30年论述到哲学的终结问题。在其哲学生涯的初始,作为青年黑格尔派的一个分支,马克思抛弃了黑格尔的绝对理念,他强调自我意识和自由理性,强调行动和实

---

[1] 《马克思恩格斯选集》第4卷,北京:人民出版社1995年版,第220页。
[2] 《马克思恩格斯选集》第3卷,北京:人民出版社1995年版,第364页。

践。在博士论文中,马克思就强调自我意识的批判不应囿于自身,而应超出自身,进入世界,实现"哲学的世界化"和"世界的哲学化"。马克思在《〈黑格尔法哲学批判〉导言》中将这一思想表述为"消灭哲学"和"实现哲学"。他指出,当我们认识到是"人创造了宗教,而不是宗教创造了人"的时候,对天国的批判就应变成对尘世的批判。但是,在德国对现实的批判首先表现为对哲学的批判,"德国人在思想中、在**哲学**中经历了自己的未来的历史"。而哲学的批判不是自身的目的,其实质在于"哲学的否定";而否定哲学和消灭哲学,其根本在于"在现实中实现哲学"。哲学实现(终结、扬弃)的实质则在于人的解放。马克思认为,"**德国人的解放**就是**人的解放**。这个解放的**头脑**是**哲学**,它的**心脏**是**无产阶级**。哲学不消灭无产阶级,就不能成为现实;无产阶级不把哲学变成现实,就不可能消灭自身"①。

  从上述论述可以看出,马克思和恩格斯虽然彻底批判并极力超越作为独立观念形态的哲学,但他们并没有从根本上否定哲学存在的理由,并没有不加限定地宣布哲学的非法性,而是要从根本上改变哲学的存在方式和社会历史方位,从而实现一次深刻的哲学变革。科尔施敏锐地把握住了这一点。他反复强调,哲学自身并没有由于废除它的名称而被废除。马克思和恩格斯的确多次谈论消灭哲学和废除哲学的观点,但对此不应作表面化的理解。科尔施指出:"最近的马克思主义者已被几个众所周知的马克思的词句和恩格斯后来的几个词句所迷惑,把马克思主义废除哲学解释为用抽象的和非辩证的实证科学的体系去取代这种哲学。人们只能对这些马克思主义者的洞察力之低感到惊奇。"②科尔施还指出,马克思和恩格斯对纯粹哲学观点的一般超越,本身就带有哲学的特征,其宗旨是把哲学从一种外在于社会历史进程的纯粹的观念形态转变为一种内在于社会历史进程的批判的维度,这种以变革现存世界为目的的理论从本质上讲是一种革命的哲学。用科尔施的话来说,"仅仅因为马克思的唯物主义理论具有不只是理论的,而且也是实践的和革命的目的,就说它不再是哲学,这是不正确的。相反地,马克思和恩格斯的辩证唯物主义按其基本性质来说,是彻头彻尾的哲学,就像在《关于费尔巴哈的提纲》的 11 条中和在其他出版过和没出版过的那个时期的著作中系统地阐述的那样。它是一种革命的哲学,它的任务

---

  ① 《马克思恩格斯选集》第 1 卷,北京:人民出版社 1995 年版,第 7、16 页。
  ② 卡尔·柯尔施:《马克思主义和哲学》,王南湜、荣新海译,重庆:重庆出版社 1989 年版,第 32 页。

是以一个特殊的领域——哲学——里的战斗来参加在社会的一切领域里进行的反对整个现存秩序的革命斗争。最后,它目的在于把消灭哲学作为消灭整个资产阶级社会现实的一个部分,哲学是这个现实的观念上的构成部分。用马克思的话来说就是:'不在现实中实现哲学,就不能消灭哲学。'因此,当马克思和恩格斯从黑格尔的辩证唯心主义前进到辩证唯物主义的时候,十分清楚,哲学的消灭对他们来说并不意味着简单地抛弃哲学"①。

应当承认,科尔施在这里十分准确地把握了马克思和恩格斯关于"哲学的终结"和"消灭哲学"的思想的深刻含义。不仅如此,他通过对这一问题的分析,深刻地理解了马克思学说的革命实质。哲学性的恢复和重新确立,充分展示了马克思学说所内含的革命和实践的本性。因为,从马克思的各种论述中,可以看出,他的基本思想在于:历史不应只在哲学中以观念的形式展开,而哲学也不应保持独立的理论外观而游离于现实之上,它应成为历史的现实运动的有机组成部分。可见,马克思要求"消灭哲学"和"实现哲学",其宗旨在于强调哲学不应满足于对世界是什么的解释与说明,而应当致力于现存世界的革命化和人的解放,也就是世界为了人的生成而改变。这些思想集中体现了马克思《关于费尔巴哈的提纲》中的那句名言:"哲学家们只是用不同的方式**解释**世界,问题在于**改变**世界。"②

2. 以理论和实践的辩证的和革命的统一为内涵的总体性原则

如前所述,马克思和恩格斯通过"消灭哲学"和超越哲学实现了一次深刻的哲学观念上的变革。马克思的新哲学观的根本之点在于,它不再把哲学当作独立于社会历史进程的纯粹的观念形态,而是视作社会革命实践的内在组成部分。这其中强调的核心是理论与实践的辩证和革命的统一。因此,马克思学说的革命的哲学性的恢复,实质上是理论与实践相统一的总体性原则的确立。虽然科尔施没有像卢卡奇那样,时常使用总体性的术语,但是他的思想中却体现了关于总体性的深刻认识。我们可以从以下两个方面把握科尔施关于总体性的基本理解。

首先,科尔施强调要把社会存在和社会发展当作一个活的整体加以把握,尤其要把理论和实践当作一个统一的总体加以把握,由此形成一种辩证的总体性观念。在这方面,他批评了当时一些马克思主义者的观念,认为他

---

① 卡尔·柯尔施:《马克思主义和哲学》,王南湜、荣新海译,重庆:重庆出版社 1989 年版,第 37—38 页。
② 《马克思恩格斯选集》第 1 卷,北京:人民出版社 1995 年版,第 57 页。

们切割了理论和实践,切割了社会历史进程,只对社会总体的某一方面形成孤立的实证观点。科尔施指出:"马克思的支持者和追随者们,尽管在理论上和方法论上全都承认历史唯物主义,但事实上他们把社会革命的理论割裂成了碎片。在理论上以辩证的方式,在实践上以革命的方式理解的唯物史观,与那些孤立的、自发的各个知识分支,与作为脱离革命实践的科学上的目标的纯理论考察,都是不相容的。然而,后来的马克思主义者却越来越认为科学社会主义是一些纯粹的科学观察,与政治的或其他阶级斗争实践没有任何**直接的**联系。"① 正是基于这种现状,科尔施反复强调黑格尔哲学的辩证的总体观和马克思关于理论和实践相统一的观念的重要性。

其次,科尔施反复强调总体性原则所具有的强烈的批判性和革命性。总体性原则要求把社会存在和社会发展,以及理论与实践当作一个活的整体加以把握,但是这种把握并非一种非批判的描述。换言之,理论与实践的总体性统一并非表现为理论对现实的非批判的外在静观或客观描述,那样就会陷入马克思所批判的"只是以不同方式解释世界"的误区。理论对现实的把握应当是一种批判的、革命性的解释,一种立足于实践改造的现实运动。这样一来,理论与实践相统一的总体性原则十分突出地展示出马克思学说的革命性和批判性。科尔施对此有十分明确的认识,他指出:"马克思主义的唯物主义首先是历史的和辩证的唯物主义。换言之,它是这样一种唯物主义,它的理论认识了社会和历史的整体,而它的实践则颠覆了这个整体。因此,对于马克思和恩格斯来说,在他们的唯物主义的发展过程中,哲学成为社会—历史过程的一个较之开始时不重要的组成部分,这是可能的,而且在事实上也的确是如此。但是,真正的辩证唯物主义的历史观(肯定地说,马克思和恩格斯的唯物主义)不可能不认为哲学意识形态,或者一般的意识形态是一般的社会—历史现实的一个实在的组成部分——即,一个必须在唯物主义理论中把握住并由唯物主义实践消灭的现实部分。"②

综上所述,可以清楚地看出,科尔施突出地强调马克思主义同哲学的本质关联,极力通过"哲学转折"来恢复马克思主义的哲学性,无非是为了真正恢复和确立理论与实践相统一的总体性原则,弘扬马克思主义学说的批判本性和革命本性。正是以这样一种总体性原则为基本尺度,科尔施把到

---

① 卡尔·柯尔施:《马克思主义和哲学》,王南湜、荣新海译,重庆:重庆出版社1989年版,第25页。
② 同上书,第38—39页。

他生活的时代为止的马克思主义划分为三个基本阶段,提出著名的关于马克思主义发展的三阶段的理论。

二、马克思主义发展三阶段论

以理论和实践相统一的总体性原则为尺度,科尔施在《马克思主义和哲学》一书中,对于到他那个时代,即20世纪初为止的马克思主义理论的演进和发展进行了分期研究。他认为,马克思主义从本质上同哲学有着必然的关联,但是,并非在任何时期马克思主义都自觉地体现出其哲学内蕴。根据不同时期马克思主义同哲学之间关联的不同特点,科尔施认为,到他那时为止的马克思主义经历了三个主要发展时期:第一阶段,马克思主义作为一种总体性理论而存在;第二阶段,马克思主义丧失了总体性,变成了实证性的理论;第三阶段,一些马克思主义者开始从不同的立足点出发,恢复马克思主义同哲学的本质关联,试图重建总体性的马克思主义理论。只要人们深入理解科尔施关于哲学和总体性的思想,就不难理解他对马克思主义发展阶段的划分。

(一)第一阶段:总体性的理论

科尔施认为,从1843年到1848年是马克思主义发展的第一阶段,即早期,这一阶段的起点和终点是以1843年的《黑格尔法哲学批判》和1848年的《共产党宣言》为标志的。对于这一时期的马克思主义理论,科尔施给予高度评价,他充分肯定马克思主义创始人早期创立的理论。在他看来,这一时期马克思主义的本质特征就在于,它为深刻的哲学思想所渗透,因而,表现为一种活生生的总体性理论,一种充满批判精神的革命理论。

对于马克思和恩格斯的早期理论,科尔施有一段概括性评价,其核心是强调马克思主义同哲学的本质关联。他指出,虽然在马克思主义发展过程中的很长一段时期,人们不承认马克思主义所内在包含的哲学性,但是,如果深入研究,我们不难发现,在马克思恩格斯创立自己的理论的初期,马克思主义的最初形态的确是"完完全全为哲学思想渗透的"。科尔施认为,在早期,马克思主义是"一种把**社会发展**作为活的整体来理解和把握的理论;或者更确切地说,它是一种把**社会革命**作为活的整体来把握和实践的理论。在这一阶段,毫无疑问,任何把这一整体的经济的、政治的和思想的要素划分为知识的各个分支的作法,甚至在每一个分支的具体特征被把握时,都是以历史的忠实性去分析和批判的。当然,不仅经济、政治和意识形态,而且历史过程和有意识的社会行动,都继续构成了'革命的实践'(《关于费尔巴哈的提纲》)的活的统一体。这一作为社会革命理论的马克思主义理论的早期和富有青春活力的形式的最好例子,显然就是《共产党宣言》"①。

从上述概况可以看出,科尔施对于马克思和恩格斯的早期思想,即马克思主义的最初形态持充分肯定的态度。从最根本的特征来说,科尔施认为,马克思和恩格斯的早期理论表现为一种理论和实践相统一的总体性革命理论。具体说来,科尔施对马克思主义发展的第一阶段的概括性论述主要包含以下几层内容。

首先,科尔施在这里特别强调马克思和恩格斯的思想同哲学的内在关联。这里所说的关联是内在的、本质性的联系,而不是外在的和偶然的联系。如前所述,用科尔施的话来说,马克思和恩格斯的理论的最初形态是"完完全全为哲学思想所渗透的",也就是说,它本质上就是一种深刻的哲学理论。

其次,在科尔施看来,马克思和恩格斯的早期理论学说作为一种完全被哲学思想所渗透的理论形态,从本质上讲是一种总体性的理论。这时所说的总体性主要体现在理论和实践的内在统一,体现在社会总体各个层面(包括政治层面、经济层面和文化层面)同革命的理论和实践的内在联系。具体说来,这一总体性联系反对把社会整体的经济层面、政治层面和文化层面当作彼此孤立的事实加以非批判的、客观的描述,而是把"社会发展作为活的整体来理解和把握"。这正如我们在前面所论述的那样,理论的哲学性和理论的总体性是一致的,马克思和恩格斯学说同哲学的本质关联决定它必然是一种理论和实践相统一的总体性理论。

最后,按照科尔施的理论逻辑,马克思和恩格斯的理论作为一种理论和实践相统一的总体性理论,必然表现为一种彻底的革命理论。这是因为,马克思和恩格斯所强调的总体性并非是社会各个层面的自在的统一,也不是理论和实践的非批判的统一。他们所强调的是对社会各个层面的总体性的理论批判和实践变革,因此,这样"一种把社会发展作为活的整体来理解和把握的理论"必然是"一种把社会革命作为活的整体来把握和实践的理论"。这样一来,我们可以清楚地看到,科尔施所充分肯定和强调的富有创

---

① 卡尔·柯尔施:《马克思主义和哲学》,王南湜、荣新海译,重庆:重庆出版社1989年版,第22—23页。

造性的马克思主义是一种理论和实践相统一的总体性革命理论,一种以批判和变革现存世界为宗旨的实践理论。

(二)第二阶段:非批判的实证性理论

科尔施认为,从1848年欧洲革命到19世纪末是马克思主义发展的第二阶段。他对这一阶段马克思主义的发展状况持否定的态度。因为在科尔施看来,这一时期的马克思主义理论丧失了其内在的哲学性,也即丧失了自己的总体性特征,由此成为一种分门别类地、静止地、纯客观地反映不同存在领域和存在层面的非批判的实证性理论。

在做出上述结论时,科尔施严格区分了这一阶段的马克思主义理论形态和马克思恩格斯本人的理论。他认为,马克思和恩格斯在这一时期的思想不可避免地发生了某些变化,但并没有成为某种非批判的实证性理论,而是一如既往地作为总体性的革命理论。在科尔施看来,由于历史形势的发展与变化,马克思和恩格斯的理论的原初形态不可能保持不变,而是"不可避免地经历了重大的变化"①。但是,即使在马克思和恩格斯的后期著作中,他们的理论的核心特征也没有发生变化,"仍然是社会革命理论的唯一整体"②。尽管在这一时期的发展中马克思恩格斯的总体性理论的经济的、政治的和意识形态的要素逐步分化出来,但马克思主义创始人的体系自身"从未消溶在各个知识分支的总和之中",相反,"理论和实践不可割断的相互联系,作为马克思的唯物主义的第一个共产主义类型的最独特的标志,在他的体系的较后期形式中,无论如何也没有被废除。认为一个纯粹思想的理论似乎已经取代了革命意志的实践,这不过是肤浅的一瞥。这种革命意志在马克思著作的每一个句子之中都是潜在的——然而是存在的,潜在于每一决定性的章节中,尤其是在《资本论》第1卷中一再地喷发出来"。③

显而易见,问题不在于马克思和恩格斯本人的理论,而在于他们的理论追随者的学说,科尔施认为,马克思学说的总体性和革命性特征并没有能够保证马克思主义在其发展过程中始终保持理论与实践的总体性统一。相反,在马克思的理论追随者那里,特别是在第二国际理论家那里,马克思的

---

① 卡尔·柯尔施:《马克思主义和哲学》,王南湜、荣新海译,重庆:重庆出版社1989年版,第23页。
② 同上书,第24页。
③ 同上书,第24—25页。

总体性革命理论变为非批判的实证性理论。具体说来,马克思主义发展的第二阶段的理论转变主要表现在以下几个方面。

首先,第二国际理论家们割断了马克思主义同哲学的本质关联,把马克思的总体性理论切割成静止地观察局部存在的实证性理论碎片。用科尔施的话来说,"马克思的支持者和追随者们,尽管在理论上和方法上全都承认历史唯物主义,但事实上他们把社会革命的理论割裂成了碎片。在理论上以辩证的方式,在实践上以革命的方式理解的唯物史观,与那些孤立的、自发的各个知识分支,与作为脱离革命实践的科学上的目标的纯理论考察,都是不相容的。然而,后来的马克思主义者却越来越认为科学社会主义是一些纯粹的科学观察,与政治的或其他阶级斗争实践没有任何**直接的联系**"①。正因为如此,第二国际理论家大多否认马克思主义学说包含着深刻的哲学立场,他们片面地强调经济必然性在历史进程中的自发的决定作用,从而习惯于把马克思的学说概括为"经济决定论"。

其次,第二国际理论家把马克思主义学说从一种总体性的理论转变为实证性理论,变成不同的社会理论分支,其结果必然使马克思主义理论丧失批判性和革命性。科尔施敏锐地指出,由于第二国际理论家割断了马克思主义同哲学的本质关联,因而,他们使马克思和恩格斯的辩证的唯物史观变成了某种非辩证的东西,变成了"一种专门化了的理论考察的启发式原则",或者变成了"一些关于不同的社会领域里的历史现象的因果联系的理论公式",即某种"一般系统社会学的东西"。② 显而易见,这样的非辩证的实证性理论不再具有批判性和革命性。用科尔施的话来说,在第二国际理论家那里,"一个统一的关于社会革命的一般理论被变成了对于资产阶级的经济秩序、资产阶级的国家、资产阶级的教育体系、资产阶级的宗教、艺术、科学和文化的批判。这些批判按其本性来说,不再必然发展为革命的实践;它们同样地能够发展为各种各样的**改良**企图,这些企图基本上仍保持在资产阶级社会和资产阶级国家的界限之内,并且在实际的实践中,通常也确实如此"③。显然,这种非批判的实证性理论正是马克思和恩格斯在《德意志意识形态》中反复批判的与异化的社会现状认同的、非批判的意识形态。

---

① 卡尔·柯尔施:《马克思主义和哲学》,王南湜、荣新海译,重庆:重庆出版社1989年版,第25页。
② 同上书,第27页。
③ 同上书,第28页。

（三）第三阶段：总体性理论的重建

科尔施认为，马克思主义发展的第三阶段是从20世纪初开始的，并且至今依旧是一个未完成的过程。第三阶段是随着第二国际理论家的所谓"正统的马克思主义"的分化瓦解而开始的，这一时期的马克思主义理论家开始超越第二国际理论家的实证性理论，重新考察马克思主义和哲学的关系，重建理论和实践的内在统一，恢复马克思主义的总体性和革命性。

科尔施指出，20世纪初，有两种哲学理论研究力量重新思考马克思主义同哲学的本质关联，它们从不同侧面开始了重建马克思主义的历程。其一是以列宁为代表的共产国际的马克思主义，其二是以卢卡奇、科尔施等人为代表的西方的、非正统的马克思主义。科尔施认为，虽然这两方面的理论家都肯定了马克思主义同哲学的关联，但是二者重建马克思主义的方向不同，因而在最终的理论旨趣上截然不同，甚至彼此冲突与对立。

对于列宁在马克思主义发展第三阶段于恢复和重建总体性理论方面所作的贡献，科尔施给予充分的肯定。他认为，列宁在批判第二国际理论家的经济决定论立场，重申关于无产阶级专政问题时，揭示了马克思主义同哲学的本质关联。科尔施说："当列宁从理论上在一个决定性的时刻把这一问题提到议程上时，这便早早地预示着，在革命的马克思主义之中，理论和实践的内在联系已经被有意识地重建。"①

然而，科尔施认为，虽然列宁所代表的俄国马克思主义者在恢复马克思主义的哲学内涵方面作了许多努力，列宁本人还专门从革命的立场出发钻研了哲学问题，但是，列宁等人并没有能够正确地把握马克思主义重建的方向，列宁的哲学观点并没有能够恢复马克思主义学说的总体性原则，而是退回到已被马克思和恩格斯超越的旧唯物主义立场上。从这样的理解出发，科尔施对于列宁的哲学观点进行了尖锐的批判。他在1930年所写的《关于"马克思主义和哲学"问题的现状：一个反批判》中回击共产国际理论家对他的批判时，用了很大的篇幅批判列宁的哲学立场。具体说来，科尔施从以下几个方面对列宁的哲学理论提出了质疑与批评。

批评之一：科尔施认为，列宁主要是从革命的需要来取舍哲学，他并不关心这一哲学立场在理论上正确与否，换言之，列宁本人并"没有把这种哲

---

① 卡尔·柯尔施：《马克思主义和哲学》，王南湜、荣新海译，重庆：重庆出版社1989年版，第31页。

学建立在基本的理论公式基础上"①,他所关心的是从实践的和政治的角度看这种哲学是否"有利于"革命的无产阶级。用科尔施的话来说,"列宁起初并不关心他提出的唯物主义哲学是否正确这个**理论问题**。他关心的是这种唯物主义哲学应用于无产阶级或者——在资本主义尚未充分发展的国家里——应用于无产阶级和其他被压迫阶级的革命斗争的**实践问题**。……列宁**只是**根据非哲学的考虑和结果来决定哲学问题。他并不是根据这些哲学问题的理论内容和哲学内容来判断它们"②。

批评之二:科尔施认为,列宁的唯物主义哲学具有内在的不一致性和矛盾,其辩证法和反映论具有非辩证性和机械性,因此,无法成为适应今天需要的革命的无产阶级哲学。对于这一结论,科尔施作了具体分析。他断言,物质和精神、存在和思维的绝对对立是17、18世纪哲学争论的基础和立足点,德国古典哲学以其辩证的理性观念扬弃了这种"绝对"对立,使之变成了"观念"的辩证运动。然而,列宁的唯物主义又重新回到了思维和存在、精神和物质的这种绝对对立。因此,科尔施指出:"列宁把从黑格尔的唯心主义辩证法到马克思和恩格斯的辩证唯物主义的转变仅仅看作这样一种**转变**:由不再是'唯心主义'的而是'唯物主义的'新的哲学世界观取代植根于黑格尔辩证法的唯心主义世界观。他看来并没有意识到,对黑格尔唯心主义哲学的**这种'唯物主义的颠倒'**至多只涉及到一种术语上的变化,用所谓'物质'的绝对存在取代所谓'精神'的绝对存在。然而,列宁的唯物主义甚至有一个更严重的缺点。因为他不仅取消了马克思和恩格斯对黑格尔辩证法的唯物主义的颠倒;**而且他把唯物主义和唯心主义的全部争论拖回到从康德到黑格尔的德国唯心主义已经超越了的历史阶段。**"③

批评之三:从上述两点批评出发,科尔施又进一步从哲学的功能的视角对列宁哲学进行批判。他指出,列宁把哲学争论变成政治统治的工具,用自己的哲学作为评判一切理论问题和科学问题的最高标准,结果破坏了哲学和科学健康发展的基础和条件。科尔施认为,恩格斯在宣布传统哲学的终结时,强调哲学与科学的一致发展,反对凌驾于其他科学之上的独断的哲学,列宁则不同,他确立了一种具有政治功能的哲学,"明显地对'哲学上的

---

① 卡尔·柯尔施:《马克思主义和哲学》,王南湜、荣新海译,重庆:重庆出版社1989年版,第76页。
② 同上书,第78—79页。
③ 同上书,第81页。

背叛'吹毛求疵,他不仅在政治上的朋友和敌人或哲学理论家们中间看到了这种'哲学上的背叛',而且甚至在大多数有创造性的自然科学家们中间也看到了这种'哲学上的背叛'。他的'唯物主义哲学'成了过去、现在或将来评价个别科学发现的至高无上的评判权威"①。

基于对列宁哲学的上述分析批判,科尔施认为,虽然列宁非常重视马克思主义的哲学维度,但他未能代表马克思主义的哲学重建的正确方向,而是用旧唯物主义来代替马克思的总体性的革命哲学。科尔施认为,在20世纪初,真正代表马克思主义重建的正确方向的是一些非正统的西方共产主义者所倡导的哲学运动。具体说来,科尔施指出,1923年卢卡奇的《历史和阶级意识》和他本人的《马克思主义和哲学》的问世,标志着一个富有创造性的哲学派别从马克思主义内部生成,并开始把马克思主义重建为理论和实践的总体性统一的革命哲学。在他看来,上述两本书出版之后,马克思主义阵营内部形成了对立的两派:一是以考茨基为代表的旧马克思主义正统派和俄国列宁主义新正统派的联盟,尽管二者之间存在着理论冲突和论战,但他们的基本理论立场是一致的;二是以卢卡奇和他本人为代表的"当代无产阶级运动中所有批判的进步的理论趋向",这其中实际上演变出后来的西方马克思主义。在科尔施看来,上述两个派别是相互对立的,他指出:"当这种马克思列宁主义哲学传到西方的时候,它就反对卢卡奇、我和其他'西方的'共产主义者的著作,我们这些西方共产主义者形成了**共产国际自身内部一个敌对的哲学流派**。"②

在某种意义上,科尔施最早提出了"西方马克思主义"的概念。如果我们用简洁的话语概括这一"西方的"马克思主义的宗旨,那么可以断言,在马克思主义发展的第三阶段,卢卡奇和科尔施所进行的马克思主义的重建,主要目的是恢复马克思主义在其发展的第一阶段所具有的总体性和革命性特征,使之重新成为以理论与实践的内在统一为核心的总体性革命理论。科尔施有一段话非常清晰地表述了这一思想,他指出:"为了恢复被其追随者败坏和庸俗化了的马克思理论的正确和充分的意义,对马克思主义和哲学问题的再考察,甚至在理论水平上也是必需的。然而,正如马克思主义和国家的问题一样,这个理论任务也真正产生于革命实践的需要和压力。在

---

① 卡尔·柯尔施:《马克思主义和哲学》,王南湜、荣新海译,重庆:重庆出版社1989年版,第85—86页。

② 同上书,第72页。

夺取了政权以后的革命转变时期,无产阶级必须在意识形态领域完成一定的革命任务,不亚于在政治和经济领域完成的任务——这些任务永远是相互作用着的。马克思主义的科学理论必须再次成为《共产党宣言》的作者所描述的东西——不是作为一个简单的**回复**,而是作为一个**辩证的发展**:一种关于包括整个社会一切领域的社会革命的理论。"①

显而易见,科尔施对列宁哲学的尖刻批判和对卢卡奇及他本人理论导向的充分肯定都是极易引起争论的话题。我们从科尔施的基本思路可以理解他得出这样的结论的理由,但很难简单地接受他的结论。正如科尔施所说的那样,列宁不是从理论自身的逻辑出发,而是从革命的需要出发去取舍科学。应当说,从列宁的身份和他在历史中的独特地位来看,这种从特定的历史需要去选择某种理论的做法并不是一种缺点或弱点。我们不能要求一个处于巨大历史转折时期的社会革命领导者抛开现实的历史需要而从纯粹的理论逻辑出发去考虑理论的完整性。问题是列宁的继承者和后人没有清醒地意识到列宁所采取的对待理论的这种态度的历史特殊性,反而使之绝对化,以致在后来的国际共产主义运动中形成了一种完全以政治的方式和手段来取舍哲学和其他学术问题的错误做法,给20世纪人类思想和学术事业带来了很大的损害。不仅如此,如果我们进一步分析就会发现,虽然列宁出于特殊的现实需要和论战需要在《唯物主义和经验批判主义》等著作中比较多地强调一般唯物主义的客观性原则,而较少谈论人的主体创造性在历史中的作用,但是列宁的哲学思想并未停留于精神和物质的绝对对立上,他在《哲学笔记》等著作中对人的实践的批判性和革命性、对辩证法的创造性原则作过许多深入的探讨。只是后来的研究者过分强调列宁思想的前一方面并使之绝对化,才导致了传统教科书体系的马克思主义哲学忽视人的主体性、强调客观必然性的局限性。毫无疑问,我们必须看到科尔施对列宁的批评的局限性和片面性。同时,也应当看到,科尔施的分析与批评对于我们克服传统教科书体系的马克思主义理论的局限性,弘扬马克思实践学说的批判本性和革命精神,的确具有一定的启迪。

综上所述,我们从理论的逻辑和思想的演进两个侧面评介了科尔施的马克思主义观。应当说,科尔施的哲学观点并不复杂,也不深奥难懂,但是,他通过反复揭示马克思学说内在的哲学本性,通过反复强调理论和实践不

---

① 卡尔·柯尔施:《马克思主义和哲学》,王南湜、荣新海译,重庆:重庆出版社1989年版,第33页。

可分割的内在统一而倡导的批判的、革命的和总体性的马克思主义,的确是对马克思实践哲学的一种很好的诠释。科尔施的总体性革命理论和卢卡奇的主客体统一的辩证法都致力于弘扬人类实践所内在固有的革命本性和批判精神,使人类摆脱和扬弃异化力量的统治,真正实现人的自由和人的解放。因此,无论这些学说还有怎样的缺陷和不完善之处,它们都是体现马克思学说真精神的理论尝试,对于我们应付20世纪人类的各种文化困境都有着某种积极的价值,应当引起我们足够的重视。

第三章
葛兰西的市民社会理论和实践哲学构想

同卢卡奇和科尔施一样,葛兰西被认为是西方马克思主义早期的主要代表人物之一。应当说,早期西方马克思主义代表人物的一个共同点在于,他们都不仅在理论上富有创新,而且直接参与当时的共产主义运动和无产阶级革命实践。在这一点上,葛兰西的地位尤为突出,他不仅是20世纪初共产国际内部著名的理论家,而且是意大利共产党的创始人和领袖之一;他不仅提出了著名的实践哲学构想,而且直接依据自己提出的针对西方发达国家的革命战略组织了工厂委员会和反法西斯运动等无产阶级革命实践。葛兰西的短暂一生无论在理论上还是在实践上都对20世纪人类发展产生了重大影响。从葛兰西的主要理论和实践生涯来看,可以把他的经历划分为三个主要时期。

1919年之前是葛兰西求学以及开始参与革命活动和社会运动的时期。葛兰西1891年出生于意大利南部撒丁岛的阿莱士村,父亲是镇土地登记处官员,家境贫寒,子女众多,葛兰西在七个兄弟姐妹中排行第四,他先天体弱多病,早年甚至无法正常学习。1911年,葛兰西依靠阿尔贝托基金会的奖学金进入都灵大学学习文学和哲学。在大学读书期间,他同陶里亚蒂等进步学生结识,他们后来都成为意大利共产党的创始人和领袖。1913年葛兰西加入了意大利社会党。由于体弱多病,葛兰西无法继续在都灵大学的学业,1913年以后,他基本上中断了大学的学习生活。此后一段时间内,葛兰西主要从事理论宣传工作,先后担任意大利社会党都灵支部的《人民呼声》周刊和意大利社会党机关报《前进报》的编辑。在俄国十月革命的影响下,葛兰西和其他一些进步学生开始不满意意大利社会党的改良主义倾向,1919年,葛兰西、陶里亚蒂、塔斯卡等人创办了著名的《新秩序》周刊。这一刊物的创立,标志着葛兰西的理论生涯和实践生涯进入了一个新的时期。

1919—1926年是葛兰西的主要革命实践时期,在此期间他组织都灵地区的工厂委员会运动,同其他人一起创立并领导意大利共产党,开展反法西斯斗争。《新秩序》周刊创立后,逐步在意大利社会党内形成了"新秩序集团",而葛兰西等作为"新秩序集团"的代表人物,主要致力于在意大利创造一个类似于苏联苏维埃的新秩序,一个工人民主的有机体。为此,葛兰西等人积极进行创立民主的工厂委员会或工人委员会的运动,到1919年12月底,仅都灵就有15万工人参加了工厂委员会。但葛兰西等人并不满足于工厂委员会运动,1920年10月,意大利社会党内的共产主义派别代表人物波尔迪加、葛兰西和特拉西尼等人在米兰签发宣言,主张把意大利社会党改造为意大利共产党。1921年1月21日,意大利共产党正式宣告成立。最初,以波尔迪加为首的左派在意共内部占统治地位,葛兰西主要在莫斯科和维也纳为共产国际工作。从1924年起,葛兰西被任命为意大利共产党总书记,开始领导意共的反法西斯斗争。

1926年以后,葛兰西开始了狱中生活,直至1937年病逝。这是葛兰西的主要理论创作时期。1926年,意大利连续发生了几起刺杀墨索里尼的事件,意大利法西斯以此为借口迫害包括共产党在内的反对党派。在这种危机时刻,葛兰西拒绝了意共中央把他转移到瑞士去的打算,继续留在意大利领导意共的反法西斯斗争,结果于1926年底被法西斯当局逮捕。由于葛兰西在意大利反法西斯运动中起着非常大的作用,所以法西斯当局判处葛兰西20年4个月零5天的徒刑,法西斯检察官扬言:"我们必须让这颗头脑停止工作20年!"然而,葛兰西并没有屈服,他的头脑一刻也没有停止工作,他忍着巨大病痛的困扰,写下了著名的《狱中札记》,探讨了意大利的历史、教育、文化、知识分子、哲学、国家、宗教等众多问题。尤为突出的是,他在这些笔记中总结了国际共产主义运动的经验与教训,基于市民社会的结构特征,他为西方发达国家的无产阶级设计了独特的西方革命战略,并表述了著名的实践哲学构想,在西方马克思主义乃至整个20世纪新马克思主义的发展中产生了重大的影响。

在这里,我们不准备全面展开葛兰西的各方面思想,而是以他的《狱中札记》为主线,深入探讨他以市民社会和意识形态领导权为核心的西方革命观,以及他的著名的实践哲学构想。

一、市民社会与西方革命观

作为一个社会活动家和理论家,葛兰西最有影响的理论是他以市民社会和文化领导权(或意识形态领导权)两个核心范畴为基本内涵的西方革命理论。特别值得一提的是,葛兰西不是简单地以理论家的身份从逻辑上推论出这一革命理论,而是以他对国际共产主义运动的经验总结为依据提出具有很强现实性和实践性的革命战略。尤其是他的市民社会理论,更是引起理论界和学术界的关注,至今依旧是人们继续探讨的主题,是人们分析现代社会结构和现代性问题常常借用的范畴。

具体说来,葛兰西是基于对十月革命胜利之后欧洲革命的经验和教训的总结而提出新的革命战略的。作为共产国际的重要活动家以及意大利共产党的创始人和领袖,葛兰西从经验和教训两个方面总结了国际无产阶级的革命历程。一方面,俄国十月革命的胜利,促使他从社会党的改良主义立场向共产党的革命立场转变,积极地领导了意大利的工人运动。另一方面,他又亲身经历了十月革命之后欧洲各国无产阶级革命相继失败的过程,这使他不得不深刻探究其中的原因,特别是狱中的生活使他有机会冷静地思考这一问题。应当说,葛兰西的深刻之处在于,他没有像人们通常所做的那样,简单地从革命的客观形势、某一方面的具体条件、革命领导者决策上的某些失误、革命进程的某一环节上找西方各国无产阶级革命失败的原因,而是从东方社会和西方社会的结构差别入手解决问题。他的基本观点在于,东西方的社会结构有着根本性的差别,主要表现在市民社会的地位问题上,由此,东西方的革命应当有不同的战略,否则革命就会半途而废。从这样一个基点出发,葛兰西提出了关于西方革命的独特的观点。

(一)东西方社会的结构差别:市民社会地位的不同

市民社会是葛兰西关于西方社会革命战略构想的核心范畴,正是由于市民社会在东西方社会中的发达程度不同,所处的地位和所起的作用不同,决定了东西方国家性质的差别,而东西方国家性质的差别又决定了东西方革命策略的不同。基于这样一种理论逻辑,我们应当从揭示市民社会的内涵入手来阐释葛兰西的社会历史思想。

1. 市民社会的内涵及历史方位

应当指出,市民社会并非葛兰西独创的概念,在他之前,黑格尔和马克思等人均使用过市民社会的概念。但是,葛兰西对市民社会内涵的界定与黑格尔和马克思的理解有所不同,在某种意义上,葛兰西对市民社会内涵的拓宽或改变同市民社会在历史发展中的实际演化有一定的关系。

最初,市民社会概念同早期的市民阶层的身份有关。从历史发展来看,最早的市民往往指中世纪末期的城关市民,他们从事手工业加工或简单的商贸活动,因此,市民社会的英文形式最早为 burgher society。从早期城关市民逐步发展和生成了新兴的资产阶级,它构成了与僧侣阶层和封建贵族不同的第三等级的主要力量,因此,有时,burgher society(市民社会)又同 bourgeois society(资产阶级社会)具有同等的含义。而在现代,市民社会范畴的阶级特征相对淡化,突出现代社会成员的公民身份,因此,市民社会的概念多采用 civil society(也译作公民社会)。

无论是早期的城关市民还是新兴的第三等级之中的资产阶级,最初都不具备政治上的地位和权力,而主要从事经济和贸易活动,往往与物质生产领域关系密切,而且随着商品经济的发展,市民阶层的经济地位越来越显要,以至于执掌政治权力的僧侣阶层和贵族阶层也逐渐地在经济上依赖于市民阶层。由此,在相当长的时期,市民社会的主要含义被引申和转变为社会的财产关系、经济关系和社会关系,尤其指现代资本主义社会的物质生产关系。黑格尔和马克思都是在物质生产关系和经济关系的含义上使用市民社会的概念,只是二人对市民社会的价值取向有所不同。黑格尔强调国家对市民社会的决定作用,而马克思则强调市民社会对于国家的基础地位和决定作用。

相比之下,葛兰西的市民社会概念有很大不同。从《狱中札记》来看,葛兰西所使用的市民社会的含义不是很统一,有时他用市民社会指称经济关系或经济结构,这很接近马克思的市民社会概念,但有时,葛兰西又把市民社会归结到上层建筑之中,使之同国家相并列,这里他又对市民社会的概念作了很大的拓宽,使之从经济领域扩大到上层建筑领域。从总的思想体系来看,后一倾向在葛兰西理论中占主导地位。应当说,这与资产阶级在现代社会中地位的变化直接相关,因为它不再是单纯的经济意义上的阶级,而且也成为政治上的和文化上的阶级。

关于在上层建筑领域来定位市民社会的基本见解,我们可以通过葛兰西《狱中札记》中的几段论述加以理解。他明确指出:"目前我们所能做的是确定上层建筑的两个主要的层面:一个可以称作'市民社会',即通常被称作'民间的'社会组织的集合体;另一个可称作'政治社会'或'国家'。

一方面,这两个层面在统治集团通过社会而执行'领导权'职能时是一致的;另一方面,统治集团的'直接统治'或命令是通过国家和'司法的'政府来执行的。"①在这里,葛兰西并列使用了两个概念,即"市民社会"(civil society)和"政治社会"(political society),前者是一个文化伦理和意识形态领域,后者则指国家和政府政治活动领域。在这一区分中,国家作为政治社会的主要内涵同市民社会并列,构成了上层建筑的主要层面之一。当然,有时葛兰西的用语不是很规范和统一,当他在广义上谈论国家时,又把市民社会和政治社会都作为国家的组成部分。例如,他指出,"可以说国家＝政治社会＋市民社会,即强制力量保障的霸权"②。显然,这里的"国家"是广义的国家,它等同于"上层建筑",而前一段论述中的"国家"则是狭义的国家,它只是上层建筑的一个组成部分。无论在广义上还是在狭义上使用国家范畴,葛兰西关于政治社会和市民社会的划分都是一致的,当我们把这一划分放到唯物史观的经济基础和上层建筑的图式中时,就可以得到关于人类社会结构的一种新见解：

$$\text{人类社会结构}\begin{cases}\text{上层建筑}\begin{cases}\text{政治社会：国家、政府等政治活动领域}\\\text{市民社会：文化、伦理和意识形态活动领域}\end{cases}\\\text{经济基础}\end{cases}$$

从上述图式可以看出,葛兰西在这里对市民社会的内涵和历史方位都作了新的规定。从基本内涵上讲,市民社会不再单纯代表传统的经济活动领域,而代表着从经济领域中独立出来与政治领域相并列的伦理文化和意识形态领域,它既包括政党、工会、学校、教会等民间社会组织所代表的社会舆论领域,也包括报纸、杂志、新闻媒介、学术团体等所代表的意识形态领域。其中,葛兰西特别重视新的知识分子,即有机的知识分子在市民社会中的特殊地位。

从社会地位或历史方位的角度看,市民社会从经济领域中独立出来,使得社会结构开始更加丰富与复杂化。市民社会代表着传统的经济基础与上层建筑(政治社会)之间的一个相对独立的领域,它在人类社会机制的运行中起着十分重要的作用：一方面,经济领域的要求和必然性对国家和政府的

---

① *Selections from the Prison Notebooks of Antonio Gramsci*, London: Lawrence and Wishart, 1971, p.12.

② 安东尼奥·葛兰西:《狱中札记》,曹雷雨、姜丽、张跣译,北京:中国社会科学出版社2000年版,第218页。

决定与制约作用不再是直接的,而是通过市民社会的中介活动而更多地采取合理化的方式和契约的、民主的程序;另一方面,国家所代表的政治领域对社会的经济生活和其他生活的安排也不再是外在的和强制性的,而是通过市民社会在文化、伦理和意识形态上的领导功能来体现。因此,在市民社会取得相对发达形式的社会里,政治的强制性开始弱化,文化的和意识形态的领导权开始突出,传统国家的性质与功能也开始发生某种变化。在这种意义上,市民社会的概念和文化领导权的概念是不可分的。

2. 东西方国家特征的差别

从葛兰西关于市民社会的基本内涵和社会地位的界定可以看出,市民社会并非人类社会与生俱来的组成部分,相反,它是人类社会发展到特定阶段的产物。具体说来,市民社会是新兴资产阶级逐步成为一个独立的阶级,工业文明和商品经济相对发达阶段的产物。

从这样的角度来看,市民社会在东西方社会中处于不同的地位,因为东西方社会处于不同的发展阶段。葛兰西认为,在东方社会,由于工业文明和商品经济不发达,所以没有形成独立的市民社会;而西方发达国家则形成了独立的市民社会。市民社会地位的不同直接导致了东西方社会国家特征的差别,而国家特征的差别又直接影响到东西方社会中社会革命的前途和命运。对此,我们可以作一下具体分析。

在东方社会,由于没有形成独立的市民社会,因此,国家就是一切,它构成了上层建筑的全部内涵,集中体现了传统国家的本质特征:暴力和强权。

众所周知,俄国、印度、中国等东方国家在历史进化的尺度上落后于西方国家,当西方已经开始工业文明和现代化进程时,东方国家还基本停留于农业文明时代,其基本社会结构是专制国家统治下的小生产的松散组合。用马克思晚年的范畴来说,东方社会还保留着亚细亚生产方式的基础,其本质特征是农村公社、土地公有和专制国家的奇特结合体。无论采取什么样的理论模式加以分析,东方社会都没有形成以发达的商品经济和独立的资产阶级(市民阶层)为基础的市民社会,因此,在东方社会的上层建筑中,没有形成一个由社会舆论和意识形态构成的民主的文化层面,即市民社会。在这种社会历史背景下的国家,显然不具备契约和同意等民主程序和机制,而主要是一种暴力机器。这是唯物史观所揭示的典型的传统国家:阶级统治和阶级压迫的工具。因此,东方国家或传统国家的本质特征是暴力和强权。用恩格斯的话说,就是"由于国家是从控制阶级对立的需要中产生的,由于它同时又是在这些阶级的冲突中产生的,所以,它照例是最强大的、在经济上占统治地位的阶级的国家,这个阶级借助于国家而在政治上也成为占统治地位的阶级,因而获得了镇压和剥削被压迫阶级的新手段"①。

在西方社会,情况则根本不同,由于形成了独立的市民社会,资产阶级不但拥有政治上的领导权(political hegemony),而且取得了文化或意识形态的领导权(cultural hegemony)。在这种情况下,西方国家具有二重本质:强力+同意(领导权)。即是说,西方的现代国家在保持传统国家的暴力特征的同时,增加了契约和社会同意的特征。

西方国家特征的这种转变与西方社会结构的变迁有直接的关系,具体说来,与市民社会的生成密切相关。众所周知,资产阶级革命的根本原则之一便是社会契约和理性化原则。据此,国家等政治上层建筑不再简单地以暴力为建构原则,而是采取社会契约、协商、舆论监督、选举、议会等理性化原则。虽然这些原则也有自身的缺陷,但它们的确改变了国家的基本特征,使之取得了二重本质,在强权和暴力特征的同时,取得了某种社会同意和合理化的特征。用葛兰西的话说,就是"在实行典范的议会制度的国度里,'正常'实现领导的特点是采取各种平衡形式的强力与同意的配合,而且避免强力过于显然地压倒同意;相反地,甚至企图达到表面上好象强力依靠大多数的同意,并且通过所谓舆论机关——报纸和社会团体表现出来。因此报纸和社会团体的数量在一定条件下人为地增加起来"②。

在葛兰西看来,在资本主义社会,国家的职能和性质同市民社会的发达程度密切相关。随着市民社会的作用的增强,国家本身的性质和职能发生了重要的改变,突出表现在:暴力和强制的因素和职能逐步弱化,而伦理、文化、教育的职能逐步增强。他明确指出:"对国家的基本认识离不开对市民社会的认识(因为人们可以说国家=政治社会+市民社会,即强制力量保障的霸权)。如果关于国家的学说把国家看做可以有意灭亡或认为国家可以演变为治理有方的社会,上述论点就是它的基础。随着治理有方的社会的各种要素变得越来越明显,不难想像国家的强制因素会逐渐消失。"③

---

① 《马克思恩格斯选集》第4卷,北京:人民出版社1995年版,第172页。
② 安东尼奥·葛兰西:《狱中札记》,葆煦译,北京:人民出版社1983年版,第197—198页。
③ 安东尼奥·葛兰西:《狱中札记》,曹雷雨、姜丽、张跣译,北京:中国社会科学出版社2000年版,第218页。

在这种情况下,葛兰西使用了"伦理国家""文化国家""守夜人国家""教化者"等概念来表述国家特征的变化和国家的新职能。他指出:"资产阶级给法律意识带来的革命、以及由此给国家职能带来的革命,特别表现为服从的意志(因此产生所谓的法律道德规范和国家道德规范)。以前的统治阶级本质上思想保守,不愿推动其他阶级向本阶级过渡,也就是说,不愿扩大本阶级的'实际'和思想范畴,他们的思想形成封闭的等级。资产阶级自视为不断运动的有机组织,可以吸收整个社会,把它纳入自己的文化和经济范围之内。国家的职能因此得到彻底改变,成为一个'教化者',等等。"①葛兰西也把国家的"教化者"的身份描述为"守夜人"。他认为,国家的身份经历了各种变化,"在国家是治理有方的社会的学说中,人们必须经过'国家'等于'政府'、'国家'等于'市民社会'的阶段,到达国家成为守夜人的阶段;在这个阶段,国家成为强制性的组织,将保证治理有方的社会的各种因素继续不断扩散发展,而国家本身的专制和强迫干预活动将逐渐减少"②。

具体说来,葛兰西认为,国家职能的改变集中体现在国家的文化职能和教育职能的增长,而这种职能在以暴力为特征的传统国家中是不明显的。葛兰西明确指出:"国家具有教育和塑造的作用,其目的在于创造更高级的新文明,使'文明'和广大群众的道德风范适应经济生产设备的继续发展,从而发展出实实在在的新人类。"③正是这种教育功能的发挥,使得国家在某种意义上变成伦理国家和文化国家。葛兰西论证了国家通过伦理和文化的方式调整各种关系,提升文化水平,并形成社会整合力量。"在我看来,关于伦理国家、文化国家,可以提到的最合理和具体的一点就是:每个国家都是伦理国家,因为它们最重要的职能就是把广大国民的道德文化提高到一定的水平,与生产力的发展要求相适应,从而也与统治阶级的利益相适应。"④

从上述可见,葛兰西关于市民社会和国家分离又相互制约的理论论述,把握了现代国家和现代社会的一个核心问题。由于市民社会的独立和发达,国家职能的发挥和社会的运行都发生了重大的变化。首先是国家摆脱

---

① 安东尼奥·葛兰西:《狱中札记》,曹雷雨、姜丽、张跣译,北京:中国社会科学出版社2000年版,第216页。
② 同上书,第219页。
③ 同上书,第198页。
④ 同上书,第214页。

了单纯的暴力特征,逐步取得文化和伦理的规定性。换言之,国家依赖市民社会,在市民社会的制约下,并通过市民社会取得一种理性化的合法性,即通过契约和民主的方式在一定程度上得到社会的"认可"和"同意"。"国家的确具有并需要人民的认可,但是也要通过政治和工团主义协会'培养'人民的认可。"①其次,国家的暴力和强制职能依旧存在,但是,更多地通过政治上的和文化上的"领导权"(hegemony)来行使。葛兰西分析道,现代社会的各种政治、政党、意识形态的冲突和争论,其结果往往是"造成某个基本社会集团对一系列从属社会集团的领导权"②。他指出,国家作为某一特定集团的机构,总是会最大限度地扩大自身的利益,"但是某一特定集团的发展和扩张被看做和体现为普遍扩张和全部'民族'力量的发展。换言之,统治集团根据从属集团的整体利益进行具体调整,国家生活被看做基本集团和从属集团的利益之间的不稳固平衡(在法律上)持续形成和取代的过程——在这一平衡中,统治阶级的集团占上风,但只是在一定程度上,也就是说仅止于狭隘的社团经济利益"③。最后,由于资产阶级现代国家的合法性和领导权的确立,以暴力革命为特征的传统无产阶级革命模式在西方社会面临着挑战。东西方国家特征的差别,决定了东西方革命应当采取不同的战略和方式:在东方社会,革命的直接打击目标是以暴力为特征的国家机器;而在西方社会,革命所涉及的则不仅是国家的暴力功能,还有它的同意基础,即市民社会的文化领导权。因此,葛兰西认为,西方无产阶级如欲避免革命的失败命运,就应采取不同于俄国十月革命的革命战略。具体说来,他认为,西方革命的核心是争夺文化领导权或意识形态领导权。

(二) 西方革命的核心问题:争夺文化领导权

通过上述理论分析和逻辑推论,我们进入了葛兰西的社会历史理论,特别是他的西方革命观的核心问题:革命的重心从暴力夺取政权向争取文化领导权的转移。在葛兰西看来,市民社会在东西方的不同发达程度和不同地位决定了东西方国家在本质特征上的差异,而后者又进一步要求东西方的革命采取不同的战略。暴力革命是适应东方社会结构和传统国家特性的

---

① 安东尼奥·葛兰西:《狱中札记》,曹雷雨、姜丽、张跣译,北京:中国社会科学出版社2000年版,第214页。
② 同上书,第144页。
③ 同上书,第144—145页。

革命模式,因而,它使得俄国十月革命获得了成功;而当把它套用到西方革命中时,则无法奏效,因为西方的社会结构和国家特性要求一种文化革命的战略。

1. 东西方革命的不同命运

如前所述,从俄国十月革命到20世纪20年代初,同样以夺取政权为宗旨的无产阶级暴力革命在东西方社会经历了不同的命运,俄国十月革命的胜利和西方无产阶级暴力革命的失败形成了鲜明的对比和强烈的反差。葛兰西认为,革命的命运的差异直接导源于东西方社会结构的不同和东西方国家属性的差异。我们可以从两个方面展开这一基本论点。

在东方,独立的市民社会尚未形成,因此,国家就是一切,它体现的唯一职能或唯一属性就是政治强力统治,即暴力和强权。在这种情形中,只有以无产阶级的暴力打破旧的国家机器和强力统治,才有望从根本上改变现有的社会结构。进而,从另一角度看,由于没有形成独立的市民社会,在政治上层建筑(即国家)和经济基础之间缺少体现文化的领导权和合理性的市民社会这一中介层面,强有力的暴力打击很容易奏效,只要它从根本上动摇和推翻了旧的国家机器,革命也就成功了。俄国十月革命的成功便是最好的例证。

而在西方,情形则不同。西方发达工业国家的上层建筑是由市民社会和政治社会两个层面构成的,国家体现了强力 + 领导权(同意)的二重性质,资产阶级不但取得了政治上的领导权,而且通过理性化的程序取得了文化上的领导权。当出现政治危机时,无产阶级仅仅取得政治权力并不能保证革命的成功,因为市民社会作为政治上层建筑和经济基础之间的中介层面,还以合法性的文化领导权强有力地支撑着社会和国家。因此,无产阶级在取得文化领导权之前仅靠暴力手段是不可能取得革命的成功的。20世纪20年代初西方无产阶级暴力革命相继失败的根本原因就在于此。

应当说,上述分析是葛兰西社会历史理论中最具特色和最有影响的内容。对此,他有许多精辟的论述,我们可以通过这些论述更深入地把握他的思想。对于东西方社会结构的不同所导致的东西方革命的命运的差别,葛兰西有精练的概括,他指出,"在俄国,国家就是一切,市民社会处于原始状态,尚未开化;在西方,国家与市民社会关系得当,国家一旦动摇,稳定的市民社会结构立即就会显露。国家不过是外在的壕沟,其背后是强大的堡垒和工事"①。对于上述这一结论性的论述,葛兰西有更详细的阐释,他具体分析了西方发达社会在经历革命的过程中,社会的政治层面和经济层面的状况、变化和命运,由此,具体论证暴力革命观在西方发达社会中的无能为力。他指出,在西方发达国家中,"'市民社会'已经演变为更加复杂的结构,可以抵御直接经济因素(危机、萧条等等)'入侵'的灾难性后果。市民社会的上层建筑就像现代战争的堑壕配系。在战争中,猛烈的炮火有时看似可以破坏敌人的全部防御体系,其实不过损坏了他们的外部掩蔽工事;而到进军和出击的时刻,才发觉自己面临仍然有效的防御工事。在大规模的经济危机中,政治也会发生相同的事情。危机使袭击力量无力在时间和空间上闪电般组织起来;更不消说赋予他们应有的斗志。同样,防御者的士气不会涣散,他们也不会放弃阵地,在废墟当中也不例外,他们也不会丧失对自身的战斗力和对未来的信心"②。

显而易见,从葛兰西的上述分析可知,他认为西方发达工业社会的无产阶级如欲改变自身的命运和变革现存的社会结构,必须冲破暴力革命观的束缚,确立一种以争取文化领导权为核心的文化革命观。

2. 阵地战:争夺文化领导权

通过上述分析,葛兰西得出结论,对于西方发达国家而言,无产阶级革命的首要任务不是武装夺取政权,而是同资产阶级争夺文化领导权或意识形态领导权。基于此,葛兰西为西方无产阶级制定了以争夺领导权为核心的文化革命战略。这一战略的基本要点如下:

首先,无产阶级应当在夺取政权之前就取得文化领导权。葛兰西认为,对于西方发达国家而言,文化领导权甚至比政治领导权更为重要、更为关键,因此,在文化和意识形态领域争夺领导权和合法地位,应是西方无产阶级的首要任务。葛兰西指出:"只有那个力图'消灭'与它敌对的集团或者使这些敌对集团服从自己,不惜使用武力并且同时以联盟的或亲近的集团的领导者的身分出现的社会集团,才是它的敌对的集团的统治者。社会集团可以而且甚至应该在夺取到国家政权之先就以领导者的身分出现(这就是夺取政权本身的最重要的条件之一)。尔后这个集团取得政权,即使很

---

① 安东尼奥·葛兰西:《狱中札记》,曹雷雨、姜丽、张跣译,北京:中国社会科学出版社2000年版,第194页。

② 同上书,第191页。

坚固地掌握着它,成了统治者,同时也应该是一个'领导的'集团。"①

其次,为了取得文化领导权,应当采取阵地战的策略,而不应采取传统暴力革命的运动战策略。葛兰西指出,在西方发达国家中,由于拥有文化领导权的市民社会成了统治阶级整个防御系统中最坚固的堡垒,所以,传统暴力革命的运动战不足以解决问题,无产阶级无法以闪电般的出击去破坏资产阶级对整个市民社会的领导权。如前所述,文化领导权的获得不是一个短暂的暴力过程,而是一个缓慢的理性化进程。因此,在西方发达社会,无产阶级只能采取阵地战的方式,在市民社会中逐个夺取新阵地,逐步掌握意识形态和文化领导权,最后夺取国家的领导权。

再次,无产阶级要在市民社会中获得普遍的文化领导权,必须经历漫长的过程,需要许多重要的因素和历史进程。其中,构造以无产阶级的文化领导权为主导的新的市民社会的核心要素是新的有机知识分子(即作为组织或团体的有机组成部分的新型知识分子)的生成;进而是加强政党的培养和组织功能,促进平民百姓的文化启蒙和知识分子化。因此,有机知识分子、政党和教育等都在葛兰西的争夺市民社会文化领导权的战略中占据重要的地位。

葛兰西特别重视新型知识分子在无产阶级的文化革命中的重要地位。他认为,传统的知识分子往往强调自身的独立性和超然性,自认为能够自治并独立于居统治地位的社会集团,而无产阶级争夺文化领导权的文化革命需要新型的知识分子,他把这种新型的知识分子称为有机知识分子,即同由之产生的新阶级具有理论和实践上的有机的联系。他断言:"每个新阶级随自身一道创造出来并在自身发展过程中进一步加以完善的'有机的'知识分子,大多数都是新的阶级所彰显的新型社会中部分基本活动的'专业人员'。"②这种有机知识分子不再以超然于社会历史进程之外为特征,不再强调自身的独立性,而是积极介入社会现实的批判。"成为新知识分子的方式不再取决于侃侃而谈,那只是情感和激情外在和暂时的动力,要积极地参与实际生活不仅仅是做一个雄辩者,而是要作为建设者、组织者和'坚持不懈的劝说者'(同时超越抽象的数理精神);我们的观念从作为工作的技术提高到作为科学的技术,又上升到人道主义的历史观,没有这种

---

① 安东尼奥·葛兰西:《狱中札记》,葆煦译,北京:人民出版社1983年版,第316—317页。
② 安东尼奥·葛兰西:《狱中札记》,曹雷雨、姜丽、张跣译,北京:中国社会科学出版社2000年版,第2页。

历史观,我们就只是停留在'专家'的水平上,而不会成为'领导者(专家和政治家)。'"①这种新型知识分子对于无产阶级争夺领导权的斗争至关重要。葛兰西认为,实践哲学强调的理论和实践的统一并不是理论作为实践的补充,简单地趋近实践,而是造就知识分子精英的实践问题。"从历史和政治上说,批判的自我意识意味着创造知识分子的精英。人民群众如果不在最广的意义上把自己组织起来,就不能'区别'自身,就不可能真正独立;而要是没有知识分子,也就是说,没有组织者和领导者,换句话说,没有由于存在着一个'专门'从概念上和哲学上研究思想的集团,而从理论—实践的关系中具体地区分出来的理论方面,也就不可能成为有组织的群体。"②

从这些论述不难看出有机知识分子在葛兰西的社会历史理论中所占有的重要地位。然而,文化领导权的获得不能仅仅以培养出少数有机知识分子为标志,更不能使少数知识分子成为群众之外的理论家和组织者,相反,重要的是促进全体民众,特别是无产阶级的普遍的文化启蒙。因此,葛兰西把实践哲学的理论和实践的统一不仅理解为造就新型知识分子,更理解为建立知识分子和普通群众之间的辩证法。他指出:"无论如何,只有在知识分子和普通人之间存在着与应当存在于理论和实践之间的统一同样的统一的时候,人们才能获得文化上的稳定性和思想上的有机性质。也就是说,只有在知识分子有机地成为那些群众的有机知识分子,只有在知识分子把群众在其实践活动中提出的问题研究和整理成融贯一致的原则的时候,他们才和群众组成为一个文化的和社会的集团。"③应当说,葛兰西在这里抓住了无产阶级文化革命的实质性问题:只有普通群众同知识分子的这种有机联系才能构造出以无产阶级的文化领导权和政治领导权为主导的新的市民社会。实际上,如果不能做到这一点,无产阶级既不可能推翻资产阶级的社会秩序,更不可能建立起新的社会制度。

正是在这种意义上,葛兰西特别强调教育的功能。然而,他不是在一般的学校教育的意义上强调教育,而是强调教育的文化启蒙功能,这也就是他反复强调的民众的知识分子化问题。他明确提出要通过文化启蒙意义上的教育,不断把民众提升到新的文化高度上,并提出要"建立新的知识界阶

---

① 安东尼奥·葛兰西:《狱中札记》,曹雷雨、姜丽、张跣译,北京:中国社会科学出版社2000年版,第15页。
② 同上书,第245页。
③ 同上书,第240页。

层"的目标,这实际上也就是无产阶级取得文化领导权的重要标志。同时,还应当注意的是,在葛兰西看来,有机知识分子的造就和民众的知识分子化并不是在时间上先后相随的两个彼此独立的过程,而是一个统一的辩证过程。他断言,造就知识分子的过程是一个漫长而艰难的过程,"这个发展过程和知识分子与群众之间的辩证法相联系在一起。知识阶层在数量和质量上都在发展着。但是,向着知识阶层的新的广度和深度的每一步跃进,都是和'普通人'群众方面的类似运动相联系的——群众把自己提高到更高的文化水平,同时向专门化的知识阶层扩大他们的影响范围,产生出具有或大或小的重要性的、杰出的个人和集团"①。具体说来,所谓争夺市民社会的领导权,就是"要不断提高人民中越来越广泛的阶层的智识水平,换言之,要赋予群众中无定向分子以个性。这意味着要努力培养出一种新型的直接从群众中产生出来,而还同群众保持着联系的知识分子精英,就像以前,变成女服胸衣上的鲸骨制品"②。从这样的视角,葛兰西强调现代教育的文化启蒙功能,强调教育同文化领导权的本质关联。他明确指出,不应当把教育关系限于严格的学校教育的领域,实际上,教育的关系"存在于整个社会中,适用于每一个个人同其它个人的关系。它存在于知识分子阶层和非知识分子阶层之间,统治者和被统治者之间,精英和他们的追随者之间,领导者和被领导者之间,先锋队和军队的主力之间。'领导权'的每一种关系必然地是一种教育关系"③。不难看出,葛兰西的这些论述确实充满了马克思主义关于群众和个人关系的辩证法思想,而且在对知识分子问题的认识上进一步丰富了历史唯物主义的思想。

在这里,葛兰西除了强调教育的文化启蒙功能之外,还特别强调政党在培育新型知识分子,从而在争夺文化领导权中的重要作用。他认为,政党在现代社会中起着十分重要的作用,它同领导权的形成和获得有着密切的关系,是培养领导者和锻炼领导艺术的最便利的手段,特别重要的是,"政党是完整的、全面的知识分子的新的培育人"④。所以,葛兰西指出,在夺取文化领导权的过程中,必须注意充分发挥先进的政党的职能。"政党之完成

---

① 安东尼奥·葛兰西:《狱中札记》,曹雷雨、姜丽、张跣译,北京:中国社会科学出版社2000年版,第245—246页。
② 同上书,第252页。
③ 葛兰西:《实践哲学》,徐崇温译,重庆:重庆出版社1990年版,第33页。
④ 安东尼奥·葛兰西:《狱中札记》,曹雷雨、姜丽、张跣译,北京:中国社会科学出版社2000年版,第246页。

这个职能,依赖于自己的基本职能,这个职能归结起来是培养自己的干部、一定社会集团(作为'经济'集团发生和发展的)分子,直到把他们变成熟练的政治知识分子、领导者、各种形式活动的组织者和整体社会——公民社会和政治社会有组织发展所具有的职能的执行者。"①

这样一来,葛兰西与卢卡奇从不同的角度得出了共同的结论,都强调革命的意识形态和文化层面,都突出文化革命的首要地位。卢卡奇把无产阶级的阶级意识的成熟视作革命的最关键的因素,葛兰西则把无产阶级在上层建筑中夺取文化领导权当作革命的首要任务。

不仅如此,从上述文化革命观出发,葛兰西和卢卡奇在学理层面也非常接近。文化革命观的实质是强调主体在历史演进中的重要作用,强调人的主体性的生成对于社会变革的重要意义,为此,卢卡奇和葛兰西都从人的存在和人的主体性的角度重新阐述了马克思的哲学理论,特别是青年马克思关于实践的观点。卢卡奇由此提出了以人的主体性为核心的主客体统一的辩证法,而葛兰西则提出了以"实践一元论"为标志的实践哲学构想。

二、实践哲学构想

葛兰西在《狱中札记》中用了很大的篇幅探讨实践哲学问题。学术界有一种看法,认为葛兰西是为了避免法西斯监狱的书报检查而策略性地把马克思主义称为实践哲学,以避免使用"马克思主义"这一敏感的字眼。所以,这种观点认为,实践哲学并不代表葛兰西哲学思想的实质,而只是一种术语的改变。我们认为,上述观点很难成立。不可否认,葛兰西使用实践哲学来称谓马克思主义的确有策略上的考虑。但是,如果仅仅出于策略上的考虑,他为什么要选用实践哲学,而不是历史唯物主义、辩证唯物主义或别的什么术语来称谓马克思主义呢?

实际上,透过《狱中札记》的许多论述,我们可以有充分的理由相信,葛兰西是从实质上把马克思主义理解为实践哲学。在具体阐释他的实践哲学的具体内涵之前,我们可以先从两方面来说明上述论点。首先,葛兰西把马克思主义理解为实践哲学,有其理论上的考虑。在这方面,他主要继承了意大利马克思主义者拉布里奥拉的观点,后者明确地把马克思的学说归纳为实践哲学。葛兰西在批评普列汉诺夫等人的观点时指出,拉布里奥拉的独

---

① 安东尼奥·葛兰西:《狱中札记》,葆煦译,北京:人民出版社1983年版,第428页。

特之处在于，他断言"实践哲学是一种独立的和独创的哲学，它本身包含着进一步发展的要素，所以就由对历史的一种继续变成一种一般的哲学。这正是人们必须在其中进行工作的方向，发展拉布利奥拉的观点"①。其次，葛兰西认为，实践哲学是现代文化的成就，它发挥着重要的文化启蒙功能，对于文化领导权的获得具有重要的意义。葛兰西指出，作为现代文化的重要成就，"实践哲学有两项工作要做：战胜最精致形式的现代意识形态，以便能够组成自己的独立的知识分子集团；以及教育其文化还是中世纪的人民大众。这第二项工作，是基本的工作，它规定新哲学的性质，并不仅在数量上而且在质量上吸收它的全部力量"②。

由此可见，葛兰西对实践哲学的重视绝非术语的，而是实质的，这是因为，实践哲学对人的主体地位的强调和文化领导权理论对人在历史进程中的主体作用的理解是完全一致的。而且需要反复强调的是，在葛兰西那里，实践哲学不是无产阶级文化革命之外的独立的理论，而是无产阶级争夺文化领导权的直接的理论表述，它真正体现了马克思的实践哲学的基本精神，不仅要解释世界，而且要批判地改变世界。正是从这样的理论立场出发，葛兰西不仅反对远离现实的超然的传统知识分子，也反对远离现实社会实践的抽象的哲学理论范畴。

因此，在解析了葛兰西以市民社会和文化领导权范畴为核心的西方革命观之后，不能不阐释他的实践哲学构想。而对葛兰西的实践哲学的论述，应当从他对客观主义和历史宿命论的批判开始。

（一）客观主义和历史宿命论批判

如前所述，实践哲学作为文化领导权理论的哲学理论基础，其核心是确立人作为实践的存在所具有的自由自觉的主体性，强调人作为历史主体在历史进程中的作用。从这样一个基点出发，葛兰西像卢卡奇批判恩格斯的自然辩证法和反映论以及科尔施批判列宁的唯物主义一样，首先把批判的锋芒指向过分强调客观必然性的哲学立场，他在《狱中札记》中反复批判客观主义和机械决定论或历史宿命论，批判那种过分强调客观必然性对人的决定作用，把历史视作一个完全由给定的必然性和铁的规律性支配的哲学观点。在他看来，只有破除了机械决定论和历史宿命论，才可能确立实践哲

---

① 葛兰西：《实践哲学》，徐崇温译，重庆：重庆出版社1990年版，第78页。
② 同上书，第80页。

学的立场,才可能发挥实践哲学的文化启蒙功能,从而为确立和形成无产阶级的文化领导权奠定基础。我们可以从两个层面展开葛兰西对机械决定论和历史宿命论的批判。

首先,在学理层面上,葛兰西反对某种对客观性的迷信,他激烈地批判过分相信客观性的客观主义立场。他认为,人是实践的存在,只能在自己的现实活动中,从人自身的观点而不是从神秘的"宇宙本身的观点"来把握实在,因此,客观性也如同人的实践和人的认识一样,是一种历史的生成,是人的"历史—文化的"构造。对于上述观点,葛兰西在《狱中札记》中从不同角度反复加以阐释。

葛兰西先是指出,普通民众的客观性观念并不是一种科学的理性观念,而是基于常识经验的一种盲目的信念,这种信念带有宗教的色彩。他分析道:"广大公众甚至不认为能够提出诸如外部世界是否客观地存在的问题。人们只要提出这个问题就会引起一阵压制不住的大笑的爆发。公众'相信'外部世界是客观地现实的,但是问题产生了:那个'相信'的根源是什么,'客观地'此词的决定性价值是什么?在事实上,这个信仰具有宗教的根源,即使那个分享这个信仰的人对宗教并不感兴趣。因为一切宗教都教诲而且还在教诲说,世界、自然、宇宙都是在上帝创造人之前所创造的,所以,人发现世界上的一切都是现成的,被编好了目,被一劳永逸地规定好了。这个信仰变成了'常识'的铁的事实,即使宗教感情死了或者沉睡了,它还同样的顽固。"①

在指出广大公众的客观性信念的宗教性根源之后,葛兰西用了较大篇幅从哲学理论的层面具体分析客观性问题。他认为,形而上学关于人之外的客观性的见解是不能证明的,这一观念同样具有宗教色彩,因为人只能以人的目光去观察世界和现实。他指出:"在形而上学唯物主义中,'客观的'观念显然打算指一种甚至存在于人之外的客观性;但当人们断言即使人并不存在,某种实在也会存在时,人们或者是在用隐喻说话,或者是落入到一种神秘主义中去了。我们只是在同人的关系中认识实在,而既然人是历史的生成,认识和实在也是一种生成,客观性也是如此,等等。"②葛兰西对上述结论进行了分析,他指出,从表面上看,似乎存在着与人无涉的客观性,但是,要对这一客观性进行判定,就需要依据一定的尺度。人要想判定这样一

---

① 葛兰西:《实践哲学》,徐崇温译,重庆:重庆出版社 1990 年版,第 135 页。
② 同上书,第 140 页。

种与人无关的客观性,就要设想人可以不从人的观点而从"宇宙本身的观点"去看问题,这样一来又陷入宗教神秘主义之中。所以,葛兰西断言:"客观的总是指'人类的客观',它意味着正好同'历史的主观'相符合,这就是说,'客观的'意味着'普遍地主观的'。人客观地认知,这是在对于被历史地统一在一个单个的文化体系中的整个人类来说知识是实在的范围内来说的。"①

基于上述分析,葛兰西指出,实际上,客观性总是同人的实践活动和认知活动密切相关,对人而言,追求人之外的客观性是没有意义的,人的客观性观念起源于文化的约定和构造,它本质上是"历史—文化的"构造。葛兰西举了"东"和"西"这个方位概念,它们是客观的,但的确起源于人的文化约定。他指出:"为了准确地理解外部世界的现实问题可能意味的东西,值得把'东'和'西'的概念当作例子提出来,即使分析说明它们无非是一种约定的,即'历史—文化的'构造,它们也没有不再是'客观地实在的'('人造的'和'约定的'这些词往往指'历史的'事实,它们是文化发展的产物,而不是理性主义地任意的或个别地设计的构造)。"②通过上述分析可以看出,葛兰西比较彻底地抛弃了传统唯物主义的客观主义立场。

其次,在现实历史运动的层面上,葛兰西激烈批判客观主义信念在社会历史问题上所导致的机械决定论或历史宿命论立场。他指出,第二国际理论家的经济主义观点忽略了历史主体在历史进程中的作用,把历史理解为完全按照历史必然性和客观规律性运行的自在的进程,这导致了严重的宿命论倾向,是一种弱者的哲学。

众所周知,第二国际理论家否认马克思主义同哲学的本质关联,把马克思的学说归结为一种客观地描述在盲目的经济必然性支配下的历史进程的"经济决定论"。这种经济主义观点在无产阶级革命运动中造成了消极的后果,它"毫不动摇地确信历史发展具有在性质上与自然规律相同的客观规律,不仅如此,它的基础也是相信事物的结局具有与宗教信仰相同的命定的不可避免性。由于认为将来产生有利的条件是历史地不可避免的,由于具备这些条件会神秘地发生复兴现象,所以为了根据一定计划去创造这些条件而有意识地采取的行动不仅是无益的,而且甚至是有害的"③。葛兰西

---

① 葛兰西:《实践哲学》,徐崇温译,重庆:重庆出版社1990年版,第139—140页。
② 同上书,第141页。
③ 安东尼奥·葛兰西:《狱中札记》,葆煦译,北京:人民出版社1983年版,第141—142页。

认为,这是一种典型的宿命论信念,它忽略了文化领导权在历史运动中的地位,忽略了革命进程中的主观能动性的作用。

葛兰西认为,经济主义的基础是一种机械决定论和历史宿命论,它的核心是关于历史必然性的信念。表面看来,这是一种强者的哲学,它用一种超人的铁的规律来描述历史的进程,而实质上,它是一种弱者的哲学,是处在软弱地位的从属的阶级在不具备足够的力量改变现存秩序时的一种宗教般的信念,一种强心剂式的心理补偿。葛兰西指出:"当你在斗争中不具有主动权,斗争本身在最终变得和一系列的失败相等同的时候,机械决定论就变成道德抵抗、融贯团结、坚忍不拔和不屈不挠的一种巨大力量。'我暂时被打败了,但是,历史的潮流归根到底是为我而流的'。现实的意志穿上了一种信仰历史的某种合理性和信仰原始的和经验形式的热情的目的论的外衣,这种目的论是作为前定和神意等忏悔的宗教教义的替代品而出现的。"①葛兰西的这一描述使我们联想起历史上农民起义的情形,作为弱者和未启蒙的阶层,他们的起义总是带有一种简单的复仇和破坏的性质,在其中,很少提及这一历史行动同人本身的存在的关系,而是打起"替天行道"的旗帜,从而为自己的行为提供一点脆弱的心理支撑。

在揭示了经济决定论或机械决定论以所谓的客观必然性来支撑历史运动的做法的宿命论和宗教本质之后,葛兰西必然把历史的运动置于人的实践活动的基础之上。这正是以人的主体性为核心的实践哲学得以生成的根据。

(二) 实践哲学的基本构想

葛兰西在论述实践哲学的基本内容时,反复强调一个思想:实践哲学是现代文化的产物。这即是说,实践哲学并非某一哲人的纯思辨的产物,而是人类文化发展到一定阶段的产物,因此,它在人类历史的运动中起着十分重要的作用。一方面,实践哲学是对迄今为止人类文化精神发展的总结。用葛兰西的话说,"实践哲学是以所有这一切过去的文化为前提的:文艺复兴和宗教改革,德国哲学和法国革命,喀尔文主义和英国古典经济学,世俗的自由主义和作为整个现代生活观的根子的这种历史主义。实践哲学是这整个精神的和道德的改革运动的顶峰,它使大众文化和高级文化之间的对照

---

① 葛兰西:《实践哲学》,徐崇温译,重庆:重庆出版社1990年版,第17—18页。

成为辩证的"①。另一方面,作为过去各种文化精神的辩证综合,实践哲学在现代文化发展中占据重要的地位,它不仅成为无产阶级争夺文化领导权的重要理论依据,而且对现存的各种文化思潮也产生着影响。葛兰西指出:"实践哲学是现代文化的一个'要素'。它在一定程度上决定了或丰富了某些文化思潮。"②对于实践哲学这样一种重要的文化精神,葛兰西在《狱中札记》中作了许多阐释,但是,由于札记体裁本身的限制,葛兰西的这些论述相对散乱,通过分析与综合,我们可以提炼出实践哲学的一些基本的要点。

第一,实践是哲学的基础和核心范畴。这是实践哲学的基本出发点。之所以称之为实践哲学,就是因为它是以实践为核心和基础的学说。而实践之所以能够成为哲学的基础和核心,是因为实践作为人的能动的、创造性的本质活动,首先是人类历史运动的基础和动力。

对于这一基本观点,葛兰西有许多论述,我们可以从中选出两段有代表性的论述来体会他的基本思想。在比较不同的哲学思潮时,葛兰西指出:"为了避免唯我论,同时又避免包含在认为思维是一种感受的和整理的活动的机械论概念,就必须用一种'历史主义的'方式提出问题,同时又把'意志'(归根到底它等于实践活动或政治活动)作为哲学的基础。但是,这种意志必须是合理的意志,而不是任意的意志;只有在这种意志符合于客观的历史必然性,或只有在它是处在其逐步实现时刻中的普遍历史本身的时候,它才得到实现。"③在另一处,葛兰西在论述马克思主义理论的内在统一性时,把实践视作哲学的核心范畴。他指出:"统一是由人和物质(自然——物质的生产力)之间矛盾的辩证发展达成的。在经济学中,统一的中心是价值,换言之就是工人和工业生产力之间的关系(……)。在哲学中,统一的中心是实践,就是说,是人的意志(上层建筑)和经济基础之间的关系。在政治中,统一的中心是国家和市民社会之间的关系,就是说,是国家(集中化了的意志)教育教育者、一般的社会环境的干预(这些问题都要深入研究并以更确切的术语来表述)。"④

可以看出,在这两段论述中,葛兰西的一些表述不是很清晰,正如他自己所言,需要用更确切的术语,以更准确的方式加以表述。抛开这些细节不

---

① 葛兰西:《实践哲学》,徐崇温译,重庆:重庆出版社1990年版,第83页。
② 同上书,第76页。
③ 同上书,第28页。
④ 同上书,第91页。

谈,有一点很明确,葛兰西在这些论述中始终突出实践的地位。而且我们还注意到,他几次用"意志"来称谓实践。从一般唯物主义的立场来看,这里有滑入唯意志论或一般唯心主义的危险。但把葛兰西的全部思想综合起来看,葛兰西用"意志"来称谓实践,无非是强调实践所固有的能动的和创造的本性。

第二,实践是人的本质规定性,人按其实践本质是能动的活动过程,人在自己的实践活动中能动地建立起人与人的关系及人与自然的关系。

葛兰西承认,人作为一种能动的实践存在物并不能完全脱离自然,而是以自然为生存的前提。特定的人的社会以特定的"物的世界"为前提,只有在存在着特定的"物的世界"的范围内,人的社会才是可能的。但是,葛兰西指出,必须看到,作为人和人的社会存在的前提的自然和物质,并不能直接决定人的本质和历史的进程。用他的话说,"不能把哲学归结为一种自然主义的'人类学':人类的本性并不是由人的'生物学的'本性所赋予的"①。应当说,这是一个很重要的、带有根本性的观点。如果强调人的本质是由生物学前提规定的,那么,必然要陷于自然主义的或客观主义的哲学立场,而这正是葛兰西所批判和反对的。在葛兰西看来,人的本质是由人的实践活动决定的,因而,人不是一种给定的物,而是一个能动的过程。在这种意义上,葛兰西断言:"人是一个过程,更准确地说,人是他的活动的过程。"②这种活动显然不是纯粹的生物性活动,而是决定人的社会本性的实践活动。

葛兰西认为,人作为能动的活动过程,是由许多要素构成的,这些要素的相互作用和辩证统一,构成了人的总体存在。关于这一思想,葛兰西有一段详细的论述。他指出:"人们必须把人看作是一系列能动的关系(一个过程),虽然在其中个性或许是最重要的,但却并不是要说明的唯一的要素。反映在每一个个体中的人类是由各种不同的要素构成的:1.个人;2.其他人;3.自然界。但后面两个要素并不像可能乍看起来那么简单。个人并不是通过并置并列而进入同其他人的关系之中的,而是有机地,就是说,就他是隶属于从最简单的直到最复杂的有机实体而言地进入同其他人的关系之中的。这样,人就并不是因为他自身是自然界的组成部分而进入同自然界的关系之中的,而是能动地,依靠劳动和技术而进入同自然界的关系中的。

---

① 葛兰西:《实践哲学》,徐崇温译,重庆:重庆出版社1990年版,第39页。
② 同上书,第34页。

而且这些关系还不是机械的,它们是能动的和有意识的。它们和每个人对它们的或大或小的理解程度相符合。所以,人们可以说,我们每一个人都在其改变和变更他是中心的复杂关系的程度上改变自己、变更自己。在这个意义上,真正的哲学家是而且不能不是政治家,改变环境的能动的人,而环境则被理解为我们每个人都参加的关系的总和。"①

可以看出,这一段论述集中地体现出葛兰西实践哲学的基本内涵,其中包含多层含义。首先,葛兰西通过确定人的活动的三个基本要素,即个人、他人和自然界,实际上建立起人的存在和人类历史运动的双重基本关系:人与自然的关系、人与人的关系。其次,按照葛兰西的见解,无论是人与人的关系,还是人与自然的关系,都不是自然给定的,不是由外在的自然规律或历史必然性确定的,而是由人的实践活动建构起来的,人的实践活动既变革现实,也改变人自身,既创造世界,也自我创造。最后,通过上述分析,可以看出,这种既变革现实又改变人自身的实践活动不仅规定了人是能动的过程,是自身的活动的过程,而且说明,人类历史的运动过程也正是人类实践的展开过程,是人的实践通过变革现实和改变自己不断建构人与人、人与自然的辩证的统一过程。因此,实践不仅规定了人的本质,而且构成了人类社会和人类历史的现实基础。

第三,实践哲学在某种意义上可以被概括为"实践一元论",它综合了人类文化迄今为止的全部成就,超越了传统唯物主义和唯心主义的对立,代表着一种更高层次的文化精神。

一些研究者将葛兰西的哲学理论概括为"实践一元论"。从《狱中札记》来看,葛兰西本人的确表述过类似于"实践一元论"的说法。例如,他在讨论马克思的《〈政治经济学批判〉序言》中关于物质生产力和生产关系的冲突以及上层建筑问题时曾指出:"在这种场合下,'一元论'此词的意思是什么?它肯定不是唯心主义的一元论,也不是唯物主义的一元论,而倒是具体历史行为中对立面的同一性,那就是与某种被组织起来(历史化)的'物质',以及与被改造过的人的本性具体地、不可分解地联结起来的人的活动(历史—精神)中的对立的同一性。"②

从上述论述可以看出,葛兰西在这里无非是要突出强调实践在人类历史中和在哲学中的基础地位,而并不是要刻意构造一个叫作"实践一元论"

---

① 葛兰西:《实践哲学》,徐崇温译,重庆:重庆出版社1990年版,第36页。
② 同上书,第58页。

的体系。他的实践哲学的核心之点是要扬弃传统唯心主义和唯物主义由于各固执于一个"绝对精神"或"绝对物质"而导致的非此即彼的僵硬的对立,从而以实践为基础达到主体和客体的相互生成和辩证统一。也正是在这种意义上,葛兰西强调,这种既不是唯物主义一元论也不是唯心主义一元论的实践哲学,是一种综合了人类全部文化成就、超越了传统唯物主义与唯心主义对立的哲学。他充分估计了实践哲学的特殊地位,指出:"只有当着把实践哲学看作一种开辟了历史的新阶段和世界思想发展中的新阶段的、完整的和独创的哲学的时候,才能领会辩证法的基本功能和意义,而实践哲学则在其超越作为过去社会的表现的传统唯心主义和传统唯物主义,而又保持其重要要素的范围内作到这一点。"①葛兰西不仅强调实践哲学与传统唯心主义和唯物主义的对立,而且还特别强调实践哲学同唯物主义的区别。他断言:"大家都知道,实践哲学的创始人〔马克思〕从来不曾把他自己的概念称作唯物主义的,当他写到法国唯物主义的时候,他总是批判它,并断言这个批判要更加彻底和穷尽无遗。所以,他从来没有使用过'唯物辩证法'的公式,而是称之为同'神秘的'相对立的'合理的',这就给了'合理的'此词以十分精确的意义。"②葛兰西的上述论点常常引起争议,但是,研究一下马克思本人的观点,可以发现,葛兰西的确不是凭空断言,因为青年马克思的确表述过类似的观点:"我们在这里看到,彻底的自然主义或人道主义既不同于唯心主义,也不同于唯物主义,同时又是把这二者结合起来的真理。"③

第四,实践哲学具有强烈的批判性和革命性,其宗旨是变革现实,使现存世界革命化。

从前述可见,葛兰西拒斥强调铁的必然性的客观主义立场,是因为这种以机械决定论和经济决定论为特征的客观主义会导致消极的历史宿命论的结论。而他积极确立以人的主体性为核心的实践哲学,是因为这种哲学强调人的实践活动对现存的批判性和超越性,是以变革现存世界为宗旨的革命哲学。葛兰西强调指出,实践哲学"旨在改变世界和使实践革命化",在这种意义上,"人们可以说这是实践哲学的中心网络,它是实践哲学在那里变成现实的和历史地生活着(就是说,社会地生活着,而不再只是生活在个

---

① 葛兰西:《实践哲学》,徐崇温译,重庆:重庆出版社1990年版,第128页。
② 同上书,第152页。
③ 马克思:《1844年经济学哲学手稿》,北京:人民出版社2000年版,第105页。

人的头脑里),那时,它不再是任意的,而变成必然的——合理的——现实的"。① 可以说,这是马克思学说的核心思想和宗旨,从博士论文中的"哲学的世界化"和"世界的哲学化",经《黑格尔法哲学批判》时期的"消灭哲学"和"实现哲学",到《关于费尔巴哈的提纲》和《德意志意识形态》时期的"改变世界"和"使现存世界革命化",马克思一直强调自己学说的批判性和革命性本质,而这种批判性和革命性应当植根于人类实践的超越本性和创造本性。

以上我们从葛兰西的西方革命观和实践哲学构想两个方面展示了他的基本思想,从论述中可以看出,由于各种条件的限制,他的许多术语的界定不是很准确,还有一些术语容易产生歧义,引起争议。例如,葛兰西几次把实践和意志两个范畴相提并论,这容易导致思想混乱。但是,抛开这些争论和具体细节不谈,从总体上看,我们可以断言,葛兰西的思想在 20 世纪新马克思主义的演进中占有重要的地位。首先,葛兰西的市民社会理论不但丰富了传统马克思主义关于经济基础和上层建筑的理论,而且对于人们正确分析现代发达工业社会的结构及其变迁和变革问题,提出了富有启迪性的见解。其次,葛兰西的文化领导权理论和实践哲学构想关注人的本质和存在,特别是关注人类实践在 20 世纪所呈现的矛盾和人类的生存困境,为解决人类的异化问题和人类解放问题提出了一种文化革命的思路。他立足于 20 世纪人类实践和人类文化发展的大背景来解读和建构马克思的实践哲学,的确展示了马克思主义哲学同现时代的本质关联,实现了马克思主义主题的现代化转变。我们可以对葛兰西的上述探索中的失误提出批评,但必须肯定这些探索的积极意义以及它们至今还保有的现实价值。我们在后面的论述中可以看到,葛兰西的市民社会理论、文化领导权理论和实践哲学构想,同卢卡奇的异化理论和主客体统一的辩证法一样,构成了 20 世纪新马克思主义文化哲学的重要主题。

---

① 葛兰西:《实践哲学》,徐崇温译,重庆:重庆出版社 1990 年版,第 55 页。

第四章
布洛赫的乌托邦精神论和希望哲学

布洛赫是20世纪的重要哲学家之一,是西方马克思主义的第一代主要代表人物之一。他与卢卡奇同龄,又曾为同学,同时就学于生命哲学家席美尔。布洛赫是西方马克思主义第一代主要代表人物中最长寿者,一直活跃到20世纪70年代末,在20世纪马克思主义的分化和演进中,占据着非常重要的地位。布洛赫和卢卡奇一道,不但深刻地影响着20世纪西方的新马克思主义的发展,而且对二战以后东欧新马克思主义的兴起产生了不可估量的影响。与其他西方马克思主义代表人物相比,布洛赫最显著的特点在于他在某种意义上继承了德国古典哲学的学术化研究传统,以非常独特的方式和独特的术语,发掘了马克思主义的哲学方面,对马克思主义哲学作了十分独特的解读与诠释。这些理论研究成果突出地体现在他关于乌托邦精神的理论和关于希望哲学的构想之中。

同卢卡奇一样,布洛赫也具有犹太血统,出生于德国巴伐利亚的一个犹太人家庭。布洛赫读中学期间就对哲学、心理学、音乐和物理学等学科感兴趣。他在17岁时就写下了探寻生命之奥秘的论文《力和它的本质》,读中学期间,已系统阅读了康德和黑格尔等哲学大师的著作,并同文德尔班、马赫等著名哲学家通信,在哲学方面打下了坚实的学术功底。从1905年起,布洛赫开始了大学的学习生活,先后在慕尼黑结识了胡塞尔和舍勒,在柏林就学于席美尔,并结识了韦伯、雅斯贝尔斯和卢卡奇。在这一时期,他广泛涉猎哲学、心理学、音乐、物理学、希伯来文化等等,并开始了学术研究与写作。1907年,年仅22岁的布洛赫即写下了《论"尚未"范畴》的手稿。这一表征生成性和开放性的哲学范畴"尚未"(noch nicht)后来构成他的乌邦托精神的核心范畴。1909年布洛赫发表了题为《关于李凯尔特和现代认识论问题的批判讨论》的博士论文,提出一种新的认识论和新的逻辑,即乌托邦认识论。1914年布洛赫开始写作《乌托邦精神》。为了逃避战乱，他躲到瑞士完成了这部著作的写作，并于1918年出版了这部著作。《乌托邦精神》是布洛赫的成名作，也是他的学术思想的代表作，他在其中提出的以"尚未存在"本体论为核心的乌托邦精神贯穿于他毕生的学术研究之中，成为他的希望哲学的基础。从瑞士回到德国后，布洛赫于20世纪20年代初先后出版了《革命神学家托马斯·闵采尔》和批判文集《穿越荒漠》。前者比较闵采尔的宗教激进主义观点和马克思的社会激进主义思想，探讨现存社会的变革问题，后者则是系列批判资产阶级的文化功利主义、虚无主义和市侩主义的论文集。

1933年希特勒夺权，布洛赫移居瑞士，并去巴黎和布拉格等地，再度开始流亡生活。此时，布洛赫已成为一名马克思主义者，于1935年出版了《这个时代的遗产》，对纳粹主义现象作了文化上、心理上和社会学的分析批判。1938年，布洛赫移居美国，先后在纽约、马萨诸塞等地生活。由于在文化上无法对美国的社会环境产生认同，布洛赫很少研究美国社会所发生的事情，而是专注德国的事态变化，并潜心进行哲学研究。正是在移居美国期间，他开始撰写自己毕生最重要的著作《希望的原理》，以及《主体—客体：对黑格尔的解释》等手稿。布洛赫以乌托邦精神为核心的希望哲学主要是在这一时期建构起来的。

1949年，布洛赫接受东德莱比锡大学的聘请，回国执教。20世纪50年代前期，他在东德受到尊重，在学术界享有很高的声誉，担任了柏林德国科学院院士、莱比锡大学哲学研究所所长，并在1955年被东德政府授予国家奖状和银质祖国勋章。这一阶段，布洛赫的学术成果也非常丰富，他于1951年出版了《主体—客体：对黑格尔的解释》，于1954、1955、1959年分别出版了《希望的原理》第1、2、3卷，成为东德最杰出的哲学家。但是，布洛赫富有自由精神的哲学观点和政治主张很快引起非议，导致他与政界的冲突，并在20世纪50年代末被视作"修正主义"而受到批判。

1961年当柏林墙树起时，正在西德图宾根访问的布洛赫向西德政府提出政治避难的要求，从此在西德开始了他晚年的学术生涯，直到1977年因心脏病发作病逝。布洛赫终生勤奋钻研，晚年的学术成果依旧十分丰富。在西德的岁月，他又拿出了一系列十分重要的学术成果：1961年出版了《天赋人权与人的尊严》和《哲学的基本问题："尚未存在"本体论》，1963—1964年出版了《图宾根哲学导论》，1968年出版了《基督教中的无神论》，1972年出版了《唯物主义问题》，等等。在学术生涯的最后十几年间，布洛赫依旧十分活跃,曾参加过南斯拉夫实践派组织的科尔丘拉夏令学园的学术活动,他始终关心人的存在与人的命运,同马尔库塞、弗洛姆等东西方新马克思主义者一道,致力于建构人道主义的马克思主义。

布洛赫以其深刻的思想及对人的炽爱与关切,给20世纪和未来的人类留下了一笔宝贵的精神财富,对20世纪东西方新马克思主义的发展都产生了深刻的影响。布洛赫博大精深的思想体系值得学术界深入研究。1998年,包括南斯拉夫实践派著名代表人物G.彼得洛维奇在内的一大批东西方著名哲学理论家在图宾根成立了国际布洛赫哲学学会,有组织地开展关于布洛赫哲学的研究。布洛赫的著作非常丰富,涉猎内容极为广泛,我们在这里只能概要地介绍一下他在《乌托邦精神》和《希望的原理》等重要著作中所提出的关于人的存在的独特的理论:乌托邦精神论和希望哲学。

一、丰厚的思想资源

应当指出,卢卡奇、科尔施、葛兰西、布洛赫、霍克海默、阿多诺、萨特、马尔库塞、弗洛姆、哈贝马斯等西方马克思主义代表人物,以及东欧新马克思主义代表人物,均是博学之士,他们都受过正规的高等教育,许多人是哲学教授或哲学博士。但是,相比之下,在20世纪新马克思主义者中,最为博学者首推布洛赫。如前所述,在中学时代,布洛赫就系统研读了德国古典哲学,打下了坚实的学术基础。在大学期间,他研究和探讨了历史上和现时代各种有影响的哲学派别与学术思潮,在他的哲学体系中经常可以看到各种文化精神和一些大哲学家思想的影响和痕迹,但是,他并不是非批判地接受这些思想理论,而是按照他对马克思思想的理解从众多思想资源中吸纳人类文化发展中的一些重要的精神。布洛赫的思想体系及学术观点也由此显得博大与深奥。

(一)人类文化精神的博采与升华

对于布洛赫哲学博采与综合各种各样哲学流派和学说的特征,学术界有不同的评介。批评性的意见认为,由于布洛赫在自己的哲学体系中综合了各种文化精神和各种哲学流派的观点,所以他的乌托邦精神理论和希望哲学带有杂乱与拼凑的特征。但是,相反的评介观点却给布洛赫以极高的声誉,赞其为"一位有独创性的马克思主义者"①。如果我们认真研究一下布洛赫的学术著作和学术思想,就会发现,布洛赫并不是随意将各种文化精神或哲学观点纳入自己的体系之中,而各种文化精神或哲学观点也不是简单地堆积在他的思想体系之中。相反,布洛赫对各种文化精神和哲学观点的博采是有着前后一致的价值原则的,即都服从于人的解放和人的拯救这一根本主题。同时,布洛赫对各种文化精神和哲学观点都加以提炼和升华,以突出自己的乌托邦精神理论和希望哲学的主题。因此,无论我们能否接受或认同布洛赫的哲学立场,都应当公正地承认,他是20世纪一位有独创性的哲学家。而为了准确地理解和把握布洛赫的乌托邦精神论和希望哲学,有必要从评价对布洛赫哲学思想产生重要影响的各种文化精神和哲学流派入手,即挖掘一下布洛赫思想的文化背景和理论渊源。

1. 传统文化精神:人的自我拯救

布洛赫在构造自己的乌托邦哲学体系时,非常注意从传统文化精神中汲取有用的成分。按学术界通常的观点,西方文化有两个主要渊源,一是以古希腊哲学为集中表现形式的希腊理性主义,一是发端于犹太教经典,后在基督教中发扬光大的希伯来精神。这两种主要文化精神以及其他一些文化因素的相互交织,构成了西方文化的基本景观。相比之下,布洛赫在西方的传统文化格局中比较偏重希伯来精神以及与此相关或相类似的以救世主义为宗旨的文化精神。这些在布洛赫的《乌托邦精神》中有清楚的体现。

首先,布洛赫对历史上各种乌托邦主义文化思潮或理论构想非常感兴趣,他于20世纪20年代初出版了《革命神学家托马斯·闵采尔》。众所周知,闵采尔是德国平民宗教改革家,同时,他作为农民战争领袖也被视作空想社会主义的代表之一。他出于对教会腐败和社会黑暗的不满,号召信徒用实际行动包括武装斗争的形式进行社会改革,以实现上帝的公义。他宣称,在上帝亲自治理的千禧年国度里,没有阶级差别,没有私有财产,没有欺诈与压迫,人人劳动,人人平等。布洛赫认为,在闵采尔的宗教改革主张中,包含着社会总体性变革的思想,闵采尔通过基督的救世主义的激进的、灾变性的神示而接受革命思想和走上革命的道路。在某种意义上,闵采尔是马克思的先驱之一,他是革命的神学家,而马克思是革命的社会学家。

---

① 罗伯特·戈尔曼编:《"新马克思主义"传记辞典》,赵培杰、李菱、邓玉庄等译,重庆:重庆出版社1990年版,第139页。

其次，犹太神秘主义文化也对布洛赫产生了影响。1907年，布洛赫在符兹堡学习哲学、物理和音乐时，他的一位犹太朋友促使他对希伯来神秘哲学产生了浓厚的兴趣，并对之加以专门的研究。众所周知，犹太教在其演进过程中，曾出现过不同的流派，如早期注重律法的拉比犹太教派别和中世纪诉诸理性的欧洲犹太教和哲学。而犹太神秘主义由来已久，宣传靠一些神秘图像、数字以及希伯来文字母的排列，能释放神力，解救犹太人的苦难。到了中世纪，犹太神秘主义成为犹太教中非常有影响的派别，它强调犹太教仪式习俗的神秘含义，使狂热信徒想象自身是神所安排的宇宙中心，应与不洁的俗世完全隔绝，期待末世来到、弥赛亚自天降临，解救犹太人。布洛赫对犹太教的兴趣不在于它的具体宗教含义和内容，而在于其中所包含的以人的拯救为核心的救世主义文化精神。

再次，布洛赫不仅对犹太神秘主义感兴趣，对于其他一些神秘主义宗教派别也同样关注。例如，布洛赫曾研究了诺斯替教义。信奉诺斯神的诺斯替教是古老的神秘主义宗教。在它的影响下，在基督教中产生了诺斯替派。诺斯替教主张善恶二元论，认为善与恶为相互对立的两个根本原则，精神属于善因，肉体属于恶因，人类因为有肉体这一恶因，不能与神直接交往，必须依靠从上帝派生出的救世主基督作为中介。基督救人，在于赐人以智慧，使人知道如何从肉体桎梏下解放出来。人类应当与神合作，刻苦禁欲，剔除恶因，以期得到拯救。显而易见，布洛赫关注诺斯替教义的原因同他对犹太神秘主义感兴趣的原因一样，在于这一教义中反复强调的基督的救世主义主题。

此外，布洛赫还涉猎各种救世主义和末世学。同马克思对普罗米修斯的献身精神和救世主义的歌颂一样，布洛赫反复挖掘传统文化精神之中的救世主义主题，其宗旨是一致的，即人的拯救或救赎。面对第一次世界大战时期西方社会普遍的物化现象和文化危机，面对人受各种异己力量的压迫与统治的现状，布洛赫同青年马克思一样，把人类解放及人的自由与全面发展视作自己的哲学的宗旨。正是在这种意义上，布洛赫对西方历史上以理性逻各斯为核心的文化精神并不感兴趣，而是对各种以上帝的救赎为核心的救世主义文化精神备加关注。当然，需要指出的是，同传统的救世主义不同，布洛赫强调的重心不是神的拯救，而是人的自我拯救，即唤醒人内在的乌托邦冲动，以超越不合理的现存世界。这正是乌托邦精神论和希望哲学的主题。

2. 德国古典哲学:人的主体性的生成

对于以往的哲学,布洛赫做了系统的研究。其中,布洛赫对德国古典哲学予以特别的关注,这显然与他对哲学的本性的理解有直接的关系。布洛赫不主张从唯物主义和唯心主义对立的角度来研究哲学史,他以"动态思维"和"静态思维"把哲学史上的哲学家分作两大类:一类是代表"动态思维"的过程哲学家,主要代表有亚里士多德、新柏拉图主义、莱布尼茨、康德、谢林、黑格尔等;另一类是固守"静态思维"的静止的机械的思想家,主要代表有埃利亚学派、德谟克利特、伊壁鸠鲁、法国启蒙思想家、英法唯物主义者等。布洛赫高度赞扬过程哲学家,因为这些思想家的观念更接近希望、可能性、主体与客体的统一等思想。正是由于上述原因,布洛赫特别注意研究康德、谢林、黑格尔等人代表的德国古典哲学。布洛赫认为,静态思维只关注给定的事实,是一种面向过去的思维,"这种思维方式并不理解这一未来特征,而且在业已形成的东西中一再结束未来"①。

布洛赫对康德哲学的重视显然与康德关于人的主体性的思想有直接的关系。康德在他的批判哲学中,分别从认识领域、实践领域等不同角度建构个体主体性思想,他关于人的认识对象是人自己确立的、人为自然立法、人的认识是有极限的、人是目的、意志是自由自律的等观点把工业文明条件下人的自觉的主体性问题摆到理论探讨的中心位置。可以说,康德的全部理性批判是围绕着人的主体性而展开的,他提出过三个著名的问题:我能认识什么?我应当做什么?我可以希望什么?晚年康德又把三个问题概括成一个根本问题:人是什么?布洛赫特别重视康德对"希望"的论述,他认为,在康德的批判哲学中可以发现"希望"的形而上学基础,康德真正把人建构成希望的主体。

谢林在德国古典哲学的发展中处于康德与黑格尔之间的中介环节,他的绝对哲学完成了康德哲学中的个体主体性向黑格尔以绝对理念为表现形态的整体(群体)主体性的转折。但是,布洛赫并不重视谢林的绝对哲学,他感兴趣的是谢林晚期神秘主义的天启哲学或内在哲学。谢林晚年从人的存在的角度探讨自由问题。他认为,人的真正的自由,既包括行善的自由,也包括作恶的自由。人的自由有两方面的人本基础:一是物质欲望和冲动

---

① 恩斯特·布洛赫:《希望的原理》第1卷,梦海译,上海:上海译文出版社2012年版,前言第6页。

的污浊的原始基础;二是清明理智的基础。当非理性的冲动控制了理智时,人就从美德堕落为邪恶。谢林从理性和非理性的内在冲突来揭示人的自由和主体性的思想,深刻地影响了20世纪的存在主义运动,也对布洛赫的希望哲学产生了重要的影响,布洛赫在《乌托邦精神》中用专门的章节来探讨谢林晚年的神秘主义哲学。

黑格尔哲学是布洛赫一生常常提起的研究主题之一。如前所述,在美国流亡期间,布洛赫写了《主体—客体:对黑格尔的解释》,该著作1951年在东德出版。布洛赫认为,黑格尔是一个激进的革命的思想家,而不像某些正统马克思主义者所评价的那样,是一个"反动的思想家"。但是,布洛赫并不赞同黑格尔哲学的泛理性化和泛逻辑主义的特征,他反对黑格尔以绝对理念吞没个体主体性的做法。布洛赫十分重视的是黑格尔哲学的巨大的历史感,特别是构成这一历史感核心的主客体辩证统一的思想。布洛赫认为,黑格尔的中心思想是:实在(绝对理念)是一个主体—客体的辩证运动过程,主体外化出客体,然后又扬弃客体的外在性与给定性而达到主客体的统一。这样一来,黑格尔就扬弃了传统哲学所固守的主体—客体的僵硬的二元对立,真正确立起人的主体性。

从上述可见,布洛赫研究德国古典哲学的最主要目的是为了在主客体的辩证统一中合理地建构起人的主体性,真正形成面向未来的动态思维。这也正是他的乌托邦精神论和希望哲学的主题与核心。然而,尽管布洛赫重视哲学史上的一些重要的动态哲学家,但他还是认为,是马克思真正确立了动态思维,从根本上拒斥了静态思维,"直到马克思才反其道而行之,重新确立变化的激情,开始倡导一种旨在反对被动观看和静态解释的理论。这样,过去与未来之间的僵硬区分归于崩溃,尚未形成的东西在过去之中变得可见了"①。

3. 现代西方哲学:人的异化的扬弃

如前所述,布洛赫与现代西方哲学的许多著名代表人物均有交往,如雅斯贝尔斯、韦伯、席美尔、舍勒、胡塞尔等,因此,他对现代西方哲学非常熟悉,在某种意义上,布洛赫的哲学就是现代西方哲学的重要组成部分。从基本思想倾向来看,布洛赫更加关注现代西方人本主义或非理性主义思潮,他

---

① 恩斯特·布洛赫:《希望的原理》第1卷,梦海译,上海:上海译文出版社2012年版,前言第9页。

对叔本华、尼采、胡塞尔、克尔凯郭尔、韦伯等人的思想都有很深入的研究。他一方面对同时代的思想家持批判的态度,另一方面又肯定和汲取他们的一些重要思想。总的看来,布洛赫看重的是现代西方人本主义思想家对当代人的文化危机和异化的批判。

叔本华哲学作为现代西方人本主义或非理性主义思潮的发端,以唯意志论而著称。叔本华一反传统哲学从外在的实体或始基去寻找世界的本质的做法,把意志理解为人的存在和世界的本质。布洛赫虽然反对叔本华把意志与理性对立起来,从而渲染意志的盲目性和非理性特征的做法,但是他非常赞同叔本华把康德的"物自体"理解为意志的做法。这实际上在强调人的意志、人的能动活动对现实的超越本性。布洛赫认为,只有肯定了自由意志在历史进程中的地位,才能使人本身进入哲学的中心。

布洛赫对尼采、韦伯、席美尔等人的重视根源于这些思想家对现代文化的物化本性和人的生存的异化状态的批判。这些思想家从不同侧面展开对现代人的文化困境的批判。尼采以自己著名的权力意志论抨击了现代文化的伪善性和市侩性,从而提出"摧毁偶像""重新评估一切价值"的口号,以拒斥和反抗技术世界对人的压抑。韦伯作为当代最有影响的社会学家分析了近现代社会的理性化进程,以此来揭示现代化的文化精神,正是在这种分析中他发现了价值理性与工具理性的冲突,以及以工具理性的过分膨胀为特征的现代文化危机。而生命哲学家席美尔则对现代技术世界中的物化现象作了深刻的剖析。以上思想家对现代社会的文化批判对布洛赫旨在超越现存世界的乌托邦精神论和希望哲学产生了重大的影响。

众所周知,胡塞尔以其著名的意向性理论建构起著名的现象学理论,这一理论影响了一大批现代思想家。同时,胡塞尔后期的生活世界理论对西方科学危机所包含的西方文化的危机和现代人的危机作了深刻的分析。这些都对布洛赫产生了很大的影响。布洛赫赞同胡塞尔的意向性理论,并把它运用到对将来的各种可能性的设想上去。

总之,布洛赫同现代西方哲学家一样,直面20世纪上半叶西方世界的文化危机:人的物化和异化、技术世界对人的统治、工具理性对价值理性的侵蚀、科学世界对生活世界的遗忘,等等。在这种文化背景中,他接受了现代西方人本主义思想家的许多观点,期望能唤醒人内在的乌托邦冲动,使人变成自觉的希望的主体,以超越现代人的文化困境。

(二)马克思人道主义精神的继承与发扬

虽然历史上的,特别是19世纪和20世纪的许多重要哲学家和思想家都对布洛赫产生了重要影响,但是,真正对他产生实质性影响的是马克思,在某种意义上,马克思的人道主义批判精神构成了布洛赫思想的基本底色和本质精神。早在中学时代,布洛赫在博览哲学大师们的著作时,就已经很熟悉马克思和恩格斯的著作。到了1914—1917年间写作《乌托邦精神》一书时,布洛赫已成为马克思主义的坚定的信仰者。此后,虽然布洛赫终生没有加入共产党组织,但他从来没有忘记强调自己的学说的马克思主义性质。

首先,布洛赫十分重视马克思的实践哲学思想。他认为,不同于哲学史上关于实践的理解,马克思所强调的实践是真正的感性的、批判的、革命的实践;马克思的实践哲学体现了彻底的人道主义精神,按照这种精神建立起来的哲学体现了理论与实践的统一,是彻底变革现存世界的革命理论。

布洛赫对马克思的思想做了很深入的研究,在《希望的原理》第1卷中用了很长的篇幅非常细致地阐发了马克思的《关于费尔巴哈的提纲》①。他认为,马克思的这十一条提纲包含着深刻的实践哲学构想,在马克思主义发展中占据十分重要的地位,"其中包含着最简洁的指导性内容,可以说,在这个世界上,哪儿都没有如此新鲜活泼的文件"②。与通常的理解不同,布洛赫对马克思的《关于费尔巴哈的提纲》作了新的分组:(1)第5条、第1条和第3条构成了"认识论组"。布洛赫认为,在这几条提纲中,马克思主要是探讨直观与活动的区别。马克思批判了旧唯物主义把实践理解为感性的存在而不是感性的活动的观点,强调实践作为一种感性的活动所具有的批判的和革命的本性。(2)第4条、第6条、第7条、第9条和第10条构成了"人类学的—历史的组"。布洛赫认为,这一组提纲主要是阐述"自我异化和真正的唯物主义"。他强调,与旧唯物主义不同,马克思的新唯物主义是以实践为基础的真正的唯物主义,其核心思想是扬弃异化和自我异化。"新唯物主义立场,即无产阶级的立场不能废除人道主义的价值概念,问题在于,无产阶级实际上能否彻底实现真正的人性。社会主义越是科学的,它就越是具体地实现下述目标:它恰恰把人当作自身关注的中心,把人的自我

---

① 参见恩斯特·布洛赫:《希望的原理》第1卷,梦海译,上海:上海译文出版社2012年版,第301—348页。
② 同上书,第302页。

异化的现实废除当作自身奋斗的目标。"①(3)第2条和第8条构成了"理论和实践组"。布洛赫认为,这两条提纲主要探讨"证明和检验",即在现实的实践中确立认识的真理性问题。他强调,真理是理论和实践的统一,"真理不是一种理论—关系,而**是一种地地道道的理论—实践—关系**"②。(4)第11条是全部提纲的总结,即"解答"。布洛赫认为,马克思思想的落脚点就是变革现存世界,强调哲学不能够仅仅"解释世界",而且要"改变世界"。他认为,马克思并非反对"解释世界",并非强调实用主义地改变世界,而是强调要在正确的理论指导下改变世界,因此,在马克思那里,哲学必须批判地、革命地解释世界,而这种批判地解释世界本身就是实践地改变世界的重要内涵。布洛赫指出:"马克思主义哲学中的崭新之处在于对世界基础的激进变革,而无产阶级革命的使命就是实现这一激进变革。"③

其次,布洛赫认为,作为革命的、批判的实践哲学,马克思主义强调人的实践的创造性和主体的能动性,因此,它反对各种形式的机械决定论,特别是经济决定论。

布洛赫充分肯定马克思学说对于哲学和社会历史理论所作的贡献。但是,他认为,在马克思主义的发展中出现了经济决定论的倾向,它把历史进程当作由铁的规律预先决定的不可变更的进程。布洛赫对此作了激烈的批判。他从人的生存的超越本性出发,反对任何意义上的绝对决定论。在这方面,他同卢卡奇对自然辩证法的批判、葛兰西对历史宿命论的批判完全一致。

布洛赫认为,就人类历史的演进而言,没有什么绝对的决定论,人的责任或使命是创造未来。如果没有人的选择的余地和创造的可能性,如果世界的整个过程和全部未来都是被预先决定的,那么,世界上就不会有任何新奇、革新、变革和超越。在那种意义上,人类所能做的,只是遵循历史的铁的逻辑或听任历史无主体地走完自己的行程。布洛赫指出,假使人类历史是这样一个服从决定论的进程,人类还有什么必要进行创造和革命,每个人都到共产党的售票所买上一张通往共产主义的车票,一切岂不就完事大吉?因此,布洛赫认为,必须坚决拒斥马克思主义发展中的经济决定论倾向,而

---

① 恩斯特·布洛赫:《希望的原理》第1卷,梦海译,上海:上海译文出版社2012年版,第320页。
② 同上书,第325页。
③ 同上书,第340页。

建立起乌托邦精神的维度,即超越的和批判的维度。

需要提及的是,布洛赫同卢卡奇在基本哲学理解上是一致的。他们二人之间也有过相互批判,也存在许多不同点,但这些差异大多是表面的和次要的。例如,卢卡奇否认自然辩证法的存在,把辩证法理解为主体与客体的相互作用,而布洛赫则拥护辩证唯物主义,承认自然辩证法的存在。这种分歧从字面来看是很大的,但实质上则并非如此。只要我们深入地了解一下布洛赫在什么意义上使用"自然"和"自然辩证法",就会看到,他同卢卡奇没有原则的差别。实际上,布洛赫是从某种特定的立场来理解辩证唯物主义和自然辩证法的。他反对把客观规律或法则绝对化,反对任何意义上的绝对决定论,而强调主体的介入和参与对于历史进程的重要作用,把历史理解为主体的活动的展开,强调辩证法的根本内容是历史中主体和客体之间的辩证关系。在这一点上,他对辩证法的理解同卢卡奇的主客体统一的辩证法是完全一致的。

再次,布洛赫认为,马克思的实践哲学和人道主义思想旨在对现存世界的彻底否定和革命性变革,因此,在基本的价值定向上,它是指向未来的,以未来为定向。在这种意义上,马克思的思想中包含着强烈的批判性和理想维度,在某种意义上是一种具体的乌托邦。布洛赫强调,他所倡导和阐发的以批判和超越为本质特征的乌托邦精神是对马克思思想的本质精神的继承和发扬。

在《希望的原理》第 1 卷中,布洛赫在对马克思《关于费尔巴哈的提纲》进行了系统和全面的阐发之后,提出在马克思的思想中有一个"阿基米德点",即强调"知识不仅涉及过去,本质上也涉及走近的东西"①,即指向未来的东西。布洛赫认为,马克思主义并不脱离现在和现存,但它拒绝对现在和现存进行辩护和维护,而是以未来审视和否定现存的东西。因此,马克思主义是面向和指向未来的。"现在与未来是不可分割的,占支配地位的现在**与未来的视域是一同存在的**,而未来的视域赋予现在以特殊的空间,即赋予新的可推动的、更好的现在以空间。也就是说,**在未来的视域中**,开创性的革命哲学最终开启趋向'善'的某种可改变性。在此,引导自身新视域的正是拥有新东西和力量的科学。"②

---

① 恩斯特·布洛赫:《希望的原理》第 1 卷,梦海译,上海:上海译文出版社 2012 年版,第 342 页。
② 同上书,第 343 页。

从以上分析可以看出,布洛赫广泛涉猎、博采古今各种有影响的文化精神和哲学观点的结果,并没有使自己的理论体系变成各种观点的杂烩,相反,他以马克思的实践哲学和人道主义精神为依据,对这些文化精神和哲学观点作了深刻的提炼和升华,使之服从于自己的哲学的主题:唤醒人内在的超越的和批判的本性,即乌托邦精神,以扬弃和超越以物化和异化为特征的文化困境,从而实现人的自我解放,使人真正成为历史进程创造性的主体。

二、乌托邦精神与"尚未存在"本体论

基于对人类文化精神和各种哲学观念的提炼与总结,特别是对马克思的实践哲学和人道主义精神的阐发,布洛赫概括出自己的哲学的主题:以人的存在方式为基础,唤醒人旨在超越和改变现存世界的内在的乌托邦冲动,从而使人作为希望的主体不断超越自己的文化—历史困境,实现人的自我拯救与人类解放。从整体上看,像卢卡奇的主客体统一的辩证法、科尔施的总体性理论、葛兰西的实践哲学一样,布洛赫的乌托邦精神论和希望哲学也是西方人本主义马克思主义的一种重要的表述形态。布洛赫关于乌托邦精神和希望的哲学思想贯穿于他的《乌托邦精神》《希望的原理》《哲学的基本问题:"尚未存在"本体论》《一种未来哲学》等著作中,不仅语言深奥,而且所涉猎的领域极为广泛,我们在这里不可能详细介绍,只能从中选取几个最基本的哲学范畴,来展示他的乌托邦精神论和希望哲学的基本框架。

布洛赫的乌托邦哲学(乌托邦精神理论)和他的希望哲学从理论上讲是完全一致的,或者说,它们就是同一个理论。但是,二者的着眼点有所不同。具体说来,乌托邦精神理论侧重于揭示人类社会、人类历史、人类个体不断超越现存给定的东西,不断创新的生成和演变状态;而希望哲学则侧重于揭示个体生存的内在超越和创新机制,以此来理解人类历史运动的内在动力机制。对于布洛赫理论的基本内涵的把握,必须从他对乌托邦范畴的重新界定和对乌托邦意义的阐发入手。

(一)乌托邦的无所不在

众所周知,"乌托邦"(utopia)一词最早来源于英国人文主义者莫尔于1516年所发表的《关于最完善的国家制度和乌托邦新岛》(人们将之简称为《乌托邦》)一书。莫尔将希腊文的"没有"(ou)和"地方"(topos)组合为一个词utopia,汉译为"乌托邦",即"乌有之乡"之意。莫尔在《乌托邦》第1

卷中揭示了基督教欧洲已被各种各样私利及对权力与财富的贪欲弄得四分五裂的状况,而在第2卷中则设想了一个未来理想社会,一个与基督教政治制度相对立的,各种制度和政策完全受理性支配的异教徒的共产主义社会。此后,"乌托邦"这一术语广泛出现于各种批判现实、设计理想社会的文献中,以及空想社会主义者和一些教徒创办乌托邦共同体(公社)的活动中。

一般说来,在人们的日常使用中,"乌托邦"可以有以下两层基本含义:首先,在最直接的含义上,"乌托邦"同"不存在"和"空想"相关,在这方面,人们往往在否定的意义上使用"乌托邦"一词。其次,在更深的层次上,必须看到,"乌托邦"同纯粹的"无"以及纯粹的"空想"还不相同,它是一种理想的维度,是一种目前在现实中尚不存在,但人们期望在未来得以实现的理想的社会图景。作为这样一种理想的维度,"乌托邦"对于现存世界和现存社会制度具有强烈的超越和否定的价值指向。

显而易见,布洛赫是在后一种意义上,在积极的意义上使用"乌托邦"一词,把它视作人的生存结构中和人类社会中存在的超越现存不合理现实的一种批判的维度,一种批判的精神。而且特别重要的在于,布洛赫认为,乌托邦精神不是仅存于少数思想家头脑中的奇想,而是内在于人类历史运动、人类社会发展、人类个体生存的本质规定性和精神维度,它对于人类历史发展和个体生存都具有不可或缺的价值和意义。

首先,布洛赫认为,作为一种超越的维度,乌托邦设计或乌托邦精神并不是人们外在地加给社会生活的东西,而是历史和社会生活本身所固有的内在的维度。只要我们稍加发掘,就会发现,无论是在人类的物质生活中、在人类的生产和技术发明中,还是在人类的精神生活中、在人类的文化创造中,乌托邦精神都无所不在。

布洛赫在《一种未来哲学》中,非常形象地描绘了乌托邦在人类社会历史中的普遍存在,他指出,"我们甚至可以搜集一些童话故事以开列一个关于迄今尚未做出的发现——一种技艺乌托邦的清单。培根的《新大西岛》已经提供了这种类型的乌托邦系列。的确,社会的、地理的、技艺的乌托邦在童话世界中都可以找见,而乌托邦特性则出现于更为众多的领域,而不局限于所谓乌托邦传奇文学和小说所许可的范围。……从儿童和青年人的意识(不仅是对新事物的渴望或贪婪,而且是对自己在事实上会不断涌出新思想的信念);从社会和文化剧变的时代;从创造性精神的产品和第一次真正出现在地平线上的国度——以前从未见过,也从未如此的国度:从所有这一切中,产生出其问题、种类和范围从未被如此想像过的乌托邦领域"。由此,布洛赫得出结论:"作为总体的生命,充满了乌托邦设计、折射的理想、梦幻加工厂和目不暇接的风景。"①

其次,布洛赫认为,乌托邦精神不仅普遍存在于人类社会和人类历史运动的各个领域,而且也是人类个体的内在的精神结构,与个体的生存息息相关。在这方面,布洛赫特别重视每一个人都常常会体验到的"白日梦"。在他看来,白日梦不是一种不现实的、不可实现的无聊的空想,而是体现了每个人都内在地具有一种改变现实,努力创新,追求更美好的、可能的新生活的渴望,这是乌托邦精神的生动体现,是作为人的生存结构的希望的深刻体现。

布洛赫非常重视白日梦的内在价值和积极意义,他在三卷本巨著《希望的原理》第1卷中,开篇就用了很长的篇幅,题为"报告:小小白日梦"。其中,布洛赫列举了人在各个年龄段时的形形色色的白日梦,例如,儿童对礼物的期待,对未来自己成为什么人的各种幻想,在他的眼中,万物神奇、一切皆梦;中学生开始承受各种压力,但是也开始了更丰富的白日梦:绘画中的美好地方,编织自己奇妙的故事,憧憬着各种空中楼阁;青年人各种欲望的出现,想象中的仙女和白马王子,对婚姻的憧憬和对职业的梦想,文学日记中的天地,乡村青年的城市梦;成人的白日梦更接近环境和现实,倒退到过去,对原来所做事情的补救式的梦想,"假如当时如何,那该多好"的马后炮式的想象,各种发达和发财的梦想,物质享受的市民之梦,拥有他人拥有的一切的渴望;老年人对青春的追忆,对宁静的愿望,等等。② 布洛赫认为,白日梦与我们夜间不自觉地做着的夜梦不同,在白日梦中包含着我们对现实中尚未存在的某种可能的东西和美好的东西的自觉期待和设想,"在白日梦中还蕴含着一个人所想望的、能够生成的乌托邦的主要图像"③。最为重要的是,没有什么人可以完全摆脱白日梦,它是我们生存的重要的维度。"没有白日梦,任何人都无法生活……白日梦想使人的生活更加丰富多彩,这意味着人通过白日梦增加了冷静的目光。换言之,它不是使我们的意识冥顽不化,而是使之变得更加明晰。"④

再次,布洛赫认为,这种乌托邦精神或乌托邦维度不仅内在于社会历史

---

① Bloch, Ernst, *A Philosophy of the Future*, New York: Herder and Herder, 1970, p. 88.
② 参见恩斯特·布洛赫:《希望的原理》第1卷,梦海译,上海:上海译文出版社2012年版,第1—28页。
③ 同上书,第87页。
④ 同上书,前言第2页。

生活和个体生存的各个层面,而且还以更加自觉的方式体现在人类的文化精神之中,特别是体现在伟大的文学作品之中。

布洛赫认为,这种内在于历史,几乎无所不在的乌托邦维度,特别清晰而深刻地出现于伟大的文学作品中,作为一种带有神秘色彩的原始意象或原型意象(archetype images)而保留下来。"在历史中原型意象持续不断地反复出现(只要想一想巴士底狱废墟上的舞蹈就够了);在其神秘关联的核心,真正古老的原始意象常常呈显出充满光明的、强烈的乌托邦意义和宗旨。"①布洛赫把这种充满乌托邦意蕴的原型意象表征为一种"文化剩余"(cultural surplus),一种历经各个朝代的文化精神。他分析道,一般说来,中世纪的艺术总是同封建等级制社会有着本质的联系,但是中世纪艺术的内在本质、秩序和神秘主义气息至今仍在影响和感染着我们,其原因就在于一种与乌托邦维度相连的文化剩余的存在。"在这种意义上,显然存在着一种'文化剩余':某种超越并游离于特定时代的意识形态之上的东西。一旦某一时代的社会基础和意识形态衰落,唯有这种'剩余'经久不息地存在于各个时代;作为为其他时代培育果实和提供遗产的始基而继续存在。这一始基本质上是乌托邦的,而只有与之相符合的概念才是乌托邦的——具体的概念。"②

综上所述,可以看出,布洛赫用乌托邦来表征历史运动的内在的、本质的维度,即不断否定和超越现存,不断指向未来的维度。在他看来,这种乌托邦维度对于人的存在和人的历史至关重要,因为,有了这种产生于某一特定时代,而又超越特定时代的局限的理想维度,人类文化精神才能从洪荒远古时代持续不断地流淌至今;同样,有了这种不断否定现存,不断指向未来的开放性的文化精神,人类历史才会不断生成更为丰富的内涵。因此,布洛赫认为,人类最值得珍视的崇高价值之一,便是这种发自生命本身的充满活力充满超越精神的乌托邦精神、乌托邦冲动、乌托邦热情,它使人真正成为乌托邦的主体,充满创造性地展开自己的历史。他指出,"人的'想象力'(Phantasie)的充溢连同世界上的一切相互关系(想象力马上变成一种具体的、内行的想象力)都只有借助于乌托邦的功能才能得到应有的探究和清

---

① Bloch, Ernst, *A Philosophy of the Future*, New York: Herder and Herder, 1970, p.93.
② Ibid., p.95.

查"①。布洛赫的全部哲学都是围绕这一乌托邦精神而建立起来的。

(二)"尚未存在"本体论

在布洛赫看来,乌托邦精神作为人类社会历史和个体生存的内在本质性维度,同时具有了本体论含义。人和历史最切近的本体论基础不是给定的、现成的东西,而是一种正在生成的、开放性的趋势和过程。显而易见,对于"尚未"范畴的重视,与布洛赫一贯倡导的动态思维和过程哲学的基本精神是完全一致的。布洛赫用"尚未存在"的本体论来阐释乌托邦精神的本体论意义,在某种意义上,"尚未"范畴是布洛赫的乌托邦精神论或希望哲学的核心范畴。的确如此,认真分析可以发现,关于"尚未"范畴的论述贯穿于布洛赫毕生的哲学思想之中。如前所述,1907年,年仅22岁的大学生布洛赫写下了一篇哲学论文,题目便是《论"尚未"范畴》。1918年,布洛赫出版的代表作《乌托邦精神》中,"尚未(存在)"范畴成为乌托邦哲学的核心范畴。1961年布洛赫在图宾根又出版了专著《哲学的基本问题:"尚未存在"本体论》。

首先,布洛赫对"尚未"范畴本身的含义作了解析,从两个方面来揭示"尚未"的基本规定性:一是强调其批判性和否定性;二是强调其过程性和生成性。"尚未"的批判性和否定性体现在对现存的、给定的、现成的东西的否定;而它的过程性和生成性则体现在对"尚未被意识到的东西"的发现,换言之,在布洛赫看来,所谓"尚未(存在)"并不表示纯粹的"无"或简单的"没有",而是指目前"尚未被意识到的东西"或尚未存在、尚未生成的东西,这是面向未来正在生成、可能存在或应该存在的东西,是一种开放性的过程。在他看来,这种状态恰好是人的实践活动或生存活动的超越性和创造性的基本特征。

布洛赫所使用的"尚未"范畴的德文形式是"noch nicht",而它的英文翻译形式为"not yet",其直接含义为"尚不是""还没有""还不是",等等。他从区别"否"和"无"开始关于"尚未"范畴的解析。布洛赫强调,"否"是一个与人的存在密切相关的重要范畴,它不同于纯粹的"无",这一"否"内在于存在的根源之中,"在作为'否'的东西中,一切都在着手并开始,在这'否'的周围,一切东西都得以构筑。这个'否'并不在'此'(Da),但是,它

---

① 恩斯特·布洛赫:《希望的原理》第1卷,梦海译,上海:上海译文出版社2012年版,前言第17页。

是某个'此'的'否',所以它并非简单的'否',相反,它同时是'非此(Nicht-Da)'"①。因而,这个"否"本身就是存在论的基本范畴,它包含着历史上新东西的突破,正是在这一意义上,布洛赫强调这种"根源之中的'否'"就体现为"历史之中的'尚未'","如果'否'在自身中继续进行,它也就同时不可避免地表现为'尚未'(Noch-Nicht)。从发生学的、历史的视角看,它必然作为这种'尚未'出现"②。显然,在关于"尚未"所具有的否定性的揭示中已经包含着对"尚未"的生成性和过程性的展示。而关于后者,布洛赫使用"尚未被意识到的东西"或"向前的黎明"等说法作了更为清晰的说明。在他看来,人的白日梦中所包含着的重要规定性,就是这种"尚未被意识到的东西"。如果用心理学或者精神分析学的语言来说,这种"尚未被意识到的东西"既是前意识,也是被压抑和遗忘所导致的无意识。而"尚未存在"本体论就是对这种"尚未被意识到的东西"的揭示和发现,因此,它体现为一种"向前的黎明"的敞开,历史中和人的存在中的新东西正是在这一过程中生成。在这种意义上,布洛赫认为,"尚未存在"作为人的存在和人类历史的基本规定性,最深刻地展示了人的超越性和创造性。他充满激情地写道:"新东西本身必然拥有一切新鲜的力量,并朝着预先推定的方向不断移动。尚未被意识到的东西的最佳场所乃是青春(Jugend)、正处于变化中的时代以及创造性的创作。一个珍藏某物的年轻人已经知道渐渐领悟的、期待的东西,明日之声到底意味着什么。他觉得自己有做某事的职责,那就是实现在自身中出没的、在自身固有的新鲜中移动的东西。善良的年轻人认为,他们拥有摧枯拉朽的翅膀,一切正义都在等待沸腾的翅膀的到来,借助于此,形成正义的世界,至少借助于此使我们得到翻身解放。"③

其次,布洛赫认为,这种具有批判性和否定性、过程性和生成性的"尚未"范畴,具有深刻的人本学和本体论的意义,它展示了人的本质规定性和人类历史的演进机制,展示了人类社会历史进程和个体生存结构中内在的乌托邦精神和创造性。

布洛赫用独特的"尚未"范畴来表达他关于人及其世界的独特的人本主义视野。在他看来,这种"尚未"深刻地揭示了人和世界的本质。从这样

---

① 恩斯特·布洛赫:《希望的原理》第1卷,梦海译,上海:上海译文出版社2012年版,第372页。
② 同上书,第375页。
③ 同上书,第123页。

的视角出发,无论是人的存在还是人的世界都不再是一个给定的存在或集合,而是一个不断超越和正在生成的存在。换言之,按照布洛赫的"尚未存在"本体论,世界不是一个封闭的、已经完成的或按某种超人的力量或规律可以一次性完成的过程,而是依据人的超越性的、对象化的活动正在生成的过程,这是一个向未来开放、向各种可能性开放的超越性过程。同样,人也不是某种给定的存在物,我们不可能用某种具体的物或概念来规范和把握人的本质,人按其本质是一个尚未完成的过程,一个不断凭借对象化活动创造世界也自我创造的过程,一个不断向未来可能性开放的不断生成、不断超越的过程。

这样一来,布洛赫通过"尚未"范畴建构起人的存在的特殊的本体论结构,他由此在关于人的本质的问题上同现代人本主义思想家们达成了共识,即人的本质不在于他的既存(他曾经是的东西),也不在于他的现存(他现在所是的东西),而在于他面向未来所可能是的存在或将生成的存在。稍加分析就会发现,现代哲学中许多人本主义思想家都在这种意义上界定人的本质。叔本华和尼采对"意志"的强调,柏格森对"生命的冲动"的迷恋,弗洛伊德对"本能"的揭示,存在主义对"此在"的阐释,哲学人类学对"未特定化"的发现,等等,虽然在观点上可能彼此冲突,但本质上都在以直接的或间接的方式,以隐含的或夸张的方式揭示人的本质的超越性与生成性。这种思想的形成显然与人在近现代的自觉有密切的关系。

布洛赫把这一关于"尚未存在"的本体论思想引申到各个方面,形成了乌托邦逻辑学、乌托邦认识论、乌托邦哲学史观等。例如,布洛赫把"尚未"范畴引入逻辑学,提出了一种新的逻辑公式。他认为,传统形式逻辑的基本公式为 S is P(即 S 是 P),这种公式是以静止的目光描述给定的事物;而乌托邦逻辑学的基本公式是 S is not yet P(即 S 尚不是 P),它强调事物的生成性和潜在的可能性。同样,按照布洛赫的乌托邦认识论,不能用静止的眼光把世界当作一个给定的和完成的过程加以描述,而应把世界理解为一种未完成的过程。

最后,如果我们从总体上对布洛赫的"尚未存在"本体论和乌托邦精神加以概括的话,那么可以断言,二者在本质上是完全一致的,都高扬人的生存的超越维度的否定精神,其最为鲜明的本质特征就在于未来维度的开启。不仅人是一种面向未来的存在,而且人的世界也是一个面向未来开放的未完成的过程,万物都是敞开着的。人的创造性的发挥和新东西在历史地平线上的生成都是在这一未来的维度中展开的。正如布洛赫明确指出的那样,"缺少这一未来的维度,这一我们可以想像的恰当的未来的维度,任何经验的存在都不可能长久持续"①。

正是基于这种理解,布洛赫认为,对于人和历史的这一未来维度的揭示,是我们时代彻底的、革命的哲学的重要使命。他断言:"**哲学将成为明天的良心,代表未来的党性,拥有未来的知识,或者将不再拥有任何知识。**"②

三、希望:人的本质性生存结构

在布洛赫的进一步理论探索中,这一"尚未存在"本体论,在其具体形态上表现为由"希望"所构成的人之存在的本体论结构。他认为,在现实的历史存在中,人的本质的尚未存在性和生成性,人的存在的未完成性和开放性,都是在"希望"的生存结构之中展开的,换言之,这一未来维度就包含着希望。在这种意义上,人是希望的主体。布洛赫指出:"未来的东西包含令人害怕的东西和迫切期待的东西;根据人不愿失败的意向,未来的东西仅仅包含希望的要素。我们不断体验希望的功能和内容,在上升的社会中,这种功能和内容不断地变成现实并广泛传播开来。"③

布洛赫认为,人的生存是被各种各样激情与渴望驱使的,而希望是人的各种激情和精神中最本质的东西,它使人的生存直接指向未来,指向丰富的可能性,指向"尚未生成"的东西,驱使人展开自己的生存和历史。但是,布洛赫反复强调,这一希望并不是简单的心理学范畴,而首先是一个本体论范畴。换言之,希望所揭示的并非单纯是人渴望某种东西时的心理状况,而是一种面向未来展开的现实的生存结构,即"人的本质性生存结构"。对于希望这一生存结构,布洛赫在《希望的原理》中使用渴望、冲动、需要、期待、可能性、新奇性等一系列范畴由浅入深地加以揭示。

(一)渴望和冲动

如前所述,布洛赫的哲学思想深受包括神秘主义在内的传统文化精神

---

① Bloch, Ernst, *A Philosophy of the Future*, New York: Herder and Herder, 1970, p.92.
② 恩斯特·布洛赫:《希望的原理》第1卷,梦海译,上海:上海译文出版社2012年版,前言第7页。
③ 同上书,前言第3页。

的影响,他反对把实在和世界看成是由外力决定的、静止的存在或过程的集合,而倾向于把事物和世界看作由某种内在力量驱动的未完成的和正在生成的过程。布洛赫为了说明事物的这一存在状态,使用了"倾向性—潜在性"(tendency-latency)范畴。这一范畴十分接近由亚里士多德开始使用的一个哲学范畴"隐德来希"(entelecheia)。亚里士多德在讨论形式和质料的关系时,认为二者不是给定的、现成的存在,而是一种由潜能到现实的生成过程,这一生成的活动和过程受内在的目的,即隐德来希的驱动。换言之,隐德来希代表着事物达到目的的、由潜能向现实的"实现"。布洛赫使用"倾向性—潜在性"的目的并非要构造一种神秘的物活论的哲学体系,相反,主要是为了阐释人的存在,这是因为,他认为,这种"倾向性—潜在性"主要表现在人类历史中,表现在人的存在中。他主要是使用渴望、冲动、需要等范畴来揭示人最深层的内在驱动因素。

首先,布洛赫认为,人的活动被各种要素所驱动,其中最为直接的或者说最为原始的是渴望。我们的生命中充满了渴望,这些渴望是我们无法抗拒、无法摆脱的。因此,渴望是我们研究希望这一基本生存结构的出发点。

布洛赫指出,人活着是一种与生俱来的生命的紧迫状态,人不是为了活着而活,而是因为活着才活,这种状态即便我们感受不到,也是我们的生命状态,同我们一起存在。正是在这种生命状态中,充满着渴望。"我们的生命直接发生在我们的存在(Sein)之中。由于生命的空虚,我们贪得无厌,我们到处谋求,因而变得焦虑不安。但是,这一切都不是自己感受到的,而是必须对此坦言才能感受到的。然后,这东西才作为渴望(Drang),作为十分含糊的、未规定的东西被某一活着的生物感受到。任何活着的生物都不能摆脱这种渴望,尽管它会为此弄得精疲力竭。"①布洛赫使用了不少概念来阐述这种渴望的状态。人的渴望和渴念(Sehnen)可以指向某物,例如面包、女人、权力等,也可以指向某种更美好的生存状态,这就是一种愿望,是一种愿望图像。总之,渴望是人的最原始的、最基本的驱动力。

其次,与人的渴望状态密切相关的是人的冲动。布洛赫认为,人是一种广泛的冲动存在。冲动是人的生存的非常普遍的状态,既有肉体性的冲动,也有非肉体性的冲动。而在所有冲动之中,最基本的和最紧迫的冲动是满足饥饿的需要。在布洛赫看来,饥饿冲动之所以比性冲动等本能冲动更加

---

① 恩斯特·布洛赫:《希望的原理》第 1 卷,梦海译,上海:上海译文出版社 2012 年版,第 29 页。

基本,是因为饥饿代表着一种"向前的自我扩张的冲动",它会推动人的革新和创造,因此会引发一种革命旨趣。

布洛赫认为,动物也具有各种需要和各种冲动,但人的冲动更为丰富多彩。他指出,冲动是变化无常的热情,"特别是人一定具有好多冲动。因为人不仅保存绝大部分动物的冲动,而且创造新的冲动。这就是说,不仅是他的身体,而且他的自我也是类似情绪的。有意识的人乃是最不知满足的动物。在自身的愿望得到满足时,人依旧是拐弯抹角地获取某物的动物"①。也就是说,在其他动物那里,往往存在着单纯冲动,而在人这里,往往是五花八门的冲动和各种愿望交织在一起。"人具有变化无常的、极其广泛的冲动存在,人不仅具有一大堆**变化无常的**愿望,而且具有秩序紊乱的愿望。"②布洛赫对于精神分析学说十分熟悉,他在《希望的原理》中专门探讨了弗洛伊德的性冲动和性压抑理论、阿德勒的权力冲动和权力意志理论、荣格的陶醉冲动理论等。布洛赫承认精神分析学在研究人的冲动方面取得了不少的成就,但是,他认为,精神分析学把人的本能冲动作为最基本的冲动,这是不正确的。在布洛赫看来,虽然性冲动等本能冲动在人的生存中占据十分重要的地位,但是还存在着比这种本能冲动更为基本的冲动,这就是饥饿的冲动。他指出:"迄今为止,人们很少、绝少探讨或谈论过饥饿。尽管这根芒刺同样原始地、古朴地暗示重要的人生问题。因为人一旦不摄取营养,他就会很快丧生。相比之下,人没有爱情和性享受至少也能活过一会。特别是,即使不满足权力冲动,我们也能生活下去。"③

布洛赫认为,消除饥饿的冲动是最为基本的、最可信赖的冲动,因为它涉及人的最基础的生存层面,是人的自我保存的冲动。显而易见,布洛赫对于人的基本需要和满足这些需要的冲动的理解非常接近马克思的基本思想。马克思和恩格斯在《德意志意识形态》中指出,人们为了创造历史,首先要满足衣食住行等人的基本的生理需要,而"已经得到满足的第一个需要本身、满足需要的活动和已经获得的为满足需要而用的工具又引起新的需要,而这种新的需要的产生是第一个历史活动"④。布洛赫不仅分析了饥饿这一最为基本的生存需要和冲动对于人的自我保存具有不可或缺的作

---

① 恩斯特·布洛赫:《希望的原理》第1卷,梦海译,上海:上海译文出版社2012年版,第34—35页。
② 同上书,第36页。
③ 同上书,第55页。
④ 《马克思恩格斯选集》第1卷,北京:人民出版社1995年版,第79页。

用,而且还强调了由饥饿所引发的革命或革新。饥饿代表着一种威胁人的生存的匮乏状态,要维持自己的生存,人就必须向这种恶劣的现实(匮乏)说"不",对浮现在眼前的好东西说"是",匮乏者的这种姿态代表着一种革命旨趣。布洛赫分析道:"革命旨趣总是从饥饿开始,饥饿启发穷人,饥饿变成炸毁匮乏之监牢的爆炸物。因此,自我不禁试图保存自己,而且变成易于爆炸性的东西。自我保存成为自我扩张,自我扩张推翻一切阻碍上升的阶级乃至无阶级的人的障碍。饥饿使人意识到经济上的贫困,这一意识迫使人作出决定,废除一切不平等的社会关系,在这种社会关系中,人是一个被压迫的、下落不明的存在。"①

以关于人的渴望、冲动和基本需要的分析为基础,布洛赫又进一步引出期待和可能性范畴,在更高的层面来解析希望的生存结构。他把人受各种需要驱动的状态界定为"期待"。

(二) 期待和可能性

渴望和冲动在人的生存结构中处于最基础的、最原始的位置,这是因为,尽管在渴望和冲动的层面上,人的存在已经不同于其他动物,但是,这些毕竟是人的存在与其他动物的生存所共有的驱动要素。而当我们在布洛赫所阐发的希望结构中再上升一个层面,进入到期待(anticipation)和可能性(possibility)的层面,那么就会发现,这些驱动要素往往是人的生存所特有的,它们代表着一种更具有自觉性和计划性的生存状态。因此,它们比较深刻地揭示了人的存在的内在结构,比较具体地展示出希望的基本内涵。或者,换言之,期待本身在某种意义上就是希望的另一种表述形式,是希望的同义语。

首先,布洛赫认为,由于各种需要、各种冲动的驱动,人具有一种指向未来的期待,特别是由人的最基本的需要(饥饿)所引发的"向前的自我扩张的冲动",形成了一种"积极的期待"。期待总是人的存在或人类现实(人类社会)的一个本质要素或基本维度。即是说,期待并不是一种外加于人的存在的偶然的东西,不是某种人之生存可有可无的东西,而是人的存在和现实进程所必不可少的维度。在这种意义上,人是期待的主体,他永远不会满足于或停留于现存,而是不断产生超越现存的期待意识。人的期待总是指

---

① 恩斯特·布洛赫:《希望的原理》第 1 卷,梦海译,上海:上海译文出版社 2012 年版,第 68 页。

向某种"尚未生成"的东西。

    布洛赫从对人的情绪的分析入手探讨期待,因为期待本质上也是一种情绪。他认为,人的情绪包含十分复杂、十分丰富的内容,其中既包括不及物的情绪活动,即完全沉湎于自我内心的情绪活动,也包括对象性的情绪活动,即指向某物或者某人的情绪活动;既包括代表着希望和自信的"肯定的期待情绪",也包括以恐惧、绝望为主要内涵的"否定的期待情绪"。更为重要的是,布洛赫把人的情绪区分为"填满的情绪"(gefüllte Affekte)和"期待的情绪"(Erwartungs Affekte)。这两种情绪最根本的区别在于:填满的情绪是一种聚焦于现存的情绪,而期待的情绪则是指向未来的情绪。"一切情绪都与时间中的真实的类似时间相关联,即与未来模式相关联。反之,填满的情绪仅仅拥有某种非真实的未来,即拥有这样一种未来,那就是其中客观上不再发生任何新的东西。与此同时,期待情绪本质上包括一种真正的未来在内。在此,未来意味着尚未形成的东西、客观上尚未存在的东西。"①因此,布洛赫非常重视期待在人的生存结构中的地位,他特别强调上述所分析的由饥饿所引发的革命旨趣的重要性,那种旨在消除匮乏的"向前的自我扩张的冲动"本质上是一种"积极的期待",它指向未来的尚未存在的地平线,代表着新东西的黎明。"在向前的自我扩张中,浮现在人们眼前的毋宁是某种尚未被意识到的东西(ein Noch Nicht-Bewuβtes),一种过去从未被意识到的和从未存在过的东西,因而是一种向前的东西,即本身就是一种作为新东西的黎明。换言之,尚未被意识到的东西已经能够是最单纯地环绕白日梦的黎明。从那里,这黎明伸展到彻底否定匮乏的辽阔领域,即到达希望的领域。"②

    其次,布洛赫认为,与期待密切相关的是可能性。自我所具有的"向前的自我扩张的冲动",即"积极的期待"指向某种尚未存在、尚未生成的东西,这种"尚未生成"的东西并不是纯粹的无,它表现为可能性,而且是现实中的现实可能性。可能性范畴十分重要,它是重要的人本学范畴,同期待范畴一起建立起人的基本的生存模式。

    布洛赫不是一般地谈论可能性,而是在同人的存在的本质关联上界定可能性范畴。为此他区分了不同的可能性,其中包括:(1)形式的可能性。

---

① 恩斯特·布洛赫:《希望的原理》第1卷,梦海译,上海:上海译文出版社2012年版,第67页。

② 同上书,第70页。

这是一种表面的、不现实的甚至虚假的可能性。(2)事实的—客观的可能性。它涉及具体的、给定的对象,但是包含着诸多空白和不明确的要素,因此,关于这种可能性的判断,不仅是局部的有限对象的不完整的知识,而且还是局限于不充分的已知条件的认识,没有包含关于未知条件的认识。(3)类似事实的—客观相称的可能性。与事实的—客观的可能性相比,这种可能性虽然也涉及具体的、给定的对象,但是关于它的判断并不局限于片面的已知条件,而且包含着与人的对象化活动相关的未知条件和潜在性。这种可能性是达到真正的创造性空间的准备,但还不是人的希望结构在其中真正展开的可能性。(4)客观的—现实的可能性。这是正在生成的可能性,是与人的存在相联系的可能性。这种可能性的条件并不是完成的和给定的,而是在同人的活动的关联之中,作为一种潜在性而生成。这种客观的—现实的可能性是一种理想性的东西,是关于更美好生活的可能性。布洛赫认为,人的期待意识应当指出这种客观的—现实的可能性,只有朝着这种可能性的领域扩张与推进,真正的人的存在和人的历史才能得以展开。

布洛赫反复强调这种客观的—现实的可能性对于个体生存和人类活动的极端重要性。他认为,缺少这种现实的可能性,个体就不可能真正超越现存的和异化的世界,真正期待和追逐未来维度中的更加美好的生活。同样,缺少这种现实的可能性,世界就必然是僵化的、封闭的、异化的、死气沉沉的,不可能开启未来的地平线,不可能敞开自由的创造性的空间。"没有现实可能性的现实是残缺不全的,就像市侩的世界一样,没有承载未来的世界是徒劳无益的。在市侩的世界里,我们找不到新的目光,找不到艺术,找不到科学。**具体的乌托邦位于一切现实的视域中;现实的可能性直至最后还环抱着开放的、辩证的趋势和潜势。**用亚里士多德的话来说,运动就是'未完成的隐德莱希',由于这种趋势和潜势,未封闭的质料的未封闭的运动最切合实际地贯穿到底。"①因此,布洛赫断言:"在这个世界上,如果没有宏伟的未来,亦即没有现实中的现实的可能性,那么这个世界就根本无法改变。总体性连同现实的可能性一起起作用。"②

应当说,在现代人本主义哲学理论和人道主义思想中,可能性范畴占据重要的地位,它不仅仅是同现实性相对应的辩证法范畴,而首先是关于人的

---

① 恩斯特·布洛赫:《希望的原理》第1卷,梦海译,上海:上海译文出版社2012年版,第267页。
② 同上。

存在的人本学或本体论范畴。可能性空间代表着自由的空间和创造性的空间。假如世界果真如德谟克利特所言的那样,只存在必然性和给定的真实性,而没有偶然性和可能性的空间,假如世界和历史的进程完全是绝对决定论的领地,那么就不会有选择和创造,也不会有人的存在的自由王国。

(三)希望和新奇性

由期待和可能性所构成的这一存在结构,进一步从哲学上升华,就是布洛赫的希望范畴。应当说,希望与期待密切相关,在布洛赫看来,那种"积极的期待"或"肯定的期待情绪"就包含着希望,或者说,就是希望。因此,在希望这一人的最基本的生存结构的核心处,我们要展开关于希望(Hoffnung)及与之相关的"新奇性"(novum)的分析。

首先,布洛赫认为,希望作为"积极的期待"或"肯定的期待情绪",其最突出的特征是目标明确,具有坚定性、彻底性和无畏的战斗性。无论在任何情况下,真正的希望都不会妥协,不会放弃,它属于一种纵使徒劳,也要不懈抗争的生存状态。

在布洛赫看来,在各种情绪之中,希望是人的最重要、最具本质性的情绪,它包含着人的自觉性和有意识的追求,因而具有特别的坚定性和坚韧毅力。他指出:"希望作为某种最精确的情绪高踞于一切情绪之上。因为希望的情绪坚如磐石,其意向始终如一,尤其是,这种情绪既不应归结为情调,也不应归结为否定的期待情绪,因为这种情绪有能力逻辑地和具体地自我校正和敏锐化。"[①]布洛赫认为,尽管在希望中也充满着畏惧感,也保留着结局的不确定性,但是,所有这一切都不会妨碍希望的存在和坚定地展开。在这种意义上,希望不会停留在精神层面,而是会激发实践的行动和战斗的情绪。"危险和信任(Glaube)是希望的真理,这样两者聚集在希望之中。危险不具有任何畏惧,信任不带有任何寂静主义。这样,希望最终是一种实践的、一种战斗的情绪,它高举旗帜。从希望中,甚至还出现**确信**,于是,**绝对肯定化的期待情绪**就在那里或几乎就在那里。换言之,确信是绝望的对极。与绝望一样,确信也属于期待情绪,它是在不再发生怀疑的视点中扬弃了的某种结局性的期待。"[②]由此可见,希望比渴望、冲动、期待等要素,能够更加

---

① 恩斯特·布洛赫:《希望的原理》第1卷,梦海译,上海:上海译文出版社2012年版,第117页。

② 同上书,第118页。

深刻地揭示出人的生存状态,更加彻底地激发积极的乌托邦精神,更加清晰地展现"尚未存在"本体论的未来维度。

其次,布洛赫认为,这种具有坚定性和战斗性的希望是人的最基本的生存结构。希望无所不在,它同人的存在息息相关。作为人的基本的生存结构,希望包含有主观方面的规定性和客观方面的规定性。一般说来,作为主观的希望或者说希望的主观方面是指人内在的期待意识。如前所述,布洛赫认为,人有各种各样的情绪或激情,其中唯有这种积极的和肯定的期待情绪、这种希望最为重要,它把人推向未来,使人的存在面向未来展开。而作为客观的希望或希望的客观方面是指主观的希望,即期待意识同客观实在的可能性相关联,这样一来,作为期待意识的希望就变成一种客观的希望,一种真正有希望的希望。在布洛赫看来,希望不是一般的心理学体验,而是人的基本的生存状态,即人的本体论状态,换言之,希望是人之生存的本体论结构。当然,没有什么能保证指向现实可能性的希望一定能实现其具体的目的,希望的展开可能走向成功,也可能导致失败,但这些都不妨碍希望作为人之存在的本体论结构的地位。这是因为,当希望结构展开,无论所希望的可能性是否最终生成,作为一种存在结构都已经确立了。

在布洛赫和许多敏感的思想家看来,我们所生活的时代充满着物化、异化,是一个危机四伏、灾难重重的时代。但是,即便如此,在人的生存中也还是存在着对美好生活的希望和对恶劣现实的抗争,即便是在面对失败和绝望,希望也无所不在。"人类中生活着多少青年,在他们内心中,隐藏着多少期望。这种希望不想入睡,即使这种期望时常被深埋在内心深处。即使在万分绝望时,希望本身也不会全然凝视虚无。"①因此,无论遇到多少困难,遭遇多少挫折,"希望本身并不消失,相反,它本身只是在留下某种新的形态之后才会消失。这样,人就能够在梦中**扬帆**启程,因此,白日梦经常采取完全遮蔽的形式,但它却是可以实现的。这一事实使我们辨认出人的生活中还在开放的、尚未明确的巨大空间"②。因此,布洛赫倡导一种战斗的乐观主义,这种乐观主义同那种盲目的进步乐观主义不同,它强调无论在任何艰难困苦的条件下,都不放弃美好的期待和希望,都不停止走向未来的地平线。

---

① 恩斯特·布洛赫:《希望的原理》第 1 卷,梦海译,上海:上海译文出版社 2012 年版,第 229 页。
② 同上书,第 228—229 页。

在这一点上,布洛赫的观点同另一位人本主义新马克思主义代表人物、存在主义哲学家萨特的观点非常接近。萨特晚年非常专注于希望范畴对人之存在结构的意义。他相信希望是人的存在必然包含的一部分。他在生前最后一次重要的哲学谈话中指出:"不管怎样,这世界似乎显得丑恶、不道德而又没有希望。这是一个老人的平静的绝望,而他将在这种绝望之中死去。但是我抵制的恰恰就是绝望,而我知道我将在希望之中死去;但必须为这种希望创造一个基础。"①萨特把希望当作关于未来的重要观念,在他看来,希望不是单纯的心理学范畴,而首先是人的存在的结构,"希望是人的一部分",人的行动的一个基本特点便是希望。萨特指出:"希望存在于行动的性质本身之中。那就是说,行动同时也是希望,在原则上不能使之专注于某个绝对的失败。这决不是说它必然要达到它的目的,但它总是出现在一个表现为未来的目的的实现过程之中。而在希望本身之中有一种必然性。对于我,在此时此刻,失败的观念并没有坚实的基础;相反,希望就其作为人与他的目的的关系,一种即使目的没有达到而仍然存在的关系而言,它是我思想上最迫切的问题。"②

再次,在布洛赫看来,无论是人的渴望和冲动,还是人的期待和希望,其中最核心的追求都是指向更加美好的生活,指向尚未存在的新东西。如前所述,人的期待意识指向客观的——现实的可能性。布洛赫认为,引导着人的希望的正是这种客观现实的可能性。显然,这种真实的或现实的可能性不是作为某种给定的事物存在的,而是作为某种"新奇性"(Neue),即新东西、新事物、新生活而存在。布洛赫认为,世界充满了新奇性,正是这种新奇性激起人们超越旧事物,创造新事物,实现自己的价值的激情。在这种意义上,人成为希望的主体,成为创造性的主体,他面向未来,面向新奇的可能性的领地,向开放的可能性的国度推进。这是人的最本真的存在状态。

布洛赫认为,在人类历史进程中,在每一个体的生存中,在具体的社会现实运动中,新奇性无处不在,"从新的天国到新的人间都贯穿着某种期待的新东西"③。同样,我们在每一时刻都可以感受到某种新东西,但是,人类思想却往往忽略了或忽视了新奇性的普遍存在和极端重要性。"当我们感

---

① 让-保罗·萨特:《存在主义是一种人道主义》,周煦良、汤永宽译,上海:上海译文出版社1988年版,第93页。
② 同上书,第36页。
③ 恩斯特·布洛赫:《希望的原理》第1卷,梦海译,上海:上海译文出版社2012年版,第235页。

受初恋时,当我们感受春天时,新奇性总是萦绕于怀,挥之不去。尽管如此,没有一个思想家曾经发现过这种春天的感觉。"①因此,布洛赫认为,希望哲学必须时刻关注这种新奇性,关注更加美好的新生活的可能性,并且坚定不移地走向新东西。"尽管并非总是如此,但是在通向新东西的路上,我们一步步地前行。"②正是在希望的结构展开的过程中,现实的可能性和新奇性激发起人内在的超越本性和创造本性,激起人的乌托邦热情和乌托邦精神,这充分说明希望在人的存在结构中的核心地位。希望作为人之生存的本体论结论,构成了人的存在和人的历史的核心。

(四)具体的乌托邦:世界的人道化

希望哲学通过希望来展示人的本质性的生存结构,即人的存在的本体论结构,而目的是为了高扬乌托邦精神。实质上,这种乌托邦精神作为人的存在和人的历史的内在的超越维度就植根于人的希望结构之中。在这种意义上,希望哲学的最终落脚点是"具体的乌托邦"的生成,即"世界的人道化"。这一见解不仅是布洛赫《希望的原理》的重要论点,而且也是布洛赫全部思想的主题。

首先,布洛赫强调,人是乌托邦的主体、希望的主体,是尚未实现的可能性的焦点,是尚未生成的现实进程的核心。人的生存的核心是唤醒自己内在的希望和乌托邦冲动,即唤醒自己内在的理想维度和未来维度,超越现存,扬弃普遍的物化和异化,使一个依赖人的首创精神而存在的世界,即人道化的世界得以真正生成。这便是"具体的乌托邦"。

如前所述,布洛赫认为,人类文明史之所以能够作为一个连续的进程从远古延续至今,很大程度上在于人类历史进程的内在的乌托邦文化精神。在某种意义上,人类文明史就是由无数乌托邦构成的,希望无所不在,乌托邦也无所不在。例如,透过人类历史,我们可以发现宗教乌托邦、技术乌托邦、社会乌托邦、地理乌托邦、戏剧乌托邦、文学乌托邦、艺术乌托邦,等等。从孩童的梦幻直到宏伟的社会改革方案,乌托邦无所不在。但是,在布洛赫看来,各种乌托邦的性质是不同的。基本上有两种不同类型的乌托邦:一是没有奠基于现实的可能性之上的"抽象的乌托邦",或可称之为"静态的乌

---

① 恩斯特·布洛赫:《希望的原理》第1卷,梦海译,上海:上海译文出版社2012年版,第235页。
② 同上书,第241页。

托邦""非辩证的乌托邦",另一种则是建立在现实的可能性之上的"具体的乌托邦",前者只是一种主观的希望,而后者则由于同客观的—现实的可能性相关联而成为一种有希望的希望。布洛赫认为,马克思主义和他的希望哲学均是"具体的乌托邦",其宗旨是以"人道化的世界"为本质特征的具体的乌托邦的生成。根据布洛赫的希望哲学,所谓具体乌托邦的生成,是指人依据客观现实的可能性实现自己的本质,消除主体与客体之间的二元对立或二元分裂,使社会化了的人同经过人中介了的自然相结合,达到人与自然的和谐,共同把世界创建成人类的家园,即富有新奇性、可能性、创造性的自由王国。这也就是"世界的人道化",使世界真正成为"人的家乡"。

其次,人类社会对具体的乌托邦的追求,对"世界的人道化"的积极推进,对更加美好的、非异化的生活的开辟,需要一种积极的精神力量,这就是马克思所倡导的战斗的乐观主义精神和不屈不挠的革命实践。其中,无产阶级反抗现存体制和现存社会的斗争具有极端重要的意义。

布洛赫指出:"正如马克思所言,借助于战斗的乐观主义并不能实现任何抽象的理想,但是,也许能够释放关于某种新的、人化的社会,即具体的理想的被抑制的要素。今天,竭尽全力为争取解放进行最后的斗争,这就是无产阶级的革命决断,这是一种把主观要素与经济、物质趋势联合起来的决断。这些主观要素旨在实现自身、改变世界,因此这种要素是不同于特定物质活动的某种要素。"[①]布洛赫认为,我们必须保持希望的坚定信念和对美好世界的期待。他带着浪漫主义的激情宣布:"当阳光渗透天空,天色破晓之际,地平线上布满了夹杂着暴风雨的傍晚的雨雾,甚至还布满了金黄色的早晨的云雾。在傍晚前,我们怎能不赞美这样一个壮美的一天……幻想及其从未存在过的财富从潘多拉盒子中统统飞走,但是,现实的、有根据的希望却保留下来。在希望中,人成为人之为人,世界成为世界之为人的家乡。"[②]

正是基于上述理想,布洛赫反复强调乌托邦维度对于人之存在的至关重要性和对于人类命运及前景的至关重要性。在他看来,缺少这种带着坚定希望和乌托邦精神的战斗的乐观主义精神,会导致人类社会的更大灾难。"在此,问题取决于战斗的乐观主义的作业:如果没有战斗的乐观主义,无产阶级和资产阶级就会在同样的野蛮中归于毁灭;如果没有战斗的乐观主

---

① 恩斯特·布洛赫:《希望的原理》第1卷,梦海译,上海:上海译文出版社2012年版,第233页。

② 同上书,第412页。

义,在广度和深度中,海洋就仍旧没有岸边,午夜就没有即将来临的作为定义的'东点'(Ostpunkt)。"①布洛赫在《一种未来哲学》中论述乌托邦的意义时有一段总结性论述,清晰地表达出乌托邦维度在他的希望哲学中的核心地位。他指出:"如果一个社会不再求助于理论的——乌托邦的方式,而是求助于物自体本身存在的方式,从而误入歧途——而且是非常危险地误入歧途,那么,再糟糕也莫过于此了。如果革命的力量不是去使已在理论上展示出的理想付诸实现,而是去诋毁甚至以灾难性的手段去毁灭尚未在具体中浮现的理想,那么,再糟糕也莫过于此了。惟有当乌托邦目标变得明晰可见,变得纯粹真实,不容置疑时,人的行动才会释放出内在的转折性的倾向性,使之变为积极的自由。"②

我们发现,在积极的、肯定的意义上弘扬乌托邦精神的思想家,在当代不只是布洛赫一人,实际上,其他一些人本主义思想家也持同样的见解。法兰克福学派代表人物马尔库塞在分析现代社会的物化和异化现实时,非常重视人的存在的乌托邦维度。他认为,由于物质生活改善,技术理性等物化力量统治的合法化,现代人丧失了超越的维度,变成了单向度的人或"单面人"。因此,他提出,走向社会主义之路不应是从乌托邦到科学,而应是从科学到乌托邦。由此,马尔库塞提出了著名的"现代乌托邦革命论"。法兰克福学派的另一个代表人物哈贝马斯致力于用交往行为理论来重建历史唯物主义,他主张应当以交往概念去取代劳动概念的传统的核心地位。他认为,以主体间性为核心的交往行动在人之存在和人类历史中地位的突出,导致传统的"劳动社会的乌托邦"的衰竭。但是,这并不标志着乌托邦维度的彻底消失。哈贝马斯指出:"同劳动社会的乌托邦内蕴告别,决不是历史意识和政治讨论的乌托邦维度整个的结束。如果乌托邦这块沙漠绿洲枯干,展现出的就是一片平庸不堪和绝望无计的荒漠。"③

以上,我们从乌托邦精神、"尚未存在"本体论、人的希望生存结构、具体的乌托邦几个方面概括地展示了布洛赫乌托邦精神理论和希望哲学的基本内涵。从上述论述中,可以看出,布洛赫的哲学思想无论所采取的术语,还是所表达的见解,在西方马克思主义代表人物中都是最具特色的。而且,

---

① 恩斯特·布洛赫:《希望的原理》第1卷,梦海译,上海:上海译文出版社2012年版,第380页.
② Bloch, Ernst, *A Philosophy of the Future*, New York: Herder and Herder, 1970, p.92.
③ 薛华:《哈贝马斯的商谈伦理学》,沈阳:辽宁教育出版社1988年版,第105页.

布洛赫作为一位充满对生命的热爱和激情的思想家,总是习惯用一种彻底的方式把自己独特的思想淋漓尽致地表述出来,不留一点儿折中的调和。这种独特的术语、独特的观点和独特的表态方式常常引起人们对布洛赫哲学带有争议性的评价。的确如此,如果我们不是完整地、深入地把握布洛赫乌托邦精神论和希望哲学的内蕴,如果我们不把他的哲学思想置入20世纪人类文化精神演进的大背景中加以理解,那么他的许多观点都是令人费解的。同时,他的哲学思想同包括神秘主义和宗教末世学等在内的文化精神和文化思潮的特殊关联,他对乌托邦维度的极度张扬,他对绝对决定论的断然否定,他对人的生存结构的独特界定,他的理论的极端理想主义色彩,等等,都有许多值得认真商榷之处。

  但是,如果我们把布洛赫的乌托邦精神论和希望哲学放到20世纪人类文化精神的演进中加以观照,就会发现,他的思想同20世纪哲学人本主义思想在本质上是一致的,而且由于他的独特的术语、独特的观点和独特的表述方式,使得他的哲学对20世纪文化精神,特别是对人本主义文化精神作出了独特的贡献,有着不可替代的价值。一方面,布洛赫的学说对于20世纪人类所经历的技术理性主义或实证主义统治时代的文化危机,以及现代人所体验的异化的和物化的生存困境作了深刻的剖析,并试图通过弘扬人内在的批判性和超越性的乌托邦精神,实现世界的人道化来超越现代文化危机,这样一来,布洛赫的希望哲学就同胡塞尔的生活世界理论、韦伯的合理化理论、卢卡奇的物化理论、法兰克福学派的社会批判理论等,共同构成了20世纪的文化批判思潮。另一方面,布洛赫在自己的文化批判理论中,用渴望、冲动、需要、期待、可能性、新奇性、希望、乌托邦等独特的范畴对于人的深层次的生存结构作了独特的探讨,虽然这些见解之中有许多我们难以完全接受的偏颇之处,但是也的确有许多值得我们借鉴之处。布洛赫的希望哲学同卢卡奇的主客体统一的辩证法和葛兰西的实践哲学在本质上是一致的。通过这些理论,我们可以更深刻地理解青年马克思的异化理论和实践哲学构想,进一步丰富关于人的理解。

第五章
霍克海默和阿多诺的社会批判理论

在西方马克思主义的理论格局中,以霍克海默、阿多诺、马尔库塞、弗洛姆、哈贝马斯、施密特等人为主要成员的法兰克福学派占据特别重要的地位。法兰克福学派是由德国法兰克福社会研究所的成员构成的学术团体,无论从代表人物的数量,还是从成员理论建树的深度和广度来看,它都是20世纪最大的新马克思主义流派,也是现代西方哲学的重要流派之一。法兰克福学派不仅代表人物众多,著述丰富,涉猎的领域十分广泛,而且其主要代表人物的活动几乎涵盖了整个20世纪。法兰克福学派的创始人霍克海默与卢卡奇、布洛赫等人是同龄人,而第二代的主要代表人物哈贝马斯等人至今健在并十分活跃。可以断言,不研究和理解法兰克福学派的社会批判理论,不可能十分全面与深刻地理解20世纪人类文化精神的演进。因此,我们在阐述了以卢卡奇、科尔施、葛兰西等人为代表的早期西方马克思主义的主要理论建树之后,应当用较大的篇幅介绍法兰克福学派的理论观点。

1923年,正值国际共产主义运动内部以卢卡奇、科尔施等人为代表的一批非正统的马克思主义者开始重新反思无产阶级革命的经验教训,并重新认识马克思主义理论时,德国的法兰克福大学内部建立起一个以研究马克思主义为宗旨的社会研究所。研究所创办了《社会主义和工人运动史文库》杂志,第一任所长由属于奥地利马克思主义传统的历史学家格律伯格(Carl Grunberg,1861—1940)担任。格律伯格在马克思主义内部不同派别的争论中保持某种"中立",他对东方正统马克思主义和卢卡奇等西方非正统的马克思主义持同样的态度。在某种意义上,法兰克福社会研究所成了西方和东方马克思主义思潮的"联结点",它所办的《社会主义和工人运动史文库》对东西方的马克思主义文献一视同仁,既发表新发现的马克思和恩格斯文稿,发表伯恩斯坦等人的文章,也发表卢卡奇和科尔施等人的文章。可以说,格律伯格担任所长时期,社会研究所的成员尚未形成我们今天所谓的法兰克福学派。1930年,霍克海默接替患病的格律伯格担任社会研究所所长,从此开启了以社会批判理论著称的法兰克福学派的历史。我们可以粗略地把法兰克福学派的历史划分为三个主要阶段。

1930年至1949年的二十年间为法兰克福学派的创立期和早期。从法兰克福学派成员的活动地域来讲,这一时期主要是该学派的美国时期。

霍克海默与格律伯格的主要不同点是他不再把社会研究所及《社会主义和工人运动史文库》仅仅当作不同的马克思主义思潮交汇或对话的场所,而是为社会研究所的成员确定了明确的研究方向,这就是建立"社会批判理论"或"批判的社会理论"。霍克海默在就任所长时所作的题为"社会哲学的现状和社会研究所的任务"的演说中明确提出,社会研究所的任务是建立一种社会哲学,它不满足于对资本主义社会进行经济学和历史学的实证性分析,而是以"整个人类的全部物质文化和精神文化"为对象揭示和阐释"作为社会成员的人的命运",对整个资本主义社会进行总体性的哲学批判和社会学批判。由此,霍克海默一方面引入弗洛伊德的精神分析学,进行文化和意识形态批判,另一方面为这一研究引进和组织了许多著名的学者,如阿多诺、马尔库塞、弗洛姆、本雅明等人,这些人或是成为法兰克福大学社会研究所的成员,或是成为研究所新创办的《社会研究杂志》的撰稿人,由此而构成了法兰克福学派的强大阵营。

然而,事隔不久,法西斯上台,法兰克福学派无法继续在德国活动。社会研究所被迫于1933年迁往美国,先后隶属于纽约的哥伦比亚大学和伯克利的加利福尼亚大学。在此期间,法兰克福学派成员逐步发展和建立起自己的社会批判理论,对发达资本主义社会的技术理性、大众文化、意识形态等进行全方位的文化批判。其间,霍克海默于1937年发表的《传统理论和批判理论》明确把法兰克福学派的理论概括为批判理论。这一时期,法兰克福学派出版了许多阐述批判理论的重要著作,如霍克海默的《独裁主义国家》、霍克海默和阿多诺的《启蒙辩证法》、弗洛姆的《逃避自由》、马尔库塞的《理性和革命》等等。

1949年至60年代末为法兰克福学派的中期,是法兰克福学派成员重新回到德国,在西德活动的时期。这是法兰克福学派的鼎盛时期或称黄金时代。

1949年,应西德政府的邀请,霍克海默和阿多诺等人回国,重建社会研究所,二人分别担任研究所的正、副所长。不久,霍克海默担任法兰克福大学校长,后又赴美讲学,实际上社会研究所的工作主要由阿多诺主持。其间,不仅霍克海默、阿多诺、马尔库塞、弗洛姆等人(无论是回到德国还是留在美国)继续建构与发展法兰克福学派的社会批判理论,而且一批年轻的理论家,如哈贝马斯、施密特等人开始崛起,成为法兰克福学派的第二代理论家。在这一时期,法兰克福学派进一步发展了自己的社会批判理论。他们进一步强调辩证法的否定性和革命性,对发达工业社会进行全方位的批判,深刻揭示现代人的异化和现代社会的物化结构,特别是意识形态、技术理性、大众文化等异化的力量对人的束缚和统治,并制定了发达资本主义条件下的革命战略。法兰克福学派的激进的文化批判理论在20世纪60年代末席卷欧洲的学生和青年造反运动中获得极高的声誉,产生了巨大的影响。霍克海默、阿多诺、马尔库塞、弗洛姆、哈贝马斯等主要代表人物已成为十分著名、十分有影响的社会思想家。代表法兰克福学派这一时期思想的主要著作有阿多诺的《否定的辩证法》、弗洛姆的《健全的社会》、马尔库塞的《爱欲与文明》、哈贝马斯的《认识与兴趣》和《作为"意识形态"的技术与科学》、施密特的《马克思的自然概念》等等。

  从20世纪70年代起,法兰克福学派进入了发展的晚期。这是法兰克福学派主要代表人物相继去世,学派开始走向解体的时期。

  20世纪60年代末席卷全欧洲的学生运动使法兰克福学派的声誉达到了顶峰,但此后法兰克福学派很快开始了衰落和解体的进程。造成这一状况的原因是多方面的。首先,法兰克福学派的第一代主要代表人物相继谢世,阿多诺于1969年去世,霍克海默于1973年去世,马尔库塞于1979年去世,弗洛姆于1980年去世。其次,法兰克福学派第二代的主要代表人物哈贝马斯和施密特之间存在很大的分歧,由此导致了法兰克福学派的解体。施密特基本上延续了法兰克福学派老一代理论家的社会批判传统,他认为法兰克福学派的批判理论在70年代的发达工业社会条件下依旧有效;而哈贝马斯则强调社会批判理论缺少自己的规范性基础,缺少对自己的理论范式的反思,因此他通过以兴趣为导向的认识论、批判解释学或深度解释学等对法兰克福学派的批判范式进行了修正,在此基础上提出以交往行为理论来重建历史唯物主义的主张。这些分歧反映在施密特的《论批判理论的思想》《作为历史哲学的批判理论》和哈贝马斯的《合法化危机》《重建历史唯物主义》等著作之中。理论上的分歧破坏了法兰克福学派成员间的合作。1969年,哈贝马斯担任社会研究所所长,但很快,由于同施密特之间关系的恶化,哈贝马斯于1971年退出社会研究所。1972年施密特开始担任研究所所长。1983年哈贝马斯返回法兰克福大学任教。虽然社会研究所依然存在,但法兰克福学派作为一个强有力的学派的历史基本上已经终结。

当然,这并不是说法兰克学派的理论影响力已经退出了历史舞台。实际上,哈贝马斯等人作为单独的思想家依旧活跃于国际学术界,而且依旧在不同方向延续着法兰克福学派的理论影响力。特别是哈贝马斯,已经成为当今世界上最有影响的哲学家。20世纪80年代以来,哈贝马斯进入了长达二十多年的理论创作高峰期,他不仅于80年代的《交往行为理论》《现代性的哲学话语》《后形而上学思想》等著作中,以现代性问题为核心系统地建立起交往行为理论以及生活世界理论,而且于90年代的《在事实与规范之间》《包容他者》《后民族结构》等著作中,建立起以商谈伦理学为核心的政治哲学理论体系,对当代欧洲的政治和社会进程产生了重要影响。

从上述可以看出,法兰克福学派是一个以批判的社会理论为基点和宗旨的学术理论团体,但是,不同成员在具体的研究方向和理论观点上并不完全一致,而是存在很多差异和理论分歧。实际上,不仅哈贝马斯同施密特之间存在很大分歧,哈贝马斯在60年代开始对法兰克福学派的理论范式进行反思和规范性重建时已经同霍克海默、阿多诺等人产生了分歧和争论。此外,马尔库塞和弗洛姆等人在理论兴趣方面也有自己的特点。因此,我们在这里不准备笼统地谈论法兰克福学派的理论建树,而是选择其中几位主要代表人物的观点分别加以论述,以便使读者更加全面和客观地把握法兰克福学派的丰富思想。其中,比较重要的包括:霍克海默和阿多诺对于社会批判理论的确立;马尔库塞和弗洛姆借鉴弗洛伊德的精神分析学思想所开展的心理机制和性格结构批判;哈贝马斯的交往行为理论和商谈伦理学等。本章重点阐述霍克海默和阿多诺的社会批判理论。

霍克海默作为法兰克福学派的创始人,是20世纪著名的思想家。他生于斯图加特,早年就读于慕尼黑大学、弗莱堡大学和法兰克福大学,1922年以关于康德的《判断力批判》的论文获得博士学位。1925年开始在法兰克福大学任教,1930年起担任法兰克福大学社会研究所所长,1932年创办《社会研究杂志》。在这期间,他确立了社会研究所的社会批判理论的方向,法兰克福学派开始形成。法西斯上台后,霍克海默于1934年随社会研究所迁至美国哥伦比亚大学,1949年重返德国,并重建社会研究所。1951—1953年间出任法兰克福大学校长。其主要著作有:《权威和家庭》(1936)、《独裁主义国家》(1940)、与阿多诺合著的《启蒙辩证法》(1947)、《工具理性批判》(1967)、《批判理论》(1968)等。

阿多诺是法兰克福学派第一代重要代表人物之一,霍克海默的主要合作者。他同样是20世纪著名的思想家,特别是其否定辩证法思想对后现代理论思潮的兴起产生了重要影响。他生于莱茵河畔法兰克福,早年在法兰克福大学攻读哲学、心理学和音乐。1924年获得法兰克福大学哲学博士学位,1931年起在法兰克福大学任教,并参加社会研究所的工作。法西斯上台后,他被剥夺了在大学讲课的资格,于1934年流亡英国继续求学,1938年到了美国,继续参加社会研究所的工作。1949年回国,同霍克海默一起重建社会研究所,1959年出任社会研究所所长,1963年起担任德国社会学学会主席。其主要著作除了与霍克海默合著的《启蒙辩证法》以外,还有《新音乐哲学》(1949)、《独裁主义人格》(1950)、《棱镜:文化批判与社会》(1955)、《音乐社会学导论》(1962)、《否定的辩证法》(1966)、《美学理论》(1970)等。

霍克海默和阿多诺作为法兰克福学派的创始人,不仅明确地提出了社会批判的基本理论定向,而且在《启蒙的辩证法》和《否定的辩证法》等著作中展开了技术理性批判、大众文化批判、意识形态批判等法兰克福学派的社会批判的主题,这些也是20世纪众多批判理论的批判主题。

一、批判的社会理论

法兰克福学派的社会批判理论不同于传统的哲学形态,它不是纯思辨的、形而上的哲学沉思,而是对人的现实生存境遇的一种文化批判。正如法兰克福学派创始人霍克海默为社会研究所明确规定的那样,他们要对现代资本主义社会或发达工业社会进行多学科的综合研究,并且特别强调哲学的、社会学的、文化学的、社会心理学的研究。因此,法兰克福学派的社会批判理论是一种注重于现实批判的社会哲学或文化哲学。从这样的视角来看,我们有必要在阐释法兰克福学派对现代社会的具体的文化批判之前,首先揭示其基本的哲学立场或价值取向。

从马克思的时代到20世纪,"批判"已成为哲学的很普遍的特征,批判意识已成为许多哲学流派共同强调和张扬的文化精神。但是,不同的哲学流派的批判理论可以呈现出相去甚远甚至相互对立的理论旨趣或价值取向,这是由它们不同的哲学基础所决定的。例如,在20世纪,有两种价值取向迥异的批判意识:一种是人本主义或人道主义的哲学批判理论,它以人的存在为核心,以人的生存方式及其发展为依据,批判人的历史困境,并从人的对象化、超越性的实践活动中寻找人扬弃异化与超越现存的革命力量和历史发展的推动力;另一种是科学主义的哲学批判理论,它将人类历史理解为一个合规律的必然性进程,从而依据"客观规律"和"历史必然性"来批判社会现实,寻找历史的意义。从这样的划分来看,法兰克福学派的社会批判理论毫无疑问属于人本主义哲学立场。他们一方面极力弘扬人的实践活动的创造本性,强调人的实践对于人的存在和人的世界的基础地位,另一方面深刻批判一切束缚人的自由和发展的物化力量和异化力量。因此,人本主义和异化理论成为法兰克福学派的基本出发点。

关于人的实践对于人的社会历史和人的世界的基础地位,霍克海默在《传统理论和批判理论》中作了深入的探讨。他认为,人生活于其中的"周围世界"都是人的实践活动的产物,是人类活动塑造的东西,只是个人往往没有意识到这一点,而常常把自己当作被动的、被决定的存在。实际上,"呈现给个人的,他必须接受和重视的世界,在其现有的和将来的形式下,都是整个社会活动的产物。我们在周围知觉的对象——城市、村庄、田野、树林,都带有人的产用的印迹。人不仅仅在穿着打扮、在外在形式和情感特征上是历史的产物,甚至人们看和听的方式也是与经过多少万年进化的社会生活过程分不开的"①。霍克海默认为,随着人类生产实践和其他实践活动的发展与发达程度的提高,人的实践活动对自然进程的参与越来越明显,甚至在自然科学的实验中,我们也无法建立纯客观、纯自然的进程,"人的感官在很大程度上预先决定了后来在物理实验中出现的次序"。从这种视角出发,霍克海默反复强调人化自然的重要地位,强调了人的实践活动的创造本性。他指出:"在文明的高级阶段,人类是意识的活动不但无意识地决定着知觉的主观方面,而且在很大程度上也决定着客体。工业社会的人们天天见到的感觉世界到处都打上了有目的的劳动的印迹:房屋、工厂、棉花、菜牛、人,另外,不但有地下火车、货车、汽车和飞机这类对象,而且还有这些对象被知觉期间的运动。在这个复杂的总体里,无法详细地区分开什么东西属于无意识的自然,什么东西属于人的社会活动。"②

这样,通过对人的实践本质的阐释,法兰克福学派就以人的实践为基础建立起人和自然辩证统一的基本观点。也正是从这样的视点出发,法兰克

---

① 麦克斯·霍克海默:《批判理论》,李小兵译,重庆:重庆出版社1989年版,第192页。
② 同上书,第193页。

福学派成员特别重视青年马克思的异化理论和卢卡奇的物化理论。他们认为,虽然异化理论是马克思针对19世纪人类的存在状况提出的,但它在20世纪并没有过时,不仅对于社会主义运动具有重要的指导意义,而且对20世纪人类的存在与发展都具有重要的意义,甚至可以断言,异化理论在20世纪的意义要比任何时候都更为突出。这是因为,异化现象在20世纪成为更为普遍、更为突出的人类困境,成为绝大多数人的命运,20世纪的现代人开始生活于普遍异化的世界之中,甚至连马克思本人也没有预料到,异化在当代会成为普遍的现象和现代人的命运。法兰克福学派的社会批判理论对于现代政治体制、意识形态、科学技术、大众文化、性格结构、心理机制等的分析批判都是从马克思的异化理论出发的。在法兰克福学派看来,在20世纪,异化对人的束缚与统治已从政治压迫和经济剥削转向各种普遍的、异己的文化力量对人的自由的束缚,因此,他们的批判理论从本质上讲是以异化理论为依据的文化批判理论。这种批判理论的主题直接涉及人的存在和人的本质的深层问题,因而更具深度和彻底性。

法兰克福学派社会批判理论的鲜明、深刻的批判性在霍克海默所表述的"批判理论"和阿多诺所表述的"否定的辩证法",以及二人共同提出的"启蒙的辩证法"中得以清楚地表达。为了了解人本主义的文化批判理论的基本哲学立场,我们有必要首先了解一下霍克海默关于批判理论的基本阐述。

法兰克福学派的上述代表人物从不同角度阐述过社会批判理论的含义,施密特还专门写了《论批判理论的思想》等专著。但是,相比之下,对"批判理论"最完整、最经典的表述是霍克海默于20世纪30年代末在《传统理论和批判理论》和《论哲学的社会功能》两篇论文中完成的。他对批判理论的界定规定了法兰克福学派的研究方向和批判主题,了解这一思想对于理解法兰克福学派的全部理论具有重要的意义。

(一) 批判理论与传统理论的本质差别

霍克海默对批判理论的阐述始终是在同传统理论的对比之中进行的,这充分体现了霍克海默批判理论对青年马克思的人本主义批判立场(异化理论)的继承。众所周知,青年马克思曾经把包括黑格尔哲学、国民经济学等学说在内的各种传统理论界定为"意识形态"。他对意识形态持批判的态度,主要因为在他看来,这些立根于旧式分工基础之上,而又不超越这些分工的传统理论缺少对现存的批判性和超越性维度。从这样的理解出发,青年马克思强调一种以变革现存世界、"使现存世界革命化"为宗旨的,立根于人类实践本性之上的批判理论。

霍克海默在类似的意义上区分了传统理论与批判理论。他所说的传统理论主要指以传统分工为前提、以分门别类的形式进行科学研究的各种理论。这里所说的传统理论的涵盖面很广,其中也包括经济学等社会理论,其本质特征是缺少对现存的超越维度和批判维度,表现为单纯的"知识理论"。而批判理论则首先是一种批判现实的活动,是一种针对现存社会、超越传统分工的批判活动。

霍克海默在《传统理论和批判理论》一文中对法兰克福学派的批判理论同传统社会理论作了多方面的对比,以此来突出批判理论的基本特征。概括起来,按照霍克海默的理解,批判理论同传统理论主要在两个基本的方面存在本质的差别。

一方面,霍克海默指出,从理论的性质来讲,传统理论立根于传统分工之上,又不超越这些分工,因而它本质上是一种肯定现存秩序的知识形态的顺世哲学,其要害是对现实的非批判的认同;而批判理论则以超越旧式分工为前提,其要旨是对现存社会的批判与超越,从而实现人的自由与解放。

对于传统理论的非批判特征,马克思在《1844年经济学哲学手稿》中批判旧的意识形态理论时曾有过许多论述。例如,马克思指出,国民经济学曾经发现劳动价值论同劳动者贫困这一现象之间的矛盾,但它并未能得出否定现存社会秩序的革命结论,因为它没有对资本主义由之出发的前提,即私有制进行批判分析,而是将之视作天经地义的、给定的、合理的事实。

霍克海默也在相同的意义上概括传统理论的特征,他指出:"呈现给资本主义社会成员的、在传统世界观(它与给予的世界处在不断的相互作用中)里得到说明的整个知觉世界,被知觉者看作是事实的总和;它是存在的东西,我们必须接受它。"[①]这正是马克思在《关于费尔巴哈的提纲》中所批评的那种由于不懂得人的实践本性,而只是停留于解释世界的传统哲学。对于传统理论的这种非批判的特征,霍克海默又作了进一步的解释,他认为:"在传统的理论思想里,个别客观事实的起源、思想借以把握事实的概念系统的实际应用以及这类系统在活动中的地位,都被看作是外在于理论思想本身的东西。这种异化用哲学术语表达就是价值与研究、知识与行动以及其他极端之间的分离,它使学者免于陷入我们指出的那些紧张,并给他

---

① 麦克斯·霍克海默:《批判理论》,李小兵译,重庆:重庆出版社1989年版,第191页。

的活动提供一种确定的框架。"①

与此相反,批判理论的宗旨不是对现状的认同和对现实的非批判的描述,而是一种特殊的批判活动,"一种以社会本身为对象的人类活动"。这种以社会本身为对象的批判活动不再满足于对现存的描述与解释,更不是替现状辩护。"尽管它本身产生于社会结构,但它的目的却不是帮助这个结构的任一要素更好地运行;不管从它的主观意图还是从其客观意义来说,都是如此。相反,当较好的、有用的、恰当的、生产性的和有价值的范畴被人们在现存社会秩序中加以理解时,它怀疑它们,并拒绝承认它们是我们对之无能为力的非科学的先决条件。"②霍克海默这段表述比较含蓄,但已把批判理论的根本特征表述出来了,这就是:它不把现存秩序当成天然合理的和不可超越的,而是对它采取否定的态度,从而寻找社会变革与更新的契机。对于批判理论的这种超越的和批判的特征,霍克海默还有更为明确的表述,他指出:"在批判理论影响下出现的概念是对现在的批判。马克思主义的阶级、剥削、剩余价值、利润、贫困化及崩溃范畴是概念整体的组成部分,而这个整体的意义不应在对当代社会的维护活动中寻找,而应在把当代社会转变成一种正义社会的活动中寻找。"③

另一方面,霍克海默认为,从理论的社会方位上讲,传统理论表现为一种"超然物外"的知识理论,一种独立于社会进程的纯粹理论;而批判理论则内在于社会运动,它是社会发展和革命进程的内在组成部分。

关于批判理论和传统理论在社会方位上的本质差别,霍克海默有一段非常清晰的论述,他分析道:"科学专家研究的客体根本不受他本人的理论的影响。主体和客体是严格分开的。即使事实证明客观事件最后终究会受人类干预的影响,对科学来说,这也不过是另一个事实而已。客观事件是不依赖于理论的,而这种独立性正是它的必然性的组成部分:观察者本身不能在客体中造成变化。可是,有意识地进行批判的态度是社会发展的组成部分:对历史进程的解释是经济结构的必然产物,它同时既包括由这种秩序产生出来的对这种秩序的抗议,也包括人类自决的观念,即关于人的行动不再由外在机制决定而由他自己来决定那样一种状态的观念……批判理论的每个组成部分都以对现存秩序的批判为前提,都以沿着由理论本身规定的路

---

① 麦克斯·霍克海默:《批判理论》,李小兵译,重庆:重庆出版社1989年版,第199页。
② 同上书,第198页。
③ 同上书,第208页。

线与现存秩序作斗争为前提。"①

从霍克海默的上述论述可以清楚地看到批判理论和传统理论在社会方位和社会功能上的差别。各种立根于传统分工之上的知识形态理论往往外在于历史进程或研究对象进行反映和描述。这种理论往往追求与主体活动无关的"纯客观的"知识,因此,它只能像黑格尔所说的"密涅瓦的猫头鹰"在黄昏时才能起飞,只能对业已发生的事件进行描述,而缺乏对现存的超越维度和对未来的预见功能。而批判理论则是人类历史进程的内在组成部分,这是因为,它的功能是对现存的超越,而这种超越就来自人的实践的本性。因此,批判理论对现存的批判活动同人类社会的变革运动、同人的自由和解放运动是完全一致的,它就是变革现存世界的实践活动的一种重要形式。这是批判理论的根本之所在。

（二）哲学的社会功能在于批判现存

对于批判理论所特有的超越现存世界的批判本性和作为社会历史进程内在的批判意识的社会功能,霍克海默在《论哲学的社会功能》一文中又从另一个角度,即哲学的功能的角度进行了阐释。关于哲学的基本功能,马克思在《关于费尔巴哈的提纲》中有句名言:"哲学家们只是用不同的方式**解释**世界,问题在于**改变**世界。"②霍克海默在《论哲学的社会功能》一文中完全接受了马克思的上述观点,他明确把哲学的社会功能界定为对现存的批判。

首先,霍克海默认为,由于哲学立根于人类活动的超越本性之上,因此,它同现存社会总是处于紧张甚至对立关系之中。因此,哲学的社会功能不在于与现实的认同,而在于对现实的批判与超越。

众所周知,青年马克思在致卢格的信中,曾经毫不含糊地表明,要对现存的一切进行"无情的批判"。霍克海默完全继承了马克思的这种批判精神。他指出:"哲学的真正社会功能在于它对流行的东西进行批判……这种批判的主要目的在于,防止人类在现存社会组织慢慢灌输给它的成员的观点和行为中迷失方向。必须让人类看到他的行为与其结果间的联系,看到他的特殊的存在和一般社会生活间的联系,看到他的日常谋划和他所承

---

① 麦克斯·霍克海默:《批判理论》,李小兵译,重庆:重庆出版社1989年版,第217页。
② 《马克思恩格斯选集》第1卷,北京:人民出版社1995年版,第57页。

认的伟大思想间的联系。"①霍克海默在许多地方都表述了类似的观点,他反复强调,不能从别处寻找哲学的功能,只能从"批判性思维"和"辩证思维"的发展中找到哲学的真正的社会功能。

其次,霍克海默为了真正地突出批判理论的深刻含义,防止"批判"的误用和对"批判"的误解,还特别解释了哲学上的批判的含义。他认为,批判不在于简单的否定或谴责,而在于在人类的现存与未来之间建立起一种超越的维度,形成人类发展的内在自我意识。

霍克海默认为,哲学的批判同日常生活中的批判和政治中的批判有所不同,在这里,批判并不意味着简单地谴责或抱怨某种东西或某种方法不好。"就批判而言,我们指的是一种理智的、最终注重实效的努力,即不满足于接受流行的观点、行为,不满足于不加思索地、只凭习惯而接受社会状况的那种努力;批判指的是那种目的在于协调社会生活中个体间的关系,协调它们与普通的观念和时代的目的之间的关系的那种努力,指的是在上述东西的发展中去追根溯源的努力,是区分现象和本质的努力,是考察事物的基础的努力,简言之,是真正认识上述各种事物的努力。"②显而易见,霍克海默强调的哲学批判是以人的发展和社会进步为宗旨的超越现实的深刻的理论分析活动。

最后,霍克海默还特别指出,现代社会陷入深刻的文化危机之中,它呼唤着批判意识,人类的未来依赖于对现存的批判态度。

对于上述断言,霍克海默作了认真的分析,他指出:"在目前这样的历史时期中,真正的理论更多地是批判性的,而不是肯定性的,正如相应于理论的社会不能叫做'生产性的'一样,人类的未来依赖于现存的批判态度;这种态度当然包括传统理论要素和普遍衰退的文化要素。人类已经被一种虚幻地、自满自足地考虑实践构造的科学遗弃了;这种科学所从属并为之服务的实践,就好象某种在科学界限之外的东西一样;这种科学满足于思想与行动的分离。"③

从上述分析可以看出,霍克海默对于哲学的功能的理解深刻地反映了时代的精神特征。20世纪的人类面临着十分矛盾的处境,一方面,随着科学技术的发展和物质财富的增长,人的主体性也得到了空前的发展,人的本

---

① 麦克斯·霍克海默:《批判理论》,李小兵译,重庆:重庆出版社1989年版,第250页。
② 同上书,第255—256页。
③ 同上书,第229页。

质力量、创造本性和自由的维度比此前任何时代都更为清晰地展示出来;但是,另一方面,人征服自然、创造财富的对象化活动并没有像传统理性主义和技术乐观主义者所期待的那样,在尘世建立起"天国"与"天堂",相反,物质匮乏问题的缓解并没有从根本上消除人的存在困境,人所创造的各种文化力量开始成为十分普遍的异化力量和物化力量,人面临着受自己造物统治的新的"生存困境"。在这种背景下,人类更加需要一种发自人类实践超越本性的批判意识,以不断修正自己的行为,推动社会的正义化进程。从这样一种视角出发,胡塞尔等思想家对缺少批判意识的实证主义持尖锐的批判态度。席美尔等思想家从不同侧面分析和批判人类所面临的物化统治问题。霍克海默关于批判理论和传统理论的比较研究以及对哲学的批判功能的弘扬明确地表现出对实证主义的批判意向,与胡塞尔等人对科学危机问题的分析一样,属于20世纪有代表性的文化批判思潮。法兰克福学派对技术理性、意识形态、大众文化等异化力量的批判都是在霍克海默批判理论所规定的方向上展开的具体的文化批判理论。

二、启蒙的辩证法

霍克海默和阿多诺于1947年出版的《启蒙辩证法》一书是西方马克思主义的经典著作之一,在20世纪西方文化批判理论发展中占据十分重要的地位。"启蒙的辩证法"这一概念已经成为20世纪西方马克思主义技术理性批判理论的经典表述形式之一。不仅如此,在西方马克思主义文化批判理论的整体构架中,技术理性批判是至关重要的批判视角和不可或缺的主题维度。在某种意义上,大众文化、意识形态、性格结构、现代性、现代国家统治形式等问题的出现,都直接与现代科学技术,特别是技术理性的进展的后果密切相关。因此,技术理性问题甚至是现代性的核心问题,也是现代文化批判的聚焦点,技术理性批判也相应地构成了文化批判理论的核心。意识形态批判、大众文化批判、心理机制和性格结构批判、现代性批判等主题,在某种意义上都以技术理性批判为基础和核心。

正是因为技术理性批判在现代文化批判理论中占据如此重要的地位,所以我们看到,霍克海默和阿多诺在《启蒙辩证法》中不仅系统地奠定了技术理性批判的基本范式,而且展开和涉及权威、国家、文化工业等文化批判主题,尤其是大众文化批判在其中占据重要的地位。我们在这里主要从技术理性批判和大众文化批判两个方面阐释《启蒙辩证法》的主要思想。

（一）技术理性批判

20世纪许多思想家从不同侧面揭示了技术理性批判的主题。韦伯关于价值理性与工具理性的分析、席美尔关于合理化与物化的批判、胡塞尔对实证主义的科学世界的批判、存在主义关于技术世界中人的文化困境的剖析，等等，都构成技术理性批判理论的重要组成部分。相比之下，法兰克福学派关于技术理性的剖析和批判更为系统，更具代表性。

从文化学的视野来看，西方文化植根于古希腊理性主义和希伯来精神，这是西方文化的两种基本精神，理性与上帝构成西方人的两大精神支柱，成为西方文化的象征。其中，理性主义文化精神尤为重要，它不但哺育了灿烂的古代文明，也支撑着整个现代工业文明。作为工业文明的主导性文化精神之一的技术理性主义，直接导源于希腊的古典理性主义，是传统理性主义同文艺复兴的人本精神及现代科学技术的结合体，它构成理性主义传统的重要组成部分。

古希腊哲学是古典理性主义的典范，它在人类思想史上最先以自觉的方式确立了理性主义的基本原则。"人是理性的存在物"，这一信念无疑贯穿于古希腊哲学之中。但是，希腊的先哲们对理性的把握并未囿于其认识论和人本学含义，而是致力于在本体论或宇宙论的层面上，确立起作为万物内在结构和根据的"宇宙理性"。赫拉克利特为生生不息、变化不居的现象世界找到了"永恒地存在着的"根据，即万物皆由之产生的"逻各斯"；巴门尼德抛开不确定的表象世界和人类意见，设定了不生不灭、不变不动的"唯一的存在"；斯多葛学派则把赫拉克利特的"逻各斯"发展为"世界灵魂"和"宇宙理性"。在古希腊哲学中，对"宇宙理性"的充分展开是在柏拉图和亚里士多德那里完成的。柏拉图的理念论为我们提供了一个由最高的"善"的理念统领的等级森严、秩序井然的"理念世界"，这些理念构成了事物的本质和根基，具体的和个别的事物只是由于"分沾"了理念，才得以生成与存在。亚里士多德的实体理论为我们描绘了宇宙万物由质料到形式、从潜能到现实的发展过程和统一过程，从而构造了从最低级的、纯粹的质料到最顶端的"纯形式"，即"绝对的现实"这样一个合乎理性的宇宙结构或存在链条。

从古希腊哲学家的论述中可以概括出古典理性主义的最基本的精神和思想：实在（自然、宇宙、世界）是依据理性或逻各斯而运行的合理的存在结构；人是理性的存在，因而人可以通过理性把握人同事物的关系，把握世界的本质,从而控制自然和操纵自然。回顾西方的历史,可以清楚地看出,这一古典理性主义的文化精神和文化信念同希伯来精神并列构成西方文化的渊源和本质精神。它不但支撑着以古希腊为代表的灿烂的古代文明,而且在中世纪解体后,又通过与自然科学联盟,转换出支撑现代工业文明的技术理性主义文化精神。

所谓技术理性主义是指在近现代科学技术呈加速度发展的背景下产生的一种新的理性主义思潮。它立根于科学技术发展的无限潜力和无限解决问题的能力之上,核心是科学技术万能论。这一新的理性主义文化精神继承了希腊理性主义关于宇宙的理性结构和人作为理性存在物的基本思想,它不关心这个宇宙结构从起源上讲是神创的还是天然的,而只是把它当作一个理性的结构。它相信:人不仅可以通过理性和科学而把握宇宙的理性结构,并且可以通过日益改善的技术手段去征服自然。随着科学技术的不断发展,人对自然的控制力可以与日俱增,人可以凭借自身的力量去完成那些此前人们相信只有依靠上帝的超自然的力量才能成就之事;人可以通过对自然的统治和自身力量的增强而达到完善,并且解决迄今为止人所面临的一切问题。因此,上帝的天国不再是彼岸的事情,而是尘世中可能的存在,人有可能在此岸建立起上帝的天国。

这一技术理性主义的基本倾向发端于中世纪的解体。文艺复兴、宗教改革和实验科学共同汇成了近代以理性化、世俗化和个体化为内涵的现代化历史进程。对人性的张扬、对理性的崇拜和对历史永远进步的信念成为这一历史进程的重要标志。这一与科学技术相结合的理性主义文化精神在17、18世纪得到了空前的发展,培根喊出了"知识就是力量"的口号,笛卡尔则表达了更强大的理性主义气概:"给我物质和运动,我将为你们构造出宇宙来!"

如果我们抛开技术理性主义和古典理性主义的时代差异,就会发现,它们有着共同的文化内涵和价值取向。第一,理性主义相信理性万能、理性是一种绝对的力量。在这里,理性同神学的上帝一样,被设想为一种具有解决一切问题之能力的绝对,它是宇宙存在的根基和内在逻辑,也是人赖以安身立命的文化支柱。在这里,很少有情感、意志、本能等非理性因素的地位,以至于法国唯物主义者拉美特利得出"人是机器"的结论。第二,理性主义相信理性至上、理性及技术是人的本质力量的确证。在理性主义中占主导地位的是知识理性、科学理性、技术理性或工具理性,而不是价值理性。这一立场坚信,理性的进步、技术的发展和人对自然的统治的增强都毫无疑问是对人作为宇宙中心的地位的确证,理性代表着一种善的力量,构成人的本性。第三,理性主义持一种乐观的人本主义或历史主义信念。由于相信理性具有无限的和万能的力量,而这一万能的力量又是确证人的本质的至善的力量,因此,古典理性主义,特别是技术理性主义对人与历史的前景持乐观主义的态度,它相信,人性永远进步,历史永远向上,现存社会中的不幸和弊端只是暂时的历史现象或时代错误,随着理性和技术的进步,人类终究可以进入一种完善完满的境地。

不可否认,科学技术以及建立在科学技术发展之上的技术理性主义文化信念,在现代工业文明条件下推动人类社会以前所未有的速度发展,从根本上改变了人类生存的面貌。然而,以功利目的和技术手段为核心的工具理性或技术理性在一路高歌猛进的同时,却孕育着内在的深刻的文化危机,科学技术在为人类带来巨大的物质财富的同时,也正在悄悄地走向自律,走向异化,开始成为独立的制约人的统治力量。从19世纪下半叶起,西方许多敏感的心灵已经开始宣告技术理性主义的极限。叔本华与尼采以其哲学上的唯意志论、弗洛伊德以其心理学上的精神分析向传统理性主义挑战,为非理性因素争取地盘。尼采震撼人心地宣告"上帝死了"以及由于西方人对技术发展的迷信而导致的文明的堕落。韦伯、席美尔等一批思想家则分析了由于工具理性(技术理性)膨胀而导致的西方世界的普遍物化和人的异化。两次世界大战的劫难和原子弹的邪恶威力把以技术理性为核心的文化的危机淋漓尽致地裸露在世人面前。理性和技术不再至善至上,不再单纯是人的本质力量的确证,而是转变成可以灭绝人寰的"技术恶魔",人从自然的主人沦为技术的奴隶。于是,技术理性主义的至高无上的统治地位连同人们对科学技术的迷信,无可挽回地动摇了。

面对技术世界中人的生存困境,20世纪哲学界兴起了声势浩大的技术理性批判思潮,存在主义、科学哲学中的批判理性主义和社会历史学派、伽达默尔的哲学解释学、新实证主义、弥漫于哲学和文学之中的技术悲观主义思潮、新马克思主义,等等,都把对技术理性主义的文化思潮的批判作为重要的主题。法兰克福学派在20世纪技术理性批判思潮的基础上,比较系统地阐述了作为文化哲学主要内涵的技术理性批判的思想,其中包括霍克海默与阿多诺的"启蒙的辩证法"、马尔库塞的"单向度的人"、哈贝马斯的"作为意识形态的技术与科学"。而"启蒙的辩证法"在法兰克福学派的技术理性批判中具有奠基的作用。

要理解"启蒙的辩证法"的深刻含义,我们首先应当对概念作一下基本的界定。按照通常习惯的理解,"启蒙"或"启蒙运动"往往特指17—18世纪新兴的资产阶级思想家反对神权和封建专制统治的思想解放运动。应当说,霍克海默和阿多诺所论述的"启蒙"的确同17—18世纪的启蒙运动有关,因为正是在这一伟大的启蒙运动中,理性原则在理论上和现实的社会运行中逐步获得了明确的统治地位。但是,法兰克福学派所谈论的"启蒙"又不是特指这场特殊的启蒙运动,而是泛指人类社会在近现代的理性化进程中所发生的所有强调理性的至上性和人对自然的技术征服的启蒙运动或思想解放历程。

同样需要明确的是,在"启蒙的辩证法"中,"辩证法"范畴并非在一般的意义上指称事物结构的相互作用和辩证关系或事物的矛盾运动,而是特指事物走向反面、走向自我毁灭的悲剧。具体说来,"启蒙的辩证法"是要揭示以理性和技术为核心、以人的自由和对自然的统治权为宗旨的启蒙最终走向了反面,走向了理性的启蒙的自我毁灭和理性对人的统治的悲剧。我们可以从两个大的方面展示霍克海默和阿多诺的"启蒙的辩证法"的基本内涵。

1. 启蒙精神的基本内涵

从文化学的角度看,启蒙精神实质上是古希腊传统理性主义同现代科学技术发展相结合而产生的技术理性主义,它构成工业文明和现代社会的主导性文化精神。我们知道,韦伯等思想家曾从不同侧面探讨过在现代社会的理性化过程中产生的以工具理性为主要内涵的理性文化精神。霍克海默和阿多诺继承了这些思想家的基本观点,在《启蒙辩证法》一书中认真解析了启蒙精神或启蒙理性的具体内涵。概括起来,在他们的视野中,启蒙精神主要有以下三个方面的含义。

第一,启蒙运动或启蒙精神强调理性万能、理性至上,用知识取代神话,把人类从迷信和愚昧中解放出来,使世界变得清醒。

可以肯定地说,关于理性万能和理性至上的观念的确是启蒙精神或技术理性主义文化精神的核心命题,也是近现代社会理性化进程的文化精神的升华。由文艺复兴、宗教改革和实验科学所共同推动的现代化进程实际上是人的个体化和社会运行的理性化的进程,其最为本质的变革就是理性开始统治世界。经过启蒙的人们不再凭借给定的自然法则而自发地、蒙昧地生存,或依据神性的统治而他律地、受动地生存,而是开始以知识和理性作为行为的依据。同样,经过启蒙的社会不再呈现为"自然历史进程",而是按照理性法则和社会契约原则组织社会共同体和社会的经济政治活动。理性的精神和理性的原则开始深入个人和社会生活的各个层面,成为评判一切的最高尺度。显而易见,技术理性主义文化精神正是在这一理性化的背景中产生,同时,这一文化精神又反过来强有力地推进了社会的理性化进程。

霍克海默和阿多诺在《启蒙辩证法》中十分明确地阐述了理性原则在启蒙精神中的核心地位。他们在该书中开宗明义指出:"过去启蒙的纲领曾经是使世界清醒。启蒙想消除神话,用知识来代替想像。"①其中,他们特别提及"实验哲学之父"、经验论的著名代表人物培根对现代社会的理性化和启蒙精神的发展所作的贡献。培根相信人能理解事物的本性,相信"战胜迷信的理性可以指挥失去魔力的自然界",他的名言是"知识就是力量",他深信,知识和理性"既无限地奴役生物,也无限地顺从世界的主人"。霍克海默和阿多诺认为,在这些启蒙进程中,理性统治世界的信念已牢固地确立起来,启蒙精神认为:"人们想从自然界学到的东西,都是为了运用自然界,完全掌握自然界和人的。除此以外没有别的目的。毋庸置疑,启蒙除了为自己,还为它特有的自我意识的最后残余耗尽了力量。只有能给本身以力量的思想,才足以摧毁神话。"②

第二,理性对世界的统治不仅改变了人的活动方式和社会的组织方式及运行方式,而且深刻地改变了人与自然界的关系。以理性和技术为核心的启蒙精神或启蒙运动的目标就是确立人对自然界的无限统治权。

按照韦伯的分析,社会的理性化进程使人们的基本价值取向或生存态度发生了根本的变化,这突出地表现在宗教改革运动之中,即传统希伯来精神中的出世禁欲主义的生存方式被新教伦理中的入世禁欲主义的文化心态所取代。这种转变无疑会极大地改变人对自然界的态度。霍克海默和阿多诺指出,面对大自然,人们总要作出选择,要么使自然界受自己支配,要么使自己从属于自然界。他们认为,现代人选择了前者,他们"把从内部和外部支配自然界变成了他们的绝对的生活目的"。应当说,在希腊古典理性主义中,也包含着人运用技术手段征服自然界的思想,但是,在那里,主要强调

---

① 马克斯·霍克海默、特奥多·威·阿多尔诺:《启蒙辩证法》,洪佩郁、蔺月峰译,重庆:重庆出版社1990年版,第1页。
② 同上书,第2页。

的是人作为理性的存在对世界本质和事物结构的理性把握。而在启蒙精神或技术理性主义中,由于找到了现代技术这一强大的支撑力量,所以强调的重点不仅是人对自然的理性把握,更重要的是人对自然界的征服。因此,霍克海默和阿多诺断言:"无限地统治自然界,把宇宙变为一个可以无限猎取的领域,是数千年来人们的梦想。这就是男人社会中,人们思想上所追求的目标。这就是男人引以自豪的理性的意义。"①

第三,启蒙精神认为,人征服自然、使理性统治世界的目的是为了增强人的本质力量,增加人的自由,实现人的自我确定权。换言之,启蒙精神相信,理性同人的发展是不矛盾的,人是理性世界的核心,理性的发展将确证人的本质力量。

霍克海默和阿多诺认为,在启蒙精神中,人处于核心地位,即使在否定人性的神话中,实质上也是人的形象在起支配作用,只是神话是以否定的形式折射人的特征。他们指出:"按照启蒙精神看来,许许多多神话中的形象都是一样的,他们都来自主体。奥狄浦斯解答了斯芬克斯的谜:'这就是人'。启蒙精神毫无区别地、不变地重复了这个答案,而不管这种人的映像是具有客观的内容,概括了一种秩序,还是表达了对凶恶势力的恐惧,对获得拯救的希望。"②

启蒙精神在以知识取代神话时,使神话中以否定的形式包含的人的形象以肯定的形式表现出来,成为宇宙的中心。启蒙精神坚信,理性的发展不会与人的发展产生矛盾与冲突,相反,它会在前所未有的程度上弘扬和确证人的本质力量,使人作为一个独立的主体、一个自我决定的主体而自主地活动,不再臣服于神性或依赖自然而消极被动地生存。霍克海默和阿多诺引证康德的观点来说明这一点。康德认为,启蒙就是使人摆脱自我"原先的未成年状态",这种未成年状态意味着"无他人指导不能运用自己的悟性"。霍克海默和阿多诺指出,在启蒙精神的信念中,理性法则在社会运行机制和在人征服自然的活动中普遍运用,将增强人的本质力量,实现人的"普遍的自由"和"自我确定权"。③

---

① 马克斯·霍克海默、特奥多·威·阿多尔诺:《启蒙辩证法》,洪佩郁、蔺月峰译,重庆:重庆出版社1990年版,第235页。
② 同上书,第4—5页。
③ 同上书,第85页。

2. 启蒙的"自我摧毁"

从上述几个方面的论述可以看出,如果理性和技术启蒙精神真的能够兑现自己的承诺,那么,人类的确将从根本上改变迄今为止受自然和神话奴役的历史,超越自在自发和异化受动的存在状态,真正成为自然和历史的主人,建立起人与自然和谐、人与人一致的理性的世界。但是,在现实历史进程中,启蒙精神并没有完全实现自己的承诺。的确,在理性精神和科学技术的推动下,人类极大地改变了自己的生存条件,并创造了前所未有的物质财富和精神财富。然而,正是在这一理性化进程中,启蒙精神也在悄悄地走向自己的反面。用霍克海默和阿多诺的话来说,"天堂和地狱是联在一起的","进步转化成了退步"。

在霍克海默和阿多诺看来,启蒙的悲剧性的辩证法就在于,它所设想的人对自然的无限的统治权和人的普遍的自由等目标非但没有在真正意义上实现,而且得到了相反的结果,走向了启蒙的"自我摧毁"。用他们的话说,在理性普遍统治的世界中,"人类不是进入到真正合乎人性的状况,而是堕落到一种新的野蛮状态"①。在他们看来,20世纪的人类历史状况表明,启蒙的世界不是一个人性全面发展的世界,而是一个普遍异化的世界。在《启蒙辩证法》一书中,霍克海默和阿多诺从许多方面揭示了启蒙精神的异化现象,即启蒙的"自我摧毁"的具体表现。

第一,启蒙以消除神话为己任,意欲以知识来代替想象;但是,在现实中,实证化的启蒙理性却走向了反面,走向了新的迷信,退化为神话。

霍克海默和阿多诺指出,启蒙用知识取代了神话,使人的思维服从于理性的逻辑,这在某种意义上是人的认识的进步,但是,受实证科学支配的理性思维往往具有抽象性的特征,容易停留于对事物的直接的认识和精确的描述,而缺乏对现存的否定性的理解和超越。"当思想归结为数学公式时,世界就是用它自己的尺度被认可的。一切作为主体理性胜利所表现出来的东西,一切存在的东西对逻辑的公式所作的从属,都是以理性顺从直接出现的东西的形式表现出来的。"②

当启蒙精神停留于这种以抽象性和直接性为特征,缺少主体的价值尺度,缺少对现存的否定性理解的理性认识时,它本身就不再作为现存世界的

---

① 马克斯·霍克海默、特奥多·威·阿多尔诺:《启蒙辩证法》,洪佩郁、蔺月峰译,重庆:重庆出版社1990年版,导言第1页。

② 同上书,第23页。

否定力量，而是成为与现实等同或认同的肯定的思想。这样一来，启蒙精神就成为一种崇拜理性思维和科学认识，而缺少主体性与否定性的新的迷信和神话。正是在这种意义上，霍克海默和阿多诺对20世纪科学技术高度发达背景下产生的实证主义思潮持彻底批判的态度。他们指出了实证主义思想流行导致的后果："认识不仅要求知觉、分类和计算，而且要求对一切直接的东西进行一定的否定。但是，数学的公式，这种公式具有直接的最抽象的形式的中介数字，相反地都坚持了单纯直接性的思想。真正地保持实际的东西，认识局限于重复，思想只是同义反覆。思想机器越是从属于存在的东西，就越是盲目地再现存在的东西。从而启蒙精神就倒退为神话学，但它也从未想到要摆脱神话学。"①

第二，启蒙理性的宗旨是确立人对自然的无限的统治权，然而，人征服自然的结果并没有使人成为自然的主人，也没有使自然成为属人的存在，相反，人对自然的统治导致人与自然关系的破坏，导致自然对人类的报复。

应当说，霍克海默和阿多诺关于人与自然关系的这种认识，在生态意识与生态文化相对发达的今天，已经是很容易被人们认同的见解，而且也是被人类实践和历史进程所证实的深刻思想。但是，在工业文明蓬勃发展的时期，人们却很难承认这一点，因为，在技术理性主义文化信念占绝对统治的时期，人们往往把自然资源看作取之不尽、用之不竭的，同时还坚信自然在人的技术手段的征服下，会无保留地臣服于人的需要。霍克海默和阿多诺则清醒地认识到人与自然关系问题上的人类中心主义态度的危险性。他们描述了人过分征服自然所导致的消极后果："人类进行毁灭的能力是如此之大，如果这种毁灭力实现了，整个地球就会成为一片空地。或者人类自身相互吞尽，或者人类食尽地球上全部动物和植物，如果地球符合一种著名的论断还有足够的生命力的话，万物就会从最低级的阶段重新开始。"②

第三，在完全被技术理性统治的世界中，不但人与自然相互异化，而且人与人也相互异化，人普遍物化，在普遍异化的世界中相互冲突。

如前所述，在霍克海默和阿多诺看来，启蒙精神迷信技术理性和科学思维，倾向于用抽象的科学的理性认识去客观地描述现实，而缺乏基于人的主体性的否定性思维。这种技术理性的文化信念在现实中也倾向于把人视作

---

① 马克斯·霍克海默、特奥多·威·阿多尔诺：《启蒙辩证法》，洪佩郁、蔺月峰译，重庆：重庆出版社1990年版，第23页。
② 同上书，第213—214页。

无主体性的客体,结果容易把人与人之间主体性的交往关系降格为主体与客体的关系,降格为主体与物的关系。正是在这一技术理性统治的世界中,人与人的关系走向了异化,变成了物的关系,变成了相互冲突甚至相互厮杀的关系。他们指出:"现代工业社会的整个挖空心思想出来的机制,也不过是相互残杀的自然界。再没有手段可以表达这种矛盾了。这种矛盾是与单调严肃的世界一起运动的,艺术、思想、否定性就是从这个世界中消失的。人们相互之间以及人们与自然界是在彻底地异化,他们只知道,他们是从那里来的,以及他们要做什么。每个人都是一个材料,某种实践的主体或客体,人们可以用他来做什么事,或者不能用他来做什么事。"①

在人与人的关系全面走向异化和物化的技术世界中,人的存在不再是创造性的,而是表现为受动的和机械的活动。这显然是同启蒙精神的初衷背道而驰的。霍克海默和阿多诺对此作了很详细的描绘,他们写道:"在受启蒙的世界里,神话学世俗化了。由不可抗拒的力量和它们所掌握的派生物彻底净化的定在,具有通过光辉的自然性所表现出来的特有的性质,而这种性质是以前的世界强加给不可抗拒的力量的。正像医生在神的保护下是神圣不可侵犯的一样,现在社会上的邪恶势力,在它所派生出来的野蛮事物的掩护下,倍加保护地被奉若神明。不仅对自然界的支配是以人与所支配的客体的异化为代价的,随着精神的物化,人与人之间的关系本身,甚至个人之间的关系也神化了。个人变成了事实上必然表现出来的习俗的活动和活动方式的集中表现点。摹拟活动使事物具有了灵魂,工业化主义使灵魂物化了。经济结构由于全面计划已变成自动的,商品是按照决定人的行动的价值进行交换的。自从自由交换结束以后,商品就失去了它的经济性质,而具有了偶像崇拜性质,这种偶像崇拜的性质一成不变地渗入了社会生活的各个角落。"②

第四,在技术理性统治的世界中,理性和技术的发展并没有像启蒙精神允诺的那样,增强人的本质力量,实现人的普遍自由;相反,技术本身成为自律的、总体性的统治力量,成为扼杀人的自由和个性的异化力量。

霍克海默和阿多诺认为,现代科学技术并不像传统观念以为的那样,是人可以随意选择的中性的工具,或者注定要为人类造福的善的力量。相反,

---

① 马克斯·霍克海默、特奥多·威·阿多尔诺:《启蒙辩证法》,洪佩郁、蔺月峰译,重庆:重庆出版社1990年版,第241页。

② 同上书,第24页。

当技术和理性成为失控的、自律的、自我发展的存在时，它就成为人所面临的一种新的统治力量，一种比传统的政治统治力量更为强大的力量。他们断言："今天，技术上的合理性，就是统治上的合理性本身。它具有自身异化的社会的强制性质。汽车、炸弹和电影，除非它们之中所含的因素表现出非法的力量，否则它们都会联结为一个整体的。"①

显然，在霍克海默和阿多诺看来，启蒙精神的演化历程的确是悲剧性的辩证法。它的初衷是要成为人的解放的积极的力量，把人从神话和迷信的统治中解放出来，但其结果，却又使自身成为一种新的束缚人、统治人的力量，建立起技术理性对人的统治，使人置身于一个物化和异化的世界。因此，霍克海默和阿多诺用一句话明确地概括了"启蒙的辩证法"的基本思想："从进步思想最广泛的意义来看，历来启蒙的目的都是使人们摆脱恐惧，成为主人。但是完全受到启蒙的世界却充满着巨大的不幸。"②

从以上评述可以看出，霍克海默和阿多诺用"启蒙的辩证法"这一范畴对现代社会中技术理性对人的统治及其所导致的消极后果作了非常激进的批判。在批判中，他们没有像许多技术理性主义批判者那样，着力于对技术发展的双重效应作详细的剖析，而是分析技术理性主义文化信念和理性法则对现代社会和现代人的负面影响。从通常的立场看，上述批判在某些方面过于激进与偏激，有很多值得商榷之处。在这里，我们不去具体阐述，因为我们首要的任务是揭示技术理性批判理论的基本内涵和理论逻辑。应当指出的是，"启蒙的辩证法"在法兰克福学派乃至整个新马克思主义的发展中都占据十分重要的地位，马尔库塞的"单向度的人"和其他一些关于技术理性批判的学说都受到"启蒙的辩证法"的深刻影响。不仅如此，20世纪70年代以来，生态学马克思主义在一批多样化的新马克思主义流派中占据十分重要的地位，启蒙辩证法的思想同样对生态学马克思主义乃至生态学思潮和生态学运动本身，以及"绿党"等都产生了重要的影响。

（二）大众文化批判

从广义上说，法兰克福学派对发达工业社会各个方面的批判都属于文化批判，在某种意义上，法兰克福学派的社会批判理论就是文化批判理论。

---

① 马克斯·霍克海默、特奥多·威·阿多尔诺：《启蒙辩证法》，洪佩郁、蔺月峰译，重庆：重庆出版社1990年版，第113页。
② 同上书，第1页。

这是因为,在广义上,文化是一个与自然相对立的大范畴,它几乎涵盖了人的一切造物,如政治、经济、宗教、艺术、科学、技术、哲学、教育、语言、习俗、观念、知识、信仰、规范、价值,等等。但是,我们在这里所讨论的大众文化批判是在狭义上探讨文化,即专门分析作为艺术或审美形式的文化的异化。一般说来,艺术形式包括音乐、舞蹈、雕塑、绘画、文学、戏剧、电影以及建筑等,这是人类的具体的文化创作活动及其对象化成果。

从理论上讲,作为基本的审美形式的艺术活动是最能发挥人的创造性、最能体现人的自由的领域,但是,在发达工业社会或技术社会之中,随着现代科学技术的发达,特别是大众传播媒介的发达,艺术在大众化和普及化的同时,却开始失去自身的创造性和超越性,开始沦为非创造性的、商品化的大众文化,成为欺骗人、统治人的异化的文化力量。在某种意义上,大众文化批判是技术理性批判在狭义的文化领域,即文学艺术领域的延伸。霍克海默和阿多诺在《启蒙辩证法》、霍克海默在《批判理论》中通过对"文化工业"的分析开辟了法兰克福学派的大众文化批判的主题。要想对大众文化的异化特征和消极功能有深刻的理解,首先应当从本真意义上的艺术的本质规定性入手。

1. 本真的文化(艺术):自由与超越

从人的生存的角度来看,艺术同哲学和科学一样,是人把握世界的一种基本的方式,同时,也就是人的一种基本的存在方式。在人类初始,当人的各种活动还没有走向分化、还没有出现职业分工的时候,艺术并不是一种独立的生存方式或存在领域,它是同人的日常生活和社会生活直接交织在一起的。在尔后的历史进程中,艺术开始同人的日常生活和社会生活分离,成为人的一种独立的生存方式和创造领域。对于这一历史进化过程,卢卡奇曾作过明确的阐述,他指出:"如果把日常生活看作是一条长河,那么由这条长河中分流出了科学和艺术这两种对现实更高的感受形式和再现形式。"[①]对于这一点,霍克海默持同样的观点,他在《批判理论》中指出:"在历史上的许多时期,艺术和社会生活的其他部类紧密地结合在一起。尤其是造型艺术都被专用于世俗的和宗教的日常用品生产。然而,在现代,雕刻和绘画与市镇和建筑分离了,这些艺术作品的尺寸缩小了,缩小到适合各种

---

① 乔治·卢卡契:《审美特性》第1卷,徐恒醇译,北京:中国社会科学出版社1986年版,前言第1页。

室内装饰的程度。在这一历史性的进程中,美感获得了自己独立的地位,已同恐怖、畏惧、激情、威严和愉快等情感分离开,变为纯粹的东西。"①

由各种审美形式构成的艺术领域一旦取得独立性,就成为人的最神圣、最崇高的存在领域,它超越了为生存压力所困扰的、琐屑的日常生计和程式化、常规化的社会运动,成为最具创造性的领域。换言之,人在艺术创作中和在审美意境中,能够最大限度地展示人的创造性本质。具体说来,本真意义上的艺术的创造性主要体现在两个维度:一是自由,二是超越性。

真正的艺术的首要本质特征便是自由,它是人的自由本质的实现和体验,无论是艺术品的创作,还是艺术品的审美,都在展示人特有的本质规定性,即自由。霍克海默认为,美在某种意义上是"一种没有利害关系的愉快存在",因为,在这里,人往往是在不顾及社会价值和目的性的前提下,单纯在美的判断中表现自己的特色。关于艺术的这种自由本质,他作了详细的阐述:"在艺术活动中,可以说人已摆脱了他作为社会成员的职责,以及他作为一个独立的个体产生反应的职责。个性——艺术创作和判断中的真正要素,不仅存在于特有的风格和奇特的构想中,而且存在于能经得起对现行经济制度的整形外科手术的力量中,这种制度把所有的人都雕刻成一个模式。人类,就其没有屈从于普遍的标准而言,他们可以自由地在艺术作品中实现自己。"②艺术工作是一种愉快的工作,根本原因在于它体现了自由原则和创造性原则,是独立个体不可替代、不可重复的创造。真正的艺术品总是具有不可重复、不可复制的个性,这种个性从本质上讲就是自由。

真正的艺术另一方面的本质规定性便是超越性,即对现存和给定性的否定。虽然艺术的自由本质往往具有内在性,审美活动往往表现为独立个体的内在的自由创造或内在的自由体验,但是,这并不意味着艺术活动和审美活动不具有现实性。实际上,在艺术和审美活动中所展开的自由创造和自由体验一经发生,就已经在理想和现实之间形成了一种张力,形成了对异化的、物化的、分裂的现存世界的超越和否定的维度。因此,真正的艺术既是一种自由的创造,也是一种变革现存的力量。霍克海默对此有深刻的论述,在《批判理论》一书中,他提出了一个断言:"反抗的要素内在地存在于最超然的艺术中"③。按照霍克海默的理解,在艺术中,个体摆脱了他作为

---

① 麦克斯·霍克海默:《批判理论》,李小兵译,重庆:重庆出版社1989年版,第258页。
② 同上书,第258—259页。
③ 同上书,第259页。

社会成员的现存的责任,又依据人的自由本性设定了与现存的异化世界截然对立的理想境界,因此,艺术成为具有超越性和否定性的革命力量。

从上述两个方面的论述来看,真正的艺术作为最精致的文化创造,是人的自由自觉的本质最深刻的体现,以及人类社会进化的重要的内在驱动力。然而,在现代发达工业社会的背景中,艺术也不可避免地走向了异化。异化的、非升华的艺术失去了创造性,失去了个性和自由的特征。这种异化的艺术集中表现为大众文化。

2. 大众文化:欺骗与操控

关于大众文化(mass culture)这一概念,新马克思主义者有许多阐述。有时他们也使用其他类似的概念来揭示现代技术世界中的艺术异化现象。法兰克福学派在批判大众文化时,使用比较多的两个范畴是"肯定的文化"(affirmative culture)和"文化工业"(culture industry)。通过对这两个范畴的简单界定,我们可以比较清楚地了解大众文化的含义与实质。

"肯定的文化"是法兰克福学派早期使用的一个概念,霍克海默1936年在《利己主义与自由运动》一文中首先提出了这一范畴。马尔库塞1937年在《文化的肯定性质》一文中对此作了专门的阐述。他认为,文化概念本来代表"社会生活的整体性",它涵盖了观念再生产(精神世界)和物质再生产(文明)领域。但在资本主义条件下,文化失去了总体性,只作为精神世界而与文明(物质世界)相分裂。这种独立的、特殊形态的文化,可以称为"肯定的文化"。

所谓肯定的文化是资产阶级时代的特殊文化,它通过为人们提供一个不同于现实世界的幻想的精神世界而平息社会的内在否定性和反叛欲望,通过使人在幻想中得到满足而美化和证明现存秩序,从而为现存辩护。对此,马尔库塞有非常明确的论证,他指出:"所谓肯定的文化,是指资产阶级时代按其本身的历程发展到一定阶段所产生的文化。在这个阶段,把作为独立价值王国的心理和精神世界这个优于文明的东西,与文明分隔开来。这种文化的根本特性就是认可普遍性的义务,认可必须无条件肯定的永恒美好和更有价值的世界。这个世界在根本上不同于日常为生存而斗争的实然世界,然而又可以在不改变任何实际情形的条件下,通过每个个体的'内心'而得到实现。只有在这种文化中,文化的活动和对象才获得那种使它们超越出日常范围的价值。接受它们,便会带来欢快和幸福的行动。"①

从上述引证可以看出,马尔库塞在批判"肯定的文化"时,实际上已经涉及现代社会中艺术和文化的异化性质问题,在这一基本点上,"肯定的文化"与"大众文化"有共同的本质规定性。但是,我们从中也不难看出,这里所谈论的"肯定的文化"在某种意义上接近于法兰克福学派所批判的作为异化力量的意识形态,它是一种通过美化和肯定现存秩序而替现存世界辩护的独立的精神生产领域。在这种意义上,"肯定的文化"同以现代大众传播媒介为依托的大众文化的概念还有一定的差别。相比之下,霍克海默等人所使用的"文化工业"的概念更接近"大众文化"范畴,或者说,它就是"大众文化"的另一种表述。

"文化工业"是霍克海默与阿多诺在《启蒙辩证法》中提出的一个重要概念。他们专门写了题为《文化工业:作为大众欺骗的启蒙》的论文来展开对文化工业的批判。他们指出,文化工业是指凭借现代科学技术手段和大众传媒技术大规模地复制、传播商品化了的、非创造性的文化产品的娱乐工业体系。这种娱乐工业产生于发达的工业国家,它是制作和传播大众文化的手段和载体,以独特的大众传播媒介,如电影、电视、广播、报纸、杂志等,操纵物化的、虚假的文化,成为束缚意识的工具、独裁主义的帮凶,并以较之以前更为巧妙有效的方法,即通过娱乐来欺骗大众、奴役和统治人。

法兰克福学派通常所使用的大众文化范畴与文化工业的概念非常接近。如前所述,一般说来,所谓大众文化是指借助大众传播媒介(电影、电视、广播、报纸、广告、杂志等)而流行于大众中的通俗文化,如通俗小说、流行音乐、艺术广告、批量生产的艺术品等。它融合了艺术、商业、政治、宗教与哲学,在闲暇时间内操纵广大群众的思想与心理,培植支持统治和维护现状的顺从意识,行使社会欺骗的功能。霍克海默和阿多诺在《启蒙的辩证法》中关于文化工业的分析,核心思想是揭示大众文化作为一种异化力量的消极功能。概括起来,他们主要从以下几个方面剖析大众文化对于人的存在的负面影响。

第一,大众文化的商品化:创造性的丧失。法兰克福学派认为,在技术世界中,通俗化、大众化的文化已经丧失了真正的文化的本质规定性,即丧失了艺术品的创造性,呈现出商品化的趋势,具有商品拜物教的特征。

---

① 马尔库塞:《现代文明与人的困境——马尔库塞文集》,李小兵等译,上海:三联书店1989年版,第120页。

霍克海默与阿多诺在许多地方对大众文化的商品化特征进行了揭示。例如,阿多诺讨论了音乐的商品化现象。他认为,除了先锋派音乐以外,今天的音乐都不再具有创造性,成了商品,它们是受市场导向的、受利润动机和交换价值支配的商品。这种大众化的音乐的创作者所关心的是上座率和经济效益,而不是艺术完美和审美价值。因此,在当代,同商品拜物教相一致,出现了"音乐拜物教",人们对音乐的崇拜已异化为对音乐所能取得的交换价值的崇拜。霍克海默和阿多诺在《启蒙辩证法》中,明确地指出大众文化的商品化特征,以及艺术向商品性的屈从:"由于出现了大量的廉价的系列产品,再加上普遍进行欺诈,所以艺术本身更加具有商品性质了。艺术今天明确地承认自己完全具有商品的性质,这并不是什么新奇的事,但是艺术发誓否认自己的独立自主性,反以自己变为消费品而自豪,这却是令人惊奇的现象。"①

霍克海默与阿多诺认为,大众文化的商品化特征与现代科学技术的发展状况密切相关。艺术同现代技术发展所提供的大众传播媒介相结合,使得批量生产和普遍传播成为可能。他们指出:"文化用品是一种奇怪的商品。即使它不再进行交换时,它也完全受交换规律的支配;即使人们不再会使用它时,它也盲目地被使用。因此,它与广告已融合在一起。在垄断权力下边,它越是表现得荒诞无稽,它就变得越是有威力。这些动机都是有充分的经济根据的。人们要明确地生活,就不能脱离整个文化工业,为了克服消费者饱食终日无所事事和麻木不仁漠不关心的精神状态,就必须生产出大量的文化用品。从文化用品本身来说,它们也是要求大量生产的。广告宣传是使文化用品长生不老的灵丹妙药。但是,因为文化工业的产品,要不断地满足作为被允诺的商品(实际上只是一种允诺)的需要,所以它本身最后就与宣传推销它的广告一致起来了。"②霍克海默和阿多诺认为,艺术同大众传播媒介的结合,特别是同广告的结合已经达到了登峰造极的地步,以致"广告成了唯一的艺术品"。显而易见,这种艺术品是不可能具有真正的艺术的创造性特征的。

第二,大众文化的齐一化:个性的虚假。由于以现代技术发展为背景的大众文化具有批量生产、无限度复制的特征,所以,大众文化也具有明显的

---

① 马克斯·霍克海默、特奥多·威·阿多尔诺:《启蒙辩证法》,洪佩郁、蔺月峰译,重庆:重庆出版社1990年版,第148页。
② 同上书,第152—153页。

标准化和齐一化的特征,换言之,大众文化不再具有真正的艺术品所具有的不可替代的个性。

众所周知,艺术品的创造性特征主要表现在它的个性上,即是说,真正的艺术品总是不可替代、不可重复的个体的独创。然而,由于现代技术的批量生产特征和大众传播媒介的大众性,现代艺术品开始失去个性,从形式到内容都越来越趋同,成为可以批量生产的大众化商品。霍克海默和阿多诺对此作了形象的描述:"现在一切文化都是相似的。电影、收音机、书报杂志等是一个系统。每一领域是独立的,但所有领域又是相互有联系的。甚至政治上的对手,他们的美学活动也都同样地颂扬铁的韵律。装潢美观的工业管理组织机构在独断的国家与在其他国家是一样的……从宏观上和微观上所表现出来的统一性,说明了人民所代表的文化的新模式:即普遍的东西与特殊的东西之间的虚假的一致性。在垄断下的所有的群众文化都是一致的,它们的结构都是由工厂生产出来的框架结构,这一点已经开始明显地表现出来。管理者根本不再注意它们的形式,它们表现得越是粗野,它们的力量就越是强烈。电影和广播不再需要作为艺术。"①

大众文化的标准化和齐一化的直接后果就是真正的艺术品所应包含的个性的消失,艺术品成为无个性的模仿和标准化的批量复制。霍克海默和阿多诺认为,在文化工业中,普遍存在着"个性的虚假",无论在文化艺术创作中,还是在艺术欣赏中,创造性的个性都不复存在。例如,甚至年轻人在谈恋爱或约会,以及表达接受或拒绝的意向时都失去了本真性,都想"能按照文化工业提供的模式进行表达",人们内心深处对美的感受和反应也都"已经完全物化了"。因此,他们断言,资本主义的发展同时使个人得到了发展,但是,技术的发展和统治,使个人的每一种进步又是"以牺牲个性为代价的"。他们指出:"在文化工业中,个性之所以成为虚幻的,不仅是由于文化工业生产方式的标准化,个人只有当自己与普遍的社会完全一致时,他才能容忍个性处于虚幻的这种处境。从爵士音乐典范的即席演奏者,到为了让人们能看出自己在影片中所扮演的角色,不得不仍用鬈发遮住眼睛的演员,都表现出个性的虚假。个性被归结为普遍的能力。偶然性,当它完全

---

① 马克斯·霍克海默、特奥多·威·阿多尔诺:《启蒙辩证法》,洪佩郁、蔺月峰译,重庆:重庆出版社1990年版,第112—113页。

具有普遍的特性时才能存在下去。"①

第三,大众文化的欺骗性:超越维度的消解。大众文化具有很大的欺骗性,它主要迎合在机械劳动中疲惫的人们的需求,通过提供越来越多的承诺和越来越好的无限的娱乐消遣来消解人们内在的超越维度和反抗维度,使人们失去思想和深度,从而在平面化的文化模式中逃避现实,沉溺于无思想的享乐,与现存认同。

霍克海默和阿多诺用了很大篇幅来描述大众文化的欺骗性。例如,他们特别分析了电影的欺骗功能,指出,在现代社会中,整个世界都得通过文化工业这个过滤器,结果,人们通常在电影欣赏中失去了独立的判断,往往认为"电影就是外面大街上发生的情况的继续",或者认为"外面的世界是人们在电影中看到的情况的不断的延长"。结果,生活和电影在人们的错觉中不再有什么区别。这就极大地抑制了观众的判断能力,消解了人们对现实的不满。"文化产品本身,其中最有代表性的有声电影,抑制观众的主观创造能力。这些文艺作品,虽然能使观众迅速理解它们的真实内容,能吸引观众的注意力,也能使观众熟悉它们,但是,如果观众不能摆脱它们所表现出来的许多掠过的具体细节,它们却约束了观众的能动的思维。"②

大众文化的欺骗性不仅表现在电影这一艺术形式上,而且也体现在其他各种艺术活动中。霍克海默和阿多诺指出:"文化工业通过不断地向消费者许愿来欺骗消费者。它不断地改变享乐的活动和装潢,但这种许诺并没有得到实际的兑现,仅仅是让顾客画饼充饥而已。需求者虽然受到琳琅满目、五光十色的招贴的诱惑,但实际上仍不得不过着日常惨淡的生活。同样,艺术作品也不能兑现性爱。但是由于艺术作品把不能兑现的东西表现为一种消极的东西,它就似乎又贬低了欲望,从而对不能直接满足欲望要求的人,是一种安慰。"③换言之,虽然在现实中,人们无法实现现代社会和现代文化所允诺的许多东西,但大众化的通俗艺术作品却的确可以使工作一天后身心疲惫的人们在娱乐和享乐中得到放松和安慰,从而丢掉思想和一切现时烦恼。文化工业为消费者提供越来越多的文娱消费作品,从而给人们带来满足,"享乐意味着全身心的放松,头脑中什么也不思念,忘记了

---

① 马克斯·霍克海默、特奥多·威·阿多尔诺:《启蒙辩证法》,洪佩郁、蔺月峰译,重庆:重庆出版社1990年版,第145页。
② 同上书,第118页。
③ 同上书,第130—131页。

一切痛苦和忧伤。这种享乐是以无能为力为基础的。实际上,享乐是一种逃避,但是不像人们所主张的逃避恶劣的现实,而是逃避对现实的恶劣思想进行反抗。娱乐消遣作品所许诺的解放,是摆脱思想的解放,而不是摆脱消极东西的解放"①。

因此,在法兰克福学派看来,在大众文化垄断了人们的精神生活的情形中,人们表现出逃避现实的特征,开始丧失内在的超越的维度,习惯于无思想的平面生存模式。结果,艺术家很少能创作出具有个性和思想深度的作品,而且,人们也不愿欣赏严肃的艺术品,而满足和习惯于平庸的无个性的大众文化消费品。换言之,在发达工业社会中,无论是大众文化作品的制作者,还是大众文化的欣赏者和消费者,都表现出"逃避现实者"的特征。霍克海默在《批判理论》中对"逃避现实者"作了详细的描述:"家庭的逐渐瓦解,个人生活进入闲暇的转变,闲暇进入管理细节的常规程序的转变,闲暇成为棒球场和电影,畅销书和收音机的消遣的转变,这些转变会导致人内心精神生活的崩溃。很久以前,文化就被这些驾轻就熟的乐趣取而代之,因此,它已呈现出一个逃避现实者的特点。人们已经沉溺于个人的观念世界里,当重新调整现实的时机成熟时,他们才会重新调整他们的思想观念。人们内心的精神生活和理想已成为保守的因素。但是随着人们取消避难所能力的丧失——这种能力既不在贫民区也不在现代殖民地成长起来——人类已丧失构造出一个不同于他生存的那个世界的另一世界的能力。那个世界就是艺术世界。今天,艺术仅仅在那些坚定地表现出单一个体与残暴社会环境之间差别的作品中生存下来——像乔伊斯的散文和毕伽索的格尔尼卡之类的绘画。"②问题不仅仅在于当代艺术家很少创造出真正的艺术品,而且还在于,即使有真正的艺术品,技术世界中的人们也很少能够欣赏,人们更习惯于无思想地消费大众文化。"允许希特勒成为伟人的一代人,在激进的政治漫画中针对他们无希望的性格所引起的捧腹大笑中感到快感,而不是在毕伽索绘画中体验到快感,因为它不提供娱乐,无论怎样也不能被人'欣赏'。内心知道他们自己是愤世嫉俗的怨恨的人们愿意被别人看作是纯粹幼稚的人,当唐老鸭戴上手铐时,他们用天真无邪的赞同表示欢呼。"③

---

① 马克斯·霍克海默、特奥多·威·阿多尔诺:《启蒙辩证法》,洪佩郁、蔺月峰译,重庆:重庆出版社1990年版,第135—136页。
② 麦克斯·霍克海默:《批判理论》,李小兵译,重庆:重庆出版社1989年版,第262—263页。
③ 同上书,第265页。

第四,大众文化的操控性和统治性。技术时代的大众文化成为一种新的统治形式,它的商品化和齐一化特征消解了艺术的创造性和个性,同时,它的消遣娱乐特征又消解了人们对现实的不满和内在的超越维度。因此,虽然大众文化从表面上看不具有强制性,但是,它对人的操控和统治更为深入,具有无所不在的特征。

霍克海默认为,随着艺术和文化的深度的削减,文化工业或娱乐工业正悄悄地按照自己的尺度来调节、操纵和塑造人。他指出:"个体和社会的对立以及个人生存与社会生存的对立,这些使艺术消遣具有严肃性的东西已经过时。以取代艺术遗产而产生的所谓消遣,在今天不过是象游泳和踢足球样流行的刺激。大众性不再与艺术作品的具体内容或真实性有什么联系。在民主的国家,最终的决定不再取决于受过教育的人,而取决于消遣工业。大众性包含着无限制地把人们调节成娱乐工业所期望他们成为的那类人。"①

霍克海默和阿多诺认为,现代人虽然生活在一个民主的时代,但是,大众文化对人的影响是单向的,个人很难有能力影响文化的生产和传播。对此,他们作了形象的描述:"从电话进到无线电广播,作用发生了巨大的变化。每个人,每个主体都能自由地运用这些工具。每个人都可以成为民主的听众,都可以独立自主地收到电台发出的同样的节目。但是答辩的仪器尚未开拓出来,私人没有发射的电器设备和自由。群众被局限在由上面特意组织的'业余爱好者'的人为约束的范围内。但是每一个自发地收听公共广播节目的公众,都会受到麦克风,以及各式各样电台设备中传播出来的有才干的人、竞赛者和选拔出来的专业人员的控制,和受他们的影响。"②

由于统治方式的特殊性,大众文化对人的操控作用是无所不在的,它"影响人们傍晚从工厂出来,直到第二天早晨为了维持生存必须上班为止的思想",在现代社会中,几乎没有什么人能够离开大众娱乐品而存在,因此,大众文化对人的操控无论在深度上还是在广度上都是其他统治形式不可比拟的。霍克海默和阿多诺断言:"工业社会的力量对人们发生的影响,是一劳永逸的。文化工业的产品到处都被使用,甚至在娱乐消遣的状况下,也会被灵活地消费。但是文化工业的每一个产品,都是经济上巨大机器的

---

① 麦克斯·霍克海默:《批判理论》,李小兵译,重庆:重庆出版社1989年版,第274—275页。
② 马克斯·霍克海默、特奥多·威·阿多尔诺:《启蒙辩证法》,洪佩郁、蔺月峰译,重庆:重庆出版社1990年版,第114页。

一个标本,所有的人从一开始起,在工作时,在休息时,只要他还进行呼吸,他就离不开这些产品。没有一个人能不看有声电影,没有一个人能不收听无线电广播,社会上所有的人都接受文化工业品的影响。文化工业的每一个运动,都不可避免地把人们再现为整个社会所需要塑造出来的那种样子。"①

大众文化的欺骗性和操控性对于现存社会秩序的稳定起到十分重要的作用,它造成人们面对一个不合理的社会但却反抗无效的局面。即是说,在大众文化的操控下,人们虽然依旧可以发泄对现存资本主义制度的不满和愤怒,但却"不能从根本上威胁资本主义制度"。霍克海默和阿多诺认为,这一情形展示出"工业化文化的全部实质"。他们明确指出:"文化向来都对抑制革命的感情和野蛮的本能做出过贡献。工业化的文化也是这样。工业化的文化所描述的,是人们只能忍受残酷生活熬煎的条件。个人应该把他的冲天怨气作为推动力,为他所怨恨的集体权力服务。观众在日常生活中忍受的永远是令人失望的状况,他们得到用自己不清楚的方式一再进行的许诺:人们是可以继续生存下去的。人们只能了解自己的虚无,只能记住自己的失败,这就是一个人所能做的一切。"②

大众文化氛围中人对现存"反抗无效"的现象充分说明了发达工业社会条件下人的异化的严重性。不仅传统的政治力量和经济因素作为外在的统治力量而存在,原本最具有创造性的文化也走向了异化,它不仅不再是人的创造性本质和个性的确证,而且本身成为统治人操控人的力量,成为人与现实认同的中介要素。如果我们把技术理性和意识形态等异化力量同大众文化结合起来,就可以更清楚、更深刻地了解现代社会中文化异化的深度。这正是法兰克福学派等人本主义新马克思主义把批判理论的主题主要定位于文化层面的根本原因。众所周知,文化主要表现为人的基本的生存方式或生存样态,因此,文化的异化毫无疑问是人的深层次的异化,因为它是人的本质的异化。要扬弃大众文化的异化,必须扬弃人的本质的异化,恢复艺术和审美的个性和创造本质,也就是恢复人的自由自觉的生存方式。在这种意义上,大众文化批判同技术理性批判的主旨是完全一致的。

通过以上论述不难看出,霍克海默是法兰克福学派当之无愧的创始人

---

① 马克斯·霍克海默、特奥多·威·阿多尔诺:《启蒙辩证法》,洪佩郁、蔺月峰译,重庆:重庆出版社1990年版,第118页。
② 同上书,第143—144页。

和奠基人。他通过批判理论和传统理论的对比确定了法兰克福学派的社会批判理论的基本定位和价值取向,又与阿多诺合作在"启蒙的辩证法"的阐述中展开了法兰克福学派的技术理性批判和大众文化批判等社会批判理论的主题,对法兰克福学派后来的发展以及20世纪的文化批判理论思潮的发展都产生了重要的影响。

三、否定的辩证法

霍克海默所表述的批判理论之中所体现的对20世纪人类异化和物化的生存困境的文化批判精神,在法兰克福学派的另一重要代表人物阿多诺那里,以"否定的辩证法"的形式表述出来。在某种意义上可以断言,阿多诺的否定的辩证法是异化理论和社会批判理论的最激进、最彻底甚至最极端的表现形式,它所表达的批判精神的激进与彻底程度,足以使人们把它同后现代思潮相联系。

众所周知,批判性是马克思学说的基本特征。马克思一再强调,"哲学不是世界之外的遐想",必须使哲学从天国降到人间,作为一种现实的社会力量而面对人的世界。哲学不再游离于现实的社会进程之上或之外,它本质上是"批判的和革命的",它的历史使命是改变世界,"对**实践**的唯物主义者即**共产主义者**来说,全部问题都在于使现存世界革命化,实际地反对并改变现存的事物"。① 可以看出,霍克海默的批判理论,以及他同阿多诺提出的"启蒙的辩证法"都深刻地继承和发扬了马克思的实践哲学的批判精神。而且,在20世纪人类面临着普遍的异化和物化的历史条件下,他们的批判理论的锋芒不仅指向资本主义条件下的经济剥削、政治压迫等不平等的社会现象,而且指向一切异化的和物化的现象,指向一切束缚人、压抑人的自由及贬损人的价值和生存意义的现象。在这种意义上,阿多诺的否定的辩证法把这种批判精神发挥到淋漓尽致的地步。

应当承认,"否定的辩证法"一词的发明权并不属于阿多诺。马尔库塞早在1941年出版的《理性和革命》一书中,已经提出马克思的辩证法是"否定的辩证法"的断言,并且对否定的辩证法作了一定的阐述。但是,真正系统而完整地阐述否定的辩证法的基本精神和主要内涵的无疑是阿多诺,他1966年出版的《否定的辩证法》一书无疑是这一理论形态的经典之作,同时

---

① 《马克思恩格斯选集》第1卷,北京:人民出版社1995年版,第75页。

也是他本人最重要的代表作。

为了准确而深刻地理解阿多诺的否定的辩证法,有必要简要地阐述一下马尔库塞关于否定的辩证法的基本理解,因为正是马尔库塞的这一思想启发了阿多诺,使他完成了否定的辩证法的建构工作。马尔库塞在《理性和革命》中明确指出,否定构成了一般辩证法的核心,"辩证的方法是一个总体,在这一总体中,在每一个概念中都包含着现存的东西的否定和毁灭"①。同理,马克思的辩证法作为"一个历史的方法",其本质特征与核心原则同样是否定性。"马克思的辩证法的历史特征包含着普遍的否定性,也包含着自身的否定。特定的关系状态就意味着否定,否定之否定伴随着事物新秩序的建立。否定性和其自身的否定是同一历史过程的两个不同领域,这两个不同的领域被人类的历史活动所连接起来。"②在马尔库塞看来,马克思的辩证法不仅在理论上表现出激烈的否定性,而且在现实上表现为一种现实的否定运动,无产阶级就是这一否定的表现,无产阶级的批判运动和革命运动表明异化劳动已达到了自我毁灭的程度,而对"劳动本身的废除"(即对异化劳动的扬弃)代表着个体自由的生成。

正是基于上述分析,马尔库塞得出结论:"对于马克思来说,如同对待黑格尔一样,辩证法注重于这一事实:内在的否定实际上就是'运动和创造的原则',辩证法就是'否定的辩证法'。"③在这一基本点上,阿多诺完全接受了马尔库塞的断言,即辩证法本质上是否定的辩证法。而且,阿多诺对于"否定"的彻底性方面作了更为突出的强调和发展。由于语言表述上的深涩,加之阿多诺常常在对海德格尔思想的诘难中阐述自己的否定的辩证法思想,使得其否定的辩证法显得有些深奥。但是,深入其思想深处,我们不难发现阿多诺的否定的辩证法的深刻性和它所表达的批判意识的彻底性。将阿多诺的各个方面论述概括起来,他的否定的辩证法是围绕着两个核心范畴展开的,即"非同一性"与"绝对否定"。

(一) 核心概念:非同一性

阿多诺的否定的辩证法作为一种激进的批判理论,主要是围绕着两个核心命题展开的:一是以非同一性取代同一性;一是以绝对否定取代否定之

---

① 马尔库塞:《理性和革命》,程志民等译,重庆:重庆出版社1993年版,第362页。
② 同上书,第285页。
③ 同上书,第256页。

否定。而这两个命题比较起来,前一个更为基础,在某种意义上可以断言,非同一性是构成否定的辩证法的核心概念,这一学说的其他命题和观点均是从这一核心概念展开的。

非同一性范畴的重要性还从另一个侧面体现出来,主要表现在,非同一性是与同一性相对立的概念,而同一性在某种意义上构成了传统哲学的核心概念。一般说来,各种传统哲学流派尽管研究主题有许多差异,基本见解也各不相同,但是,它们都往往自觉或不自觉地以某种方式追求同一、统一、和谐、一致,等等。因此,非同一性与同一性的对立并非简单是两个哲学范畴的对立,而是代表着两种哲学思想、两种哲学立场、两种哲学观念的对立。在研究阿多诺的否定的辩证法时,首先需要探讨的是非同一性和同一性的不同规定性及其对立点。

第一,以非同一性取代同一性,这是哲学思维的根本维度。

阿多诺认为,非同一性与同一性相比具有优先性,他断言,"没有非同一之物就没有同一性"①。从这样的理解出发,阿多诺认为,辩证法的核心范畴应当是"非同一性"而不是"同一性"。人们都习惯于认为,辩证法是关于矛盾的学说,而矛盾在阿多诺看来,就是非同一性。他指出:"根据意识的内在性质,矛盾本身具有一种不可逃避的和命定的合法性特征,思想的同一性和矛盾性被焊接在一起。总体矛盾不过是总体同一化表现出来的不真实性。矛盾就是非同一性,二者服从同样的规律。"②

基于上述关于非同一性的优先性的分析,阿多诺反复强调,辩证法是关于非同一性的学说,它倾向于非同一性,而拒斥同一性,这是"否定的辩证法"的根基与核心之所在。在这一基点上,阿多诺的断言非常明确,毫无任何含糊之处:"辩证法是始终如一的对非同一性的意识";"辩证法倾向于不同一的东西";"在其主观方面,辩证法的结果是主张思想形式不再把它的对象变成不可改变的东西、变成始终如一的对象"。③

这样一来,阿多诺就把辩证法奠定于非同一性的基础之上。他认为,真正的辩证法,即否定的辩证法与传统哲学的根本区别就在于,传统哲学以同一性为基础,而否定的辩证法实现了哲学思维的根本转变,它以非同一性为基础。从这样的对比出发,阿多诺批判了传统哲学对非同一性的忽略。

---

① 阿多尔诺:《否定的辩证法》,张峰译,重庆:重庆出版社 1993 年版,第 119 页。
② 同上书,第 4 页。
③ 同上书,第 3、150、151 页。

阿多诺在批判传统哲学时，强调传统哲学的立足点是同一性。在这方面，他还特别提出德国古典哲学作为同一性哲学的范例，断言："自谢林以来，内容性的哲学思维已立足于同一性命题。"①阿多诺特别对黑格尔哲学进行了分析，他认为，黑格尔是"第一个正视矛盾的人"，黑格尔深刻地探讨了正题与反题的差异、对立与矛盾，但是，在最根本的意义上，黑格尔赋予同一性以更重要的地位，在他的著作中，"同一性作为总体性具有本体论的在先性"。从这样的分析出发，阿多诺批判黑格尔未能把非同一性思维贯彻到底，因而也未能把辩证法的本质特征即否定坚持到底，而是最终走向了肯定。阿多诺指出："在核心之点上，黑格尔未能公正对待他自己的见解。这种见解认为，非同一之物是同一的——作为自我中介的——但它也是非同一的：它是与它的所有同一物相对立的他者。黑格尔没有把非同一性的辩证法贯彻到底，尽管他在别的地方的意图是想维护前批判的语言惯用法，反对反思哲学的惯用法。"②

阿多诺不仅批判了以黑格尔哲学为代表的传统哲学在非同一性问题上的失误，而且以同样的方式批判了海德格尔的存在哲学。按照海德格尔存在哲学的初衷，他以"此在"为核心的基本本体论与传统哲学的无根基的本体论是相对立的，因为它从"此在"（人的存在）的自我展开来澄清存在的意义，而不像传统哲学那样从某种给定的、自在的"在者"入手去追寻存在的意义。但是，阿多诺认为，海德格尔哲学实际上代表着一种"中立文化"的精神。海德格尔把对立两极之间的中介因素孤立起来，结果"把中介伸展成一种非对象性的客观性"。这样一来，海德格尔关于存在的思考就变成了关于同一的客观性的思考，由此而忽略或排斥了非同一性范畴。阿多诺指出："海德格尔甚至到达了对同一性中的非同一性的辩证认识的边界。但他在存在的概念中没有贯彻这一矛盾。他压制了它。被莫名其妙地归在存在名下的东西嘲笑了概念和概念意指的东西的同一性。但海德格尔把这种东西当作一种同一性，当作纯存在本身，没有它的另一者。他把绝对同一性中的非同一性当作一种家庭耻辱而掩盖起来。"③显然，在非同一性问题上，阿多诺对于各个哲学流派的要求是十分苛刻的，甚至连海德格尔与胡塞尔也不能过关，他断言："在这一点上，基本本体论像现象学一样仍然是实

---

① 阿多尔诺：《否定的辩证法》，张峰译，重庆：重庆出版社1993年版，第74页。
② 同上书，第119页。
③ 同上书，第101页。

证主义的情愿的继承人。"①在阿多诺看来,在非同一性问题上的不彻底性导致胡塞尔的现象学和海德格尔的存在哲学本身的不彻底性,这两种学说都未能真正同实证主义划清界限,由此而缺乏彻底的批判精神和否定精神。

除了上述分析以外,阿多诺还从非同一性的视角批判了辩证唯物主义,包括西方马克思主义代表人物之一科尔施。他认为,辩证唯物主义没有认识到新黑格尔主义等哲学流派在突出非同一性方面所作的贡献,这一学说由于过分强调同一性而丧失了其批判的本质。阿多诺指出:"首先是卡尔·柯尔施,后来是辩证唯物主义者提出异议,认为由于其内在批判的和理论的特点,向非同一性的转向是新黑格尔主义或历史上已过时的黑格尔左派的一种微不足道的变化。仿佛马克思对哲学的批判没有这种变化,同时,在东方,人们又以其文化上的热心而不放弃马克思主义哲学。理论和实践相统一的号召已不可抵挡地把理论贬低到一种奴仆的角色,清除了理论应带给这种统一的那些品格。"②

由上述分析可见,阿多诺的确赋予非同一性以十分重要的地位,因为非同一性代表着差异、矛盾、冲突、对立、否定、批判,等等,所以它最能体现否定的辩证法的本质精神。为了深刻阐释由同一性向非同一性转变在哲学思维方式上所带来的深刻的变革,阿多诺还从不同侧面具体分析批判了同一性,并进一步揭示了非同一性的具体内涵。

第二,对同一性的批判:拒斥同一,反对体系,反对综合,拒斥本体论,反对第一哲学和基础主义。

拒斥同一性是阿多诺的否定的辩证法的基本出发点。阿多诺指出,在哲学史上,同一性有多种含义,"首先,它标志着个人意识的统一性:一个'我'在它的所有经验中都是同样的。这意味着康德的'我思考那种能陪伴我的一切概念的东西。'其次,同一性还意指在一切合理的本质上同样合法的东西即作为逻辑普通性的思想。此外,同一性还标志每一思想对象与自身的等同,简单的 A = A。最后,在认识论上它意指着主体和客体和谐一致,不管它们是如何被中介的"③。在阿多诺看来,无论同一性意味着与自我的自在同一,或是还原于主观性,或是对立双方的和谐一致,它都是应当被哲学思维拒斥的东西。阿多诺甚至断言:"自身相等的东西、纯粹的同一

---

① 阿多尔诺:《否定的辩证法》,张峰译,重庆:重庆出版社 1993 年版,第 75 页。
② 同上书,第 140 页。
③ 同上书,第 139 页注释。

性是恶劣的。"①从怀疑一切同一性的角度出发,阿多诺把批判和拒斥同一性的基本见解贯穿于多方面的分析之中,我们不妨列举其中的主要方面。

其一,反对体系。在人类精神的演进中,建立体系是同追求同一性密切相关的。因此,在批判同一性方面,阿多诺首先把矛头指向体系。当然,阿多诺也对反体系的口号加以限定,指出批判体系并不是简单地肃清体系。但是,他更多地揭示体系所具有的扼杀思想的消极特征,并指出体系自身所面临的"总体和无限的二律背反",即体系的自我矛盾。阿多诺坚持认为:"哲学的体系从一开始就是自相矛盾的。它们的基础被它们自身的不可能性所纠缠。恰恰是在现代体系的早期历史中,每一种体系都注定在下一种体系手中被消灭。"②他还转述尼采的观点,认为"体系只能证明学者们胸襟狭窄"。从这样的理解出发,阿多诺断言,哲学的开放性和自由精神在本质上是"反体系的"。

其二,拒斥综合。阿多诺认为,强调分离要素的综合与统一是认识论上的同一性的一种具体表现,黑格尔的三段论式的唯心主义辩证法体现了认识论上的综合倾向。"唯心主义的辩证法也是一种'起源哲学'。黑格尔把它比作一个圆圈。运动的结果返回到运动的出发点,结果被命定地消除了:由此产生了主体和客体的连续的同一性。这种辩证法的认识论工具叫做综合。"③阿多诺由于这种综合运动过分强调同一性,忽视了非同一性而对它持拒斥和批判的态度,他甚至说,强烈的厌恶感使我们不愿说出"综合"这个字眼。

其三,拒斥本体论。在现象背后寻找存在的根基,并以此为基础建立现象与本质的同一性,这是传统本体论思维的特征。阿多诺在批判同一性时,明确表达了对本体论哲学的拒斥。他反对哲学投身于不可能有答案的形而上的问题,在他看来,"要求哲学解决存在问题或西方形而上学的其他主要命题,这表现出一种原始的对物质的信仰"。从这种理解出发,阿多诺明确提出了拒斥本体论的口号,他指出:"一旦辩证法成为不可拒绝的,它就不能像本体论和先验哲学那样固守它的原则,它不能被继续当作一种不管如何变更都得坚持的支撑性结构。在批判本体论时,我们并不打算建立另一

---

① 阿多尔诺:《否定的辩证法》,张峰译,重庆:重庆出版社1993年版,第121页。
② 同上书,第20页。
③ 同上书,第153页。

种本体论,甚至一种非本体论的本体论。"①显而易见,阿多诺拒斥本体论的根本原因在于,在他看来,本体论哲学的核心命题是同一性。

其四,反对第一哲学。在西方哲学中,本体论哲学的传统是同"第一哲学"的传统相一致的。当人们区分了现象与本体,就必然引出第一性与第二性的区分,这正是哲学关于物质与精神、思维与存在的争论的焦点所在,人们习惯于从不同的存在中区分出第一性的东西,建立起"第一哲学",又以此为基础强调不同存在的同一性。阿多诺在拒斥本体论的同时,也批判第一哲学。他提出,应当使思想从"第一性和固定性"上摆脱出来,走向对非同一性的追求。阿多诺指出,必须反对关于"第一性"的争执,反对建立"第一哲学"的尝试。"凡在宣扬某种绝对'第一性'之物的地方都会谈到次于它的东西,谈到和它绝对异质的东西、即它的意义上的关联物。第一哲学便和二元论走到一起来了。为了避免这一点,基础本体论必须极力不去规定对它来说什么是第一性的东西。"②

其五,反基础主义。对于同一性、综合与体系的批判,以及对本体论及第一哲学的拒斥,都必然引出反基础主义的结论。这是因为,在阿多诺看来,传统哲学对于本质与现象、本体与现象、绝对与经验、第一性与第二性、深层与表层等的区分,都暗示出一种对于"基础"的强调,表现出自觉的或不自觉的基础主义的特征。对此,阿多诺提出批评,他指出:"占统治地位的哲学观点假定事物是从一个基础中产生的。而笔者认为,只是在笔者讨论了这些事物之后很久,被这种哲学观点视为基础的东西才会在这里发展起来。这意味着要对基础概念以及内在思想的第一性进行批判。"③基于这种理解,阿多诺把基础主义作为传统同一性哲学的核心观点加以拒斥和批判。

从阿多诺对同一性的各种批判,即对体系的批判、对综合的拒斥、对本体论和第一哲学的拒斥、对基础主义的批判,可以清晰地看出他对传统哲学的激进和彻底的批判态度,这些批判为非同一性的真正确立扫清了地盘,同时也为激进的"否定的辩证法"的建立奠定了基础。

第三,非同一性的具体内涵:坚持差异与异质性、强调个别性和特殊性、强调非概念性。

---

① 阿多尔诺:《否定的辩证法》,张峰译,重庆:重庆出版社 1993 年版,第 133 页。
② 同上书,第 135 页。
③ 同上书,序言第 1 页。

对于同一性的彻底批判必然导致对非同一性的突出与强调。正如前文引证的那样,阿多诺反复强调非同一性对于同一性的优先地位,强调同一性对于非同一性的依赖,他甚至断言,没有非同一之物就没有同一性。对于否定的辩证法的核心概念"非同一性",阿多诺从多方面揭示其具体内涵,我们在这里可以列举其中的要点。

其一,坚持差异和异质性。阿多诺断言,矛盾就是非同一性,因此,差异或异质性在非同一性概念中,进而在否定的辩证法中占据十分重要的地位。这一点非常容易理解,因为,如果没有差异的存在,如果没有异质的东西,一切都会变成自在同一的纯存在,那样就不会有非同一性存在的根据。正是基于此,阿多诺毫不掩饰自己对差异的重视和对异质的东西的偏爱。他指出:"在哲学上我们确实力图使自己沉浸在和哲学相异质的事物中,而又不把这些事物放置在预先构想的范畴中。我们想尽量紧紧地坚持异质的东西,像现象学的纲领和齐美尔的纲领已经努力做的那样……"①

其二,强调个别性和特殊性。对于差异和异质的东西的坚持,从另一个角度来看,就是对个别性和特殊性的强调,个别性与特殊性意味着个别意识、个别主体,它们与普遍性相对立。在某种意义上,个别性和特殊性代表着非同一性,而整体性与普遍性代表着同一性。阿多诺批评黑格尔在个别性与一般性问题上的失误,他认为,黑格尔过分强调整体与群体,厌恶个别意识,因此,在黑格尔那里,个别意识几乎总是一种不幸的意识。阿多诺认为,坚持非同一性的否定的辩证法必须从根本上超越黑格尔哲学,应当关注个别性和特殊性,应当着力保护个别意识和个别主体性,而不应以整体和集体来压抑个体。阿多诺说:"除非是在个人意识的运动中,否则主体根本没有办法把握一般概念,修剪个体之结果不会产生一个被清理掉偶然性杂质的更高级的主体,而只是产生一个无意识地模仿的主体。在东方,在个性观点上的理论短路曾是集体压迫的一种借口。政党不管是装饰性的还是恐怖化的,由于其成员的数目便在认识力量上先验地压倒了每一个体。"②

其三,强调非概念性。对差异和异质性的坚持,对个别性的强调,概括起来,都表达出非概念性的重要性。阿多诺用了很大篇幅论述非概念性,在他看来,非概念性构成非同一性的重要内涵。非概念性是与概念相对立的。众所周知,概念化或概念的生成本身就代表着思维上的同一性,它是认识主

---

① 阿多尔诺:《否定的辩证法》,张峰译,重庆:重庆出版社1993年版,第11页。
② 同上书,第45—46页。

体排除了规定性中的各种差异性和个别性,趋于一体化和普通化的结果。因此,在概念的生成中没有非同一性的地位。阿多诺指出,要确立非同一性的地位,就必须指出概念的空洞性,使非概念性占据主导地位。"哲学的反思要确保概念中的非概念物。否则,根据康德的名言,概念就是空洞的,最终由于不再是任何事物的概念而成了虚无。"[1]基于这种考虑,阿多诺断言,从概念向非概念性的转变是否定的辩证法得以确立的关键:"改变概念性的这个方向,使它趋于非同一性,是否定的辩证法的关键。对概念中的非概念的基本特性的洞见将结束这种概念所产生的(除非被反思所终止)强制性同一。"[2]

综上所述,虽然阿多诺的术语和语言很深涩,但他的思想却十分清晰。概而言之,在他看来,体系化、综合化、本体论、第一哲学、基础主义等标示着同一性的基本特征,而差异、异质性、个别性、特殊性、非概念性等则构成了非同一性的基本内涵。对于同一性和非同一性的偏好或强调构成了两种截然不同的哲学传统。通过以非同一性取代同一性的核心地位,阿多诺完成了由传统哲学向否定的辩证法的转变,而对同一性的激进批判和对非同一性的毫无保留的张扬使他的辩证法奠定于激进的否定性的基础之上。正是在非同一性的基础之上,阿多诺用"绝对否定"取代"否定之否定",完成了否定的辩证法的建构。

(二) 本质精神:绝对否定

从非同一性这一核心概念出发,阿多诺把否定的辩证法的本质精神界定为"否定",而且是不带有任何肯定色彩和肯定特征的否定,是彻底的否定。阿多诺认为,这种否定的辩证法是同黑格尔的辩证法相区别的,因而黑格尔辩证法的否定最终导致肯定,而否定的辩证法则不能接受肯定的结果。阿多诺明确指出:"这种辩证法是否定的。它的观念被黑格尔叫做差异。在黑格尔那里,同一性和肯定性是一致的。把一切非同一的和客观的事物包含在一种被扩展和被抬高成一种绝对精神的主观性之中一定会导致这种调和。与此相反,在每一个别规定性中起作用的整体的力量不仅是它的否定,而且本身就是否定的、不真实的。"[3]阿多诺把否定的辩证法所强调的彻

---

[1] 阿多尔诺:《否定的辩证法》,张峰译,重庆:重庆出版社 1993 年版,第 10 页。
[2] 同上书,第 11 页。
[3] 同上书,第 139 页。

底的否定概括为"绝对的否定"。对此,我们可以从以下几个方面加以理解。

第一,否定的辩证法所理解的否定不是导致肯定的否定,不是否定之否定,而是彻底的否定,即"绝对否定"。

众所周知,黑格尔的否定观强调对现存的扬弃,这是一种包含肯定的否定,是一种以肯定为宗旨的否定。对此,阿多诺持批判的态度。他的否定的辩证法从根本上排斥"肯定"。阿多诺在《否定的辩证法》一书的序言中开宗明义:"**否定的辩证法**是一个蔑视传统的词组。早在柏拉图之时,辩证法就意味着通过否定来达到某种肯定的东西;'否定之否定'的思想形象后来成了一个简明的术语。本书试图使辩证法摆脱这些肯定的特性,同时又不减弱它的确定性。"①

从反对肯定的角度来建立辩证法,阿多诺对黑格尔的否定之否定也不能容忍。他认为,否定之否定是黑格尔辩证法的核心,离开这一基本原则,黑格尔的整个体系就会倒塌。但是,否定之否定并不是真正的否定,而是肯定,或者说,否定之否定的结果导致肯定。阿多诺认为,辩证法不应停留于这种保留肯定性质的否定,而应坚持一种与否定之否定相对立的彻底的否定。他指出:"坚持不懈的否定非常严肃地主张它不愿意认可现存事物。否定之否定并不会使否定走向它的反面,而是证明这种否定不是充分的否定。"②

这种超越了肯定和否定之否定的"否定"是彻底的否定、不停顿的否定、坚持不懈的否定、绝对的否定。在阿多诺看来,"被否定的东西直到消失之时都是否定的。这是和黑格尔的彻底决裂。用同一性来平息辩证矛盾、平息不能解决的非同一物的表现就是忽视辩证矛盾所意指的东西"③。从上述论述可见,阿多诺的否定的辩证法不承认否定可以与肯定共存。如果说以黑格尔哲学为代表的经典辩证法所概括的事物发展道路为"肯定——否定——否定之否定",那么,阿多诺的否定的辩证法则把事物的发展道路理解为"否定——否定——再否定",这足以看出其否定的彻底性。

第二,否定的辩证法的深度体现在它的革命性和批判性以及破坏性,即"瓦解的逻辑"或"崩溃的逻辑"。

阿多诺反复强调否定的辩证法的否定观的深度和彻底性,它意味着,这种否定不是单纯的理论上的否定,而是一种现实上的超越。无论强调不停

---

① 阿多尔诺:《否定的辩证法》,张峰译,重庆:重庆出版社1993年版,序言第1页。
② 同上书,第157页。
③ 同上。

息的否定、坚持不懈的否定,还是强调彻底的否定、绝对的否定,其宗旨都是突出辩证法的批判性、革命性和破坏性。这尤其表现在阿多诺所使用的一个特殊的术语上,即"瓦解的逻辑"(又译"崩溃的逻辑")。阿多诺指出,否定的辩证法不能与黑格尔的辩证法和平共处,"它的运动不是倾向于每一客体和其概念之间的差异中的同一性,而是怀疑一切同一性;它的逻辑是一种瓦解的逻辑:瓦解认识主体首先直接面对的概念的、准备好的和对象化的形式"①。

显而易见,"瓦解的逻辑"所强调的是否定的辩证法的革命性和实践力量。否定的辩证法的宗旨是超越一切现存的事物,无论是传统,还是现存的进步,无论是陈旧的东西,还是刚刚生成的东西,一切都要经受瓦解的逻辑的检验,这一点使人想起青年马克思"对现存的一切进行无情的批判"的名言。实际上,在阿多诺那里,对给定性的破坏与瓦解就是对现存的革命。

第三,否定的辩证法所理解的否定是人之生存和人类历史的重要维度,它既体现于人的自由本质之中,也体现为世界历史的精神。

按照阿多诺的否定的辩证法的理解,彻底的否定或绝对的否定并不是从人的活动之外加诸人之存在的一种理论态度,而是人之生存的不可或缺的维度,它植根于人的实践活动的超越本性。

一方面,否定是自由的本质。阿多诺认为,在自由的问题上存在许多混乱,迄今为止的人类历史无论在理论上还是在实践上都没有很好地解决自由的问题。阿多诺反对"自由是对必然的认识"这一传统的自由定义,而主张从否定的意义理解自由,他把自由理解为"对压抑的抵制",理解为对现存的否定。阿多诺指出:"自由的人只能是不需要屈从于二者择一境况的人,而且在现存条件下多少可以自由地拒绝接受可供选择物。自由意味着批判并改造境况,而不是通过在境况的强制结构中做出决定来证明境况。"②显而易见,阿多诺把否定理解为自由的本质。

另一方面,阿多诺也从否定性来理解人类历史运动的机制和本质精神。他明确断言:"世界精神既是又不是精神,毋宁说它是否定性。"③他还指出,"把世界精神体验为整体便意味着体验到它的否定性"④。这样一来,阿多

---

① 阿多尔诺:《否定的辩证法》,张峰译,重庆:重庆出版社1993年版,第142页。
② 同上书,第222页注释。
③ 同上书,第302页。
④ 同上书,第304页。

诺不仅从否定性来理解个体的自由与存在,而且从否定性来理解作为整体的人类历史的运动,揭示其自我超越和进步的机制与内在精神。这样做的结果是把否定的辩证法贯穿于人类的一切存在领域。

(三)现实维度:"奥斯威辛集中营之后"

促使阿多诺如此激进地拒斥同一性,强调绝对否定的原因,并不只是来自理论的逻辑,而是同时来自20世纪人类的可怕的灾难和苦难的深刻启示。正因为如此,阿多诺的《否定的辩证法》最后一章"关于形而上学的沉思"的第一部分,就是"奥斯威辛集中营之后",他在其中用20世纪最残暴、最灭绝人性的德国法西斯的奥斯威辛集中营来诠释他的否定的辩证法,来深刻地说明,这些罪行和苦难并非与形而上学的理性同一性无关的偶然的历史插曲,而是理性同一性的必然后果。

阿多诺在"奥斯威辛集中营之后"这一节的一开始就鲜明地指出,我们决不能把这一残暴的历史罪行仅仅归结为一种历史的偶然性和暂时性,而是必须看到它背后的文化根基。"我们再也不能说,真实是不变的,外表是运动的、暂时的。暂时性和永恒观念相互的漠不关心再也不能维持下去了……"①在他看来,这件事情逼迫我们必须去深刻反省那种把不变的绝对的本质和外在的实存分离的传统形而上学,逼迫我们必须去反思那种以理性、崇高、解放等为名义的理性同一性,逼迫我们必须去深刻挖掘这种消解、抹掉、忽略、忽视差异和他者权利的同一性与20世纪各种历史灾难和罪行之间的本质联系。

第一,"第二自然的灾难"集中反映了统一性哲学的实践后果。

阿多诺借用黑格尔的"第二自然"的概念,把奥斯威辛集中营这类罪行称为"第二自然"的灾难,这种灾难不是外在自然的直接产物,而是"社会的灾难",是理性文化的灾难,是人自己制造出来的恶魔。他列举了里斯本大地震为代表的第一自然的灾难,通过比较说明第二自然的灾难所导致的更加可怕的后果。他指出:"第一自然的灾难同第二自然、即社会的自然的灾难相比是微不足道的。第二自然蔑视人的想象力,因这想象力从人类邪恶中引出了现实的地狱。"②

以奥斯威辛集中营为代表的第二自然的灾难,同第一自然的灾难相比,

---

① 阿多尔诺:《否定的辩证法》,张峰译,重庆:重庆出版社1993年版,第361页。
② 同上书,第362页。

并不只是灾难后果的量的增长,而是性质上根本不同的灾难。这是人类自己制造的灾难和邪恶,而制造这种灾难和邪恶的主要动力恰恰是人类一直引以为自豪的理性的力量及其技术手段。在奥斯威辛集中营中,对于数百万人的屠杀是那些受过很好的教育、听着古典音乐的法西斯分子通过科学的管理、采取各种科学实验和技术手段来完成的,从而使最残暴的屠杀披上了科学的、理性的外衣,变成了精密的科学研究和科学实验。"通过管理手段对数百万人的谋杀使得死亡成了一件在样子上并不可怕的事情。个人经验生命的死亡再也不可能像是与生命过程相符合的事情。"①

最为可怕的是,在奥斯威辛集中营实施的科学的、理性的屠杀中,理性同一性的邪恶力量充分展示出自己的威力。正是这种绝对的同一性和一体化,导致了历史对个体生命的冷漠,导致了对个体差异、种族差异的否定,任何不能被理性同一化的差异和个性都要通过种族灭绝(如屠杀犹太人)、个体消灭(集中营的大屠杀)来抹掉和"被干掉"。于是,在理性和科学的管理中,死去的不再是生命,而是"样品",个人不再是具有不可替代的个性的,而是可以互换的和可以替代的。阿多诺尖锐地指出:"在集中营,死掉的不再是个人而是样品"②,"集中营里的施虐狂们对他们的牺牲品预言:'明天你们将化为烟雾从这个烟囱里升上天空'。这种预言表明了历史所趋向的对每一个人的生命的冷漠。个人即使在他的形式上的自由中也像在清算者的脚下一样,是可互换的和可替代的"③。

因此,阿多诺明确断言,面对这些惨无人道的暴行,理性同一性文化绝对不是清白无辜的,传统形而上学绝对不是一种超然的"旁观者",相反,"种族灭绝是绝对的一体化","奥斯威辛集中营证实纯粹同一性的哲学原理就是死亡"。④ 这种断言让人不寒而栗,它打破了传统的理性主义信念,把历史演进中所隐藏的深层文化机制的力量充分暴露出来,使人类充分看到自己对历史、对自己行为后果不可推卸的责任,看到深刻反思和规范理性力量的必要性。

第二,奥斯威辛集中营的出现,导致形而上学能力的瘫痪。

在分析奥斯威辛集中营通过科学管理和科学实验的手段所实施的第二

---

① 阿多尔诺:《否定的辩证法》,张峰译,重庆:重庆出版社1993年版,第362页。
② 同上。
③ 同上书,第363页。
④ 同上书,第362页。

自然的灾难时,阿多诺并没有停留于对这一历史暴行的简单的谴责,而且特别指出把这一事件当作一种偶然的历史罪行来简单地谴责的危害性,因为它容易使人们忽视这一罪行的深层文化基础。因此,他在分析法西斯的暴行时,明确提出一个断言,奥斯威辛集中营之后,"我们的形而上学的能力瘫痪了"[①]。这是一个十分深刻的命题,它引导人们透过奥斯威辛集中营这一法西斯的罪行的表面,深刻反省我们时代的文化,特别是我们引以为豪的理性文化。

这里的"形而上学"(metaphysics)不是简单指我们在方法论意义上所说的,与辩证法相对立的一种片面的、静止的思维方法,而是指哲学中的元理论层面,是关于事物、存在、现象乃至世界的本质和根据的理论思考,亚里士多德在构造"形而上学"这一范畴时,把它称作"第一哲学"或"智慧",是"关于终极原因与原则的科学"。阿多诺所谈论的形而上学主要是指理性时代的核心文化精神,即技术理性主义文化精神。所谓技术理性主义是指在近现代科学技术呈现加速度发展的背景下产生的一种新的理性主义思潮。它立根于科学技术发展的无限潜力和无限解决问题的能力之上,其核心是科学技术万能论。这种理性主义的文化精神强调理性万能、理性是一种绝对的力量;同时,它相信理性至善、理性及技术是人的本质力量的确证,相信在理性和科学力量的主导下,人性永远进步、历史永远向上,现存社会中的不幸和弊端只是暂时的历史现象或时代错误,随着理性和技术的进步,人类终究可以进入一种完善完满的境地。阿多诺所坚决反对的"同一性"和"肯定的辩证法"正是这种技术理性主义的集中体现。这种同一性哲学的核心是理性的"绝对的一体化",它承诺了以理性和科学为基础的"宏大叙事"[②],即关于绝对真理、普遍自由、人类解放的神圣的承诺。正如阿多诺和霍克海默合著的《启蒙辩证法》所深刻揭示的那样,现代科学技术背景下的一体化的理性并非天然至善的力量,如果脱离了内在的价值维度,如果成为一种偏离人的生存目标的自律的力量,它完全可能走向启蒙的"自我毁灭",走向理性的暴虐和罪恶。阿多诺所谓的形而上学能力的"瘫痪"正是

[①] 阿多尔诺:《否定的辩证法》,张峰译,重庆:重庆出版社1993年版,第362页。
[②] "宏大叙事"(grand narratives)是后现代思想家利奥塔提出的概念。他认为,关于理性、自由、解放的允诺等是当代主要的"元叙事"(meta narratives)或"宏大叙事"(grand narratives),"是现代性的标志",现代性在当代遭遇的危机正是这种理性主义的宏大叙事的危机。参见《后现代性与公正游戏——利奥塔访谈、书信录》,谈瀛洲译,上海:上海人民出版社1997年版,第167页。

这种一体化的理性的深刻危机。

因此，阿多诺在揭露奥斯威辛集中营的罪恶时，更多地把矛头指向了形成"同一性"哲学核心的理性文化。他令人震撼地宣布："奥斯威辛集中营无可辩驳地证明文化失败了"，"奥斯威辛集中营之后的一切文化、包括对它的迫切的批判都是垃圾"。① 以奥斯威辛集中营为代表的现代科学技术和理性管理条件下的残暴的罪行，无情地宣告了理性主义形而上学关于绝对真理、理性自由、普遍解放等"宏大叙事"的落空，揭示了丧失价值内涵的理性"同一性"哲学的敌视人的本性。阿多诺指出："形而上学已经和文化融合在一起。文化头上的光环、精神的绝对性是同样的原则，它不知疲倦地侵犯它声称要表现的东西。在奥斯威辛集中营之后，任何漂亮的空话、甚至神学的空话都失去了权利，除非它经历一场变化。"②

阿多诺在这里并不是一般地、绝对地反对任何理性，而是反对那种丧失了内在价值维度、忽略人的生命价值、敌视人的"绝对的一体化"的理性。他在这里以振聋发聩的呼喊来唤起人的历史责任：

首先，每个人必须深刻反思自己的行为后果，必须警惕以崇高为华丽外衣的绝对一体化的理性和科学可能导致的消极后果。正如阿多诺那发人深省的提问："说在奥斯威辛集中营之后你不能再写诗了，这也许是错误的。但提出一个不怎么文雅的问题却不为错：在奥斯威辛集中营之后你能否继续生活，特别是那种偶然地幸免于难的人、那种依法应被处死的人能否继续生活？他的继续存在需要冷漠，需要这种资产阶级主观性的基本原则，没有这一基本原则就不会有奥斯威辛集中营。这就是那种被赦免的人的莫大罪过。通过赎罪，他将受到梦的折磨，梦到他不再生存了，在1944年就被送进毒气炉里了，他的整个存在是想象中的，是一个20年前就被杀掉的人的不正常愿望的散射物。"③

其次，哲学自身必须深刻反思自己"理所当然的"理论前提。哲学再也不能不加反思地颁布普遍的理论原则，不能脱离人的存在和人的价值去抽象地构造关于绝对真理、理性自由、普遍解放等的"宏大叙事"，不能不加分析不加批判地迷信"绝对的一体化"的理性和科学，不能用抽象的和普遍的同一化的概念和范畴来否定人的个体的存在和差异的价值。哲学必须关注

---

① 阿多尔诺：《否定的辩证法》，张峰译，重庆：重庆出版社1993年版，第367页。
② 同上书，第368页。
③ 同上书，第363页。

现实的生活世界,必须关注现实的人的生存,必须回到生活与常识。在哲学中,"应该被认识的东西也许类似于脚踏实地的东西,而不是类似于崇高的东西"①。否定的辩证法必须时刻保持着这种警醒的反思,保持对哲学思维自身的自我反思和自我批判,避免在不知不觉中成为法西斯和各种邪恶力量的帮凶。"如果否定的辩证法要求思维进行自我反思,那么这明显意味着,如果思维想成为真实的、特别是在今天成为真实的,它就必须也是一种反对自身的思维。如果思想不是用那种躲避概念的极端性来衡量的,那么从一开始它就具有一种音乐伴奏的性质,党卫队喜欢用这种音乐伴奏来压倒它的受害者的惨叫声。"②从这种深刻的反思,我们不难看出阿多诺的否定的辩证法所背负的沉重的历史责任感。

以上我们从核心范畴、基本思想和现实维度几个方面揭示了阿多诺的否定的辩证法的主要内涵。从拒斥同一、反对体系、反对综合、拒斥本体论、反对基础主义、反对第一哲学、排斥肯定、反对否定之否定、强调非同一性、坚持差异与异质性、强调个别性、强调特殊性、强调非概念性、主张彻底的否定、坚持不间断的否定、强调绝对的否定、主张瓦解的逻辑等一系列鲜明的命题中,不难看出,阿多诺的否定的辩证法是20世纪最激进、最极端的文化批判理论之一。这种毫不妥协、与肯定和同一势不两立的批判理论和否定的辩证法曾招致许多批评和指责。的确,在这方面阿多诺的理论有着鲜明的特色,他不容许任何调和、折中、持中、综合,这就使他的理论不可避免地带有明显的激进性、极端性和偏执性。

对于否定的辩证法的这种激进性和极端性,我们可以从理论层面上加以分析和批判,指出其理论上的缺陷。但是,更为重要的是从社会文化层面揭示出这一激进的批判理论产生的根源。从20世纪人类的文化景观来看,否定的辩证法有其产生的根据。人类从19世纪进入20世纪,随着科学技术的飞速进步和经济的增长,人类的生存境况发生了重大的变化。一方面,通过工具理性的强化和人类实践活动的自觉性的增强,人的本质力量和创造性得到了空前的展示与发挥;但是,另一方面,人的创造性的发挥和物质财富的增长虽然在相当程度上缓解了物质匮乏所引起的经济冲突和政治压迫,但人并没有真正获得人性的解放,相反,人开始成为自己的造物的奴隶,物化与异化开始成为普遍的状况。在这种背景下,政治机构、意识形态、技

---

① 阿多尔诺:《否定的辩证法》,张峰译,重庆:重庆出版社1993年版,第365页。
② 同上。

术理性、大众文化等一系列机构与文化力量成为统治人与束缚人的异己的力量,这些异己的文化力量以技术理性或工具理性为支撑,聚合成为一种总体性的、强制性的、压抑性的统治力量。对于这种物化和异化的统治,无法凭借单纯的政治力量进行消除,而必须依赖于一种发自人类实践本性的深刻的文化反抗。正是在这一背景下,才出现了韦伯等人对工具理性和物化现象的批判,出现了卢卡奇的物化理论、葛兰西的市民社会理论、布洛赫的乌托邦精神、马尔库塞的大拒绝战略,等等。阿多诺的否定的辩证法只是这些批判理论中最为激进的一种表现形式。

无独有偶,这种激进的文化批判理论并未终止于法兰克福学派的社会批判理论,在尔后兴起的以德里达、福柯、利奥塔等人为代表的后现代主义思潮中,我们发现了文化批判理论的更为激进的表达形式。而且,我们在德里达的解构哲学与阿多诺的否定的辩证法之间发现了许多相同之处。德里达的解构哲学的目标同样是消解和拆除一切固定的、深层的、给定的东西。拆除在场、颠覆秩序、消解结构、瓦解形而上学、反对逻辑中心主义、打乱各种二元对立、消解中心项、反对同一性和确定性,等等,这一切均与阿多诺的否定的辩证法有着十分相近的见解和同样激进、同样极端的否定精神。由此可见,否定的辩证法所反映的激进的文化批判精神在20世纪人类思想演进中并非偶然和孤立的现象。

以上我们从批判理论、启蒙的辩证法、否定的辩证法三个基本方面阐述了霍克海默和阿多诺的主要理论建树。这些理论代表了法兰克福学派的社会批判理论的基本立足点,法兰克福学派的具体的文化批判理论,如意识形态批判、技术理性批判、大众文化批判、现代性格结构批判、现代国家和社会机制批判等,都是以这一人本主义的批判哲学为依据和基础的。

第六章
马尔库塞和弗洛姆的性格结构批判理论

法兰克福学派的技术理性批判、意识形态批判、大众文化批判理论表明,在发达工业社会条件下,马克思在19世纪40年代所剖析的异化现象非但没有被扬弃,反而呈现出深化和加剧的趋势,具体表现在:以统治人、束缚人、扼杀人性为特征的异化机制从传统政治统治和经济压迫转化为技术、理性、意识形态等无形的文化力量对人不知不觉的操控。这种新的统治形式由于具有技术主义和消费主义的"合理的"外观,更加深入到社会生活和个人日常生活的各个领域。由此可见,人受自己各种造物所累的异化生存状况在过去一两个世纪中不但没有得到缓解和消除,反而呈现出不断加剧的趋势,几乎成了现代人的宿命。

然而,发达工业社会条件下的异化问题还不仅仅表现在统治人的异化力量从有形的政治经济力量向无形的文化力量的转化,更严重地表现在,异化机制逐步深入和内化到人的生存结构中,导致人的性格结构和心理机制的异化。在法兰克福学派成员看来,现代人性格结构与心理机制的异化是人的最深层的异化,这是因为在传统政治统治和经济压迫下,改善生存状况的需求会驱使人反抗与超越现存秩序,而在以技术发展和消费娱乐为背景的文化力量的操控下,人往往主动地与现存秩序认同,在性格结构和心理机制的层面上消解掉内在的超越和否定现存的维度,成为非创造性的人格。异化的性格结构和心理机制的出现使现存社会缺少内在驱动力和超越的维度,成为消费主义的物化世界。

关于异化的内化和深化问题,其他思想家也有所论述。实际上,马克思在阐述劳动异化问题时,曾区分不同层面的异化问题。他认为,劳动产品的异化属于"物的异化",它是异化的外在表现形式;而劳动活动本身的异化,即人的本质的异化属于人的"自我异化",它是异化的深层规定性和实质。

当然,由于马克思时代的历史内涵更多地通过政治经济运动表现出来,所以,马克思并没有对人的"自我异化"作更细的探讨,但是,这一基本思想已经明确地指出了异化的可能深度。西方马克思主义创始人卢卡奇则对异化在人的生存方式层面的内化问题作了许多探讨,这突出地表现在他关于物化意识的论述中。卢卡奇认为,物化在全社会普遍化的一个最直接的后果便是物化的内化,即物化不只是作为一种统治人、支配人的外在力量和结构而存在,而是内化到人的生存结构和活动方式之中,变成一种物化意识。所谓物化意识是指人自觉地或非批判地与外在物化现象和物化结构认同的意识状态。具体说来,它是指这样一种生存状态,物化的结构逐步积淀到人们的思想结构之中,人从意识上缺乏超越这种物化结构的倾向,反而将这种物化结构当作外在的规律和人的本来命运而加以遵循与服从,由此,人丧失了主体内在的批判和超越维度。

在西方马克思主义流派中,法兰克福学派对现代性格结构和心理机制的异化现象的批判分析最为深刻和全面。他们一方面继承了马克思的异化理论和卢卡奇的物化理论的基本思想,另一方面吸收了弗洛伊德精神分析学关于性格结构的理论,对于发达工业社会条件下性格结构和心理机制异化的各种表现形式作了深入的分析,尤其是马尔库塞和弗洛姆从心理学、社会学、文化学和哲学的交汇处入手,尝试着把马克思的异化理论同弗洛伊德的精神分析学结合起来,对于现代人的性格结构和心理机制的异化作了各种批判性解说,以至于人们把他们的学说称为"弗洛伊德主义的马克思主义"。我们可以通过马尔库塞关于"压抑性心理机制"的分析,弗洛姆关于"逃避自由"的心理机制、"非生产性的性格结构"以及"重占有的生存方式"的批判来展示法兰克福学派的性格结构和心理机制批判理论。

马尔库塞是著名哲学家、社会学家,法兰克福学派的重要成员,被称为"弗洛伊德主义的马克思主义"的主要代表人物,同时是积极的社会活动家,被誉为"新左派之父"和"青年造反之父"。他生于柏林,1916—1918年在德国军队中服兵役期间就开始在柏林大学攻读博士学位。1922年获得哲学博士学位后,曾在出版社工作,1928年重返弗莱堡大学,跟从海德格尔学习哲学,并担任海德格尔的助手。1932年进入法兰克福大学社会研究所,1933年流亡日内瓦,1934年赴美国,继续同社会研究所保持联系与合作。20世纪50—60年代,马尔库塞先后在哥伦比亚大学、哈佛大学、耶鲁大学、布兰迪斯大学等学校任教。其主要著作有:《历史唯物主义的基础》(1932)、《理性和革命》(1941)、《爱欲与文明》(1955)、《苏联的马克思主义》(1958)、《单向度的人》(1964)、《文化与社会》(1965)、《否定》(1968)、《反革命与造反》(1972)、《批判的哲学研究》(1973)、《审美之维》(1978)等。

弗洛姆是法兰克福学派的重要成员,著名的精神分析学家,"弗洛伊德主义的马克思主义"的重要代表人物。生于法兰克福,早年在法兰克福大学和海德堡大学学习社会学和心理学,1922年获博士学位。其后在柏林精神分析研究所攻读精神分析学,毕业后任精神科医生。1928年后同法兰克福大学社会研究所建立联系,法西斯上台后,弗洛姆从1934年开始定居美国,在新社会研究院、耶鲁大学、哥伦比亚大学、伯明顿大学等学校任教。1951年在墨西哥国立自治大学担任教授,并创办墨西哥精神分析研究所。1971年移居瑞士。其主要著作有:《逃避自由》(1941)、《自为的人》(1947)、《健全的社会》(1955)、《马克思关于人的概念》(1961)、《在幻想锁链的彼岸》(1962)、《爱的艺术》(1971)、《人类的破坏性剖析》(1973)、《占有还是生存》(1976)等。

一、技术统治与单向度的人

马尔库塞的"单向度的人"[①]理论所描述的是技术理性统治和技术异化的世界中现代人异化的生存境遇和生存状态。这一理论是法兰克福学派技术理性批判理论的又一重要的表述形态,与霍克海默和阿多诺的"启蒙的辩证法"具有同等重要的地位。马尔库塞在"单向度的人"理论中对技术理性在现代社会中的统治和技术的异化问题作了较为全面的分析,揭示和分析了科学技术发展的二重性、现代社会的技术统治形式及其特征、技术异化背景中人的生存困境、技术异化的原因、技术异化的扬弃等问题。这些思想在马尔库塞的许多著述中都有阐述,但相对集中地反映在他于1964年出版的《单向度的人》一书中。虽然《单向度的人》一书的出版比他阐述压抑性生存方式的《爱欲与文明》(1955)一书要晚,但是,从理论逻辑上看,其中所阐述的技术统治理论是他关于现代人的性格结构异化问题分析的理论基础,而且人的单向度的生存方式已经是异化的性格结构的突出表现,所以,我们在这里从马尔库塞的"单向度的人"的分析入手,来阐述法兰克福学派的性格结构批判理论。我们可以从以下几个方面把握马尔库塞的技术理性批判理论。

---

① 人们通常把"One-dimensional man"译作"单向度的人",也有译作"单面人"的。

(一) 科学技术和技术理性的两重性

技术发展的两重性是马尔库塞技术理性批判的基本出发点。他认为,在现代社会,无论是科学技术本身,还是以科学技术发展为根基的技术理性,都呈现出两面的性质:一方面,科学技术的发展极大地提高了劳动生产率,促使财富不断增长;但是,另一方面,科学技术的发展又导致新的统治形式,即技术理性的统治的产生。在当代,科学技术不再是中性的,它本身就成为一种统治和操控的异化力量。

按照传统的理解,科学与技术,尤其是技术,在某种意义上主要具有工具和手段的特征,换言之,就其同人的生存的关系而言,科学技术具有中性的或中立的特征。马尔库塞则认为,现代科学技术的发展正在改变这种观念。不仅科学技术在其发展过程中正在取得越来越大的独立性和自律性,而且,科学技术的本质精神,即技术理性已逐渐渗透到社会生活和社会结构的各个方面,形成新的统治形式。基于这种情形,马尔库塞认为,在分析科学技术发展对人的存在的作用问题时,必须破除技术中立的观念。他指出,在现代工业文明条件下,"面对该社会的极权主义的特征,技术'中立'的传统概念再也维持不下去了。技术本身再也不能与对它的应用分离开来;技术社会是一个统治系统,它已经在按技术的思想和结构运转"①。马尔库塞认为,在现代社会,不仅一般技术失去中立性的特征,即使理论科学本身也很难保持其自身的中立性。一般说来,纯科学是免除了价值的,它不屈从于任何使用目的,但是,由于科学精神内在的工具主义特性,现代科学在某种意义上也内在地变成了技术。所以,马尔库塞明确指出:"我的目标是,证明这一科学理性的内在工具主义特性,根据这种特性,科学理性先验地是技术,而且是居先的特种技术——也就是作为社会控制和统治形式的技术。"②

在破除了关于科学技术"中立"的传统观念的基础上,马尔库塞明确表述了科学技术发展的两重性的思想。严格说来,在马尔库塞看来,所谓科学技术发展的两重性,主要表现为现代社会生活和社会结构中占主导地位的理性原则,即技术理性的两重性。马尔库塞指出,以科学技术发展为背景的

---

① 赫伯特·马尔库塞:《单面人》,左晓斯、张宜生、肖滨译,长沙:湖南人民出版社1988年版,导言第7页。

② 同上书,第135页。

现代社会,通过对事物的客观秩序和理性结构的把握取代了传统的人身依赖和对自然的依赖,从而在社会生活和社会结构中形成更高形态的理性,即技术理性的统治。技术理性对现代社会的发展的确发挥着巨大的推动作用,因为它能够"愈加高效地开发自然和精神资源",但同时,这一理性的局限与"险恶力量"也是不容忽视的,这主要"表现在人被生产手段的渐进奴役中"。对于技术理性统治的上述两重性,马尔库塞作了描述,他指出:"社会在一个日益增长的事物和关系的技术集聚——这个技术集聚把对人的技术利用包括在其中——再生产了自己。换言之,生存斗争和人与自然的开发,变得更加科学更加合理。在这一情景中,涉及到'合理化'的双重含义。科学管理和科学分工,极大增长了经济、政治和文化部门的生产率。其结果就是更高的生活标准。在同一时间和同一基础上,理性事业产生一个精神和行动样式,它甚至为这一事业最具破坏性最压抑的特征辩护、开脱。科学—技术理性和操纵结成社会控制新形式。"①

到了70年代初,马尔库塞在另外一本书《反革命与造反》中,把技术理性的两重性思想进一步明确地概括为一个著名的公式:"资本主义进步的法则寓于这样一个公式:技术进步 = 社会财富的增长(即国民生产总值的增长)= 奴役的扩展。"②这一公式是技术理性的两面性或两重性的最清晰的表述,它成为马尔库塞技术理性批判思想的最简练、最集中的表达。同时,这一公式也在各种新马克思主义流派中产生了很大的影响。

(二) 新的统治形式:技术理性统治

从技术理性的两重性可以看出,科学技术的发展不仅改变了人的物质生存条件,而且也从根本上改变了社会结构和社会运行机制。技术体系本身变成一种带有极权主义特征的统治力量或操控力量。技术统治改变了单纯建立在强权和暴力之上的传统政治统治形式,使政治统治具有了技术的性质。新的技术统治形式具有合理性的外观,因为它不断满足人的物质需求,并通过大众文化为人提供越来越多的消遣,由此而消解人的否定性和对社会的反抗。

马尔库塞指出,当技术理性以富足和自由的名义扩展到全部个人生

---

① 赫伯特·马尔库塞:《单面人》,左晓斯、张宜生、肖滨译,长沙:湖南人民出版社1988年版,第123—124页。
② Herbert Marcuse, *Counterrevolution and Revolt*, Boston: Beacon Press, 1972, p.4.

活和社会生活领域之中时,它就开始形成一种新的"更好的统治",它能把所有的对立都整合起来,"同化一切替代方案"。但是,这种"更好的统治"即技术理性统治也是一种极权主义的统治,它使技术从人的解放的力量转变成为人的解放的桎梏。马尔库塞写道:"技术进步持续不断的动态,变得为政治内容所充满,技术逻各斯被转变为持续下来的奴役的逻各斯。技术的解放力量——事物的工具化——成为解放的桎梏;这就是人的工具化。"①

马尔库塞认为,技术理性的统治是通过技术与政治的结合而实现的,现代技术理性和传统政治方式的结合造就了现代社会中的极权主义统治力量。马尔库塞分析道:工业社会及其技术理性的原本目标是要通过技术的发展,把人从必然性的王国中解放出来,确立人的"自决权",使人能够"自由地发挥属于他自己生活的自主性"。但是,实际情形则走向了反面。"按照它组织其技术基础的方式,当代工业社会趋向于成为一个极权主义者。因为'极权主义者'不仅是社会令人恐怖的政治调节,也是一种非恐怖的经济技术调节,它靠既得利益集团对需要的操纵而运转。于是乎,它阻碍了对这一整体的有效对抗的产生。不仅独特的政府形式或政党原则促进极权主义,而且与政党'多元主义'可以完全相容的特殊的生产和分配制度、报纸、对抗力量等等,都能够起同样的作用。"②

在马尔库塞看来,虽然以科学技术发展为背景的技术理性统治从本质上讲也是一种具有政治性质的"极权主义"统治,但是,同传统政治统治相比,技术理性的统治具有更大的合法性或合理性外观,更容易为人们所认同和认可。"今天,统治不仅通过技术,而且也**作为**技术,使自己永存并扩大化,而后者提供了膨胀着的吸收所有文化圈的政治权力的充分合法性。"③

发达工业社会技术理性统治的合法性的取得最主要是由于技术理性的统治采取了不同于传统政治统治的新方式。具体说来,技术理性的发达使现代社会在行使统治职能时较少运用暴力和强权手段,而更多地求助于消遣、娱乐等现代消费手段,从而使人心甘情愿地而不是被迫地被纳入到现存社会的体系之中。用马尔库塞的话说:"这种压抑,完全不同于作为我们社

---

① 赫伯特·马尔库塞:《单面人》,左晓斯、张宜生、肖滨译,长沙:湖南人民出版社1988年版,第136页。
② 同上书,第2—3页。
③ 同上书,第135页。

会从前不那么发达阶段的特征的压抑,它不再是由于自然和技术的不成熟性而起作用,倒是为着强化的目的。当代社会(精神和物资)的能力比从前任何时候都强到不可估量——这意味着社会对个人的统治范围也比从前大到不可估量。在压倒的高效率和日益增长着的生活标准的双重基础上,我们社会用技术而不是恐怖征服了社会离心力量,从而使自己卓越超群。"[①]

进而,从现代科学技术的发展趋势或发展势头来看,这种技术理性统治的合法性基础会在相当长的时期内呈现稳固的状态。马尔库塞断言:"如果再次假定没有核战争或其他灾难打断这种发展,技术进步将促进生活标准的持续提高,促进对控制的持续宽松。国有化经济能够没有结构阻力地开发资本和劳动生产率,同时又大大缩短工作时间并增加生活的舒适。而且,它能够完成这一点而又不放弃对人民总体上的管制……统治者能够抛出的消费品越多,下层人就越是牢固地受各种各样的统治官僚束缚。"[②]

(三)单向度的人

在以科学技术发展为背景的相对富裕的消费世界中,在技术理性所形成的新的统治体制中,出现了一种新的异化和物化的生存方式。这里所说的不是马克思所描述的工人的"自我折磨、自我牺牲"的异化劳动,而是人的自愿的、带有享乐性质的物化活动。工人被"整合"或"一体化"到现存的社会体制中,不再作为社会的反抗力量;人作为一种自由的创造性的实践存在所应具有的否定性、超越性和批判性被技术理性所消解,人成为失去超越维度和批判维度的"单向度的人"。

马尔库塞认为,发达技术世界中的现代劳动者经历了被整合或一体化到现存技术体系或现存社会秩序中的过程。以"富足与自由的名义"确立的技术理性统治具有"把所有真正的对立整合起来"并且"同化一切替代"的功能。通过技术理性的统治而建立起来的新社会是一个消除了工人的反抗性的一体化社会,其主要发展趋势和特征为:"作为刺激、支持有时甚至是控制力量的政府,按照大公司的需要把国家经济集中起来;把这一经济纳入一个世界范围的军事联合、财政统筹、技术协作和发展规划的系统,使蓝领和白领人群同化,使公司与劳工领导人物同化,使不同社会阶层的余暇活

---

① 赫伯特·马尔库塞:《单面人》,左晓斯、张宜生、肖滨译,长沙:湖南人民出版社1988年版,导论第2页。

② 同上书,第37页。

动和志向同化,促使学术成就与国家意愿间的前定和谐,通过舆论的家庭聚会侵蚀私人事务,使卧室向大众信息传播媒介开放。"①这样一来,马克思所分析的传统意义上的作为革命主体的工人阶级已经不再存在,而是转变为与现存社会秩序认同的单向度的人。对于工人在现存技术世界中被整合的过程或单向度的人的生成过程,马尔库塞从四个方面作了详细的分析。

第一,以现代科学技术发展为背景的机械化和自动化正日益减少花费在劳动中的体力的数量和强度,这一点对于传统的工人概念产生了巨大的影响,因为工人对于劳动和生存境遇的态度及其地位发生了重大的甚至是根本性的变化。马尔库塞指出,发达资本主义在维持剥削的同时,使劳动的机械化日益完善,这就改善了被剥削者的态度与地位。他断言:"标准化与程序化同化了生产性与非生产性劳动。资本主义早期阶段的无产阶级的确是身负重载的牛马,靠他躯体的劳动来换取生活必需品与消费品,因而生活在污秽与贫困中。他就这样成了他那个社会的活生生的否定。相形之下,技术社会发达地区的组织起来的工人对这种否定的表现就没有那么明显,而且,如这种劳动社会分工中的其他人的客体一样,他被结合到受管制人们的技术共同体中。此外,在自动化最成功的地区,某种技术共同体似乎把劳动中的个人(human atoms)整合起来。"②

第二,在劳动者的职业阶层划分中也出现了同化或一体化的趋势,在关键性工业机构中,"白领"劳动者增多,而"蓝领"劳动者趋向于减少,其结果是"非生产性工人数量增加"。这一变化引起了价值构成的改变,机器在整个生产体系中的地位开始突出,其"输出"影响着或决定着生产率和价值的生成。马尔库塞认为,这种变化对于马克思的剩余价值理论的适用性也产生了影响。在这样一种以自动化为核心的技术体系或机械体系中,人在减轻体力劳动的输出的同时,也开始失去原有的在生产中的中心地位,失去职业自主权,被整合到机械体系中。马尔库塞指出:"在机器自身变成了一个机械工具与关系的系统,并因而远远超出了个人的劳动过程这个程度上,通过减少劳动者的职业自主权,并把他整合到受控但又控制技术总体的其他职业中,机器表现了更大的支配作用。确实,劳动者从前的'职业'自主性不过是对他的职业奴役。但这种独特的奴役方式,同时又是他独特的职业

---

① 赫伯特·马尔库塞:《单面人》,左晓斯、张宜生、肖滨译,长沙:湖南人民出版社1988年版,第16页。
② 同上书,第22页。

否定力量——中止以灭绝威胁着他作为人而存在的过程的力量——的来源。现在,劳动者正失去职业自主性——这曾使他成为一个与其他职业人群区分开来的阶层之成员——这种职业自主性体现了对既定社会的否证。"①

第三,自动化技术体系中的工人地位上的变化也影响到工人对待生产体系或技术体系的态度和意识,工人开始主动地参与到技术体系之中,或者说,工人自愿被整合到生产和技术体系中,不再作为现存生产体系的否定力量,而是作为其肯定的力量而存在。马尔库塞指出:"在目前形势下,自动化的否定特征占统治地位:高速化、技术失业、管理地位的强化、工人作用的日益下降与让渡。在管理中越来越偏爱工程师和大学毕业生,加薪的机会减少了。然而,还有其他趋向。有利于运转中的机械共同体的相同技术组织,也产生了把工人与工厂整合起来的相互依赖性。人们注意到工人们表现了'共同解决生产问题'的'热情',表现了'主动加入进来把他们自己的智慧应用到与技术相适应的生产和技术问题中去的愿望'。在某些技术最先进的机构中,工人们甚至炫耀他们自己在这个机构中的既得利益——资本主义企业中频频可见的'工人入股'的一个后果。"②

第四,以上整合进程的直接后果就是技术世界中的工人丧失了否定性的维度,"不再表现为现存社会活生生的对立",劳动者由此成为与现存认同的"单向度的人"或"单面人",其主导性的意识是缺少否定维度的"单向度的思想"或"单面思想"。马尔库塞对单面思想的生成作了描述:"大众交通与传播工具、吃穿住日用品,具有非凡魅力的娱乐与信息工业输出,这些也同时带来了人为规定的态度、习俗以及多少舒适的方式使消费者与生产者结合并通过后者与整个社会结合起来的某些理智与激情反应。这些产品灌输、控制并促进一种虚假意识,这种意识不因自己虚假而受影响。而且,随着这些有益产品对更多社会阶层的个人变为可得之物,它们所携带的训诫就不再是宣传而是变成了一种生活方式。它是一种美好的生活方式——比从前的要美好得多,而且,作为一种美好的生活方式,它抗拒质变。一种**单面思想**与**单面行为**模式就这样诞生了。"③

---

① 赫伯特·马尔库塞:《单面人》,左晓斯、张宜生、肖滨译,长沙:湖南人民出版社1988年版,第24—25页。
② 同上书,第26页。
③ 同上书,第10页。

马尔库塞特别指出,被整合到自动化的机械体系和技术体制中的工人,虽然在职业自主权等方面更加不自由,并失去了超越和否定的维度,但是,现代工人同马克思时代所描述的遭受着"自我牺牲、自我折磨"的异化的劳动者不同,他在较舒适的物质生活条件下往往感受不到受压抑和不自由的境遇,反而有一种满足与幸福的感觉,例如,现代工人驾驶一辆新车、在乡间散步、工作疲惫之后过轻松的夜生活,等等,都会消解人与现存秩序之间的张力。因而,在现代单向度的人群中,"**幸福意识已经占了上风**"[①]。

通过上述四个方面的分析,马尔库塞比较深刻地揭示了现代科学技术和技术理性的发展及其在生产体系中的运用所带来的劳动者的地位及其价值观念的变化。从价值学的视角来看,马尔库塞对工人阶级被整合或一体化到现存技术体系中的这一事实持否定和批判的态度。在他看来,单向度的人的出现,对于社会的进化而言不是一种积极的现象,虽然在现代技术世界中,人的物质生活条件得到了极大的改善,劳动者甚至主动地与现存体制认同,但是,在实际上,劳动者丧失了人之为人的一个基本维度,即否定和批判的维度,其后果是使社会失去了自我超越的内在驱动力,人的基本生存是由个人无法控制的力量和机制所决定的。用马尔库塞的话说,"发达工业文明的奴隶们是升华了的奴隶,但毕竟还是奴隶"[②]。因此,马尔库塞在揭示单向度的人的生存境遇时,特别着力于对技术异化的原因的揭示和扬弃技术异化的途径的探讨。

(四)技术异化的扬弃与新理性的生成

马尔库塞在剖析了技术的两重性、技术的异化、技术统治下的单向度的人等文化异化现象之后,重点揭示了技术异化的原因和扬弃异化的途径。他认为,导致技术理性成为一种极权主义的政治统治力量的根本原因在于,现阶段的社会劳动组织方式出了毛病,其要害问题是否定理性为肯定理性所取代,或者说是价值理性被工具理性所压倒。马尔库塞断言,要消除技术理性的操纵统治功能,扬弃技术异化,最根本的途径是把价值整合到科学中,使科学向形而上学倒转,并且同艺术相结合,形成科学、技术、艺术和价值相结合的新理性,从而实现人和自然的双重解放,达到人与自然的和谐。

---

① 赫伯特·马尔库塞:《单面人》,左晓斯、张宜生、肖滨译,长沙:湖南人民出版社1988年版,第68页。
② 同上书,第28页。

马尔库塞特别重视探讨技术异化的根源问题。他承认,建立在现代科学技术发展基础之上的技术理性同传统理性或"前技术理性"相比有很大的进步之处,它逐步消除了人身依赖,依靠对事物客观秩序及规律的把握,越来越高效地开发自然和精神资源,极大地改善了人的物质生存条件。但是,技术理性同前技术理性又有一个共同之点,就是都建立起对于人的外在统治。技术理性的局限性及其险恶力量"表现在人被生产手段的渐进奴役中"。

关于这一基本观点,马尔库塞有十分明确的论述,他指出:"制度本身的理性,必定有什么毛病,现阶段这一点变得明显起来,毛病就出在人们组织社会劳动的方式。目前毋庸置疑的是,一方面,大企业家们打算牺牲私人企业的福利,与政府命令和政府法规所允许的'自由'竞争,同时,另一方面,社会主义建设通过渐近统治而不断发展。然而,问题不能停留于此。有毛病的社会组织,需要根据发达工业社会的形势作进一步说明,在那种形势下,从前否定和超越的社会力量与既定制度的结合,似乎创造了一个新的社会结构。"[①]马尔库塞认为,理性的主导性价值取向从否定向肯定的转变是技术理性异化的主要原因,其结果是技术体系或社会组织机制从根本上消解了社会内在的否定和超越的维度,"驳倒、否证了替代"。

以肯定理性取代否定理性的转变作为技术异化的根源这一观点,并不是所有新马克思主义者都赞同的见解,例如,哈贝马斯对此就明确提出了质疑。但是,肯定理性和否定理性的关系问题的确是一个十分重要的问题。阿多诺在《否定的辩证法》中曾对此进行了十分深刻的探讨。此外,我们应当特别提及著名社会学家韦伯关于工具理性和价值理性的见解。韦伯在探究现代化精神时,曾区分了两种理性,即工具理性和价值理性(工具合理性和价值合理性),并且从中发现了资本主义现代化进程中工具理性同价值理性的张力和冲突问题,他将工具理性的膨胀及其对价值理性的消解作为异化或物化的根源。"合理性"(rationality)概念是韦伯分析现代社会的核心范畴,他区分了价值理性和工具理性,其中,价值理性关注和强调的是特定行为的无条件的、绝对的价值内涵,它首先考虑的不是这一行为的结果,而是确保选择纯正的动机和正确的手段去实现自己的目的;工具理性则主要强调特定行为的功利目标和效果最大化,关注如何借助理性、技术、手段、工具去达到自己的预期目的。因此,价值理性的核心是人的意义、人生的追

[①] 赫伯特·马尔库塞:《单面人》,左晓斯、张宜生、肖滨译,长沙:湖南人民出版社1988年版,第122—123页。

求、理想、道德等人文关怀和人文精神,而工具理性则漠视人的情感和精神价值,被功利目的和物质追求所驱动。韦伯在《新教伦理与资本主义精神》中指出,起源并形成于新教改革的伦理在肯定世俗化时,强调勤俭和刻苦等职业道德,强调世俗工作的价值取向,主要是通过成功来荣耀上帝,以获得上帝的救赎。新教的理性化极大地促进了资本主义的发展,但同时也使工具理性获得了充足的发展,并且开始脱离自己内在的价值取向,丧失了自己内在的宗教动力。在这种条件下,物质和金钱成为人们追求的主要目的,工具理性与价值理性分裂并走向了极端化,目的被手段所取代,理性成为统治人的"铁的牢笼",现代社会开始成为"宰制社会"。韦伯的这一观点对西方马克思主义的技术理性批判产生了重大影响。

在这一点上,马尔库塞的观点同韦伯有相同之处,他在探讨技术异化的扬弃问题时,提出对理性的改造问题,呼唤一种新的理性的产生。这种新的理性的基本要点是在技术理性之中纳入价值要素,并使之成为理性的灵魂。显而易见,这种新理性是一种包容价值、艺术等人文要素的理性。他断言:"科学和技术的历史成就已使如下转化成为可能:**把价值观念转化为技术的任务**——价值观念的物化。其结果,重要的便是**用技术的术语**,把价值观念重新定义为技术过程的要素。这些新的目标,作为技术的目标,不仅在机器的利用中,而且在机器的设计和制造中都将起作用。"①

同价值要素直接相关的是艺术。马尔库塞认为,艺术在新的理性中应当占据十分重要的地位。一般说来,真正的艺术作为人把握世界的一种特定的方式或人的一种生存方式,比较集中地表现出人的创造性本质。当然,马尔库塞也发现,在发达的技术世界中,艺术也在某种程度上走向异化,它通过特定的形象的创造,并且通过与现代大众传播媒介及现代人的物质生活方式的结合,掩饰了现存的张力和冲突,使现实变得可以容忍。造成艺术异化的原因在于艺术理性同科学理性的分离,而二者原本应当是统一的。用马尔库塞的话来说,"统治的理性已使科学理性和艺术理性相分离,或者它通过把艺术整合到统治域,从而证伪了艺术理性。那是一次分离,因为从一开始,科学就包含了审美理智、自由玩耍、甚至愚蠢的想象、变革的幻想;科学沉湎于可能性的合理化之中"②。基于关于科学和艺术关系的这种认

---

① 赫伯特·马尔库塞:《单面人》,左晓斯、张宜生、肖滨译,长沙:湖南人民出版社1988年版,第198页。
② 同上书,第195页。

识,马尔库塞强调指出,要扬弃艺术和技术各自的异化,就必须重新建立起科学技术和艺术的和谐统一,使艺术理性同科学理性结合起来,使艺术成为理性的要素。他认为:"依据理智的认识和改造能力,文明产生了各种工具,能使自然从其兽性、不充分及盲目性中摆脱出来。而理智唯有作为后技术理性才能实现这个功能。在后技术理性中,技术自身是缓和的手段,是'生活艺术'的风琴。因而,理智的功能与艺术的功能不谋而合。"①

按照马尔库塞的思路,如果能够把价值和艺术整合到科学和技术之中,作为科学和技术的内在要素,实现技术理性、科学理性同价值理性、艺术理性的统一,我们就可以扬弃技术的异化。而扬弃技术异化的目的是重建人与自然的和谐统一,实现自然的解放,而这也就是人的解放。他指出:"如果对自然的技术改造成功地把控制与自由连接起来,把控制导向自由,那么在此成功的地方美学节减便出现了。在此情形中,对自然的征服也减少了自然的盲目性、残暴及生产率——这暗含着减少人对自然的残暴。土壤的耕作在质上不同于对土地的破坏,对自然资源的开发利用在质上不同于对它们的挥霍浪费,森林的集材在质上不同于大规模的砍伐。贫困、疾病和癌肿性发展是人及自然的疾患——它们的减少和消除乃是对生活的解放。"②

关于技术异化的扬弃和自然的解放的思想,马尔库塞在其他许多地方反复强调。例如,在《反革命与造反》中,他进一步强调解放自然的重要性,因为自然的解放是人的解放的重要手段或步骤。他把自然的解放区分为两个层面:一是解放属人的自然,即解放作为人的合理性和经验之基础的人的原始冲动和感觉;二是解放外部的自然界,即解放人的存在的环境。马尔库塞继承了青年马克思关于人与自然相统一的基本思想,主张在人的实践活动的基础上建立人与自然的统一。他认为,所谓自然界的解放并不意味着倒退到前工业技术阶段去,而是要把人和自然都从为剥削服务、破坏性地滥用科学技术的状况中解放出来。因而,这种意义上的解放自然也就是人自身的解放。马尔库塞断言:"自然的解放就是恢复自然中的活生生的向上的力量,恢复与生活相异的、消耗在无休止的竞争中的感性的美的特性,这些美的特性表示着**自由**的新的特性。"③

---

① 赫伯特·马尔库塞:《单面人》,左晓斯、张宜生、肖滨译,长沙:湖南人民出版社1988年版,第203页。
② 同上书,第205页。
③ 引自《西方学者论〈1844年经济学—哲学手稿〉》,上海:复旦大学出版社1983年版,第146页。

从以上论述可见，马尔库塞关于单向度的人的论述对于现代社会的技术异化问题作了很深入的探讨，无论是对技术的两重性的分析、对技术统治和人的生存单面性的揭示，还是对技术异化的原因的剖析和对扬弃技术异化的途径的探讨，都有很多独特的见解。尤其应当指出的是，他关于技术理性批判的论述立于当代文化批判思潮发展的前沿，同韦伯、席美尔、卢卡奇等思想家关于理性的分析批判有着共同的基础，同时与20世纪生态文化的兴起也有着呼应关系。因此，尽管人们关于马尔库塞的单向度的人的理论还有很多争议，但是，他的技术理性批判思想的确可以给我们带来许多有益的启示。

二、压抑性的心理机制

在《单向度的人》中，马尔库塞对工人被"整合"或"一体化"到现存的社会体制中，从而使人从现存世界的反抗者变为失去超越维度和批判维度的"单向度的人"这一现象作了深刻的分析，其中的重要思想是思考物化世界中人的生存方式的异化，分析被压抑的人内在的自我异化的状态。关于这一思想，马尔库塞在《单向度的人》之前发表的《爱欲与文明》一书中，有过更为细致和专门的探讨。

从思想渊源来看，对马尔库塞影响最大的两个思想家便是马克思和弗洛伊德。早在1932年，马克思的《1844年经济学哲学手稿》问世的当年，马尔库塞就写成了《历史唯物主义的基础》一书，对马克思的异化理论进行了系统的研究与阐述。他对马克思的异化劳动理论的评价很高，认为异化理论构成了历史唯物主义乃至马克思全部学说的基础。同时，马尔库塞对弗洛伊德的精神分析学也给予了极大的重视，他在1955年出版的《爱欲与文明》一书中，把马克思的异化理论同弗洛伊德的文明观结合起来，对现代人的压抑性生存方式或心理机制进行了深刻的阐释。由此，《爱欲与文明》一书成为弗洛伊德主义的马克思主义的代表作。

马尔库塞认为，在现代社会，个体自由的发展总是伴随着异化的加深。由于科学技术的发展和消费世界的发达，现代社会的异化机制主要地不是表现为外在异己力量对人的直接压抑和统治，而更多地表现为人的"自我异化"，表现为无形的文化力量对人的内在的操控和人的主体性的自我消解。因此，现代文明对人的压抑是一种具有"合理的"和"自愿的"外观的更深层、更隐蔽的压抑。他断言，现代文明从总体上具有压抑性质，而现代人的心理机制和生存方式具有压抑的特征。他指出:"发达工业社会的巨大能力正在被日益动员起来,以阻止用它自己的资源去抚慰人类生存。所有关于消除压抑、关于反抗死亡的生命等宏论都不得不自动地进入奴役和破坏的框界。在这个框界内,即使个体的自由和满足也都带上了总的压抑的倾向。"①马尔库塞关于压抑性心理机制的探讨是直接从分析弗洛伊德精神分析学关于文明起源和文明性质的理论开始的。

(一) 弗洛伊德的文明观

众所周知,弗洛伊德是当代著名的社会心理学家,他所创立的精神分析学对于20世纪人类精神的演进和文化观念的更新起到了巨大的促动作用。他从诊治精神病患者开始,在对精神病患者的梦的解析中窥测到人的深层心理机制的奥秘,并发现了以性欲和爱欲为核心的本能在人的生存和社会的进化中的巨大影响力,甚至决定性作用。由此,弗洛伊德的思索和研究超越了纯病理学的层面,进入了人类文化的层面,他对传统理性文明观提出了挑战,建立起以本能和对本能的压抑为主要线索来解释文明机制的非理性的文明观。

应当说,马尔库塞在关于心理机制和文明内涵的许多方面同弗洛伊德有不同的观点,但是,在一个基本点上,他们有基本的一致性。弗洛伊德断言,文明起源于性压抑;马尔库塞也是以这一基本命题建立起对压抑性心理机制的理论阐释。

弗洛伊德对于人的深层心理机制的揭示经历了一个认识过程。在早期著作中,他把人的心理活动分为两个基本层面:意识和无意识。其中,意识是人的理性活动层面,而无意识则由各种各样不可遏止的本能冲动和欲望组成。按照传统观点,理性或意识构成了人的本质规定性,弗洛伊德则认为,意识只是人的心理结构的表层,因而并不是最重要的,而无意识则对人的整个精神活动和其他活动起着决定性作用。此外,弗洛伊德认为,在意识与无意识之间还存在着下意识或潜意识的层面,其功能是防止本能和欲望等无意识因素渗透到意识之中。到了晚年,弗洛伊德使上述思想进一步明确,把人的心理结构划分为三个基本层面:一是"本我"(id),这是由本能和欲望构成的无意识层面;二是"自我"(ego),代表着理性和判断的层面;三

---

① 赫伯特·马尔库塞:《爱欲与文明》,黄勇、薛民译,上海:上海译文出版社1987年版,序言第17页。

是"超我"(super ego),它是由道德观、是非观、良心等构成的对"本我"的道德限制层面,实际上是社会文明规范在个体中的内化。

弗洛伊德指出,"本我"和"自我"服从于不同的原则:"本我"由各种非理性的本能和欲望构成,其中最根本的是性欲冲动,即"力比多",它为人的各种活动提供动力,唯一追求的目标是获得快乐,因此,"本我"的活动遵循快乐原则;而"自我"代表着理性和判断,它既要满足本能对快乐的追求,又要用"超我"的道德和是非观来约束本能的活动范围,使之符合现实的要求,因此,"自我"的活动遵循现实原则。弗洛伊德认为,健全的心理机制应当是"本我""自我"和"超我"三个层面处于平衡状态,而实际上它们之间的冲突是常常发生的。文明起源的机制就说明了这一点。人类社会的风俗、习惯、宗教戒律、道德规范等,归根到底是作为对人的性本能的节制而产生的。从杂乱性交的原始群,经过血缘家庭和普那路亚家庭的群婚制,再通过对偶家庭这种不稳定的个体婚制,最终过渡到严格的一夫一妻制,实际上就是人的理性文明观通过不断限制性本能的活动范围而建立起理性控制的过程。因此,弗洛伊德断言,文明起源于性压抑。他认为,随着现实原则不断约束快乐原则的活动范围,理性对本能的不断压抑一方面外化为文明形态,另一方面内化为人的压抑性心理机制。他倾向于从个体发生和群体发生两个层面来展示人的压抑性心理机制的建构过程。

在个体发生的层面上,压抑性心理机制的形成表现为"被压抑个体从孩提时期向有意识社会生存的发展"。按照弗洛伊德的理论,性本能或性欲贯穿于人的一生,从孩提的口唇吸吮到成年人的性生活都受性本能的驱使。但是,这是一个从快乐原则不断向现实原则转变的过程,即从直接的满足向延迟的满足、从快乐向限制快乐、从欢乐消遣向苦役工作、从没有压抑向压抑中的安全感转变的过程。在这一转变过程中,人的爱欲区不断缩小,最终集中到生殖器性欲上,同时,现实原则、操作原则、理性自我对人的本能的限制和对人的行为的约束也就随之建立起来。正如马尔库塞对弗洛伊德的这一理论所作的概括那样,"人类在快乐原则的支配下通常不过是一股动物性的内驱力而已。但随着现实原则的确立,他变成了一个有机的自我。他所追求的是有用的、而且是在不伤及自身及其生命环境的前提下所能获得的东西。在现实原则的指导下,人类发展了**理性**功能:学会了'检验'现实,区分好坏、真假和利弊"①。

马尔库塞认为,弗洛伊德主要是通过匮乏和额外压抑来解说以现实原则、理性原则和操作原则为核心的压抑性心理机制的形成原因。在人类进化的进程中,匮乏与人的生存需要一直处于严重的矛盾对立之中。这种匮乏的事实迫使人类不得不对自己的本能和欲求进行约束和压抑。"在现实原则背后,存在着一个基本事实,这就是缺乏。这意味着,生存斗争是在一个很贫穷的世界上发生的,人类的需要,如果不加限制、节制和延迟,就无法在此得到满足。换言之,要得到任何可能的满足都必须**工作**,必须为获得满足需要的手段而从事颇为痛苦的劳动。由于工作具有持久性(实际上它占去了成熟个体的全部生存),快乐受到阻碍,痛苦得以盛行。而且,由于基本本能所追求的是快乐的放纵和痛苦的消失,快乐原则与现实发生了冲突,本能被迫接受一种压抑性管制。"②除了上述这些为文明人类的联合所必不可少的基本控制之外,弗洛伊德认为,特定历史机构和统治集团从特定的利益出发,还引进了一些附加的控制,对人形成了额外的压抑。例如,为了维持一夫一妻制家庭,为了实行等级制的劳动分工,为了公共地控制个体的私人生存,都必须改变和转移本能能量。个体的压抑性心理机制就在这些因素的作用下建立起来。

在属系(群体)发生的层面上,压抑性心理机制表现为"压抑性文明从原始部落向完全有组织的文明国家的发展"。在这里,弗洛伊德对于人类从原始社会向文明社会的过渡提出了自己独特的假说。原始部落实行的是父权统治,父亲独占女人,独占最高的快乐,儿子们被剥夺了属于父亲专利的快乐,而专门从事维系生存所必需的活动。这种人格化的父权统治是一种不稳定的统治,儿子们为了摆脱束缚,获得自由和快乐而弑父,推翻这种一个人的独断统治。然而,这种以弑父为表现形式的反抗行为并没有带来所允诺的普遍的自由和普遍的享乐,而是建立起新的统治,只是以非人格化的联合统治取代了人格化的父权统治。"由一个人的统治发展为几个人的统治,这与'社会蕃衍'的快乐有关,并在统治集体本身中造成了自我施加的压抑,因为这个集体的**所有**成员如果想维持其统治,就必须服从禁忌。现在,压抑已弥漫于压迫者自身的生活之中。他们的部分本能能量开始在

---

① 赫伯特·马尔库塞:《爱欲与文明》,黄勇、薛民译,上海:上海译文出版社1987年版,第5页。
② 同上书,第21—22页。

'工作'中得到升华。"①

弗洛伊德认为,推翻原始部落的父权统治之后,之所以没有能够确立起普遍的自由和普遍的快乐,根本原因在于,在原始社会中,父亲不仅代表着专制暴君,而且也代表着一种基于自然原则的权威和合理性。因此,弑父事实在儿子们心中引起了巨大的负罪感,同时,由于彼此的需求和快乐原则的相互冲突,任何个人都无法以独占权力和独占快乐而建立起人类新的生存秩序。所以,他们只能通过联合来建立起以社会契约为基础的新的秩序。这种新的秩序虽然改变了统治形式,把父权的专制垄断改变成"有限的教育和经济权威",但是并没有改变其自身统治和压抑的性质,甚至这种统治和压抑同原始部落的父权统治相比有增无减。用马尔库塞的话说,"父亲的功能逐渐从其个人方面移至其社会方面,转向他在儿子心中的形象(良心)、转向上帝、转向那些教导他的儿子成为社会上安分守己的成员的各种机构及其代理人。如果其他情况相同,那么这个过程所实行的限制和克制的程度可能并不亚于其在原始部落中的情形"②。

这样一来,压抑性心理机制就在个体发生和群体发生这两个层面上共同地建立起来。正是基于这种分析,"弗洛伊德认为,人的历史就是人被压抑的历史。文化不仅压制了人的社会生存,还压制了人的生物生存;不仅压制了人的一般方面,还压制了人的本能结构"③。尽管马尔库塞对弗洛伊德的许多论断和假说有不同的看法,但他从总体上接受了弗洛伊德关于文明起源的基本见解,并以此为基础,揭示了现代人的压抑性心理机制。

(二)现代人的压抑性心理机制

马尔库塞认为,弗洛伊德关于以现实原则、操作原则、理性原则为核心的压抑性文明的理论对于认识发达工业社会也具有很大的价值,这是因为,在现代,虽然科学技术的发展和财富的增长在很大程度上缓解了由于匮乏所引起的生存压力,但是,文明对人的压抑并没有消除,反而有增无减,深入到人的生存的各个领域。在这种情形下,人的存在方式和心理机制更加异化,更加具有压抑的性质。对此,马尔库塞重点强调了以下几点。

---

① 赫伯特·马尔库塞:《爱欲与文明》,黄勇、薛民译,上海:上海译文出版社1987年版,第43页。
② 同上书,第51页。
③ 同上书,第3页。

第一,异化现象的普遍化。马尔库塞认为,在现代技术世界中,除了仅有的为数不多的真正的艺术活动外,绝大多数劳动都是异化的。真正的艺术活动能够提供高度的"力比多"(性欲冲动)满足,因此,它是人的本能的健康的升华,能够给人带来巨大的愉悦和快乐。而现代社会中的大部分工作则完全不同,它们属于痛苦和可怕的异化劳动,这种活动割断了同爱欲的联系,不能满足个体的需要和倾向,因此,是"由残酷的必然性和无情的力量强加于人的"。

马尔库塞对异化的普遍化作了十分形象的描述,他指出:"劳动几乎完全异化了。装配线的整套技巧、政府机关的日常事务以及买卖仪式,都已与人的潜能完全无关。工作关系几乎变成了作为科学活动和效率专家的处理对象成了可以互相替换的人与人之间的关系。确实,迄今尚很流行的竞争需要一定程度的个性和自发性;但是,这些特征已与它们所依赖的竞争一样,变得肤浅和不真实了。事实上,个性在名义上只存在于对类的特殊表达中(如卖淫妇、主妇、硬汉、女强人、上进的年轻夫妇,等等),正如竞争也将缩小到对几类预定的小玩意、装饰品、调味品、颜料之类东西的生产上。在这个虚幻的表面现象背后,整个工作世界及其娱乐活动成了一系列同样甘受管理的有生命物和无生命物。在这个世界上,人类生存不过是一种材料、物品和原料而已,全然没有其自身的运动原则。这种僵化的状况也影响了本能、对本能的抑制和改变。原来的动态本能现在变为静态的了,自我、超我和本我之间的相互作用凝聚成了机械反应。超我的僵化伴有自我的僵化,它的表现就是在不恰当的时间和地点产生了僵化的性格和态度。意识越来越缺少自主性,它的任务范围缩小了,它只须使个体与整体相协调。"①

第二,统治力量(异化力量)的非人格化与普遍化。发达工业社会条件下异化的加剧不仅体现在异化现象的普遍化,存在于人的几乎所有活动领域,而且还体现在统治人的异化力量也改变了存在形式,从人格化、个体化的有形的力量(如主人、酋长、首领、权威等)转化为非人格化、普遍化的无形的社会力量或文化力量(机构、理性、技术、观念形态等)。在这种情况下,人对异化的反抗和超越更为艰难,更加无效。

马尔库塞认为,在现代社会条件下,家庭的社会功能的削弱深刻地反映了非人格化力量对人的统治加强这一事实。他指出,在传统社会,无论如何

---

① 赫伯特·马尔库塞:《爱欲与文明》,黄勇、薛民译,上海:上海译文出版社1987年版,第72—73页。

都是家庭在行使抚养和教育个体的功能,在这种情形下,人们所遵循的主要准则和价值标准都是由个人传递并通过个人的命运改变的。与此相应,对个体的控制和约束也是由家长等各种人格化、个体化的父亲形象来行使的。而在现代社会条件下,非个体化的社会教育、各种大众传播媒介取代了家庭的地位,把这种价值与准则灌输给个体,并对人进行效率、意志、人格、愿望、冒险等方面的训练。与此同时,政治、经济、文化垄断集团等各种非人格化的力量取代了传统的人格化的父亲,通过"管理"的方式而形成新的统治机制和统治形式。

概而言之,用精神分析学的话语来说,这些转变的聚焦点在于,非人格化的超我取代了人格化的超我行使统治人压抑人的功能,换言之,普遍的文化力量开始取代传统政治压迫和经济剥削而居于统治机制的核心。统治力量或异化力量的普遍化和非人格化,加之消费主义文化的共同作用,使现代个体丧失了反抗和超越的维度。对此,马尔库塞作了十分形象的描述,他指出:"由于统治变成了一个无偏见的管理制度,指导着超我发展的形象也就变得非人格化了。以前,超我是由主人、酋长、首领来'充当'的。这些人以其具体的人格代表着现实原则。他们既严厉又仁慈,既残酷无情又赐福于下人。他们唤起了人们反抗的愿望,却又惩罚这种愿望。强迫人们顺从乃是他们自己的功能和责任。因此人们对他们这些人及其作为除尊重和害怕外还伴之以仇恨。他们为冲动及满足这种冲动的自觉努力提供了活生生的目标。但是这些人格化的父亲形象在各种机构后面逐渐地消失了。随着生产设施的合理化及其功能的多样化,所有的统治都采取了管理的形式。而在这种统治发展到登峰造极的时候,集中的经济力量把人完全吞没了。任何人,即使身居高位的人,面对这种设施本身的运动和规律,都显得软弱无力。控制一般由政府机关实施。在这个机关中,无论雇主和雇工都是被控制者。主人不再履行某种个体的功能。性虐待狂首领、资本主义剥削者,都被改造成了某个官僚机构的拿薪俸的成员,而他们的臣民是以另一个官僚机构的成员的身份与他们打交道的。个体的痛苦、挫折和无能都导源于某种多产和高效的制度,尽管在这个制度中,他们过着前所未有的富裕生活。负责组织个体生活的是这个整体,是这个'制度',是决定、满足和控制着他的需要的全部机构。攻击性冲动失去了攻击的对象,或者说,仇恨所遇到的都是笑容可掬的同事、忙碌奔波的对手、唯唯诺诺的官吏和乐于助人的工人。他们都在各尽其责,却又都是无辜的牺牲品。"①

第三,压抑性心理机制的生成。马尔库塞认为,正是由于异化现象的普遍化和统治力量或统治形式的非人格化,现代人的心理机制具有压抑性的本质特征。发达工业社会条件下的压抑性心理机制的两个突出特征是:劳动(工作)异化为苦役;爱欲降格为单纯的性欲。我们可以从这两个基本特征入手来理解马尔库塞所揭示的压抑性心理机制。

关于劳动或工作异化为苦役,马尔库塞有许多论述。他认为,在现实原则和操纵原则的支配下,人的身心都变成了异化劳动的工具。面对非人格化的力量通过"管理"的形式而行使的具有合理化外观的现代统治形式,现代人往往"自由地"经受压抑,把压抑视作自己的正常生活。他们往往不像早期资本主义时期的工人那样反抗机器,逃避劳动,而是能够忍受劳动的枯燥与痛苦,同时用劳动之外的娱乐消遣和消费来平息被压抑的力比多。因此,具有压抑性心理机制的现代人较少具有超越性和反抗性。这正是马尔库塞在《单向度的人》中所描述的失去超越维度的"单面人"。在这种意义上,无论现代人如何能够忍受自己的工作,这些工作都具有明显的异化性质。对此,马尔库塞指出:"对极大多数人来说,满足的规模和方式受制于其自己的劳动。然而他们却是在为某种设施而劳动,并对这种设施无法进行控制,这是一种个体若想生存就必须屈从于它的独立的力量。而且劳动分工越专门,他们的劳动就越异化。人们并不在过自己的生活,而只是在履行某种事先确立的功能。虽然他们在工作,却不能满足自己的需要和发挥自己的作用。他们是在**异化**中工作。现在,工作变成了**一般**工作,因而导致了对力比多的约束:占据极大部分个体生活时间的劳动时间是痛苦的时间,因为异化劳动是对满足的反动,对快乐原则的否定。力比多被转到对社会有用的操作上去,在这些操作中,个体从事着同自己的机能和需要根本不协调的活动。"②

关于压抑性心理机制的另一个本质特征,即爱欲变成单纯的性欲,马尔库塞直接运用了弗洛伊德的论述方式。他认为,在现代社会,超我即文明对人的压抑越来越强烈,结果导致了人的爱欲区急剧缩小,爱欲由此变成了单纯的性欲。按照弗洛伊德的观点,性本能是泛性欲化的,它并不只集中于生

---

① 赫伯特·马尔库塞:《爱欲与文明》,黄勇、薛民译,上海:上海译文出版社1987年版,第69—70页。

② 同上书,第28—29页。

殖器性欲的满足,而是贯穿于人的一生,体现在人的多种活动的升华机制中。但是,马尔库塞认为,发达工业社会的压抑机制堵塞了人的力比多释放的各种渠道,技术限制减少了爱欲能量,限制了升华的范围,从而增加了性行为能量,把"爱欲体验还原为性体验与性满足"。关于这一点,马尔库塞在《单向度的人》中作了形象的描述,他说,我们可以"比较一下草坪上的做爱与汽车里的做爱,城墙外情人在小径上的做爱与在曼哈顿大街上的做爱。在前一情形中,环境参与了进来,分享了利比多的专注,并倾向于爱欲化。利比多超越了直接性感觉区——一个非压抑的升华过程。相形之下,机械化的环境似乎阻碍了利比多的自我超越。在被迫努力扩大爱欲满足区域的情况下,利比多变得更少'多晶型',更少能进行超越了定域性行为的性爱,局限于性器官的性行为于是被强化"[①]。可以说,劳动(工作)和性活动是人的两个非常基本的活动领域,因此,这两个领域的异化标明文明对人的压抑已经达到人的生存的深层次。

(三) 关于非压抑性生存方式的设想

马尔库塞同弗洛伊德精神分析学理论的最大分歧点是关于非压抑性生存方式的可能性问题。按照弗洛伊德的观点,在理性的现实原则和本能的快乐原则之间不可避免地要发生冲突,文明历史的结构本身就体现了这种冲突,体现了现实原则对快乐原则的压抑,在生物的层次上,这种冲突表现为"动物性的人在与自然斗争中的发展",而在社会的层次上,这种冲突表现为"文明个体和群体在相互斗争及其与环境斗争中的发展"。因此,文明就起源于性压抑,无论在什么样的意义上,人类都"不可能彻底解放快乐原则",而这即是说,非压抑性的生存方式是不可能的。

在这一点上,马尔库塞的见解完全相反。他指出,按照弗洛伊德的观点,在文明中现实原则同快乐原则的冲突及理性对本能的压抑是由于普遍的缺乏、生活窘迫和生存斗争所引起并维持的。既然如此,就说明压抑是由本能之外的因素形成的,或者说是历史性的结构。而这样一来,非压抑性的生存方式应当是可以设想的,因为匮乏并非永恒的状态,与此相关,对本能的压抑也就不是必然的。对此,马尔库塞是持比较肯定的结论的。他在1961年为《爱欲与文明》一书标准版所写的序言中明确指出:"本书提出了

---

① 赫伯特·马尔库塞:《单面人》,左晓斯、张宜生、肖滨译,长沙:湖南人民出版社1988年版,第63页。

非压抑性生存方式这个概念,旨在表明,向现阶段文明有可能达到的新阶段过渡将意味着,使传统文化颠倒过来,不论是物质上的还是精神上的,就要解放迄今为止一直受到禁忌和压抑的本能需要及其满足。"①

关于非压抑性的生存方式或非压抑性的文明,马尔库塞在《爱欲与文明》中专门分析了席勒的审美观点。席勒认为,文明的弊病是人的两种基本冲动,即感性冲动和理性(形式)冲动之间的冲突,是"理性对感性施以压抑性暴政"。因此席勒提出,要消除文明对感性的压抑性控制,"恢复感性的权利"。马尔库塞非常赞同席勒的观点,他从席勒的论述中概括出非压抑性文明的几个基本点:(1)消除匮乏,使"苦役(劳动)变为消遣,压抑性生产变为表演";(2)调和感性与理性的冲突与对抗,实现"感性(感性冲动)的自我升华和理性(形式冲动)的贬值";(3)征服有碍于感性持久满足的时间。在这些分析的基础上,马尔库塞阐述了自己关于非压抑性生存方式的理解。他把非压抑性生存方式或非压抑性文明的要点概括为两个:工作转变为消遣;性欲升华为爱欲。这两方面转变的共同结果将是"建立本能与理性的新联系"。

第一,工作转变为消遣。如前所述,在马尔库塞看来,发达工业社会条件下,文明的压抑性机制并没有被改变,相反,在某种意义上,文明对人的本能更具有压抑性。其突出标志之一便是劳动的普遍异化。他认为,在现代社会,除了少数真正的艺术活动之外,人的所有活动都具有异化的性质。在必然王国中为了获得和拥有生活必需品的必要劳动是"一系列本质上非人的、机械的、例行的活动",而不是实现人的自由自觉的本质的自由活动。现代社会的劳动活动即便不是折磨人的异化活动,充其量也只是大众文化背景中的"无思想的闲暇活动"。马尔库塞指出,要改变劳动的压抑性质和异化性质,就必须实现工作由苦役向消遣的转变。具体说来,这意味着,感性实现自我升华,扬弃理性的压制,使劳动摆脱"生产和操作的价值标准",即摆脱现实原则和操作原则的统治,获得"消遣和表演"的性质,为自由文化的出现奠定基础。马尔库塞指出:"消遣和表演作为文明的原则,并不表示劳动的转变,而表示劳动完全服从于人和自然的自由发展的潜能。"②

为了阐释工作向消遣的转变,马尔库塞特别从爱欲的机制特点来探讨

---

① 赫伯特·马尔库塞:《爱欲与文明》,黄勇、薛民译,上海:上海译文出版社1987年版,序言第14页。

② 同上书,第143页。

工作和消遣"同化"或结合的可能性。应当说，就其动力基础或深层机制而言，消遣和工作的确有很大的区别。一般说来，决定着消遣的冲动是前性器（前生殖器）冲动，因为消遣表现了无目标的自体爱欲。相反，工作则是为自身之外的目的，即自我保护的目的服务的。但是，马尔库塞认为，随着匮乏的缓解和消失，人有可能改变自身的本能结构，从而为工作和消遣的同化提供条件。他设想："如果工作伴有一种前生殖器的多形态爱欲的恢复，那么工作就可能自在地具有满足作用，同时却又不失其工作内容。现在，作为征服了缺乏和异化的结果而出现的，正是这样一种多形态爱欲的恢复。因此变更了的社会条件将为工作转变成消遣提供本能基础。"①显而易见，要使工作变为消遣，必须以人的本能结构向原生形态的恢复为基础，这就是使性欲升华为爱欲。

第二，性欲升华为爱欲。马尔库塞认为，在文明的演进过程中，现实原则不断约束和缩小爱欲的活动范围，最终把前生殖器的泛化的爱欲转变为"生殖器至上的性欲"，从而确立起理性原则和操作原则对本能的统治和压抑，这是异化的深层机制。非压抑性生存方式的建立要求确立一种新的现实原则，一种以感性的解放和前生殖器的爱欲的恢复为基础的秩序，从而使本能摆脱"压抑性理性的暴政"，走向"自由的、持久的生存关系"。这种新的本能结构和机制为作为消遣的工作奠定了基础。

马尔库塞对性欲升华为爱欲这一主题作了很多探讨，其核心是要把"生殖器至上的性欲"改造成"对整个人格的爱欲化"。对此，他作了非常详细的描述："过去，人恰恰是在其满足中，特别是在其性欲满足中，才成了一种高级存在物，并遵从高级的价值标准，性欲因爱而获得了尊严。但随着非压抑性现实原则的出现，随着为操作原则所必需的额外压抑的消除，这个过程就被颠倒过来。在社会关系方面，由于劳动分工开始重新以满足自由发展的个体需要为目标，这种肉欲化也会相应地减少，而在力比多关系方面，对肉体的肉欲化的禁忌则将相应地放松。肉体不再被用作纯粹的劳动工具，它重新获得了性欲。由力比多的这种扩展导致的倒退首先表现为所有性欲区的复活，因而也表现为前生殖器多形态性欲的苏醒和性器至高无上性的削弱。整个身体都成了力比多贯注的对象，成了可以享受的东西，成了

---

① 赫伯特·马尔库塞：《爱欲与文明》，黄勇、薛民译，上海：上海译文出版社1987年版，第158页。

快乐的工具。"①

通过性欲升华为爱欲,即通过原初多形态爱欲的复活,可以建立起理性与本能之间的非压抑性的新联系,建立起非压抑性的文明形态。在这种新的生存状态中,爱欲通过从单纯的生殖器性欲向多层面多维度的扩展,形成了以爱欲的升华为核心的新的本能结构,在此基础之上,作为消遣和表演的工作得以建立起来。马尔库塞专门描述了爱欲的扩展路线,他指出:"在爱欲的实现中,从对一个人的肉体的爱到对其他人的肉体的爱,再到对美的作品和消遣的爱,最后到对美的知识的爱,乃是一个完整的上升路线。通向高级文化之路要经过一个真正的同性恋阶段。精神的'生育'同肉体的生育一样,都是爱欲的工作;正当的、真正的波里斯秩序同正当的、真正的爱的秩序一样,都是爱欲的秩序。爱欲具有的文化建设力量是非压抑性的升华,因为性欲的目标既没有被偏移,也没有受阻碍。相反,在获得这个目标时,它并不就此罢休,还想追求其他目标,追求更充分的满足。"②

从上述分析可以看出,在这里,马尔库塞实际上是把马克思的异化理论同弗洛伊德的精神分析学结合起来,以此来揭示和批判发达工业社会人的深层异化问题,依据马克思的劳动异化理论分析了现代社会的异化状况。在他看来,发达工业社会条件下,马克思所揭示的异化现象非但没有消失,反而走向普遍化和深化。在这一点上,马尔库塞反复强调马克思异化理论的现实意义。但是,他指出,发达工业社会的异化现象同马克思所处的早期资本主义时期又有很大的不同,最主要的变化是异化从人格化的力量(权威、主人、统治者)转变为非人格化的超我,即普遍化的文化力量。在这一点上,马尔库塞又接受了弗洛伊德的观点,从以理性原则和操作原则为核心的文明对人的生存的压抑出发去分析现代人的深层异化。因此,与马克思主要在社会层面上从阶级斗争等视角寻找扬弃异化的革命力量的做法不同,马尔库塞主要强调以人的感性力量的解放和人的内在爱欲的复活来反抗理性文明对人的压抑,以人的内在感性创造力的发挥为基础建立理性与本能的新联系。在这种意义上,马尔库塞同卢卡奇等人一样,主要倡导一种文化革命观。当然,在一个最根本的基点上,马尔库塞还是坚持了马克思实践哲学的核心思想,即以人的自由自觉的主体性的生成作为自己理论的宗旨。

---

① 赫伯特·马尔库塞:《爱欲与文明》,黄勇、薛民译,上海:上海译文出版社1987年版,第147页。

② 同上书,第154—155页。

三、"逃避自由"的心理机制

在法兰克福学派成员中,弗洛姆对于现代人的异化的心理机制或性格结构的分析最多。他同马尔库塞一样,把马克思的异化理论同弗洛伊德的精神分析学说结合起来,并且对这两种理论的内在一致性作了更多的探讨。弗洛姆指出,虽说弗洛伊德在思想的深度和广度上都不能同马克思相比,但是我们不能由此而否认精神分析学的价值,实际上,弗洛伊德所发现的无意识过程及其性格特征的动力学本质,在揭示人的本质方面,同马克思的人道主义一样作出了独特的贡献。弗洛姆认为,特别需要指出的是,弗洛伊德和马克思在彻底的批判精神和怀疑精神、对真理的力量的执着信念、坚定的人道主义以及辩证方法等方面都是一致的。

以上述理解为基础,弗洛姆毕生致力于对人的心理机制和性格结构的分析,他由此同马尔库塞一样,被称为"弗洛伊德主义的马克思主义者"。对现代人的深层心理机制和性格结构的异化性质的揭示与人道主义批判、对人的主体性的呼唤是贯穿弗洛姆全部理论学说的思想主线。他的《逃避自由》(1941)、《自为的人》(1947)和《健全的社会》(1955)被视作分析批判现代人的异化状况的三部曲。此外,他的《在幻想锁链的彼岸》(1962)和《占有还是生存》(1976)也是批判现代人异化的心理机制的重要著作。在这些著作中,弗洛姆所分析的"逃避自由"的心理机制、"非生产性的"性格结构、"重占有的"生存方式等,成为20世纪文化批判理论的心理分析和性格结构批判的重要典范。

在某种意义上,弗洛姆的《逃避自由》一书成为现代性格结构和心理机制批判的经典之作,对20世纪的文化批判理论的发展产生了重大的影响。弗洛姆在《逃避自由》一书中所作的心理分析从深度上讲是一般的社会心理学研究不可比拟的,他从人的生存的内在冲突,以及人与自然的矛盾关联入手,把对人的存在的人本学思考同对人内在的心理机制或精神结构的分析结合起来,又从对人的心理机制的一般阐释进入到对现代人异化的心理机制的具体解析,的确为我们提供了深层心理机制批判的典型范例。我们可以从以下几个方面展开弗洛姆关于逃避自由的理论。

(一)人的个体化进程与逃避自由的心理机制

弗洛姆首先从人与自然的关系入手,展开讨论人的生存的基本矛盾。

他认为,一方面,人本身就是自然的一部分,与自然有着不可分割的统一性,但是,另一方面,人的生存的展开过程又是不断超越自然的过程,这表现为人的个体化进程。人的个体化导致具有不同价值取向的双重结果:一方面是人的自由的增长,另一方面则是人的孤独感的增强。正是人的生存的这种内在冲突形成了"逃避自由"心理机制的生成基础,人由于对孤独的恐惧而倾向于逃避构成自己本质的自由,而与某种整体和权威认同,以获得安全感。这是弗洛姆对逃避自由的心理机制所作的基本的学理上的阐释,对此,我们可以略加说明。

1. 个体化及其双重后果

弗洛姆认为,个体化是人类进化与发展所必然包含的内容,这是由人的命运,即由人与自然的特殊关系所决定的。无论个体意义上的个体化进程,还是群体意义上的个体化进程,都导致了自由与孤独并存的格局,都形成了人的生存的内在冲突与矛盾。

人与自然的特殊关系成为人类历史的必然的出发点,成为人类不可摆脱的命运。弗洛姆断言,人的命运"是悲剧性的:既是自然的一部,又要超越自然"①。这一超越自然的进程就是人的个体化过程。具体说来,人的最原初的世界是一个与万物无异的自然世界或动物世界,人像其他存在物一样,存在于天人合一、物我不分的自在世界。人的先天生物结构的脆弱(哲学人类学所说的"未特定化")使人不得不用后天的努力去弥补本能的不足,由此,人开始形成思想与文化,开始与自然相分离,开始成为与其他存在物不同的个体。弗洛姆对这一个体化作了描述,他指出:"当人类从与自然界同一的状态中觉醒过来,发现他是一个与周遭大自然及人们分离的个体时,人类社会史于是开始了。然而,在历史的漫长时间中,这种觉醒一直是隐晦不显的。个人仍继续与大自然及社会,有着密切的关系;虽然他已部分地发觉,他是一个单独的个体,但是他依然觉得,他是周遭世界的一部分。这种个人日渐脱离原始关系的'脱颖'过程——我们可称此过程为'个人化'——在宗教改革到目前这数百年当代历史中,已达到其顶峰状态。"②

显而易见,正如弗洛姆所言,这一个体化进程就是人类历史本身,因为假如没有这一个体化进程,也就不会有人类社会和人类历史,而只有自在的

---

① E. 佛洛姆:《逃避自由》,哈尔滨:北方文艺出版社1987年版,第10页。
② 同上书,第1—2页。

自然流程。然而,这一个体化进程给人类存在带来的影响并不是单值的和一维的,而是双重的。用弗洛姆的话说,这一个体化斩断了人与自然的原始的、天然的、未分化的联系,由此导致了人的个体的发展,人可以摆脱自然的束缚而进行活动与创造,因此获得了自由。但是,人在摆脱了原始的自然联系对自己的束缚的同时,也失去了原始关系给人带来的天然的安全感和归属感,因此,人在获得自由的同时也开始感受到前所未有的孤独。自由与孤独并存是个体化不可回避的双重后果。弗洛姆断言,无论在个体的层面上还是在群体的层面上,个体化的这种双重后果都是不可逃避的。

在个体的层面上,儿童的成长过程,即由婴儿变为独立的成年人,是一个典型的个人的个体化过程。婴儿最初完全依赖父母生存,没有任何独立性和自由,但是他也不会感到孤独,因为他在父母那里得到了原始的安全感。随着年龄的增长,儿童不断获得更大的独立性和自由,但同时也不断地失去由母爱构成的完全的安全感,孤独开始产生了。弗洛姆对此作了描述,他认为:"一方面,儿童变得日益自由,可以发展和表现自我,而不受原来约束他的那些关系的妨碍。可是在另一方面,儿童也日益地脱离了给他安全与保障的那个世界。个人化的过程虽然是其个人人格日增力量及日渐完整的一个过程,但同时,也是一种过程,在这种过程中,失去了当初与他人无分彼我的同一性,儿童日渐与他们分离。这种日渐分离的情形可能产生一种孤立状态,从而产生凄凉之感,和造成强烈的焦虑与不安。"①

在群体层面上,个体化进程导致了非常相似的情形。与个人的个体化同步,人类个体也经历了个体化过程。从原始时代进入文明时代,人类社会经历了许多转变:从血缘关系到社会关系,从氏族部落到社会组织,从经验到理性,等等。这是人类同自然的分化不断加深、不断清晰的过程,即人类群体的个体化过程,但同时,也是社会主体失去安全感,成为孤独个体的过程。因此,弗洛姆断言:"我们看到,人类日渐获得自由的过程,与个人生长的过程,有着相似的辩证性质。一方面,这是日益增长力量与统一的过程,这是日益可以控制自然,增长理智,日渐与其他人类团结的过程。在另一方面,这种日益个人化的过程,却意味着日渐的孤独、不安全,和日益怀疑他在宇宙中的地位,生命的意义,以及日益感到自己的无权力及不重要。"②

---

① E. 佛洛姆:《逃避自由》,哈尔滨:北方文艺出版社1987年版,第8页。
② 同上书,第12—13页。

2. 逃避自由心理机制的生成

弗洛姆认为,这种个体化及其双重后果是人类生存不可逃避的命运,一旦开始了个体化进程,人的前行就是不可逆的,人既无法回到天人合一、万物浑然一体的安全的原初状态,也无法一劳永逸、一次性地结束这种自由与孤独并存的生存境遇。用他的话说,"人类史就是冲突与奋斗的历史。在日益个人化的过程中,每进一步,人们便遭到新的不安全的威胁。原始的束缚一旦被割断了,便不会修复;一旦丧失了天堂,人就不能重返天堂"①。正是面对着这样的生存境遇,人有可能产生逃避自由的心理冲动。与自由相伴随的孤独、焦虑、不安,以及沉重的责任,会使人产生对原始安全感的怀念和对自由的恐惧,于是,"便产生了想要放弃个人独立的冲动,想要把自己完全隐没在外界中,藉以克服孤独及无权力的感觉"②。

弗洛姆认为,这种放弃自由、逃避责任、渴望安全的心理冲动,在一定的历史条件下,会积淀成一种普遍的心理机制,即有意识地、主动地、自觉地逃避自由的心理机制。而逃避自由的基本途径是与某种权威或组织机构认同。因此,逃避自由的心理机制一方面会消解人的主体性,另一方面会为专制机构或体制提供生存基础。对于这一逃避自由的心理机制,弗洛姆作了清晰的概述:"如果人类个人化过程所依赖的经济、社会与政治环境(条件),不能作为实现个人化的基础,而同时人们又已失去了给予他们安全的那些关系(束缚),那么这种脱节的现象将使得自由成为一项不能忍受的负担。于是自由就变成为和怀疑相同的东西,也表示一种没有意义和方向的生活。这时,便产生了有力的倾向,想要逃避这种自由,屈服于某人的权威下,或与他人及世界建立某种关系,使他可以解脱不安之感,虽然这种屈服或关系会剥夺了他的自由。"③

众所周知,从文艺复兴开始的西方现代化进程从根本上是一个理性化和个体化的进程,因此,在弗洛姆看来,文艺复兴以来的现代历史最清楚地展示了个体化的双重后果,而逃避自由的心理机制在发达工业社会条件下最强有力地表现出来,成为现代人具普遍性的心理机制。弗洛姆正是依据上述关于个体化及其双重后果的理论对现代人的逃避自由的心理机制进行了分析批判。

---

① E. 佛洛姆:《逃避自由》,哈尔滨:北方文艺出版社1987年版,第13页。
② 同上书,第6—7页。
③ 同上书,第13页。

(二) 现代人逃避自由的心理机制及其表现形式

弗洛姆认为,现代人产生于中世纪之后,从文艺复兴开始的以理性、个性、自由为内涵的个体化进程实际上就是现代人的生成过程。现代人与以中世纪为代表的传统人在生存方式上有很大的差异。在中世纪,真正的个体尚未生成,人尚未成为自由的个体,然而,那时人虽然不自由,但人同自然的原始关联(原始束缚)及社会整体对人的天然束缚却给人以安全感;文艺复兴和宗教改革代表了现代人的生成过程,这一个体化过程使人成为自由的和创造性的个体,同时给社会发展带来了前所未有的内在驱动力,但是,新的自由却使人孤独和焦虑不安,摆脱孤独和逃避责任的心理倾向使逃避自由成为现代人的主导性心理机制。现代人的逃避自由的心理机制通过极权主义、攻击性等多种形式表现出来。

1. 传统人:安全但不自由

弗洛姆通过分析中世纪人的生存状态来展示传统人的一般生存状况。人们通常指责中世纪,认为中世纪的专制体制扼杀了人的自由,弗洛姆认为这种表述不完全正确。在中世纪,人的确缺少个体自由,但其原因不只是外在的,同时也是内在的。具体说来,造成中世纪自由缺乏的主要原因是那时独立的个体尚未生成。弗洛姆指出:"虽然,中世纪社会是这样建构的,而且予以安全感,然而,它却是把人束缚起来的。这种束缚与以后的独裁主义及压制政策的束缚不同。中世纪社会并不剥削个人的自由,因为那时候,'个人'还不存在;人仍然靠'原始关系(束缚)'与世界联系起来。他尚未认为自己是一个'个人',他也未想到他人是'个人',进城的农夫是陌生的人,甚至于城中不同社会团体的人,也彼此认为是陌生人。在那时候,尚未充分发展到发觉自己是个独立的人,或发现他人和世界,是个独立的个体。"[①]

虽然中世纪的人缺少独立和自由,但他并不感到孤独与焦虑,这是因为传统的社会秩序、稳定的行会制度、狭小的生存环境、不变的社会地位都给人以一种原始的束缚,同时也是一种天然的安全感。弗洛姆指出,在传统社会中,人从生下来开始,便在社会中有一个明确的、不会改变的和没有疑问的位置,他或是作为一个农民、一个工匠,或是作为一个武士、一个小商人,

---

① E. 佛洛姆:《逃避自由》,哈尔滨:北方文艺出版社1987年版,第19页。

生根在"一个结构固定的整体中",这一结构给他提供自在的生活意义。因此,人获得了一种生存的安全感。"社会秩序被视为如同一种自然秩序,而人成为社会秩序中的一个确定的部分,使人有安全和相属之感。"①

2. 现代人:自由却又孤独

中世纪的社会结构解体后,人开始经历个体化的进程,一种个人主义的文化模式开始出现,它通过不同方式体现在文艺复兴和宗教改革运动中,由此开始出现以自由、个性为特征的现代主体。然而,现代人在获得自由的同时,却失去了中世纪固定的社会秩序和不变的经济地位给人带来的安全感。现代人由于孤独、不安全和责任而倾向于逃避自由。

对于这一进程,弗洛姆作了专门的分析。他认为,在中世纪后期,社会结构和人格已经开始发生变化,中世纪通过行会制度等形成的社会的统一性和集中性开始走向微弱,资本、竞争、个人经济动机等开始变得日益重要。与此同时,个人主义文化精神和文化模式开始在艺术、哲学、神学等方面体现出来。文艺复兴运动在社会上层的文化中率先引起了这种变化,而宗教改革运动则在更广泛的社会阶层中导致这一方向上的变化,开始形成资本主义的文化精神,即新教伦理。在这一个体化进程中,个性和自由普遍增强,已经成为现代人的本质特征。但是,这一自由与个性也同时带来现代人的孤独的生存境遇。固定的经济地位的改变、狭小生存空间的打破、宗法社会关系的解体,等等,都给人带来前所未有的生存压力,使人在自由生存中感受到孤独、不安、焦虑、怀疑,感到生活世界的无边际和无常。为了缓解生存的压力和责任的重负,现代人往往呈现出逃避自由的心理倾向。

对现代人的矛盾的生存境遇和逃避自由的心理机制,弗洛姆用了非常精彩的语言作了概括与描述,他指出,在现代人的生成过程中,"个人解脱了经济与政治关系(ties)的束缚。由于他必须在新的制度中,扮演积极和独立的角色,他也获得了积极的自由,但是,同时他也脱离了以前给予他安全感及相与感的那些关系。他不再生活于一个以人为中心的封闭社会里;世界成为没有边界的,同时也是危险的。由于人失去了他在一个封闭社会中的固定地位,他也失去他生活的意义,其结果是,他对自己和对生活的目的感到怀疑。他遭到威力庞大的超人力量,资本及市场的威胁。由于每一个人都成为一个潜在的竞争者,人与他人的关系变成为敌对的和疏远的;他

---

① E. 佛洛姆:《逃避自由》,哈尔滨:北方文艺出版社1987年版,第18页。

自由了,但这也就表示,他是孤独的、隔离的、受到来自各方面的威胁。他没有文艺复兴时代财主所拥有的财富或权力,也失去与人及宇宙的同一感,于是,一种他个人无价值和无可救药的感觉压倒了他。天堂永远地失去了,个人孤独地面对着这个世界——象一个陌生人投入一个无边际而危险的世界。新的自由带来不安、无权力、怀疑、孤独、及焦虑的感觉"①。

3. 逃避自由的心理机制的表现形式

依据上述分析,弗洛姆断言,现代人的自由和孤独同时增长和加剧,用他的话说,"现代社会的形态对于人们的影响同时产生了两种现象:一,他变得更自立自主,而且不满现实,喜爱批评。二,他也同时觉得更孤单无依,并产生一种惶恐不安的心理"②。自由与孤独之间的张力加大与增长的结果是逃避自由的心理机制在越来越大的程度上影响和决定着现代人的生存方式。特别需要指出的是,在一般的逃避自由的心理倾向的基础上,现代社会出现了一些极端的逃避自由的心理机制,这种心理机制不仅妨碍个体人格的健康发展,而且在一定的历史条件下会造成很大的社会弊端,甚至成为诸如法西斯主义之类的人类悲剧的心理基础。在《逃避自由》一书中,作为极端的典型,弗洛姆主要分析了三种典型的逃避自由的心理机制,即:受虐狂和虐待狂共生的极权主义;攻击性和破坏性;顺世和随俗。

第一,极权主义:受虐狂和虐待狂的共生。弗洛姆认为,从表面上看,受虐狂和虐待狂是相互矛盾和相互冲突的,但实质上它们是相互依存的,在本质上是共生的和一致的,即它们都是内在孤独感和恐惧感的表现,都倾向于与某种外在的权威或力量认同,以获得安全感。用弗洛姆的话来说,极权主义所代表的这种逃避自由的心理机制"是指其个人有放弃自己独立自由的倾向,而希望去与自己不相干的某人或某事结合起来,以便获得他所缺少的力量。换句话说,也就是寻求新的第二个束缚,来代替其已失去的原始约束"③。弗洛姆、赖希④和其他一些思想家断言,以受虐狂和虐待狂的共生为基础的极权主义构成法西斯主义兴起的社会心理基础。

弗洛姆认为,在极权主义心理机制中,作为一极的受虐狂的特征是,这

---

① E. 佛洛姆:《逃避自由》,哈尔滨:北方文艺出版社1987年版,第35—36页。
② 同上书,第70页。
③ 同上书,第88页。
④ 赖希是奥地利精神分析学家,弗洛伊德主义的马克思主义重要代表人物,著有《法西斯主义大众心理学》等。

种人有着内在的自卑、无能及无意义的感觉,他们有意识地轻视自己,使自己软弱,不愿主宰一切,而愿意依靠具有权威的他人、组织、大自然或自身之外的任何力量。这种人不愿固执己见,也不愿做自己想做的事情,而愿意委诸外力,听别人的主张。弗洛姆很形象地描述了受虐狂的特征:"这些人经常想要屈服于他人,他们对自己的孤立无法忍受,因之也就毫不忌惮地想除掉这个负担而期获得安全,这个负担也就是——自己。"他断言,不同的受虐狂所使用的方法各不相同,但他们的目的都是一致的,这就是"除去自己。换句话说,即消除自由的负担"。①

极权主义心理机制的另一极是虐待狂。与受虐狂相反,虐待狂想使"别人倚赖他们",他们以绝对手段控制别人,或操纵别人,或使别人痛苦。弗洛姆认为,虽然不同的虐待狂所采取的形式有所不同,但他们的目的都是一致的,他们"想完全主宰别人,使别人在我的意志下完全屈服,使自己成为真神,甚至于做到与其同乐的地步,屈辱他们,奴役他们的最终目的无非是使他们痛苦,因为控制他人的权力越大就越使别人增加痛苦,虐待狂动力的本质便是由完全主宰他人而得到的快感"②。

弗洛姆认为,从表面上看,虐待狂与受虐狂有本质的差别,虐待狂表现出强大无比的特征,但是,在本质上,虐待狂与受虐狂有同样的依赖本性,虐待狂的强大或真实力量的根源不是他们自身,而是来自那些被控制者,因此,他们同样需要或离不开对方,即受虐狂,而且往往是更为急切地需要受虐狂的存在。因此,弗洛姆断言,受虐狂和虐待狂是共生的现象,他们有着共同的目的,都想使自己从孤独及无权的情况下获得解脱。正是受虐狂和虐待狂的共生构成了极权主义的心理基础。对此,弗洛姆作了清晰的描述,他指出:"想要主宰他人的行为与想要被虐待的行为正好相反,但实际是密切关联的。从心理学的观点研究,两者有一共同的来源,即不能忍受自己的孤独及懦弱,笔者叫这种现象为'共生体',共生体本为一心理学上的解释,意即两者必须共存,因此必须丧失其个别独立的完整性,而成为相互依赖的现象,只是两者寻求安全的方法不同,一为主动的,另一为被动的,一为失去自己,使自己溶化于外界的权力中,另一为扩大自己,使他人变成自己的一部份,虽然得到外力,但丧失独立,就是因为不能忍受自己的孤独,因此才必

---

① E. 佛洛姆:《逃避自由》,哈尔滨:北方文艺出版社 1987 年版,第 95 页。
② 同上书,第 97 页。

须依赖他人。"①弗洛姆认为,虐待狂和受虐狂都会造成"敌对及毁灭"的后果,造成各种人格化的权威、匿名的权威、独裁者的存在,形成现代专制主义的社会心理基础。

第二,攻击性和破坏性。作为逃避自由的心理机制重要表现形式之一的攻击性和破坏性,同样是为了消除由于自由和不确定性而引起的孤独与焦虑,但是,它所使用的方式与受虐狂和虐待狂不同,不是主动地与身外的某种权威和力量通过委身或驾驭的方式而达到认同或合一的境界,从而在舍弃自由的同时消除孤独与不安,而是摧毁一切威胁到自身存在的外力,由此来缓解内在的孤独和无权力感。

显而易见,这同样是一种极具破坏性的逃避自由的心理机制。弗洛姆认为,在现代社会中,时有发生的各种破坏和攻击行为与这种心理机制密切相关,而且,人们常常用爱、责任、良知、爱国主义等字眼来掩饰自己的破坏行为,用各种方式使这些迫害活动合理化。对于这种逃避自由的心理机制,弗洛姆作了深刻的揭示,他指出,同受虐狂和虐待狂相比,"破坏性的不同是因为它的目的不在于主动的或被动的共生,而在于想消灭它的目的物。可是,它也是产生于个人无法忍受的无权力感及孤独感。由于我把外在的东西摧毁了,因此,我可以免除了我自己无权力的感觉。当然,如果我成功地消灭了外在的目的物,我还是孤独的和孤立的,可是,我这种孤独是一种绝佳的孤立状态,在这种孤立状态中,外在的目的物之力量,不能再压服我了。毁灭世界是想使自己不再受外界力量摧毁的最后的一种,几乎是奋不顾身的企图。虐待狂是欲借统治他人来增强自己的力量;破坏则是欲借消除外界的威胁,来增强自己的力量"②。

第三,舍己的自动适应:顺世与随俗。应当说,受虐狂和虐待狂,以及破坏性和攻击性,都属于极端的、极具破坏性的逃避自由的心理机制,而大多数人往往可能采取更加温和的逃避自由的方式。一般说来,普通人为了消除自由和责任带来的重负和孤独,往往倾向于通过采取与世无争的方式或沉溺于、封闭于内心世界的方式来摆脱世界,摆脱威胁与孤独。其中,最为常见的是文化模式上的顺世与随俗,主动地放弃自己的个性和主体性,变成

---

① E. 佛洛姆:《逃避自由》,哈尔滨:北方文艺出版社1987年版,第97页。
② 同上书,第107—108页。

海德格尔所说的无主体的"常人"①。

弗洛姆强调这种逃避自由的心理机制的普遍性和常见性,他指出:"这个逃避现实的心理机构,是大多数正常人在现代社会中所发现的解决办法。简而言之,就是:个人不再是他自己,他完全承袭了文化模式所给予他的那种人格。因此他就和所有其他的人一样,并且变得就和他人所期望的一样。这样,'我'与世界之间的矛盾就消失了,然后,对孤立与无权力的恐惧感也消失了。这种心理机构宛如某些动物的保护色。他们看起来,与他们的周围环境那么相似,以至于他们几乎和周围的环境,没有什么区别,一个人放弃了他独有的个性,变得和周围的人一模一样,便不再感到孤独和焦虑。"②从这种分析可以看出,逃避自由的心理机制的确具有很大的消极性,它即使不对社会造成破坏性的后果,也会导致人的主体性的消解和萎缩性人格。正因为如此,弗洛姆极力寻找超越逃避自由的心理机制的途径。

(三) 超越异化:确立"积极自由的存在状态"

弗洛姆认为,虽然个体化进程不可避免地给人的生存带来自由与孤独并存的生存境遇,但是,人并不是命定地要走逃避自由的道路,人面前总存在着选择的空间。逃避自由并不能使人获得真正的安全感,人的真正出路在于确立"积极自由的存在状态"。积极自由意味着自我的实现,意味着人的个性和潜能的发挥。

弗洛姆在分析人类的一般的个体化机制和具体分析现代人的生成机制时都反复强调,人通过自己的活动和文化创造与自然分化的进程必然将人置于两难的生存境地:一方面是自由和个性的日益增长,另一方面则是孤独和不安的不断加剧。他认为,面对这样的生存困境,人有两条道路可以选择:一是逃避自由,二是积极地以爱去工作。弗洛姆分析道:"当个人一旦失去了原始的关联,并因而感到不安全时,立刻即会产生无能为力与孤独之感之双重现象,必须克服这种感觉的方法有二:一个自然就是靠自己与世间的爱去工作,很真诚的去表现情绪、感觉与智能,他可以无须放弃其个体的独立与完整而再度恢复其本来面目。另外,就只有后退,放弃自由,并努力去克服其与外界隔离而造成的孤独现象,但后者却因个体已与世界分开,很

---

① 参见海德格尔:《存在与时间》,陈嘉映、王庆杰译,北京:生活·读书·新知三联书店1987年版,第155—160页。
② E. 佛洛姆:《逃避自由》,哈尔滨:北方文艺出版社1987年版,第111页。

难再与世界合而为一。这是一种企图逃避无法忍受情况的行为,如果,无法忍受的情况一直存在的话,则生活将成为苦不堪言的。"①

面对这两种选择,弗洛姆明确断言,逃避自由的道路是不可取的,因为,逃避自由并不能使人们重新获得业已失去的原始的安全感,只会使人失去个性和自由,并且把自己的命运交付给某种专制体制。对于逃避自由的后果,弗洛姆作了清楚的展示:"为了求生,人试图逃避自由。他不由自主地又套进新的枷锁。这种枷锁与原始的约束不同,原始的约束还能给他一种安全感,而逃避自由并不能使人们复得已失去的安全感,而仅能帮助他忘记他是独立的个体。他牺牲了他个人的自我的完整性,所得到的不过是不堪一击的安全感。因为他忍受不了孤独的滋味,他宁愿失去自我。因此,自由又使人再度套入新的枷锁中。"②

在否定了逃避自由的心理机制的基础上,弗洛姆坚持认为,对于人类而言,如欲保留与发展个体化进程所带来的自由与个性的积极成果,而又不陷入孤独和不安的生存境遇,唯有确立"积极自由的存在状态"才能做到。在论述"积极自由的存在状态"时,弗洛姆首先强调用爱心去工作。他指出,爱心不是把自己融化在另外一个人之中,也不是占有他人,而是在保留自己的个性和肯定他人的独立性的前提下"把自己与他人合为一体"。在爱心存在的背景中,工作不再是被迫的劳作,而是"一种创造",凭借这种创造,"人与自然合而为一"。其次,用爱心去工作,其核心是发展人的自我和个性,实现人的潜能。弗洛姆认为,积极的自由就意味着"充分地肯定个人的独有特点",并且"充分地实现个人的潜能",使个人有能力积极地生活。它包含着这样的根本原则:"在此一独特的个人自我之上,没有更高的权力,人就是他的生活的中心与目的;人类特有个性的成长与实现是唯一的目的,决不可拿其它假定更具尊敬的目的,来取代此一目的。"③

从上述分析可以看出,弗洛姆在关于人的非异化生存状态的理解上,同马尔库塞有许多共同之处。弗洛姆的"积极自由的存在状态"同马尔库塞的"非压抑性的生存方式"一样,都强调以爱心和消遣为基础、积极实现人的本质的劳动,都强调人的个性、潜能、自我、创造性的实现。尽管在他们的设想中还有一些关于具体操作性的环节需要认真探讨,但是,不可否认的

---

① E. 佛洛姆:《逃避自由》,哈尔滨:北方文艺出版社1987年版,第87页。
② 同上书,第133页。
③ 同上书,第139—140页。

是,在关于未来社会和人的生存方式的这些设想中的确包含着关于人和人类社会发展的积极的价值观念,这是人类个体和群体发展所必不可少的内涵。正是在这个意义上,弗洛姆对"积极自由的存在状态"的确立充满信心。他说:"我们深信,一定是有一种积极自由的状态存在,自由发展的过程不会构成恶性的循环,人可以是自由而不孤独的,可以具有批评能力,而不会充满怀疑,可以独立,而仍然是全人类的完整的一部分。获得这种自由的方法,是自我的实现,是发挥自己的个性。"①

四、非生产性(非创造性)的性格结构

如前所述,弗洛姆毕生致力于现代人的心理机制和性格结构的社会心理学批判和文化学批判,他的《自为的人》和《健全的社会》同《逃避自由》一起构成他解析现代人异化的生存境遇的三部曲。其中,关于逃避自由的心理机制的分析在他的全部文化批判理论中最具经典性。以"逃避自由"理论为基础,他在《自为的人》和《健全的社会》中又从社会性格结构的角度进一步揭示了现代人的性格结构的异化性质,从中诊断出现代人的病症。

把关于心理机制的分析转变为关于性格结构的批判,最明显地表明弗洛伊德精神分析学对弗洛姆的重大影响。弗洛姆在《自为的人》和《健全的社会》中,都是从弗洛伊德的性格结构范畴出发,展开对现代人异化的生存境遇的批判的。

(一)性格与性格结构

性格及性格结构(character structure)概念在弗洛伊德的精神分析学中占据十分重要的地位。弗洛姆在这一点上接受了弗洛伊德的观点,他强调,性格倾向或性格结构是人的行为的基础,性格可以区分为个人性格和社会性格,一个社会中占主导地位、具有较大普遍性的社会性格往往自发地左右着社会成员的行为。在这种意义上,性格和性格结构是十分重要的自在文化因素。

性格在人的存在中具有十分重要的地位,因而它常常是社会心理学和文化学探讨的重要范畴之一。在性格的构成基础上,学术界有各种各样的看法。关于这一问题,弗洛姆并不同意弗洛伊德的见解。弗洛伊德认为,性

---

① E. 佛洛姆:《逃避自由》,哈尔滨:北方文艺出版社1987年版,第133页。

格的根本基础是性本能,即力比多组织的各种类型。弗洛姆则持不同的看法,他认为,性格的根本基础是"一个人与外界关系的特殊类型",在生活过程中,人借以获得和同化事物,并使自己与他人发生关系、与外界发生联系的手段和模式,构成人的性格。他把获得与同化事物的过程称为"同化过程",把人同他人及外界发生联系称为"社会化过程"。在某种意义上,性格是人不假思索地应答问题的自在的方式。从这一理解出发,弗洛姆提出了自己的性格定义:"个人与外界接触的这些指向,构成了一个人性格的主要部分。性格可以解释为:**在同化和社会化过程中用以诱导人的能力的(较固定的)方式。**"①

尽管在关于性格的构成基础的问题上弗洛姆与弗洛伊德有不同的见解,但是,弗洛姆赞同弗洛伊德的一个重要假说,即性格特征构成人的行为的基础。不过,弗洛姆强调性格特征中的普遍性的因素,他认为,作为人的行为基础的性格的本体并不是单一的性格特征,而是整个性格结构。从这样的理解出发,弗洛姆区分了个人性格和社会性格。他认为,性格的形成受社会及文化形态的深刻影响。但是,在同一文化中,每个人的性格却各不相同。个人性格的形成同个人的脾性、体格、个人的体验、文化的经验等因素的影响直接相关,因此,在个人性格方面,必然存在较大的个体差异。相比之下,弗洛姆在分析性格结构时,更加重视社会性格,即社会大多数成员的共同的性格特征。弗洛姆指出,社会性格这一概念表示"**一个社会中绝大多数成员多具有的基本性格结构**,它不同于**一个社会中不同成员所具有的个体性格**"②。

在弗洛姆看来,社会性格结构之所以重要,主要是由它特有的社会功能决定的。他指出:"社会性格的作用在于促成社会成员的活动能力,使他们对社会的行为模式不再有自觉的意识,从而使他们盲目地跟在别人的后面,并在符合社会要求的行动中得到满足。换言之,社会性格的作用在于**造就和疏导人的社会能量,以便使社会能够生存下去**。"③从上述论证可以看出,社会性格结构作为文化模式的重要组成部分或内在因素,往往自发地、潜移默化地影响和左右着社会大多数成员的行为模式,因而对于社会秩序的确立起到非常重要的作用。同样,在这种意义上,如果社会绝大多数成员的性

---

① E. 弗洛姆:《追寻自我》,苏娜、安定译,延吉:延边大学出版社1987年版,第71页。
② 埃利希·弗洛姆:《健全的社会》,欧阳谦译,北京:中国文联出版公司1988年版,第76页。
③ 同上书,第77—78页。

格结构都走向了异化,这显然是深层的、严重的异化。弗洛姆关于非生产性(非创造性)的性格结构的分析,正是对现代人性格结构的异化状况的批判。

(二) 非生产性(非创造性)性格结构的基本类型

弗洛姆认为,正如一个人会生病一样,一个社会也会患病,目前发达工业社会的疾病表现在精神上的不健全。造成西方发达社会精神上不健全的主要原因是现代西方社会的社会性格结构出了毛病。具体说来,在西方发达工业社会中,占主导地位的是非生产性(非创造性)的性格结构或性格倾向。同逃避自由的心理机制相对应,在现代人中流行着几种严重的非生产性的性格倾向,如接受型倾向、剥削型倾向、囤积型倾向、市场型倾向,等等。

之所以选用"非生产性的"(unproductive)性格结构这一范畴,是因为,在弗洛姆看来,它是同"生产性"(productiveness,一译"自发创造性")范畴相对立的存在状况,是一种非创造性的生存状况。"生产性"和"创造性"(creativeness)一样,都代表着人不同于动物的超越性和创新性特征。所存在的细小差异在于,创造性更多地指体现于人的自我实现境界中的自觉的创造性,而生产性则是体现在人的各种层面的活动中的各种自发或自觉的创造性因素。无论哪种意义上的创造性,对于人的存在都是至关重要的,都是每个健全的人应当具备的生存态度。当然,对大多数普通人而言,其创造性本质更多地体现为其活动的"生产性"。弗洛姆因此而非常重视"生产性"(自发创造性)对于人的存在的重要意义。他指出:"人不仅是理性的善于社交的动物,他也可以被称为是一种有自发创造性的动物,能够使用理性和想象力改变现有的物质。他不但'能够'创造,而且为了活下去,他'必须'创造。然而,物质创造只是属于性格部分最常有的创造表现。人格的'创造指向'是指一种基本的态度及一种在人类经验的一切领域内的'关系形式'。它包括对其他人、对自己及对一切事物的精神、情绪与感觉的反应。创造性是人通过使用他的力量实现固有潜能的能力。"①

正因为生产性在人的生存中占有如此重要的地位,因此,弗洛姆认为,当人失去了这种生产性的性格结构或本质规定性,就会表现出不健全的人格,而当这种现象在社会成员中普遍存在时,这一社会就真的患病了。弗洛姆列举了许多非生产性的活动,如人在催眠状态下的活动、焦虑性的活动、

---

① E. 弗洛姆:《追寻自我》,苏娜、安定译,延吉:延边大学出版社1987年版,第100页。

屈从或依赖于权力的活动、顺从的活动、自动的活动、非理性的活动,等等。而隐藏在各种非生产性活动背后并支配着这些活动的是"非创造性的"性格结构或性格倾向。在弗洛姆看来,这种非生产性或非创造性的性格结构同逃避自由的心理机制一样,都代表着现代人的深层异化。

第一,接受型性格倾向。弗洛姆借用弗洛伊德的精神分析术语,把接受型的性格倾向也称作"口唇型"性格倾向。这种非生产性的性格结构的最大特征是缺少主体性和自主性,不愿意也不敢承担责任和义务,因此,在一切方面都依赖于权威或他人,"当他们一人独处时,便觉得不知所措"。这些人的面目特征是双唇常开,愿意吃喝,"虚心"接受他人的意见,从不固执己见,属于无主体性的"常人"。

弗洛姆对接受型的性格倾向作了十分形象的刻画,他写道:"凡属接受指向的人都会感到'一切好的来源'都在外面,他相信要得到他所需要的——无论是物质上的或是爱情、幸福、知识、快乐——唯一的方法是从外面的来源获得。在这种指向中,对爱的问题几乎完全是'被爱'而不是去爱别人。这种指向的人对爱的对象选择常常分不清,因为他们过分需要被任何人所爱,所以任何人只要爱他们或似乎是爱他们,他们都会被'迷住'。这种人对给予爱的这一方任何的犹豫或拒绝非常敏感。在思维方面这种人的指向也是一样:如果是有理性的,他们会是最理想的听众,因为他们的指向是接受意见而不是发表意见;如果让他们自己发表意见,他们就会觉得毫无办法……这种人表现出与众不同的忠心,实际上就是对帮助他们的人表示感谢,并且害怕失去这些帮助。由于他们需要许多提供帮助的人,才会觉得安全可靠,所以他们必须忠于许多人。对别人他们很少说'不'字,因此很容易陷于忠心和允诺的矛盾中。因为他们不能说'不',所以愿意对每件事每个人说'是',其结果是他们有限的能力渐渐瘫痪,而更加依赖别人。"①

第二,剥削型性格倾向。弗洛姆认为,剥削型性格倾向同接受型性格倾向有一个共同点,即都坚持认为一切好的东西应当来源于外部,而不是来源于自己的创造;但是,二者之间也有一个很大的不同点,表现在,剥削型性格倾向不是被动地等待接受外部和他人的东西,而是要用各种手段强行索取或骗取他人的东西。用弗洛姆的话说,"剥削指向也同接受指向一样,具有它的基本前提,认为一切好的来源都在外面,不管需要什么都要在外面去寻找,不能创造任何物质。这两种指向之间的不同是,剥削型不希望接受别人

---

① E. 弗洛姆:《追寻自我》,苏娜、安定译,延吉:延边大学出版社1987年版,第74—75页。

的东西做礼物,而是利用强迫或诡诈的手段取自别人"①。

弗洛姆指出,剥削型性格倾向这种非生产性的性格结构在现代社会中是比较严重的一种现象,而且其活动范围或索取范围往往很广泛。他列举了一些典型的情形:在爱情方面,具有剥削型倾向的人往往善于花言巧语地去强求或笼络爱情,而且特别喜欢去追求已有恋人的人;在思想和学术方面,具有剥削型倾向的人往往不会创立新观念,但是善于"窃取别人的观念",而且会采取十分狡猾的手段,把别人发现的思想用不同的词句加以重复,从而坚持说这是他"自己的新思想";在物质方面,具有剥削型性格倾向的人坚持认为"偷来的水果是最甜的"。弗洛姆指出:"花言巧语的嘴似乎是这种指向的象征,也是这种人最显著的特征。他们的态度掺杂着敌对和蒙混,每个人都是他们榨取的对象,同时根据他们的利用价值做出判断。这类人并不具备接受指向型的信心和乐观特征,而是集猜疑、尖刻、羡慕、嫉妒之大成。"②

第三,囤积型(储积型)性格倾向。弗洛姆借用弗洛伊德精神分析学的术语,把囤积型性格倾向也称作"肛门型"性格倾向。他认为,囤积型性格倾向是不同于接受型和剥削型性格倾向的另一种类型的非生产性性格结构,它的最大特征是反对从外面接受或索取东西。在"待物"方面,具有囤积型性格结构的人对他人的东西不动心,而倾向于固守自己已有的东西;在"接人"方面,他们对一切人保持一种距离,把与别人的友好关系看成"一种威胁",认为远离他人才是安全。弗洛姆指出,具有囤积型倾向的人在面目特征上,往往是双唇紧闭、姿态畏忌、固执冷漠,把自己的世界安排得井然有序,不容许任何混乱,不容许别人对自己的世界的闯入。

对于囤积型性格倾向,弗洛姆有一段很形象的描述,他说:"接受型和剥削型都有从外面取得东西的特征,储积型的指向在本质上却截然不同。这种指向的人对可以从外面得到任何新东西缺乏信心;他们认为,安全是以储蓄和节省为基础,对于消费,认为是一种威胁。他们好象在自己的周围筑起一道防护的围墙,主要的目的是,尽量把东西收入这个坚强的阵地之内,尽量使东西少漏出去。他们吝啬,包括金钱、物质以及感情和思想方面。认为爱情应是一种占有,他们不给予爱,但总想借占有'所爱的人'去获得爱。有储蓄指向的人对别人甚至对回忆,都表现出一种特别的忠实。他们的多

---

① E.弗洛姆:《追寻自我》,苏娜、安定译,延吉:延边大学出版社1987年版,第76—77页。
② 同上书,第78页。

愁善感，使得过去的一切都显得可贵；他们紧紧地抓住它，沉浸在以往的感情和经验的回忆之中。凡事他们都没有能力做有创造性的思维。"①

第四，市场型（买卖型）性格倾向。弗洛姆认为，市场型性格倾向是在现代市场经济条件下形成的一种物化人格，它把自己和他人都视作商品进行交往与交换。他指出，传统的小规模的地方性市场是生产者与顾客集会的场所，在其中，个人间相互交换各自生产的物品；而现代市场不再是一个集会的场所，而是一个与个人需求无关的抽象的机能，在这种背景下，生产者不再为已知的顾客生产，而是依据市场供求关系和价值规律进行生产与交换，结果，包括人自身，只有作为商品，具有交换价值，才能进入市场，获得成功。弗洛姆指出："凡是把自己当做商品，以个人价值为交换价值的性格指向，作者称他为市场指向。"②

弗洛姆把这种市场倾向所形成的物化人格现象称作"人格市场"。他认为，人格市场与其他商品市场服从同样的价值规律。"对人格和商品市场的研究，判断原则是一样的，前者销售的是人格，后者销售的是商品。这两种市场都着重于交换价值，使用价值虽属必要，但并不是一个充分的条件。"③弗洛姆认为，市场倾向作为一种非生产性的性格结构，同其他非生产性的性格结构一样，其要害是消解了人的自我与主体性。他指出："在市场指向方面，人们面临的问题是，自己的权力变为一种被人拿去的商品。他不是一个拥有权力的人，而是掩护权力的人，因为他关心的不是在运用权力过程中的自我实现，而是在售卖权力过程中他是否成功。"④因此，弗洛姆断言，现代市场经济使"平等"的含义由于同商品交换相连而扭曲，它开始意味着"消灭个体"。

上述四种非生产性或非创造性的性格结构在现实中，在具体落实到某个人身上时并不是完全界限分明的，而是可以出现混合型的。而无论哪一种非生产性性格倾向占主导地位，其结果都是一样的，都导致人的个性、主体性和创造性的丧失。弗洛姆还特别强调指出，他在《自为的人》中所分析的非生产性的性格结构和在《逃避自由》中所分析的逃避自由的心理机制并不是彼此无关的现象，而是彼此对应的现象。他用一个表格明确指出了

---

① E. 弗洛姆：《追寻自我》，苏娜、安定译，延吉：延边大学出版社1987年版，第78—79页。
② 同上书，第82页。
③ 同上书，第82—83页。
④ 同上书，第87页。

二者之间的本质关联：

  接受（领受）————受虐狂（忠实）
  剥削（取得）————虐待狂（权威）
  囤积（保存）————破坏（固执）
  市场（交换）————冷漠（公平）

通过对现代人逃避自由心理机制和非生产性的性格结构的对比分析，我们不难看出现代人的异化的深度和广度。正因为如此，弗洛姆一直把扬弃现代人的深层异化、确立健全的人格和健全的社会作为自己毕生奋斗的目标。

（三）健全的人与健全的社会

  弗洛姆认为，非生产性或非创造性的性格结构是异化的生存方式，而且，同马克思所批判的劳动异化现象相比，性格结构异化是更深层的异化。他指出，从总体上看，19世纪西方社会占主导地位的性格结构是囤积型和剥削型倾向，它造成了人的痛苦、性压抑等；20世纪的资本主义则"用接受型和买卖型的倾向取代了剥削型和囤积型倾向"。弗洛姆认为，在20世纪，虽然人实现了技术上的自动化，在阶级结构中兴起了新中产阶级，在经济结构中出现了经营权和所有权的分离等现象，但是，人的异化并没有消失，反而进一步走向深化和普遍化，现代人失去了对自身的信念，丧失了个性和自我意识，非创造性的性格结构有增无减。因此，弗洛姆断言："事实上，二十世纪的精神病比十九世纪更为严重，尽管二十世纪资本主义出现了物质的繁荣兴盛，并具有政治上和性方面的自由。"①

  弗洛姆不但分别在《逃避自由》和《自为的人》中揭示了现代人逃避自由的心理机制和非生产性的性格结构，而且在《健全的社会》中进一步揭示了20世纪条件下异化的深化和普遍化问题。例如，他谈到以自动化为背景的现代企业体系中工人的原子化和数字化，即人变成了抽象的数字、零件、符号；现代公司中，经理阶层也同样陷入异化，成为非人格化的经济组织的零件或组成部分；以现代技术手段和大众传播媒介为背景的消费主义文化模式的生成，使消费受控于广告，变成了无使用价值的消费；人与人之间全

---

① 埃利希·弗洛姆：《健全的社会》，欧阳谦译，北京：中国文联出版公司1988年版，第101页。

面异化,社会力量具有"匿名性"的特征,非人格化的异化力量无所不在地支配着现代人,而具有异化的心理机制和性格结构的现代人自觉自愿地迎合这一统治人的技术世界和消费世界。弗洛姆写道:"我们在现代社会中看到的异化,几乎是无孔不入,异化渗透到人与自己的劳动、消费品、国家、同胞以及自身的关系之中。人创造了一个前所未有的物质世界。人建成了一个复杂的社会机器来管理他建立起来的技术机器。但是,人的全部创造物却高于他并控制着他。他感觉不到自己是一个创造者和中枢,反而觉得自己是一个他用双手造出来的机器人的奴隶。他释放出来的力量愈是有力和巨大,他就愈是感到人的软弱无能。他面对着体现在事物中的自己的力量,这一力量的发展脱离了他自身。他被自己的创造物所占有,失去了自身的所有权。他建立了金钱这一偶像并对众生说,'这些是带领你们走出埃及的神'。"①

面对现代人的深层的和普遍的异化,弗洛姆认为,必须在人的存在方式的层面上,推进根本性的转变,从而确立健全的人格和健全的社会。他对未来的非异化的社会和非异化的人作了构想和描述:健全的人是非异化的、创造性的人,而健全的社会是以人为目的,克服了非生产性或非创造性性格结构的社会。为了这一健全的社会和健全的人格,需要制定系统的和总体性的社会改革方案:经济上,创立工人参与和共同管理的新的劳动境遇;政治上,完善民主制;文化上,弘扬人道主义。而这一社会改革方案的核心,是形成爱和理性相结合的创造性或生产性的性格结构。对这些基本观点,我们可以略加展开。

首先,弗洛姆对于健全的人作了界定。在这一点上,他主要着眼于人格中的爱与理性的力量,着眼于异化的扬弃,着眼于人的特性和创造性的发挥。他指出:"精神健康的人是创造的和没有异化的人;他使自身与世界建立起友爱的联系,运用他的理性去客观地把握现实;他感到自己是一个独一无二的个体,同时又觉得跟他人是一体的;他不屈从于非理性的权威,而是自愿地接受良心和理性的合理性权威;只要他生存着,他就会不断地发展自身,他把生命的赠与看作是他最宝贵的机会。"②

其次,弗洛姆以健全的人为核心对健全的社会提出了基本构想。在这

---

① 埃利希·弗洛姆:《健全的社会》,欧阳谦译,北京:中国文联出版公司1988年版,第124—125页。
② 同上书,第278页。

里,他突出了人是目的的基本思想和人的发展在社会发展中所处的中心地位。他指出:"在一个健全的社会中,人不是别人达到其目的的手段,而永远是他自己的目的;因此,没有人被别人当作手段,也没有人把自己当作手段,人可以展现他身上的人性力量;在这种社会中,人是中心,一切经济和政治的活动都要服从于人的发展这一目的。在健全的社会中,诸如贪婪、剥削、占有和自恋这些品质,都不再被使用来获取更大的物质财富或是提高个人的威望。按照良心行事被看作是基本而必须的品质,机会主义和无原则的举止则被视为是自私的;每个人都关心社会的事务,以至社会事务成了个人的事务,人与他人的联系与他的私人关系结合在一起。此外,健全的社会让人在可以驾驭和认识的范围内进行活动,使人成为社会生活的主动负责的参与者,使人成为他的生活的主人。这种社会可以促进人的团结,允许并且鼓励社会成员彼此相亲相爱;它可以推进每个人在其工作中的创造性,刺激理性的发展,使人能够在共同的艺术和仪式中表现自己的内心需要。"①

为了实现健全的人格和健全的社会的构想,弗洛姆在《健全的社会》中用了很大的篇幅来讨论具体的实施方案。他所提出的改革方案主要由三部分组成:(1)经济改革方案:核心是形成工人参与和共同管理的新的劳动境遇。弗洛姆提出:"我们的目标是造成一种新的劳动境遇,人在这里可以为他认为有意义的事物献出毕生精力,人在这里可以知道他在做什么,人在这里可以控制他所做的一切,人在这里感到与他人的统一而不是分离。这就意味着劳动境遇再度成为具体的;工人由许多生产小组而组织起来,即使整个工厂有数千名工人,这些小组也能使每个工人作为一个真实具体的人而同小组联系起来。这就意味着找到了调和集权和分权的方法,使每个人积极参与管理和负起责任,同时又形成一种必需的统一领导。"②(2)政治改革方案:核心是加强和完善民主制度。弗洛姆承认,从 19 世纪中叶起,西方社会的民主制度和公民权不断扩大和发展,但是,他认为,即使在普选制度条件下,这种公民权和民主制度也还是不够完善和不够充分的。弗洛姆主张,按照居民区或工作地点把所有的人划分成 500 人左右的小型团体,经常参与讨论各种重大问题,并通过各种渠道形成对议会机构决策的影响。(3)文化改革方案:核心是进一步确立人道主义文化价值观念的主导地位。弗洛姆认为,为

---

① 埃利希·弗洛姆:《健全的社会》,欧阳谦译,北京:中国文联出版公司 1988 年版,第 279 页。

② 同上书,第 329—330 页。

了建立健全的社会,我们并不需要提出新的理想或新的精神目标,因为古往今来伟大的人类导师用不同语言表达的基本价值观念是共同的和一致的,这就是伟大的人道主义文化观念。我们所应当做的是通过教育等途径使人道主义真正成为人们主导性的理想和行为准则。

如果我们把弗洛姆上述关于健全的人格、健全的社会和社会改革方案的论述概括起来,就会发现,其中贯穿着统一的核心思想,这就是强调爱和理性的结合。他认为,爱和理性的结合导致"创造性的爱"和"创造性的思想",这是生产性或创造性的性格结构和心理机制的基础与核心。他指出:"一个人可以根据行动与了解,同世界发生富于创造的关系。**人创造事物**,而且在创造过程中他对此使用权力。人依靠爱心和理性在精神上和感情上**了解世界**。他的理性力量使他通过事物的表面,积极地与他的目标发生关系,并抓住它的真谛。他具有爱的力量,并能突破与别人隔离的屏障去了解他。"①从这些论述可以看出,弗洛姆在这里坚持了他在《逃避自由》中所提出的"积极自由的存在状态"的设想。以爱心去工作与爱和理性的结合是完全一致的,强调的都是人对异化的心理机制或性格结构的扬弃和超越,从而使人进入积极自由和自我实现的生存状态,实现人道主义的文化价值观念和理想。

五、重占有的生存方式

《占有还是生存》(1976)是弗洛姆生前最后一部十分重要的著作。书中,弗洛姆依旧像年轻时一样充满激情地抨击现存社会的弊端,构想和呼唤充满人性、尊重个性的新的社会体制。我们发现,他在《占有还是生存》中,像在《逃避自由》《自为的人》和《健全的社会》中一样,依旧把批判和超越现代人的异化的心理机制和性格结构、发展健全的人格和建立健全的社会作为自己理论研究的中心课题,其中,他继"逃避自由"的心理机制、"非生产性的"性格结构之后,又提出了"重占有的"生存方式,用以揭示现代人的深层异化。

弗洛姆在《占有还是生存》一书的导言中一开始就明确指出,现代工业文明和传统理性文化一直在为人类提供一个伟大的允诺:社会的无止境的进步、人的无限满足和尘世中天国的建立。他说:"自进入工业时代以来,

---

① E. 弗洛姆:《追寻自我》,苏娜、安定译,延吉:延边大学出版社1987年版,第114页。

几代人一直把他们的信念和希望建立在无止境的进步这一伟大允诺的基石之上。他们期望在不久的将来能够征服自然界、让物质财富涌流、获得尽可能多的幸福和无拘无束的个人自由。人通过自身的积极活动来统治自然界从而也开始了人类文明。但是,在工业时代到来以前,这种统治一直是有限的。人用机械能和核能取代了人力和畜力,又用计算机代替了人脑,工业上的进步使我们更为坚信,生产的发展是无止境的,消费是无止境的,技术可以使我们无所不能,科学可以使我们无所不知。于是,我们都成了神,成了能够创造第二个世界的人。"[1]

弗洛姆认为,工业文明的理性文化精神为人类所作出的这一伟大允诺,在相当长的历史时期的确成为现代社会发展的内在驱动力,成为现代人的精神支柱,并为现代世界的物质繁荣作出了自己独特的贡献。但是,弗洛姆指出,在根本的意义上,现代工业文明的这一伟大允诺并未能真正实现,而且在工业文明的发达阶段走向了自己的反面:无限制地去满足人的所有愿望并没有带来欢乐、享乐和幸福;技术的发展并未能使人主宰自己的生活,反而使大家"变成了官僚机器的齿轮",掌握着大众传播媒介的工业国家机器操纵着我们的思想、情感和趣味;不断发展的经济进步仅局限于一些富有的国家,穷国与富国之间的差距越来越大;技术的进步不仅威胁着生态平衡,而且也带来了爆发核战争,从而毁灭人类的可能性。

为什么工业文明未能实现自己伟大的允诺?弗洛姆认为,除了工业制度内在的经济原因之外,最主要的"在于这一制度两个重要的心理上的前提:1.生活的目的是幸福,也就是说最大限度地随心所欲,即满足一个人所能具有的全部愿望或者说主观需求(极端享乐主义);2.自私、利己和占有欲——制度为了能维持自身的生存必须要鼓励这些性格特征的发展,这会导致和谐与和平"[2]。显而易见,弗洛姆在这里,又一次把现代人的心理机制和性格结构的深层异化视为阻碍现代社会走向健全的根本原因,只是从一个特殊的视角出发,把这种异化的心理机制或性格结构概括为"重占有的"生存方式。他认为,过去一个世纪,西方文化呈现出从"生存"向"占有"的转变:"近一百来,西方人在其语言的运用上也显示出一种日益从生存(to be)转向占有(to have)的倾向,比如说,人们越来越多地使用名词和越来

---

[1] 埃利希·弗罗姆:《占有还是生存》,关山译,北京:生活·读书·新知三联书店 1988 年版,第 3 页。
[2] 同上书,第 5 页。

少地使用动词。"①

(一) 两种不同的生存方式

弗洛姆认为,人的基本的生存方式也就是人的基本的性格结构或心理机制,它在人的存在中占据十分重要的地位,往往能够决定一个人的全部思想、情感和行为。一般说来,人的基本的生存方式可以区分为两种:"重占有的"生存方式和"重生存的"生存方式。弗洛姆认为,这是两种不同的生活体验和生存态度,"是对于世界及其自身所采取的两种不同的价值取向,是两种不同的性格结构,占主导地位的性格结构将决定着一个人的全部思想、感情和行动"②。从弗洛姆的论述中,我们发现,他所界定的这两种生存方式的内涵并不复杂,相对而言比较容易理解。

首先,重占有的生存方式的基本价值取向是对现存的存在物(包括物质的、精神的存在和人本身)的占有和消费,而不是一种基于人的生命活动的创造或自我创造。用弗洛姆的话来说,"在重占有的生存方式中,与世界的关系是一种据为己有和占有的关系,在这种情况下,我要把所有的人和物,其中包括自己都变为我的占有物"③。在这里,弗洛姆还特别强调,在现代社会中,消费往往成为一种重要的占有方式,因为,在人的心理深处,消费掉的东西就不会被别人拿走了。于是,消费主义成了现代社会和现代人的一个重要特征,"我所占有的和所消费的东西即是我的生存"。

其次,重生存的生存方式的基本价值取向不是对已有的给定的东西的占有和消费,而是人内在的创造力的发挥和本质力量的实现。弗洛姆指出:"我所说的'生存'(being)是指一种生存的方式,在这种生存方式中人不**占有**什么,也不希求去**占有**什么,他心中充满欢乐和创造性地去发挥自己的能力以及与世界融为**一体**。"④

弗洛姆认为,无论在日常生活中,还是在社会活动中,或者在人的生存态度或价值取向方面,我们都可以看到重占有的生存方式和重生存的生存方式之间的明显的差异和对立。他在《占有还是生存》中用了大量篇幅来讨论这些差异,我们可以用一个简单的图表加以阐述:

---

① 埃利希·弗罗姆:《占有还是生存》,关山译,北京:生活·读书·新知三联书店1988年版,第25页。
② 同上书,第29页。
③ 同上。
④ 同上书,第23页。

	重占有的生存方式	重生存的生存方式
学习方面	死记硬背	思考与分析
记忆方面	机械记忆	积极联想
交谈方面	固执己见或故意迎合	自主、生动活泼
阅读方面	占有情节	获得共鸣
行使权威方面	不合理的权威	合理的权威
知识方面	"我有知识":追求更多的知识	"我知道":追求更为深化的知识
信仰方面	无理解的信仰,占有别人对问题的现成答案	信仰表现为一种价值取向和态度
爱情方面	对爱的对象的限制束缚	唤起爱的对象的生命
其他方面	恐惧	勇气
	对抗	团结
	享乐	快乐
	罪恶=不顺从	罪恶=异化
	对死的恐惧	对生的肯定
	沉溺于对过去占有的回忆和对将来拥有的幻想	重视此时此刻的生存

(二)现存社会:以重占有的生存方式为主导的物化人格

弗洛姆认为,在以科学技术不断发展和大众传播媒介不断丰富为背景的现代发达社会中,占主导地位的生存方式是重占有的生存方式。重占有的生存方式的社会基础是私有财产、利润和强权。在现代社会中,物、人、自我、思想等一切存在都成为人的占有对象,而且,人的占有方式同以前相比也有很大的变化,即从囤积转向消费。这种占有和消费在本质上代表着物化关系。

在探讨 20 世纪人的主导性生存方式时,弗洛姆认为,我们首先必须承认一个基本事实,即重占有的生存方式是现代发达工业社会占主导地位的生存方式,而且,还应当看到,在现存历史条件下,很少会有重生存的生存方式的地位,这是因为,现代社会完全是以私有财产为基础的,是"以追求占有利润为宗旨的"。他以为,在这种社会体制下,重生存的生存方式是"极为罕见的",相反,绝大多数人都把占有和消费看作生存的自然的、唯一可能的宗旨。用弗洛姆的话说,"我们的社会是建立在私有财产、利润和强权这三大支柱之上的,生活在这样的社会里,我们的判断带有极大的偏见。捞取、占有和获利是生活在工业社会中的人不可转让的、天经地义的权利"①。

现代社会重占有的生存方式的特征之一,是占有范围的无限度的扩大,包括物、人、自我、思想等一切存在物都成为人们追逐和占有的对象。弗洛姆指出,在人的生存中,有些占有是人为了维持基本的生存所必需的,例如,人为了能够生存下去,必须占有、保留、维护和使用身体、食品、住房、衣服、工具等生活必需品,这种占有是可以合理地控制的占有,我们可以称之为"功能性的占有"或"生存性占有"。而以占有为基本生存方式的现代人,其占有决不仅限于这些生活必需品,而是指向一切存在物。弗洛姆认为,在现代社会,"人们把占有的范围扩大了,对朋友、情人、健康、旅行、艺术品都可以占有,就连上帝和自我也不例外"②。

在这种指向一切的占有中,对各种物品,即各种消费品的永无止境、永不满足的追逐自然是人们生活的重要组成部分。此外,这种占有还有更多更高的追求,其中,首要的是对自我的占有。"占有感的一个最重要的对象就是自我。自我包括许多东西:我们的躯体、名字、社会地位、我们的占有物(包括知识在内)以及我们自己产生的并想要将其传递给别人的想法和观念。"③其次,对自我的占有进一步扩展到对他人的占有:"今天,人们不仅对其他的一些人有占有感,而且对医生、牙科医生、律师、上司、工人也都有一种占有感。比如说,人们常爱说:**我**的医生、**我**的牙科医生、**我**的工人,等等。"④再次,思想、信念、习惯等也成了占有的对象:"思想和信念也会成为个人财产的一部分,财产和所有者是可以分开来谈的。甚至习惯也被体验为一种财产,比如说一个人每天早晨定时吃同样的早餐,这一习惯稍加变动他就觉得受到了干扰,因为习惯已经成为他占有财产的一部分,失去它意味着自己的安全受到威胁。"⑤

现代社会重占有的生存方式的另一重要特征是,占有方式或占有心态发生了根本性的变化,概括起来讲,现代社会的占有从囤积型转变为消费型或市场型,即是说,人们占有人和物的目的不再是为了保存,而是为了尽快

---

① 埃利希·弗罗姆:《占有还是生存》,关山译,北京:生活·读书·新知三联书店1988年版,第75页。
② 同上书,第77页。
③ 同上。
④ 同上书,第79页。
⑤ 同上书,第79—80页。

地消费。因此,疯狂地消费成为现代社会的重要病症之一。对于这种变化,弗洛姆作了形象的描述:"从前,人们总是把自己所占有的一切都保存起来,尽可能长久地使用这些东西。购买一件什物的目的是为**保留**它。那时人们的座右铭是:'东西越旧越好!'今天,人们买来物品是为了扔掉它。今天的口号是:消费,别留着。不管是一辆汽车、一件衣服或是一台技术设备,人们买来使用一段时间之后就开始厌烦了,并急着要用一种新的型号或款式来取代旧的。购得——暂时地占有和使用——扔掉(或尽可能地做一笔有利可图的买卖,换一种更好的型号)——买进新的,依此循环往复;今天的座右铭是:'东西越新越好!'"①

弗洛姆认为,这种超越"功能性占有"或"生存性占有"的、以无限度的消费为宗旨的、指向一切存在物的"占有",是现代社会重要的物化现象,是异化结构在人的生存结构中的深化和内化,它消解了人的主体性和创造性,把人的一切活动和一切关系都变成了物的关系、消极的关系。弗洛姆指出:"在重占有的生存方式中,在我与我所拥有的东西之间没有活的关系。我所有的和我都变成了物,我之所以拥有这些东西,因为我有这种可能性将其据为己有。可是,反过来说关系也是这样,**物也占有我**,因为我的自我感觉和心理健康状态取决于对物的占有,而且是尽可能多的占有。在这种生存方式中,主题与对象之间的关系不是一种活的、创造性的过程。这种生存方式是主体和对象都成为物。两者之间的关系是死的、没有生命力的。"②弗洛姆认为,要克服这种深层的物化关系,恢复人的自由自觉的和创造性的本质,就必须真正确立重生存的生存方式。

(三)克服物化:以重生存的生存方式为主导的"新人"

弗洛姆虽然看到现代社会的异化和物化的深化和普遍化问题,但是从总体上,他对人类的未来还持有乐观的信念。他坚持认为,重占有虽然在现代社会中占主导地位,但它并非是人唯一的天性,相反,重生存也同样是根植于人的本性结构中的倾向。要克服现代人在性格结构和心理机制方面的深层异化,就要超越重占有的生存方式,确立重生存的生存方式的主导地位,其核心是独立、自由、批判意识,以及积极的行动。这些是构成"新人"

---

① 埃利希·弗罗姆:《占有还是生存》,关山译,北京:生活·读书·新知三联书店1988年版,第77—78页。
② 同上书,第83页。

健康的性格结构的主要因素。

弗洛姆认为，重占有、自私、懒惰并"不是人的本性所固有的唯一倾向"，而只是在一定历史条件下所实现的一种可能性，实际上，重占有和重生存都存在于人的本性之中，而且，在某种意义上可以说，人生来就有一种要求真正地生存的深刻愿望，人愿意去表现自身的能力，愿意有所作为，愿意与他人合作。这些都是重生存的生存方式得以生成的坚实基础。从这样的理解出发，弗洛姆以独立、自由、批判理性、创造性、爱心等为内涵对重生存的生存方式作了基本界定。他指出："重生存的生存方式的先决条件是：独立、自由和具有批判的理性。其主要特征就是积极主动地生存。这种主动性说的不是那种外在的、身体的活动，不是忙忙碌碌，而是内心的活动，是创造性地运用人的力量。活动意味着去展现他的愿望、他的才能和丰富的天赋，这些天赋我们每个人或多或少都具备。这就是说，要自我更新，要成长，要饱满涌流，要爱、超越孤立的自我的桎梏、有兴趣、去倾听和去贡献。"①为了具体展示重生存的生存方式的内涵和规定性，弗洛姆还特地阐释了他所理解的超越了异化、克服了物化人格的"新人"以及环绕着新人所建立起的"新社会"的基本特征。

弗洛姆在《占有还是生存》中，列举了非异化的"新人"的性格结构的21条重要特征。我们可以简要地阐述如下：(1)为了全面地生存，愿意放弃一切形式的占有；(2)具有安全感、对自我个性的认同感和自信心；(3)承认只有自我的积极的创造性的活动才能赋予生活以意义；(4)不论在哪里，都有充分展现自身和参与的能力；(5)以奉献和分享为乐；(6)爱和敬畏任何形式的生命；(7)尽可能将贪欲、仇恨和幻想降至最低限度；(8)不靠幻想和偶像也能生活；(9)努力培养和发展自己爱的能力和批判的思维能力；(10)承认人的存在的有限性，克服自恋心理；(11)认识到自己和别人的个性的充分发展是人生最高目标；(12)承认现实，遵守纪律；(13)知道只有在一种结构中的成长才是健康的成长；(14)发展自己的创造性的和超越性的想象力；(15)不自欺欺人；(16)认识已知的和未知的自我；(17)与所有生物共处一体，建立理解与合作；(18)自由不是为所欲为，而是实现自我的机会；(19)认识到恶与破坏性是自身得不到发展的必然结果；(20)认识到人的能力的局限性，不要把雄心变成贪欲；(21)不拘泥于具体的目标，而幸福地生

---

① 埃利希·弗罗姆：《占有还是生存》，关山译，北京：生活·读书·新知三联书店1988年版，第94页。

活在自身活力不断增长的进程中。①

　　与"新人"的性格结构密切相关,弗洛姆阐述了围绕着"新人"和为了"新人"而建立起来的"新社会"的13点本质特征:(1)把生产建立在"健康的消费"的基础之上;(2)有力地限制大企业股东和经营者的经济特权;(3)全面地实现工业生产和政治上的"参与民主";(4)经济和政治权力最大限度的分散;(5)用人道主义的管理代替官僚主义的管理;(6)在商业广告和政治宣传中禁止使用任何洗脑的办法;(7)消除富国与穷国之间的鸿沟;(8)保证每个人每年有最低的收入;(9)将妇女从父权统治下解放出来;(10)成立一个向政府、政治家和民众提供咨询的最高文化咨询委员会;(11)建立有效地传播客观信息的情报系统;(12)基础科学研究独立,不受工业和军事上的需要的束缚;(13)削减核军备,制止战争。②

　　从上述关于未来"新人"和"新社会"的具体设计可以看出,弗洛姆晚年的研究同早年相比越来越走向具体化,越来越注重对具体社会体制改革和社会进程的具体环节的构想与描述。这种做法在某种意义上有助于使批判理论具有更多的可操作性,但是也带来陷入空想的危险性。尽管如此,我们还是可以断言,从"逃避自由"的心理机制,经过"非生产性的"性格结构,到"重占有的"生存方式,弗洛姆的基本价值取向和理论宗旨始终如一。他毕生坚持对现代人的深层异化,即性格结构和心理机制的异化的批判,致力于以人道主义为本质特征,以爱心、理性、自由、创造性为内涵的非异化的、健全的人格和健全的社会的建立。他的这些理论探索无疑对20世纪人类文化精神的演进产生了重要的影响,留下了宝贵的精神财富。

　　特别需要指出的是,在西方马克思主义者中,包括20世纪的西方思想家中,弗洛姆是最执着的人道主义思想家,无论现代人面临着什么样的困境,他对人的命运和未来始终保持着坚定的信念,始终为改善人的生存状况、优化人的生存方式而不懈地抗争与努力。这种对人类的执着的信念和沉重的责任感构成弗洛姆思想的基调,他由此被人们誉为"人类的梦想家"。弗洛姆在《在幻想锁链的彼岸》一书的结语中专门表达了自己一系列的"信条",他说:"我相信,每一个人都体现着人性。虽然,我们在智力、健康、才能各方面有所不同,但我们都是人。我们都是圣人、罪犯、成年人和儿

---

　　① 参见埃利希·弗罗姆:《占有还是生存》,关山译,北京:生活·读书·新知三联书店1988年版,第179—181页。
　　② 同上书,第185—205页。

童,谁也不是谁的上级或法官。"①由此,他强调:"我相信人的完美性。这种完美性意味着人能够实现自己的目标,当然,这并不是说人必须要实现这个目标。"②从这一论述中可以看出,弗洛姆对人类的信念并不是一种盲目的乐观,而是要激发人类内在的超越和抗争能力,去不断走向觉醒,不断完善自己的人性。因此,在他的人道主义思想中包含着沉重的历史责任感,他明确指出:"我相信人的完美性,但是,对于人是否能实现自己的目标,我仍持怀疑的态度,除非人不久就能觉醒过来。"③不难看出,虽然弗洛姆的许多思想中包含着不切实际的浪漫设想,但是,这种基于对人类的信念而生发的历史责任感和永不停息的超越无疑是人的生存应当固守的本质性文化精神。

行文至此,我们通过对霍克海默、阿多诺、马尔库塞、弗洛姆的主要观点的分析,分别阐述了法兰克福学派的技术理性批判理论、大众文化批判理论、性格结构和心理机制批判理论等。应当说,法兰克福学派思想家的理论建树并不局限于这些内容,例如,后来哈贝马斯作为法兰克福学派第二代的主要代表人物还对晚期资本主义的合法性危机、生活世界的"殖民化"、公共领域的"结构转型"等问题作了深刻分析,并提出了交往行为理论等重要主张。但是,可以在一定意义上断言,以上四位思想家的观点是法兰克福学派社会批判理论比较经典的理论见解和代表性的思想,它们也构成了20世纪文化批判理论的最主要的内涵。

应当承认,就对具体问题的理论见解和理论视角而言,法兰克福学派的各个代表人物各有特色,彼此之间甚至存在许多分歧。但是,从总体上看,他们理论探讨和理论批判中存在着共同的理论框架。首先,法兰克福学派成员在探讨各种现实问题和理论问题时,都以马克思的异化理论为依据或立足点,由此对发达工业社会进行了全方位的文化批判。他们认为,在发达工业社会条件下,马克思所剖析的劳动异化现象非但没有被扬弃,反而走向了普遍化和深化。异化结构和物化机制已渗透到人的所有活动领域,不但传统的政治力量和经济力量依旧是人的统治力量,而且意识形态、技术理性、大众文化等文化力量都成为压抑人、消解人的主体性的异化力量。同时,异化的普遍化进一步导致了异化的深化,物化结构开始深入到人的生存

---

① 埃利希·弗洛姆:《在幻想锁链的彼岸》,张燕译,长沙:湖南人民出版社1986年版,第188页。
② 同上书,第187页。
③ 同上书,第192页。

方式的层面上,导致人的性格结构和心理机制的异化,导致物化意识、单向度的思想、单向度的人格、消费人格、市场人格的形成。其次,针对现代社会的普遍异化,法兰克福学派成员并没有丢弃人道主义信念和人本主义立场,他们从不同方面提出了各种具有人道主义本质特征的理想社会构想,以反抗异化,恢复人的自由自觉和创造性的本质。例如,他们所提出的非压抑性的文明、健全的社会、非异化的"新人"、交往的合理化、重生存的生存方式,等等,其宗旨都是要超越人的深层异化,扬弃各种普遍的文化力量和其他异己力量对人的压抑和统治,建立以人的自由和全面发展为内涵的人道主义的理想社会。再次,为了实现这一人道主义的理想社会,法兰克福学派成员提出了各种各样的社会改革方案和革命战略,如现代乌托邦革命论、大拒绝战略、爱欲解放论,等等。

从上述基本理论框架可以看出,法兰克福学派的社会批判理论或文化批判理论的确具有很重要的理论价值和现实意义,它继承了马克思异化理论的人道主义精神,对于20世纪人类的文化困境作了深刻的剖析,并提出了许多富有创造性的社会改革方案,对于人类超越自身的文化困境和生存矛盾、对于20世纪人类文化精神的演进都作出了积极的贡献。不可否认,法兰克福学派的深刻的批判精神已成为20世纪人类进步的文化精神的重要组成部分。但是,我们同时也应看到,法兰克福学派的社会批判理论或文化批判理论也存在很多缺陷,其中最主要的问题表现在两点:一是在某些方面,法兰克福学派的文化批判具有偏激性,如对大众文化的批判,他们在深刻地指出以大众传播媒介为背景的通俗文化艺术作品的商品化、无个性等消极特征的同时,对于这些文化作品的非贵族化、平等化、平民化等积极特征缺少全面的分析。如果我们考虑到20世纪末信息时代的文化特征,对于大众文化的范畴和功能无疑需要作出更为全面、更为客观、更为冷静的分析。二是法兰克福学派的一些理论构想缺乏实现的可能性,缺乏可操作性。我们发现,法兰克福学派的一些思想家,愈到晚年愈热心于对理想社会和社会改革方案的细节的设计,如前所述,弗洛姆曾对健全的新社会提出了包括裁减核武器在内的13方面的构想,而对非异化的新人就21个方面的细节进行了特征描述。这种走向微观和具体化的社会批判理论导向在强化了批判理论的可操作性的同时,也增加了批判理论在许多方面陷入空想的可能性。因此,我们在研究一种对于人类社会和人类文化精神的演进产生积极推动作用的社会批判理论时,一定要着眼于它的本质精神,而不要为它的理论细节所束缚。

第七章
哈贝马斯的交往行为理论

哈贝马斯是法兰克福学派第二代的主要代表人物之一，是当今世界上依旧十分活跃的著名思想家。他同法兰克福学派的关系十分微妙，一方面，他是法兰克福学派社会批判理论的主要传人，在学派中占据十分重要的地位；另一方面，由于新的研究范式的探索和确立，他又一直同霍克海默、阿多诺等老一代法兰克福学派的代表人物处于紧张的关系之中，甚至发生很大的分歧和冲突。站在新世纪的开端来审视上一个世纪的这一学术事件，我们应当明确一点：哈贝马斯的确修正、深化和丰富了法兰克福学派的社会批判理论。如果没有他不断进行理论探索，法兰克福学派在20世纪60年代前后就应当彻底画上一个句号。更为重要的是，不仅哈贝马斯的理论探索是对法兰克福学派的一种特殊贡献，他也是一位对当代世界进程产生重要影响的思想家。

哈贝马斯生于杜塞尔多夫，早年就读于哥廷根、苏黎世、波恩三所大学，1954年获波恩大学哲学博士学位。1955年进入法兰克福大学的社会研究所，同阿多诺一道工作。1961年任海德堡大学教授，1964—1971年任法兰克福大学教授，其中，1969—1971任社会研究所所长。1972年，哈贝马斯同法兰克福学派分离，到施塔恩贝格任马克斯·普朗克学会科技世界生存条件研究所所长。1983年，哈贝马斯重返法兰克福大学，任哲学和社会学教授。主要著作有：《公共领域的结构转型》(1962)、《理论与实践》(1963)、《作为"意识形态"的技术与科学》(1968)、《认识与兴趣》(1968)、《合法化危机》(1971)、《交往与社会进化》(1976)、《重建历史唯物主义》(1976)、《交往行为理论》(1981)、《现代性的哲学话语》(1985)、《后形而上学思想》(1988)、《在事实与规范之间》(1992)、《包容他者》(1996)、《后民族结构》(1998)等。

浏览一下哈贝马斯丰富的著作，我们首先看到的是他孜孜不倦地占有大量的理论和思想资源，德国唯心主义、马克思思想、西方马克思主义的许多流派、弗洛伊德精神分析学、狄尔泰的精神科学、皮尔士等人的实用主义、奥斯汀和塞尔等人的语言分析学派、胡塞尔等人的现象学和解释学，特别是韦伯、席美尔、舍勒、涂尔干、帕森斯等人的社会学理论，都成为他借用的理论资源、讨论的话题和争论的对象。可以说，哈贝马斯的思想一直处在20世纪人类思想的交流和交锋之中。

如果从哈贝马斯的理论建树来看，他的思想的丰富性更会让这个时代的人们钦佩不已。可以说，当代哲学社会科学中人们所关注和探讨的许多思想都是他的发明或者与他的思想密切相关，例如，公共领域的结构转型、交往行为理论、普遍语用学、批判阐释学、合法性危机、作为"意识形态"的技术与科学、历史唯物主义的重建、生活世界理论、现代性理论、意识哲学批判、后形而上学思想、平等的话语政治理论、商谈伦理学，等等。摆在我们面前的是20世纪丰富的思想库，以至我们常常无法用其中的某一个术语来准确地概括哈贝马斯的思想。

尽管哈贝马斯的思想由于其丰富性而很难全面概括，我们还是可以从西方马克思主义的总体演进的角度，对他的主要理论建树作一基本的把握。依据实际发展轨迹和内在逻辑思路，可以从以下四个方面概括他的基本思想：技术理性批判是哈贝马斯理论研究的基本出发点；以主体间性和对话为核心的交往行为理论是他的全部思想的核心；生活世界理论和商谈伦理学是交往行为理论在社会哲学和政治哲学两个维度上的进一步展开。

一、作为"意识形态"的技术与科学

技术理性批判是西方马克思主义文化批判理论最主要的内涵之一，因此，许多新马克思主义代表人物对此都有论述。在法兰克福学派中，除了霍克海默和阿多诺的"启蒙的辩证法"、马尔库塞的"单向度的人"的理论以外，哈贝马斯的"作为'意识形态'的技术与科学"也是技术理性批判思想的一种独特的具有代表性的表述。关于发达工业社会中科学技术具有意识形态性质的见解，霍克海默、阿多诺、马尔库塞等人都曾有过论述，但是，对于这一理论的系统表述应当归功于哈贝马斯。1968年，为了庆贺马尔库塞诞辰七十周年，哈贝马斯写了题为《作为"意识形态"的技术与科学》的长篇论文，系统阐述了一种独特的技术理性批判思想。

作为"意识形态"的技术与科学这一思想的提出,从一个侧面反映出哈贝马斯在法兰克福学派中的独特地位。一方面,技术理性批判主题的选择毫无疑问是法兰克福学派社会批判理论的继承,这一事实表明哈贝马斯的总体理论定位依旧是法兰克福学派的批判理论。但是,另一方面,正是在开展技术理性批判的同时,哈贝马斯同法兰克福学派的老一代理论家之间,已经开始形成一种理论差异和张力。简而言之,哈贝马斯同霍克海默、阿多诺等人的主要争论在于是否需要对法兰克福学派的社会批判理论本身进行合法性论证的问题。

应当说,在霍克海默、阿多诺等人那里,基本上没有提出社会批判理论自身的合法性基础的问题,因此,他们一般倾向于直接对技术理性和理性文化进行激进批判,在一些情况下甚至导致对于理性本身的不加分析和不加区别的批判。而哈贝马斯则直接提出了批判理论的合法性问题,也即批判理论的客观性、可靠性或批判奠基于其上的基础的正当性问题。他认为,需要考虑很多问题,例如,反思和批判性知识如何可能?批判理论进行社会批判的依据和基础是什么?反思和批判性知识的验证标准是什么?哈贝马斯提出,在批判社会之前要先反思批判理论本身,解决批判理论的规范意义问题。正是基于这一问题的思考,哈贝马斯不主张从理性文化之外对于理性本身进行笼统的批判,而主张为社会批判理论本身奠定理性的和规范性的基础。换言之,理性批判的宗旨不是对理性的拒斥,而是对理性的重建。理性文化的危机在于理性的片面化,只有充分发挥理性和现代性内在的潜能,才能真正找到克服理性危机的途径。因此,正是通过技术理性批判这一主题,哈贝马斯提出了交往理性的合理化的核心思想。而解决这一问题的方法论基础,正是他在1968年与《作为"意识形态"的技术与科学》同时出版的《认识与兴趣》中完成的,在其中他提出了以兴趣为导向的认识论。因此,有必要把这两部著作的内容结合起来,阐述哈贝马斯的技术理性批判思想。

(一) 科学技术的两重性

关于科学技术及技术理性的两重性问题,霍克海默和马尔库塞等人都有论述,这一命题同样也是哈贝马斯的技术理性批判的出发点。哈贝马斯非常明确地表述了科学技术两重性的思想。他认为,在现代发达工业社会,科学技术对于社会发展的影响越来越大,但是这种影响具有两面性:一方面,科学技术的确是"第一位的生产力",成为社会发展的主要推动力量之一;但另一方面,科学技术也正成为一种新形式的"意识形态",成为一种统治形式或统治力量。

在现代社会,随着科学技术发展的速度不断加快,大概没有什么人会否认科学技术对人和社会的积极意义。哈贝马斯充分肯定科学技术对于社会经济发展的巨大推动作用。他认为,在当代,科学活动不再是一种封闭的、独立的学术研究,科学研究同技术之间的相互依赖日益密切,由此科学技术与经济和社会发展有了直接的关联,成为推动社会经济发展的"第一位的生产力"。科学技术同经济与社会发展之间的这种密切关系不仅极大地提高了人们的物质生活水平,加速了社会物质财富的增长,而且也对社会运行机制和社会历史理论产生了深刻的影响,例如,它在某种意义上修正了剩余价值理论。对于上述观点,哈贝马斯有明确的论述,他指出:"自十九世纪末叶以来,标志着晚期资本主义特点的另一种发展趋势,即技术的**科学化**(die Verwissenschaftlichung der Technik)趋势日益明显……随着大规模的工业研究,科学、技术及其运用结成了一个体系。在这个过程中,工业研究是同国家委托的研究任务联系在一起的,而国家委托的任务首先促进了军事领域的科技的进步。科学情报资料从军事领域流回到民用商品生产部门。于是,技术和科学便成了第一位的生产力。"①

然而,在发达工业社会中,科学技术不只是成为第一位的生产力,它同时还有另外一方面的属性,即它已经成为一种意识形态,一种为统治提供合法性的异化力量。哈贝马斯断言,科学技术在当代已经"具有了一种辩护的功能",即已经具有意识形态的功能。由于科学技术的发展,产生了一种新形式的意识形态,即科学技术意识形态,它不同于传统的政治意识形态,但同样具有辩护的功能。

哈贝马斯所说的"作为'意识形态'的技术与科学",并非意味着科学技术在一般的意义上简单地转变为意识形态,而是说发达工业社会条件下的科学技术具有意识形态的性质。意识形态批判是20世纪哲学、政治学和社会学的重要主题之一,是新马克思主义(包括西方马克思主义和东欧新马克思主义)、新左派、其他人本主义批判思潮以及众多社会学家和哲学家共同关注的课题。围绕着意识形态而展开的争论几乎贯穿于整个20世纪。在这些争论中,意识形态本身(而不是某一种特定的意识形态)开始成为许

---

① 哈贝马斯:《作为"意识形态"的技术与科学》,李黎、郭官义译,上海:学林出版社1999年版,第62页。

多思想家批判的对象,并由此而形成了著名的意识形态批判理论。这一事实的出现与意识形态在20世纪人类历史中的地位有直接的关系。在现代人的生存中,意识形态不只是外在的理论形态,而且成为现实的社会力量或文化力量,它对人的生存和社会的发展有着直接的影响。

在现代社会中,对大多数人而言,意识形态这一术语并不陌生,虽说它的影响和作用似乎是无形的,但却无所不在,渗透到人们的个人生活和社会生活的各个方面。追溯起来,由idea(观念)和logy(学说)所构成的ideology(最初为法文idéologie),即中文所译的"意识形态",属于一个现代范畴,它最初由18世纪末一批被称作"观念学家"或"意识形态学家"(idéologues)的哲学家们所发明。法国观念学家的著名代表、哲学家德斯图·德·特拉西(Desttut de Tracy)于1796年最先提出了"意识形态"概念,用来指称"观念科学"。在现代社会中,意识形态作为系统化的、自觉的理论形态主要地不是一种纯学术理论,而往往是一个集哲学认识论、政治学、社会学含义于一体的总体性范畴,尤其在19世纪下半叶和20世纪上半叶,意识形态的政治功能越来越突出,往往成为政治统治和阶级斗争的重要组成部分,同政治冲突以及社会革命密切相关。意识形态的社会地位的这种变化同马克思主义关于意识形态的理解有很大的关系,20世纪关于意识形态的各种争论在某种意义上也同马克思主义的意识形态观点及其革命实践有着重要的关联。在马克思和恩格斯的著述中,尤其在他们的早期著作中,意识形态是一个出现频率非常高的范畴。应当指出,马克思和恩格斯更多地是在批判的意义上谈论意识形态,把意识形态当作批判的对象,其中既有对具体的意识形态的批判,如对"资产阶级意识形态""政治意识形态"的批判,也有对于意识形态本身的批判。

首先,从历史起源上看,马克思和恩格斯认为,神学、哲学、道德、理论等意识形态产生于精神生产和物质生产的分工,是特定历史阶段精神生产独立化的产物。在马克思和恩格斯看来,政治、法律、神学、宗教、道德、形而上学等意识形态最初并不具备"独立性的外观",它们是人类历史发展到一定阶段的产物。独立的意识形态的产生与精神生产的独立化及职业精神生产者,即思想家的出现直接相关。"分工只是从物质劳动和精神劳动分离的时候起才真正成为分工。从这时候起意识**才能**现实地想象:它是和现存实践的意识不同的某种东西;它不用想象某种现实的东西就能**现实地**想象某种东西。从这时候起,意识才能摆脱世界而去构造'纯粹的'理论、神学、哲学、道德等等。"① 显而易见，这种独立化的精神生产及其成果就是意识形态。

其次，从阶级属性上看，意识形态是特定利益集团，特别是统治阶级的观念形态。尽管统治阶级总是习惯于赋予自己的统治思想以全人类普遍性，但是，意识形态归根结底只能是特定利益集团即特定阶级的思想体系。"统治阶级的思想在每一时代都是占统治地位的思想。这就是说，一个阶级是社会上占统治地位的**物质**力量，同时也是社会上占统治地位的**精神**力量。"② 正因如此，意识形态往往具有替现状辩护的本质特征，这正是马克思和恩格斯对意识形态持彻底批判态度的根本原因。

再次，从社会功能上看，意识形态是异化和分裂的世界的虚假意识或异化意识，其本质特征是替现状辩护。虽然意识形态表面上往往具有普遍性的特征，但实质上它是为特定的集团利益或特定的社会秩序辩护，为现存秩序提供合法性和合理性的论证。而意识形态产生和存在的时代是以阶级分裂为特征的社会，人们生活于其中的世界是一个分裂和异化的世界，因此，意识形态是这种分裂和异化的世界的真实写照，它由此而具有辩护、欺骗、虚假和异化的本质特征。对此，恩格斯晚年在致梅林的信中这样论述："意识形态是由所谓的思想家通过意识、但是通过虚假的意识完成的过程。推动他的真正动力始终是他所不知道的，否则这就不是意识形态的过程了。因此，他想象出虚假的或表面的动力。"③

从上述三点可以看出，马克思和恩格斯不是在中性的或肯定的意义上使用意识形态的范畴，而是在否定的和消极的意义上使用这一术语，因此，他们并不仅仅对某一特定意识形态进行批判，也对意识形态本身开展批判。马克思和恩格斯关于意识形态的这些理解对于 20 世纪意识形态理论产生了重大的影响，成为现代意识形态批判理论的重要思想来源。众所周知，意识形态批判同技术理性批判一样，是新马克思主义文化批判理论的重要主题之一。按照新马克思主义的意识形态批判理论，产生于精神生产与物质生产分工基础上的意识形态，并非一般意义上的理论体系，而是一种具有异化性质的"虚假意识"，其主要功能是替现状辩护。尤其在现代社会条件下，同大众传播媒介相结合的意识形态成为一种消解人的主体性和超越意

---

① 《马克思恩格斯选集》第 1 卷，北京：人民出版社 1995 年版，第 82 页。
② 同上书，第 98 页。
③ 《马克思恩格斯选集》第 4 卷，北京：人民出版社 1995 年版，第 726 页。

识的主要的异化力量。

关于科学技术是意识形态的论断,霍克海默早在20世纪30年代初就已明确表述过。他在《批判理论》一书中,像胡塞尔一样,探讨了科学危机问题。他指出,科学技术及其成果对于工业生产和社会发展的确具有很大的推动作用,但科学技术也有自身的局限性,这使得它陷入了危机。这一危机突出地表现在科学开始具有意识形态的异化性质和统治功能。霍克海默指出:"不仅形而上学,而且还有它所批评的科学,皆为意识形态的东西;后者之所以也复如是,是因为它保留着一种阻碍它发现社会危机真正原因的形式。说它是意识形态的,并不是说它的参与者们不关心纯粹真理。任何一种掩盖社会真实本性的人类行为方式,即便是建立在相互争执的基础上,皆为意识形态的东西。认为信仰、科学理论、法规、文化体制这些哲学的、道德的、宗教的活动皆具有意识形态功能的说法,并不是攻击那些发明这些行当的个人,而仅仅陈述了这些实在在社会中所起的客观作用。"①

马尔库塞在许多地方提及类似于科学技术作为意识形态的观点,在《单向度的人》等著述中,他反复论证,科学技术不仅是物质财富的源泉,也是一种统治形式,它使政治统治合法化,从而在某种意义上行使政治的统治功能。他认为,在发达工业国家,科学技术不单单是创造用以安抚和满足现存需求的产品的主要生产力,也成为与群众相脱离、使行政机关的暴行合法化的意识形态新形式。他断言,技术理性这个概念"本身就是意识形态的",因而具有辩护和统治的功能。

应当说,从总体上,哈贝马斯继承了霍克海默和马尔库塞等人的基本观点,例如,在分析科学技术飞速发展对当代社会所产生的影响时,他断言:"正像我所认为的那样,马尔库塞的基本论点——技术和科学今天也具有统治的合法性功能——为分析改变了的格局提供了钥匙。"②在这一共同基点上,哈贝马斯对技术的统治功能和意识形态性质的分析更加细致,在某种意义上也更为客观和中肯。哈贝马斯不是一般地断言技术与科学的意识形态性质,而是作了许多限制与限定。

首先,哈贝马斯认为,技术理性的统治和传统意识形态的统治是存在差异的。传统的统治是"政治的统治",它是同传统的意识形态紧密联系在一

---

① 麦克斯·霍克海默:《批判理论》,李小兵译,重庆:重庆出版社1989年版,第5页。
② 哈贝马斯:《作为"意识形态"的技术与科学》,李黎、郭官义译,上海:学林出版社1999年版,第58页。

起的;而今天的统治是技术的统治,是以技术和科学为合法性基础的统治。在这种意义上,不能一般地把技术与科学等同于意识形态,"因为现在,第一位的生产力——国家掌管着的科技进步本身——已经成了〔统治的〕合法性的基础。〔而统治的〕这种合法性形式,显然已经丧失了**意识形态**的旧形态"①。具体说来,同以往的传统政治意识形态相比,技术统治的"意识形态性较少",因为它在某种程度上摆脱了"虚假意识"的某些成分,摆脱了由阶级利益制造的骗局、政治空想等,同时,它所涉及的范围更加广泛,更加难以抗拒。

其次,哈贝马斯认为,在强调技术理性的统治和传统意识形态的统治之间的差异时,又不能否认技术理性所具有的意识形态的统治功能。无论有多大差异,技术统治的意识依旧具有意识形态的本质属性,它同传统政治意识形态有着不可否认的共同点,其主要功能都是替现状辩护,论证现存统治的合法性。"毫无疑问,无论是新的意识形态,还是旧的意识形态,都是用来阻挠人们议论社会基本问题的。从前,社会暴力直接为资本家和雇佣工人之间的关系奠定了基础。今天,是结构的条件首先确定了维护社会制度的任务,即确定私有经济的资本价值增殖形式和确保群众忠诚的、分配社会补偿的政治形式。"②

(二)以兴趣为导向的认识论

从技术的两重性出发揭示技术的异化特征,开展技术理性批判,是法兰克福学派成员的共同点。问题在于,在确定了技术的两重性和异化特征的前提下,应当如何去揭示技术走向异化,形成技术理性统治的原因?具体说来,在这一问题上存在着不同的思路:一种情形是,如霍克海默和阿多诺那样,把主要的注意力用于深刻揭示和批判启蒙和技术理性的异化现象;另一种情形是,像马尔库塞那样,强调把价值或审美要素纳入理性之中;而哈贝马斯则认为,不能停留于对技术理性异化的一般批判,也不应从理性之外寻找理性危机的根源,而应当在理性的平台上,从理性的内在机制去揭示理性异化的原因以及重建理性的途径。正是出于这种考虑,哈贝马斯在《认识与兴趣》中提出了以兴趣为导向的认识论构想。他明确指出:"这里涉及到

---

① 哈贝马斯:《作为"意识形态"的技术与科学》,李黎、郭官义译,上海:学林出版社1999年版,第68—69页。
② 同上书,第69—70页。

给以批判为手段的社会学奠定基础和进行认识论的辩护的问题。"①《认识与兴趣》一书从黑格尔、康德、孔德、马赫、皮尔士、狄尔泰、弗洛伊德、尼采等人的理论中挖掘建立以兴趣为导向的认识论的理论资源,涉及的内容十分丰富,我们在这里只能简要地介绍书中的基本观点。

第一,作为社会理论的认识论。哈贝马斯在《认识与兴趣》的导言中指出,该书的目的是"分析认识与兴趣之间的联系",然而,这一分析涉及关于认识论本身的看法。"分析认识与兴趣之间的联系应该支持的论断是:彻底的认识批判(die radikale Erkenntniskritik)只有作为社会理论才是可能的。"②哈贝马斯提出这一命题主要是批判实证主义的认识论观点的。他认为,19世纪中叶以来,实证主义打着"拒斥形而上学"的旗号,否认哲学反思的价值,不再思考认识的社会条件和意义,用现代科学事实和认识来排斥认识批判的反思,结果把认识论变成了纯粹的知识学。"实证主义标志着认识论的结束,代替认识论的是知识学(die Theorie der Wissenschaften)。"③这种做法,一方面是"把科学对自身的信任教条化",排除了科学对自身的反思,使科学和技术成为自律的力量;另一方面,也阻碍了人们对社会科学现象进行自我反思的研究,把认识局限于自然科学领域,从而缩小了理性的内涵和范围。正是基于这种分析和批判,哈贝马斯强调认识论首先必须是一种社会理论。

哈贝马斯提出的作为社会理论的认识论的核心思想,是反对把认识变为脱离生活的纯粹的自然科学的静观,主张认识是建立在社会历史条件中的活动。在他看来,"认识既不是生物适应不断变化的环境的一种单纯工具,又不是纯粹理性生物的活动;认识作为静观(als Kontemplation),它完全脱离了生活联系"④。他认为,认识是在劳动和相互作用⑤中展开的社会活动,无论认识的主体还是认识的客体,都是在具体的社会条件下生成的,而认识本身则是围绕着劳动和相互作用而展开的工具活动和交往活动的手段。因此,哈贝马斯反对把"人的科学"和认识批判等同于自然科学,"彻底

---

① 哈贝马斯:《认识与兴趣》,郭官义、李黎译,上海:学林出版社1999年版,致中国读者第2页。
② 同上书,导言第1页。
③ 同上书,第66页。
④ 同上书,第200页。
⑤ 在后来的著作中,哈贝马斯更多地用劳动和交往(communication)取代了劳动和相互作用(interaction)的表述。

的认识论批判最终只能以再现类的历史的形式进行,并且,反过来,从以社会劳动和阶级斗争为媒介的类的自我产生的观点来看,社会理论只有作为认识着的意识的自我反思才是可能的"①。在这种意义上,哲学不是自然科学式的静观,而是现实的批判,是解决现实生存问题的批判意识。"除了批判之外,哲学没有任何权利。当人的科学就是实际的认识批判时,作为纯粹的认识论失去了自己一切内容的哲学,又重新间接地获得它的解决实际问题的途径。"②

第二,认识的兴趣与科学的发展。要使纯粹认识论从自然科学的静观,即实证主义的知识论重建为批判的和自我反思的社会理论,首要的问题是建立兴趣与认识的内在联系,把**兴趣**(interest)置入认识论中作为核心范畴。兴趣是人类社会生活的理性指导原则,它不是服从于"任何自然基础",而是同人的劳动和相互作用紧密相连。"我把**兴趣**称之为与人类再生产的可能性和人类自身形成的既定的基本条件,即**劳动和相互作用相联系**的基本导向(die Grundorientierung)。因此,这些基本导向所要达到的目的,不是满足直接的经验需求,而是解决一系列的问题(die Loesung von Systemproblemen ueberhaupt)。当然,这里说的解决问题只是试图解决问题。因为指导认识的兴趣不能由提出的问题来决定;提出的这些问题**作为**问题,只有在由这些问题所规定的方法论的框架内才可能出现。指导认识的兴趣只能以客观提出的维持生活的,而且已经由存在本身的文化形式回答了的那些问题为准绳。"③这样一来,哈贝马斯就确立了兴趣在作为社会理论的认识论中的重要地位,即指导认识,作为认识的基础,同时引导人类社会发展的地位。

认识的兴趣包含丰富的内涵,哈贝马斯区分了三种基本的兴趣,即技术的认识兴趣、实践的认识兴趣、解放性的认识兴趣。所谓技术的认识兴趣是指人们通过理性把握和技术征服的手段占有或者支配外部自然和外部世界的兴趣,如同霍克海默和阿多诺所探讨的启蒙理性一样,技术的认识兴趣是通过有效地控制自然的过程,而达到把人类从自然界的强制中解放出来的目的。所谓实践的认识兴趣是指建立和维护人与人的相互理解,确保人的共同性和社会统一的兴趣,其目的是通过对于人类历史的解释,而使人从陈

---

① 哈贝马斯:《认识与兴趣》,郭官义、李黎译,上海:学林出版社1999年版,第55页。
② 同上书,第56页。
③ 同上书,第199页。

旧僵化的意识形态的控制关系中解放出来。所谓解放性的认识兴趣是人类对于自由、平等、独立和主体性的兴趣,其宗旨是通过自我反思,通过完成反思本身,而从对对象性的力量的依附中解放出来。

基于所解决的问题的不同和追求的目的的不同,这三种认识兴趣建立和推动了三种科学——自然科学、精神科学和批判的社会科学的发展。具体说来,基于技术的认识兴趣发展起来的是经验—分析的科学(empirical-analytical science),包括自然科学和某些社会科学,目标是建立规则性知识、规律性原理等。基于实践的认识兴趣发展起来的是历史—诠释的科学(historical-hermenutical science),即精神科学,包括人文学、史学和某些社会科学,其方法论框架是文本解释,包括对传统、文本、行动之意义的阐明,目标是获得对社会文化现象的了解。基于解放性的认识兴趣发展起来的是批判的科学(critically oriented science),包括心理分析、意识形态批判,以及具有反省批判性质的哲学,其方法论结构是自我反思(self-reflection),输出知识的形式是批判。这样一来,哈贝马斯就全面建立起兴趣在认识中的主导作用和基础地位。

第三,认识与兴趣相同一的批判理论。在三种基本的认识兴趣和相应的科学形态中,哈贝马斯突出强调解放性的认识兴趣和建立在这一认识兴趣基础之上的批判的社会理论。一方面,哈贝马斯强调作为解放性的认识兴趣的核心,即反思性对于人类的形成和发展的重要意义。"**我指的是反思的解放性力量的经验,即主体随着在自己的形成史中变得突出起来,从自身中获得的那种反思经验……在自我反思中,为了认识的缘故,认识达到了同独立自主的兴趣**(Interesse an Muendigkeit)**的一致,因为反思的完成表现为解放运动。理性同时服从于对理性的兴趣。我们可以说,理性遵循的是解放性的认识兴趣**(das emanzipatorische Erkenntnisinteresse);**解放性的认识兴趣的目的是完成反思本身。**"[①]另一方面,哈贝马斯强调解放性的兴趣相对于其他两种兴趣及相对于理性的科学的核心地位,主张以解放性的认识兴趣为主导建立批判理论的理性基础。"认识兴趣的范畴,由理性所固有的兴趣来证实。技术的和实践的认识兴趣(technisches und praktisches Erkenntnisinteresse)**作为指导认识的兴趣,只有同理性反思的解放性的认识兴趣相联系,这就是说,在不受心理化**(Psychologisierung)**或现代客观主义**

[①] 哈贝马斯:《认识与兴趣》,郭官义、李黎译,上海:学林出版社1999年版,第200—201页。

影响的情况下,才能不被误解。"①

通过以兴趣为主导的认识论的建立,哈贝马斯在方法论上为社会批判理论及其技术理性批判主题奠定了坚实的基础。他把认识从单纯的知识论的静观引向社会生活的自我反思,打破了工具性的技术理性对理性范畴的控制,拓宽了理性的范畴,从而首次把批判理论建立在认识论基础之上,即建立在解放性的认识兴趣的理性概念之上;同时在理性的框架内解决技术理性异化的问题,并且从理性的内在潜能中确立重建理性的基础。具体说来,理性文化的异化的根本问题在于,技术的认识兴趣的发达及技术成果的滥用,导致了技术理性的危机,给人类带来了不幸和灾难。而摆脱技术异化的途径不是从理性之外寻找某种力量,而是发挥理性的丰富的潜能,突出"理性反思的解放性的认识兴趣"的核心地位,重建合理的理性范畴。这也就是要以交往理性的合理化来抑制技术性的认识兴趣及其理性后果的消极作用。

(三)交往行为与技术异化的扬弃

应当说,有关技术的两重性问题的论述,有关科学技术作为意识形态,异化为一种新的统治力量的分析,是哈贝马斯同马尔库塞等其他法兰克福学派成员的共同之点。但是,基于以兴趣为导向的认识论所开辟的新的理性地平线,哈贝马斯对技术异化的根源提出了自己独特的见解。在《作为"意识形态"的技术与科学》一书中,他明确表明自己在技术异化原因问题上同马尔库塞的分歧。马尔库塞在《单向度的人》一书中指出,在发达工业社会中,科学技术之所以成为一种统治形式,根本原因在于人们组织社会劳动的方式出了毛病,因此,通过把价值和艺术整合到科学和理性之中,有可能消除科学技术的消极作用。哈贝马斯认为,马尔库塞是在科学技术之外、在理性之外寻找科学技术异化的原因。在他看来,科学技术走向异化不是人们价值选择的结果,而是科学技术本身的性质和发展所决定的,是理性发展的内在机制决定的。

简言之,在哈贝马斯看来,技术异化的根本原因在于,在现代发达工业社会条件下,以科学技术为背景的劳动的"合理化"导致了交往行为②的"不

---

① 哈贝马斯:《认识与兴趣》,郭官义、李黎译,上海:学林出版社1999年版,第201页。
② 关于communicative action,中文有"交往行动"和"交往行为"两种译法,我们在这里选择了后者,除了一些中文译本的引文外,一律采用"交往行为"的译法。

合理化"。因此,要消除科学技术的异化,就必须实现交往行为的"合理化",从而以交往取代劳动在人类社会和社会历史理论中的核心地位。

哈贝马斯借助著名社会学家韦伯关于工具合理性(目的合理性)和价值合理性的概念来区分劳动和交往。他在《作为"意识形态"的技术与科学》一书中对比了劳动(工具行为、目的合理性)与相互作用(交往行为),而在后来的《交往与社会进化》一书中更加明确地探讨了劳动与交往的差别及其社会地位。哈贝马斯反复强调区分交往(相互作用)与劳动范畴的必要性,他明确断言:"我的出发点是**劳动和相互作用**之间的根本区别。"①他反对取消二者的差别,从交往中推论劳动,或者把交往归结为劳动。他认为,马克思曾经论述了劳动和相互作用(交往)的关系问题,但是,从《德意志意识形态》等著作的论述中可以看出,马克思对相互作用和劳动的联系并没有作出真正的说明,而是在社会实践的一般标题下"把相互作用归之为劳动","把交往活动归之为工具活动"。因此,正如哈贝马斯强调理性反思的解放性的认识兴趣的重要性一样,在面对技术异化问题的解决时,他突出强调以主体间性,即主体和主体间的沟通和理解为主要内涵的交往行为和交往理性的至关重要性。

首先,在哈贝马斯看来,劳动和交往之间的区别是非常明确的。劳动主要是一种工具行为,一种"目的理性活动",是一种强调行为目的、行为手段与行为结果之间的内在一致性的行为。他指出:"我把'劳动'或曰**目的理性的活动**理解为工具的活动,或者合理的选择,或者两者的结合。工具的活动按照**技术**规则来进行,而技术规则又以经验知识为基础;技术规则在任何情况下都包含着对可以观察到的事件(无论是自然界的还是社会上的事件)的有条件的预测。这些预测本身可以被证明为有根据的或者是不真实的。合理选择的行为是按照**战略**进行的,而战略又以分析的知识为基础。分析的知识包括优先选择的规则(价值系统)和普遍准则的推论。这些推论或是正确的,或是错误的。目的理性的活动可以使明确的目标在既定的条件下得到实现。"②这种作为目的理性活动的劳动组成了社会的生产力,其价值指向是特定理性目标的实现。与此不同,交往行为是指主体间遵循有效性规范,以语言符号为媒介而发生的交互性行为,其目的是达到主体间

---

① 哈贝马斯:《作为"意识形态"的技术与科学》,李黎、郭官义译,上海:学林出版社1999年版,第48—49页。

② 同上书,第49页。

的理解和一致,并由此保持社会的一体化、有序化和合作化。哈贝马斯指出:"我把以符号为媒介的相互作用理解为**交往**活动。相互作用是按照必须**遵守的规范**进行的,而必须遵守的规范规定着相互的行为期待(die Verhaltenserwartung),并且必须得到至少两个行动的主体〔人〕的理解和承认。"①

其次,同劳动相比,交往活动具有优先性。在区分了交往和劳动的基础上,哈贝马斯强调这一对范畴的重要性,他认为,我们可以按照目的理性活动(劳动)和相互作用(交往)在社会诸系统中的地位来区别不同的社会系统或社会类型。而就交往与劳动的相互关系来说,哈贝马斯认为,我们应当赋予交往活动以更重要的价值和优先地位,因为,劳动虽然也包含人与人之间的交往,但其主导指向是人与自然的关系,强调的是人对自然的改造和社会生产力的提高,而就人本身的发展而言,合理和平等的交往与理解具有更为重要的人本学价值,它代表着人类进步的方向,同人类解放的目标是一致的。而且,在更深的意义上来说,劳动中所展开的人与自然的关系,或者主体与客体的关系,只有在主体间自由交往的基础上才能走向和谐,而不再是片面的"征服"与"改造"的关系。换言之,人与自然的合理的相互作用要以人与人的自由交往为前提,主体与客体间的关系要服务于主体间的关系。哈贝马斯指出:"在人们的相互交往尚未摆脱统治之前,自然界的那种仍被束缚着的主观性就不会得到解放。只有当人们能够自由地进行交往,并且每个人都能在别人身上来认识自己的时候,人类方能把自然界当作另外一个主体来认识,而不像唯心主义所想的那样,把自然界当作人类自身之外一种他物,而是把自己作为这个主体的他物来认识。"②

再次,技术异化的实质是以科学技术为背景的劳动的"合理化"导致了交往行为的"不合理化"。在哈贝马斯看来,劳动与交往理想的统一的价值关系在现实中并没有确立起来。在晚期资本主义阶段,由于科学技术的飞速发展,劳动的"合理化"已经实现,它越来越符合科学技术的要求。但是,劳动的这种合理化脱离了主体间交往的基础,其结果是削弱或吞没了主体间的合理的相互作用,即交往行为,把人的关系和行为降格为物的关系,导致了人的全面物化,使人成为工具,全面地屈从于技术社会的统治。哈贝马斯

---

① 哈贝马斯:《作为"意识形态"的技术与科学》,李黎、郭官义译,上海:学林出版社1999年版,第49页。
② 同上书,第45页。

认为,在资讯和大众传播媒介背景下,个人生活和社会生活的各个方面直至社会组织都"越来越多地服从于目的理性活动的结构",劳动的工具理性结构明显地压倒了交往的价值理性结构,结果,技术与科学逐步取得了某种"独立性"(哈贝马斯称之为"准独立性")或自律性,成为统治的基础和内在逻辑。哈贝马斯对此有详细的论述,他指出,在晚期资本主义条件下,"科学和技术的准独立的进步(quasi-autonomer Fortschritt),表现为独立的变数;而最重要的各个系统的变数,例如经济的增长,实际上取决于科学和技术的这种准独立的进步。于是就产生了这样一种看法:社会系统的发展**似乎**由科技进步的逻辑来决定。科技进步的内在规律性,似乎产生了事物发展的必然规律性(die Sachzwaenge),而服从于功能性需要的政治,则必须遵循事物发展的必然规律性……技术统治论的命题作为隐形意识形态(als Hintergrundideologie),甚至可以渗透到非政治化的广大居民的意识中,并且可以使合法性的力量得到发展。这种意识形态的独特成就就是,它能使社会的自我理解(das Selbstverstaendnis der Gesellschaft)同交往活动的坐标系以及同以符号为中介的相互作用的概念相分离,并且能够被科学的模式代替。同样,在目的理性的活动以及相应的行为范畴下,人的自我物化(die Selbstverdinglichung der Menschen)代替了人对社会生活世界所作的文化上既定的自我理解"①。

从上述分析可以看出,在关于技术异化的根源的分析方面,哈贝马斯的观点比法兰克福学派其他成员的见解更为深刻,更加接近于20世纪中后期科学技术和人类社会发展的实际。同时,他对于技术异化现实也未停留于一般的批判和谴责上,而是具体提出了扬弃技术异化的思路。他认为,要从根本上扬弃技术的异化,就要真正建立起主体间的理解,实现交往行为的合理化。

二、交往行为的合理化

哈贝马斯的交往行为理论是一个十分复杂和详尽的学说体系,在这里我们不可能全面展开。可以说,消除技术异化和交往行为的"合理化"是哈贝马斯的交往行为理论的主要内容,因此,我们拟根据《交往与社会进化》

---

① 哈贝马斯:《作为"意识形态"的技术与科学》,李黎、郭官义译,上海:学林出版社1999年版,第63页。

等著作的观点,从这一角度展开他的有关思想。概言之,哈贝马斯认为,科学技术成为一种统治人的异化力量,根本原因在于,劳动活动的过分"合理化"导致了交往行为的"不合理化",因此,要扬弃科学技术的异化就要建立合理的交往模式,以交往来取代劳动在传统社会和传统社会理论中的核心地位,而这同时意味着社会历史理论范式的重大转变,即历史理性的关注点从"主体—客体"结构向"主体—主体"结构(主体间性结构)转换。正是主体间交往行为的合理化可以消解科学技术和工具理性的自律性和异化性质。显而易见,交往行为理论的提出将深刻改变传统社会历史理论,因此,哈贝马斯称之为"历史唯物主义的重建"。

按照哈贝马斯的逻辑,我们讨论交往行为理论应当关注以下几个要点:运用普遍语用学建立合理的交往模式;确立主体间性范畴的重要地位;以历史唯物主义的重建为落脚点。

(一) 普遍语用学:关于交往的一般理论

普遍语用学(universal pragmatics)在哈贝马斯的交往行为理论中占据十分重要的地位,按照《交往与社会进化》英译本序言作者托马斯·默伽塞的评价,普遍语用学是哈贝马斯的交往行为理论和社会批判理论的"最基础的层次",是"关于交往的一般理论"[①]。按照哈贝马斯的说法,"普遍语用学的任务是确定并重建关于可能理解(Verständigung)的普遍条件(在其它场合,也被称之为'交往的一般假设前提'),而我更喜欢用'交往行为的一般假设前提'这个说法,因为我把达到理解为目的的行为看作是最根本的东西"[②]。

哈贝马斯之所以把普遍语用学作为交往行为理论最重要的基础层面,是由于交往行为与劳动不同,它不是一种工具理性行为,而是一种语言理解行为,即主体与主体之间以语言符号为中介、以普遍性的规范为基础的交互性作用。在这种意义上,普遍语用学的宗旨就是:通过对话建立共识,建立"理想的言语情景"(ideal speech situation),为开放的、自由的、自主的、互动的主体间的非强制性交往和共识奠定基础。

[①] 哈贝马斯:《交往与社会进化》,张博树译,重庆:重庆出版社1989年版,英译本序第11页。

[②] 同上书,第1页。

1. 交往行为与语言理解

关于社会行为的分类,哈贝马斯有各种不同的表述方式,例如,在建立普遍语用学时,他把社会行为区分为工具行为、战略行为、符号行为、交往行为等,而交往行为又划分为非语言行为和语言行为等[①];在《交往行为理论》中,哈贝马斯讨论了目的论的—策略的行为、规范调节的行为、戏剧行为和交往行为等四种社会行为[②];而在《后形而上学思想》中,哈贝马斯集中探讨了交往行为和策略行为两种类型[③]。我们在这里不去具体展开讨论这些行为分类,而是要从关于交往行为和策略行为的基本划分来引入关于交往的合理化的探讨。

第一,交往行为与策略行为的区分。哈贝马斯认为,根据行为的协调机制,特别是语言引导在行为中的作用,可以把社会行为区分为交往行为和策略行为两种基本的类型。其中,策略行为(strategic action)主要是受工具理性支配的行为,主要涉及主客体之间的关系,而交往行为(communicative action)则主要是受交往理性或价值理性调节的行为,主要涉及主体间的交往关系,它更多地依赖语言理解所形成的意见一致。"在交往行为中,语言理解的共识力量,亦即语言自身的约束力能够把行为协调起来;而在策略行为中,协调效果取决于行为者通过非言语行为对行为语境以及行为者之间所施加的影响。"[④]相应地,这两种行为所对应的主要活动领域也有所侧重:工具理性调节的主要是政治、经济等系统或体系(system),往往直接受金钱和权力等因素的影响;而交往理性主要调节的是生活世界(life world),更多地依赖作为知识储备的文化因素的调节作用。

第二,语言理解在交往行为中占据重要的地位。哈贝马斯认为,交往行为的实施主要依靠"以理解为趋向的语言用法",是绝对服从"以言行事的目的"的行为。具体说来,交往行为的具体内容表现为:行为参与者在共有的生活世界中,根据"共同的语境解释"来一起确定行为计划,确定目标和目的。显而易见,在这种交往行为中,语言理解占据重要的地位,行为参与

---

① 哈贝马斯:《交往与社会进化》,张博树译,重庆:重庆出版社1989年版,第41页。
② 参见哈贝马斯:《交往行动理论》第1卷,洪佩郁、蔺青译,重庆:重庆出版社1994年版,第119—122页。
③ 参见于尔根·哈贝马斯:《后形而上学思想》,曹卫东、付德根译,南京:译林出版社2001年版,第58—64页。
④ 同上书,第59页。

者通过语言的沟通达成一致、包容差异、确定有效性要求等,形成相互理解。换言之,交往行为本质上属于言语行为。"语言理解的具体功能表现为:互动参与者就其言语行为所要求的有效性达成一致,或者充分注意到相互之间的分歧。言语行为提出了可以批判检验并且以主体间相互承认为基础的有效性要求。言语行为获得约束力的具体途径在于:言语者用他的有效性要求明确保证,必要的时候,他的有效性要求可以用正确的理由加以验证。"①

通过对交往行为和策略行为的比较分析,哈贝马斯清楚地说明了二者的本质差别,并清楚地论证了言语行为和理解在交往行为中的核心作用,为交往行为理论奠定了坚实的语用学基础。不仅如此,通过这种论证,哈贝马斯在根本上拓宽了社会行为和社会运动的理性基础,把理性范畴从技术理性的局限中解放出来,突出了交往理性的地位和作用,为扬弃技术异化和建立平等的、合理的交往行为奠定了坚实的基础。正如他明确论述的那样,"交往行为与策略行为之间的区别就在于:有效的行为协调不是建立在个体行为计划的目的理性基础之上,而是建立在交往行为的理性力量基础之上;这种交往理性表现在交往共识的前提当中"②。

2. 交往行为的"理想的言语情景"

由于语言理解在交往中占据核心地位,建立平等的、合理的言语行为模式就成为达成共识和理解的关键。在普遍语用学的视野中,关于合理的言语交往模式的讨论尚未引入政治、经济、文化等相关因素的各种影响,而只是在语言的基本运用上所作的思考,带有一般和基础的性质,因此,普遍语用学所建立起来的是排除了其他因素的"理想的言语情景"。尽管在现实的言语行为和交往行为中,成功的意见一致或理解还需要其他因素的参加,但是,这种"理想的言语情景"是成功的交往行为所必不可少的。理想的言语情景包括比较复杂的内容,其中最基本的有两方面的要素:一是交往参与者必须遵守的言语的普遍有效性规范;二是交往参与者必须具备的交往能力或交往资质。

第一,建立合理的交往模式的首要任务是确立言语的有效性基础,即交往主体在交往过程中必须普遍遵守的规范。哈贝马斯认为,言语的有效性

---

① 于尔根·哈贝马斯:《后形而上学思想》,曹卫东、付德根译,南京:译林出版社2001年版,第59—60页。

② 同上书,第60页。

基础是必须普遍遵守的预先设定的规范,对于每一个交往参与者都带有强制性,否则,任何共识、意见一致和理解都不可能达成。他指出:"在交往行为中,言语的有效性基础是预先设定的,参与者之间所提出的(至少是暗含的)并且相互认可的普遍有效性要求(真实性、正确性、真诚性)使一般负载着行为的交感成为可能。"①

哈贝马斯将言语的有效性基础或普遍性规范概括为四个基本要件或称四个有效性要求(validity claim),即可领会性、真实性、真诚性和正确性。他认为,这四个要件是通过言语达成理解的前提性条件,任何进入交往的主体都必须遵守这些要件。他指出:"达到理解(verständigung)的目标是导向某种认同(einverständnis)。认同归于相互理解、共享知识、彼此信任、两相符合的主观际相互依存。认同以对可领会性、真实性、真诚性、正确性这些相应的有效性要求的认可为基础。"②认真分析就会发现,哈贝马斯所提出的言语的四个有效性要求实际上涉及交往行为的四个最主要、最基本的方面或领域,即语言本身、外在自然、内在自然和社会。对于上述观点,哈贝马斯作了一段总结性的阐释,他指出:"将上述四点展开就是:言说者必须选择一个可领会的(verständlich)表达以便说者和听者能够相互理解;言说者必须有提供一个真实(wahr)陈述(或陈述性内容,该内容的存在性先决条件已经得到满足)的意向,以便听者能分享说者的知识;言说者必须真诚地(wahrhaftig)表达他的意向以便听者能相信说者的话语(能信任他);最后,言说者必须选择一种本身是正确的(richtig)话语,以便听者能够接受之,从而使言说者和听者能在以公认的规范为背景的话语中达到认同。不但如此,一个交往行为要达到不受干扰地继续,只有在参与者全都假定他们相互提出的有效性要求已得到验证的情形下,才是可能的。"③

第二,成功的交往行为不仅需要确立言语的普遍的有效性基础,而且要求交往参与者必须具备遵循这些言语的有效性要求而进行交往的能力,这就是"交往性资质"(communicative competence)。他认为,获得这种交往能力或资质对于建立合理的交往模式是至关重要的。

一般说来,交往性资质主要包括三个方面:其一,选择陈述性语句(to choose the propositional sentence)的能力;其二,表达言说者本人的意向(to

---

① 哈贝马斯:《交往与社会进化》,张博树译,重庆:重庆出版社1989年版,第121页。
② 同上书,第3页。
③ 同上。

express his intentions)的能力;其三,实施言语行为(to perform the speech act)的能力。哈贝马斯指出:"在这些决定并非依赖于特定的认识性先决条件,以及改变关联域就将导致一般性语句中渗入呈示、表达和合法性人际关系等普遍语用学功能的程度内,上面三条所表述的东西,正是我所谓的交往性资质,为此,我才提出了普遍语用学的研究建议。"①

3. 交往与主体间性

交往参与者遵循言语的普遍有效性要求进行交往,建立合理的交往模式,其核心是建立"主体间性"②结构,即自主的、平等的主体间平等的、合理的交互关系或相互作用。平等的、合理的主体间性结构,即"主体—主体结构"的确立构成了个体发展和社会进步的基础,也为交往的合理化和异化的扬弃奠定了基础。

首先,哈贝马斯认为,言语的有效性基础的确立和交往参与者的交往资质的提高,其宗旨都在确立平等的、合理的主体间性结构。在谈到言语的有效性基础,即可领会性、真实性、真诚性、正确性四个基本要求时,哈贝马斯强调这四个有效性要求涉及或对应于四个基本领域,即语言、外部自然、内部自然和社会。由此,依据上述四个要件而展开的语言理解活动实际上展开了人的三重交往关系:(1)言说者"与作为现存物的总体性的'外在世界'的关系";(2)言说者"与作为所有被规范化调整了的人际关系(在一个给定的社会中,它们被认为是合法的)之总体性的'我们的社会世界'的关系";(3)言说者"与作为言说者意向经验之总体性的'特殊的内在世界'的关系"。而这三重交往关系的核心是建立合法的人际关系,确立主体性和主体间性。哈贝马斯对上述论述作了总结性的概括,他指出:"这里直觉式给出的,乃是一种交往模型,在其中,语法性句子通过普遍的有效性要求,被嵌入与现实的三种关系之中,并由此承担了相应的语用学功能:呈现事实,建立合法的人际关系,表达言说者自身的主体性。"③

其次,哈贝马斯强调,主体间性结构无论对于个体生存还是社会发展,

---

① 哈贝马斯:《交往与社会进化》,张博树译,重庆:重庆出版社1989年版,第30页。
② Intersubjectivity 通常译作"主体间性",也译作"主体际性"或"主体通性",它是哈贝马斯交往行为理论的核心范畴之一,来自胡塞尔的生活世界理论。哈贝马斯使用这一概念,主要强调人与人,即主体与主体之间的关系应当是平等的交往关系,从根本上区别于人对自然对象的理性控制和征服而形成的"主体—客体"的关系。
③ 哈贝马斯:《交往与社会进化》,张博树译,重庆:重庆出版社1989年版,第69页。

都具有极端的重要性。他指出:"语言上建立起来的主体通性(Intersubjektivität)的结构,可以以基本的语言行为为原型加以研究,这些结构对社会系统(Gesellschafssystem)和个性系统(Persönlichkeitssystem)来说,都是根本性的。"①

关于主体间性结构,我们首先应当作的一点限定是必须指出,哈贝马斯所谈论的并非随便什么意义上的主体间性结构或主体—主体结构,而是特指通过语言,并遵循普遍性的规范而建立起来的平等的、合理的主体间结构。在这种意义上,个体主体性的发达对于平等的、合理的主体间性的建立具有至关重要的意义。也正是从这样一种视角出发,哈贝马斯特别强调个体主体性的重要性。他指出:"历史唯物主义并不需要假设某种经历着进化的**种的主体**,进化的承担者应该是社会和纳入社会中的行为主体。社会进化可以在这样一些结构中被辨认出,这些结构被那些与某种可合理重建的模型相一致的、更可领会的结构所取代。在那些结构形成的过程中,社会和个体与他们的自我同一性和集团同一性一起经历着变化。既然社会进化应该指向统一化了的个体自觉影响他们自身进化进程的方向,这里自然不会出现大规模的主体,至多是自我建立的、高水平的、主观际性的共同性……"②显而易见,对于主体间性结构的重要性的强调必将深刻影响人们关于社会历史运行机制的看法,正是从这样的理解出发,哈贝马斯提出要以交往行为理论来重建历史唯物主义。

(二) 走向历史唯物主义的重建

按照哈贝马斯的理解,传统历史唯物主义必须经历核心范畴的转换过程,即经历某种重建过程。根本的问题在于,平等的、合理的"主体间性结构"或"主体—主体结构"应当取代"主体—客体结构",在社会进化和社会历史理论中处于核心地位,而"主体—客体结构"应当从属于并服从于合理的"主体—主体结构"。哈贝马斯指出,历史唯物主义重建的关键在于,"生产力和生产关系之间的联系,似乎应该由劳动和相互作用之间的更加抽象的联系来代替"③。

---

① 尤尔根·哈贝马斯:《重建历史唯物主义》,郭官义译,北京:社会科学文献出版社 2000 版,第 7—8 页。
② 哈贝马斯:《交往与社会进化》,张博树译,重庆:重庆出版社 1989 年版,第 143—144 页。
③ 哈贝马斯:《作为"意识形态"的技术与科学》,李黎、郭官义译,上海:学林出版社 1999 年版,第 71 页。

应当承认,哈贝马斯的这一思想十分深刻。在过去的人类历史中,由于物质的匮乏、阶级的冲突等原因,以"主体—客体结构"为核心的人与自然的关系始终处于人类理性关注的中心,同时,以主体间性结构为核心的交往活动始终处于从属的地位。无论早期社会以血缘关系和情感关系为基础的自然交往,还是近现代社会以阶级关系和社会分工为背景的角色交往都是不平等、不合理的交往。从学理的层面来分析,在这些交往中,"主体—主体"关系实际上降格为"主体—客体"关系。这也正是韦伯等思想家所分析的工具理性压倒价值理性,或者哈贝马斯所分析的劳动的合理化导致交往的"不合理化"。因此,交往的异化是最深层的异化,是科学技术等文化力量异化的深层基础;而交往的合理化和交往地位的突出是扬弃科学技术异化的根本途径。

我们可以从以下两个方面概括哈贝马斯关于历史唯物主义重建的基本构想。

第一,哈贝马斯认为,传统历史唯物主义的主要局限性在于它的不加反思的历史客观主义,主要体现在过分突出生产力、生产方式等对于历史发展的决定作用,而忽略了道德规范结构在社会进化中的重要意义。因此,重建历史唯物主义的首要任务就是更为全面、更加合理地评价生产力在社会进化中的作用,更为全面地理解社会发展的动力机制。哈贝马斯讨论这一问题的基本做法是:限定"社会劳动""生产方式""类的历史""经济基础和上层建筑辩证关系"等范畴和命题在社会历史领域的核心地位,主要把它们限制在人类历史的早期;同时,强调人类社会的进化的主要内涵不是与生产方式和技术密切相关的工具理性和战略行为的发展规则,而是建立在语言之上的交往行为和相互作用的规则。

为了说明交往与生产、交往理性与工具理性的关系,哈贝马斯首先从关于历史唯物主义的基本概念和基本原理的分析入手。他认为,劳动与交往是人类的两种最基本的存在方式,换言之,人的存在就是从劳动和语言交往的出现开始的。哈贝马斯断言:"我们可以假设,那种导向特定的人类再生产形式以及因此导向社会进化的初始状态的发展,首先发生在劳动结构与语言中,**劳动和语言比人及其社会更古老**。"[①]对于这一假设,哈贝马斯作了进一步的阐释。一方面,同语言交往相比,劳动在某种意义上更为基本,因为社会地组织起来的劳动和分配所取得的进化成就显然先于"发展了的语

---

① 哈贝马斯:《交往与社会进化》,张博树译,重庆:重庆出版社1989年版,第141页。

言交往"的出现。但是,另一方面,交往并不因此而变成附属的和被决定的因素,也不能简单地还原为劳动活动的结构,"交往行为的规则,也就是主观际有效的、仪式化被保证的行为规范,不能被简化为工具性的、或战略性的行为规则"①。

不仅如此,在哈贝马斯看来,语言交往在人类进化与生存中不但同劳动具有同样重要的地位,而且其重要性将随着人类社会的发展而不断增强。他认为,在人类社会的初期,的确是劳动占据核心地位:"如果我们借助于近来的人类学发现来考察社会劳动的概念,下列情况就变得更为明显,即社会劳动这个概念在进化刻度上刻得太深了,原始人类正是在这个意义上从类人猿那里区分出来的,他们通过社会劳动来改变再生产并发展出一种经济。"②但是,随着人类社会的理性化进程的加快和知识的积累,交往行为和随之而来的言语行为在人类生活中越来越占据核心地位:"只有当狩猎经济被补以家庭式社会结构时,我们才能在人类意义上谈论**人的**生活的再生产。这个过程持续了数百万年,且最终完成了一个重要的取代:用以**语言**为先决条件的社会规范系统取代动物身分系统。"③在后来的历史发展中,劳动、生产力、技术等依旧是社会进化的重要推动力,但不是唯一的决定力量,也不是衡量社会进步的唯一尺度,相反,"自从'新石器革命'以来,在任何情况下,伟大的技术发现都没有导致新时代的产生,而仅仅是伴随着它们。技术的历史,不论它多么能合理地予以重建,终归不适于界定社会形态。生产方式的概念已考虑到这样一个事实:生产力的发展,尽管是社会发展的一个相当重要的方面,但对社会分期来说,却**不是决定性的**"④。

第二,主体的学习机制与社会进化。按照哈贝马斯的逻辑,既然不能单纯依靠技术、生产力等因素来作为社会进步的动力机制和衡量社会发展的尺度,那么必须拓宽视野,把语言理解和交往纳入社会进化的动力机制中。概括起来,他认为,社会进化的动力机制主要在于交往:行为主体在与外部世界的交往和主体间的交往中,把外部结构转变为内在结构,属于思想、观点、道德、能力的学习过程。道德发展、自我同一性和社会(集体)同一性是一致的。因此,哈贝马斯主要是在主体的学习机制和个体的自我同一性的

---

① 哈贝马斯:《交往与社会进化》,张博树译,重庆:重庆出版社1989年版,第141页。
② 同上书,第138页。
③ 同上书,第139—140页。
④ 同上书,第153页。

建立层面上来理解社会的进化。

在哈贝马斯看来,主体的学习不仅包括认知与技术学习过程,也包括道德和实践学习过程,后一个维度的学习过程导致交往资质的获得和自我同一性的建立,这是社会进化的根本动力。他认为,传统的社会理论,包括马克思的社会历史理论,把主体的学习主要限定在技术与知识的获取上,而实际上,学习也发生在道德实践领域,即人的交往能力的进化方面。他指出:"鉴于马克思把学习过程对进化的重要性局限于客观思维这个侧度——也就是技术和组织知识的侧度,工具行为和战略行为的侧度,一句话,**生产力**的侧度——中,这就同时有理由假设:学习过程同样发生于道德洞见、实践知识、交往行为以及对行为冲突的交感性调整这类侧度内。这些学习过程乃是在社会一体化的更为成熟的形式中、在新的**生产关系**中被沉淀化的,这种沉淀化使新的生产力的引发成为可能。"①不仅如此,道德实践领域的学习不但存在,而且具有十分重要的地位,它不但推动自我同一性的发展,而且反过来作用于工具性知识的学习,对工具理性行为进行限定,从而有助于消除工具行为或技术理性的异化性质。哈贝马斯指出:"(人类)物种所学习的,不仅是对生产力发展具有决定意义的、技术性的有用知识,而且包括对相互作用结构具有决定意义的道德—实践意识。交往行为规则确实对工具行为和战略行为领域内的变化作出了反应、并推进了后者,但在这样做的时候,它们是遵循着**自己的逻辑**。"②

主体的学习机制导致主体的交往性资质的获得,这其中最主要的是主体的自我同一性的形成。哈贝马斯在个体的道德发展和同一性的建立问题上,吸收了著名心理学家皮亚杰、柯尔伯格等人的观点。皮亚杰的发生认识论通过对儿童心理发生过程的分析,把个体道德意识的进化分为三个阶段,即前习惯阶段或前操作阶段、习惯阶段或具体操作阶段、后习惯阶段或规范操作阶段。哈贝马斯认为,主体的交往性资质和自我同一性也经历了上述三个发展阶段:(1)在前习惯阶段或前操作阶段,交往参与者直接通过实施性行为来表达意向,作出反应,此时尚没有与行为相分离的规范体系,行为者停留在"自然同一性"的层次上;(2)在习惯阶段或具体操作阶段,交往主体能够形成交互动机系统,利用规范审视所采取的行为,但是,此时的规范还主要是"角色规范系统",尚缺少普遍化的规范系统,因此,行为者处于

---

① 哈贝马斯:《交往与社会进化》,张博树译,重庆:重庆出版社1989年版,第101页。
② 同上书,第152页。

"角色同一性"的层次上;(3)在后习惯阶段或规范操作阶段,主体能够就规范本身进行论证,为主张和行为辩护,彼此之间的交互性行为是建立在对规范的普遍有效性的反思与商谈基础之上的,因此,行为者达到了"自我同一性"的层次。

哈贝马斯认为,以个体的道德发展为宗旨的学习机制非常重要。一方面,主体的"自我同一性"的确立代表着个体的主体性的发展。"在自我同一性中,表达了某种相互矛盾的关系:作为一个一般的人,自我与所有其他的人都一样;但作为一个个体,他却绝对不同于其他所有个体。自我同一性在某种能力中证明了自身,这种能力使成年人在冲突环境中构建了新的同一性,并使新的同一性与过去的、被取代的同一性相和谐,从而把他自己和他的相互作用——在一般性原则和程序模式的指导下——纳入统一的生活历史。"①另一方面,学习机制不只是推动个体的主体性的发展,它同时成为社会进化的根本动力。社会本身不会学习,社会只是在一种派生的意义上才学习,换言之,社会的进化学习是以个体的学习为基础的。哈贝马斯断言,无论生产力的发展,还是社会一体化的进步,都表现为"学习能力的进步"。他指出:"恰恰是个体系统,才是个体发生学意义上的学习过程的承担者。而且在相当程度上,只有社会性主体才能从事学习。但是,社会系统借助于社会性主体的学习能力,能够形成新的结构,以解决威胁自己继续存在的转向问题(steering problems)。在这个程度内,社会进化意义上的学习过程依赖于自身所属的个体的资质。反过来,个体又要求他们的资质不是作为孤立的单子,而要成长并进入生活世界的符号化结构。"②

在哈贝马斯看来,正是主体的这种学习机制(包括道德的学习和技术的学习)同社会运行的交互作用,成为社会不断在新的层面上面对新问题、解决新问题的内在动力机制。他认为,我们"可以用由进化成果产生的问题和需求为主线来说明社会进化。社会进化的学习过程本身在任何发展阶段上都能产生新的动力,而这些新的动力同时也就是新的匮乏和新的历史需求"③。总之,哈贝马斯通过对主体在道德层面上建立自我同一性并实施合理的交往行为的这种学习机制的分析,把交往作为重要的要素纳入历史

---

① 哈贝马斯:《交往与社会进化》,张博树译,重庆:重庆出版社1989年版,第93—94页。
② 同上书,第159页。
③ 尤尔根·哈贝马斯:《重建历史唯物主义》,郭官义译,北京:社会科学文献出版社2000版,第178页。

发展的动力机制,拓宽了传统社会历史理论的视野。应当说,交往行为理论的建立在一定程度上的确是对历史唯物主义的丰富。当然,实际上马克思和恩格斯在《德意志意识形态》《共产党宣言》等著作中对交往问题作了很多探讨,只是在他们身后,历史唯物主义的演化更多地强调以主体—客体的交互作用为核心的生产力的运动,在一定意义上忽视了以主体间性结构为核心的交往的重要地位。因此,在信息化和全球化时代,有必要通过突出交往的作用,更为全面地发展历史唯物主义的理论。

三、交往行为理论的社会哲学和政治哲学维度

普遍语用学的功能是通过建立"理想的言语情景"为交往行为理论提供一般的理论基础,确定所有交往行为必须遵循的一般性规范。然而,交往行为的实际实施不仅要遵循言语的有效性要求,而且要在现实的世界中展开,受到各个方面的因素的制约。因此,在确立了交往行为的一般语言应用层面的基础之后,还要进一步拓宽交往行为理论的视域,探讨交往行为的现实语境和交往理性的现实文化功能。正是基于这样的理论逻辑,哈贝马斯在两个维度上进一步拓宽和深化了交往行为理论。一是20世纪80年代,哈贝马斯在《交往行为理论》(1981)、《现代性的哲学话语》(1985)、《后形而上学思想》(1988)等著作中通过对系统和生活世界的探讨,把生活世界作为主体间的交往行为得以展开的文化世界在理论上加以建构,开拓了交往行为理论的社会哲学维度。二是20世纪90年代以来,哈贝马斯在《在事实与规范之间》(1992)、《包容他者》(1996)、《后民族结构》(1998)等著作中,致力于建立覆盖全社会的和跨国的平等的话语政治模式,开始在政治领域实践交往行为理论,为交往行为理论开拓了以商谈伦理学为特征的政治哲学维度。

(一) 生活世界的"非殖民化"

《交往行为理论》是哈贝马斯系统阐述自己的交往行为理论的最重要的代表作。正是在这部著作中,他提出了生活世界的概念,"生活世界的概念构成了交往行为的一种补充的概念"[①]。生活世界理论是交往行动理论

---

① Jürgen Harbermas, *The Theory of Communicative Action*, Volume 2, Boston: Beacon Press, 1987, p.119.

的重要补充或社会哲学维度,哈贝马斯用生活世界理论来为交往行动理论奠定重要的社会文化基础。在生活世界理论中,哈贝马斯进入了社会哲学的视野,把关于交往的"不合理化"现象的批判转化为对生活世界的"殖民化"问题的批判,把交往的合理化诉求在实践层面上转化为摆脱生活世界的"殖民化"的任务,即转变为生活世界的合理重建。

众所周知,在后现代主义思潮对现代性形成巨大冲击的时候,哈贝马斯是非常坚定的现代性的捍卫者,他同后现代主义代表人物利奥塔就现代性和后现代性问题展开了著名的争论。在哈贝马斯看来,正如霍克海默等人开始的启蒙理性批判所揭示的那样,现代主体性哲学所形成和维护的理性概念的确具有背反和走向反面的问题。但是,与彻底否定理性价值的后现代主义者不同,哈贝马斯认为,在现代社会中,理性的确出了问题,遭遇了危机,但是,主体性哲学所推崇的是一种技术理性和工具理性的理性范畴,它并没有穷尽理性的意义和价值;相反,理性除了体现在策略和目的行为,即工具理性行为中,也体现在以语言理解为特征的交往行为中。他说:"我们把合理性理解为具有语言能力和行动能力的主体的一种素质。合理性体现在总是具有充分论据的行动方式中。"[①]

从关于工具理性和交往理性、目的和策略行为与相互理解的交往行为的基本区分出发,哈贝马斯认为,要真正实现交往的合理化,应当用生活世界理论来为交往行为理论奠定重要的理论基础和社会文化基础。这是因为,在现实生活中,工具理性调节的主要是政治、经济等系统或体系(system),而交往理性主要调节的是生活世界。发达社会的文化危机在于,工具理性的过度发达所导致的交往理性的不发达,即交往的"不合理化",是通过系统与生活世界的脱节、分离或生活世界的"殖民化"而深刻地体现出来的。因此,应当通过扬弃系统对生活世界的"殖民化"来推动交往的合理化。我们可以简要地表述哈贝马斯生活世界理论的基本框架。

第一,生活世界的构成要素、功能和基本定位。生活世界范畴是20世纪十分重要的哲学范畴,很多思想家对生活世界作过深入探讨,其见解差异很大,但是,大多数理论家都突出强调生活世界的文化属性和文化功能。哈贝马斯也是如此,他引入生活世界的概念很重要的一点就是为交往行为提供现实的文化背景。

[①] 哈贝马斯:《交往行动理论》第1卷,洪佩郁、蔺青译,重庆:重庆出版社1994年版,第40页。

关于生活世界的构成,哈贝马斯有十分明确的论述,他认为,"生活世界"包括三大结构成分:文化、社会和个人。他说:"我把**文化**称之为知识储存,当交往参与者相互关于一个世界上的某种事物获得理解时,他们就按照知识储存来加以解释。我把**社会**称之为合法的秩序,交往参与者通过这些合法的秩序,把他们的成员调节为社会集团,并从而巩固联合。我把**个性**理解为使一个主体在语言能力和行动能力方面具有的权限,就是说,使一个主体能够参与理解过程,并从而能论断自己的同一性。"①应当说,这是在各种生活世界概念中内容比较丰富、结构内涵比较清晰的一种界定。

生活世界的各种组成部分或要素的功能和目标是哈贝马斯特别重视的问题,因为这一问题突出地表明了生活世界理论同交往行为理论的内在关系。哈贝马斯认为,生活世界的构成要素包含着交往行为所必备的理解功能、行动规范功能和社会化功能。他指出:"在**理解**的职能方面,交往的行动服务于文化知识的传统和更新;在**行动合作化**方面,交往的行动服务于社会统一和联合的形成;最后在**社会化方面**,交往行动服务于个人同一性的形成。生活世界的象征性结构,是通过有效知识的连续化,集团联合的稳定化,和具有责任能力的行动者的形成的途径再生产出来的。再生产过程把新的状况与生活世界的现存状况连结在一起,并且在(文化传统的)意义或内容的**语义学**方面,(社会统一的集团的)**社会空间**方面,以及(前后相继的一代代的)**历史时期**方面都是一样。文化、社会和个人作为生活世界的**结构因素**与**文化再生产**、**社会统一**和**社会化**的这些过程相适应。"②从这里不难看出,生活世界的三个组成的职能或功能实际上就体现了生活世界合理化的内容:通过文化传统的反思实现文化再生产,通过对规范和法律的反思实现社会统一,通过个人同一性和自我实现来完成社会化。关于生活世界的三个基本构成要素同基本功能的对应关系,我们可以通过下面的简单图表加以表示:

文化	知识储备	文化再生产
社会	合法秩序	社会统一
个性	交往能力(资质)	社会化(自我同一性)

在确定了生活世界的构成要素和基本功能后,重要的问题是确定生活

---

① 哈贝马斯:《交往行动理论》第 2 卷,洪佩郁、蔺青译,重庆:重庆出版社 1994 年版,第 189 页。
② 同上书,第 188—189 页。

世界的基本定位。其中特别需要强调的论点是：生活世界不是一个外在于自然、社会等存在领域的独立的实体性领域，而是内在于社会生活和社会运动各个领域的文化层面。哈贝马斯区分了"世界"与"生活世界"。他认为，二者并不是一种总体和部分的组成关系。世界是指行为主体从事活动时，与他们的行为目的和利益相关联的外在环境因素的总和，属于课题化的对象领域。哈贝马斯把世界划分为客观世界、社会世界和主观世界。而由文化、社会和个性构成的生活世界不是世界的一个独立的组成部分或领域，而是为行为主体提供给定的文化传统力量（知识储备）、规则体系和价值支撑的条件和背景世界。作为交往行为主体的主体间性的生活世界实际上是以文化的解释力量内在地与所有其他三个世界相互交织和相互影响，或者构成所有这些对象领域的内在的文化机理。哈贝马斯曾经详细分析了目的行为（策略行为）、规范调节的行为、戏剧行为、交往行为与客观世界、社会世界、主观世界的关系。他特别强调了内在于生活世界的交往行为与三个世界的交互关系。哈贝马斯指出："事实上，不同世界关系中交往表达，总是**同时**表现出来的。交往行动是以一种合作化的意义过程为基础的，在这种意义过程中，参与者**同时**与客观世界、社会世界和主观世界发生关系，即使他们在他们的表达中在论题上**只是强调**指出这三种因素中的**一种**因素。在这里，发言者和听众把三种世界的关系体系运用作为解释的范围，在这种解释范围内，他们制定了他们行动状况的共同规定。"①应当说，哈贝马斯关于生活世界及其交往行为与客观世界、社会世界和主观世界的关系的论述，非常清楚地展示了生活世界的社会历史方位，展示了生活世界作为一种文化解释体系和规范体系与三个世界（人类社会所有领域）的内在的关系。这进一步突出了生活世界在个体生存和社会生活中的重要地位。

第二，生活世界是主体间的交往得以展开的现实基础。哈贝马斯强调，由文化、社会和个性构成的生活世界是交往行为者始终在其中运动的视野、境域或背景，是主体间交往的意义世界和文化世界。交往行为者正是在生活世界中形成意见一致的文化价值观念和行为规范，形成群体的归属和认同感，形成个体同一性，并加强社会整合的。

通过上述关于生活世界的结构分析和职能分析，我们可以清楚地理解生活世界对于个体的生存和交往行为的合理展开所具有的不可或缺的基础

---

① 哈贝马斯：《交往行动理论》第 2 卷，洪佩郁、蔺青译，重庆：重庆出版社 1994 年版，第 167 页。

地位和重要性：它是"交往行为'总是已经'在其中运行的地平线"①。哈贝马斯认为，"这种生活世界构成了一种现实的活动的**背景**"②。"交往行动者总是**在**他们的生活世界的视野**内**运动；他们不能脱离这种视野。"③生活世界是与每一个体的生存息息相关的领域，"我无论是在肉体之中，还是作为肉体，一直都是在一个主体间所共有的世界里，集体共同居住的生活世界就像文本和语境一样相互渗透，相互重叠，直到相互构成网络"④。正是在这种意义上，我们才可以理解，生活世界对于交往的开展、社会的形成、个体的生产的极端重要性，并且理解生活世界作为价值和意义的文化世界的含义。

关于生活世界对于交往行为的文化功能和社会功能，哈贝马斯有具体的描述："我们可以认为，生活世界的各个部分，如文化模式、合法制度以及个性结构等，是贯穿在交往行为当中的理解过程，协调行为过程以及社会化过程的浓缩和积淀。生活世界当中潜在的资源有一部分进入了交往行为，使得人们熟悉语境，它们构成了交往实践知识的主干。经过分析，这些知识逐渐凝聚下来，成为传统的解释模式；在社会群体的互动网络中，它们则凝固成为价值和规范；经过社会化过程，它们则成为了立场、资质、感觉方式以及认同。产生并维持生活世界各种成分的，是有效知识的稳定性，群体协同的稳定性，以及有能力的行为者的出现。日常交往实践的网络同在社会空间和历史时间范围内一样，远远超出了符号内涵的语用学领域，并且构成了文化、社会以及个性结构形成与再生的媒介。"⑤

第三，生活世界的"殖民化"。生活世界是主体间的交往行为得以展开的文化世界，但是，在现实中，生活世界本身也会遭遇问题和危机，具体说来，交往的"不合理化"在现实中表现为生活世界被各种系统所"殖民化"。哈贝马斯关于生活世界的理论阐述并没有停留在对生活世界的内在结构、功能以及交往行为的背景和境域的分析，而是进一步分析了现代理性或现代性危机条件下的生活世界的状况。这一分析体现在他关于系统（体系）

---

① Jürgen Harbermas, *The Theory of Communicative action*, Volume 2, Boston: Beacon Press, 1987, p.119.
② 哈贝马斯：《交往行动理论》第 2 卷，洪佩郁、蔺青译，重庆：重庆出版社 1994 年版，第 171 页。
③ 同上书，第 174 页。
④ 于尔根·哈贝马斯：《后形而上学思想》，曹卫东、付德根译，南京：译林出版社 2001 年版，第 79 页。
⑤ 同上书，第 82 页。

与生活世界的关系,以及关于"生活世界殖民化"的阐述之中。

在某种意义上,可以断言,哈贝马斯所说的系统(体系)属于"制度化领域"。制度化的系统或体系并非从人类社会形成伊始就是独立的领域,相反,在部落社会和传统社会中,其系统是生活世界内在的未分化的职能,因此,对这些时代,哈贝马斯常常用"社会文化生活世界"或"文化共同体"来标识。随着商品经济的发展和相对独立的市场交换领域的形成,经济运行系统、行政权力系统、社会控制系统等开始在法治和契约的支持下逐步从生活世界中独立出来,突出的表现是市场机制和现代国家的形成,是理性化经济运行体系和科层化行政管理体系的形成。其结果是生活世界从总体性的、包容性的社会文化生活世界或文化共同体下降为与各种系统具有同等地位的社会下属体系。哈贝马斯非常详细地分析了人类社会从部落社会,经过传统社会,直到现代国家组织化的社会的演进过程中体系与生活世界的分离。"与一种很少区别的社会体系最初共处的生活世界,越来越多地下降为一种与其他下属体系并行的一种下属体系。在这里,体系机制越来越脱离社会结构,即脱离社会统一借以进行的社会结构。"①

在哈贝马斯看来,问题不在于系统与生活世界的分离和系统的相对独立,这是正常的,也是具有进步意义的历史进程。问题在于,随着社会的发展,系统的复杂性越来越增强,相应地,它的独立性也在不断增强。在这种情况下,理性化的经济系统和科层化的行政权力系统开始摆脱原本由生活世界所形成的交往规则和价值信念,开始在金钱和权力的交往媒介的支配下自律地运行。独立化的系统反过来干预和破坏生活世界的文化机制,造成生活世界的危机及系统与生活世界的冲突。哈贝马斯把这种现象称为"生活世界的殖民化"。他指出:"如果人们把体系与生活世界脱节的这种转变,反映在理解形式的一种体系历史方面,世界历史的启蒙过程的不断的嘲弄就会暴露出来,就是说,生活世界的合理化促成了一种体系复杂性的上升,这种体系复杂性的上升是这样的迅猛,以致于自由的体系命令阻碍了被它们工具化了的生活世界的控制力。"②他还说:"合理化的生活世界促使下属体系的形成和增长,这种下属体系的独立的命令,又破坏性地反映在它本

---

① 哈贝马斯:《交往行动理论》第 2 卷,洪佩郁、蔺青译,重庆:重庆出版社 1994 年版,第 206 页。
② 同上书,第 208 页。

身上。"①体系脱离了以理解为基本方式、以达成共识为基本目的的交往理性的价值追求,干预、限制、危害生活世界。在具体表现上,从文化方面看,出现了意义的丧失、合法化危机等现象;从社会统一方面看,出现了社会失序、社会冲突加剧、社会统一受损等现象;在个性方面,出现了心理变态、个人同一性缺失、社会化进程受阻等现象。在哈贝马斯看来,这些现象的出现不是现代性的必然后果,而是工具理性过分膨胀、体系官僚化和金钱化的趋向等造成的。

第四,通过摆脱"生活世界的殖民化"而推动交往理性的合理化。在哈贝马斯看来,摆脱"生活世界的殖民化"的主要途径应当是发挥生活世界的理解、协商和非强制性意见一致的功能,推进文化再生产、社会统一和社会化的协调发展。但是,必须注意,这种生活世界的合理化不是简单地向原初的文化共同体回归,而是在生活世界迄今为止的合理化基础上重建交往理性的合理化。

哈贝马斯充分意识到,生活世界的一些发展趋势本身既是生活世界自身发展的必然,也是导致体系或系统独立化的重要原因。例如,一种情形是,随着生活世界合理化过程中"价值一般化"的趋势的出现,交往行为越来越多地脱离了具体的和给定的文化价值规范的行为模式,"随着这种脱节,社会统一的负担越来越强烈地从一种宗教依赖的意见一致,过渡为语言意见一致的形成过程。行动协调转为理解机制,使为理解所进行的行动的普遍结构,越来越纯洁地出现"②。另一种情形是"生活世界的媒体化"趋势。在价值一般化和大众传媒快速发展的背景下,对于人们行为和成就的评价不再被传统的声望和影响所决定,"声望和影响,我们已当作原始的一代的积极做出成就的结果认识到了;现在媒体的形成已代替了它们"③。生活世界合理化过程中出现的这些以及其他趋势或现象使生活世界作为交往主体的境遇和视野的文化世界的活动机制必须发生变化,不能再回到依赖生活世界中的传统文化知识储备而相对自发地调节主体间的关系和达成意见一致的方式。

正是在这种基础上,哈贝马斯从多方面展开了关于交往合理化以及生

---

① 哈贝马斯:《交往行动理论》第 2 卷,洪佩郁、蔺青译,重庆:重庆出版社 1994 年版,第 245—246 页。
② 同上书,第 238 页。
③ 同上书,第 239 页。

活世界合理化的构想:一是强调语用学的功能,突出平等的、非强制性的言语交往、协商、商谈的交往功能;二是针对文化生活世界内在的传统规范引入反思的机制,建立起深层的或批判的阐释学,为交往的合理化奠定更为合理的基础;三是强调以相对独立的公共领域保证大众的民主参与,建立分散的民主机制,通过公共领域的平等、自由的商谈和对话形成基于公共论辩所产生的意见一致,并通过共同舆论控制经济和政治系统权力,防止系统对生活世界的干扰和侵蚀。从这些理论旨趣来看,哈贝马斯的生活世界理论范式在信息化时代的确具有更大的合理性。

(二) 以商谈伦理为特征的话语政治

综观哈贝马斯的学术生涯,虽然他花费很多时间进行理性自身的反思,并进而在社会文化的层面上思考人的交往行为和社会的进化机制,但他并非一个纯粹的书斋式的学者,实际上政治领域一直是他关注的重点之一:1953 年批判海德格尔对法西斯的辩护、60 年代对学生运动从支持到批评的转变、90 年代与民主社会主义的结盟、1999 年支持对科索沃的战争、2003 年批评美国的伊拉克战争、2003 年关于"欧洲的一体化"和"欧洲的复兴"的呼吁等事件,充分表明了他鲜明的政治意识。"哈贝马斯把自己看作一个带有强烈政治关怀的公共知识分子,自觉充当社会良知和道德尺度的化身,他从不同的角度进入政治公共领域,勇于对时代作出诊断和批判。"①

应当说,20 世纪 90 年代以来,哈贝马斯的主要注意力都集中于政治哲学领域,其主要政治诉求是在政治领域(包括国际政治领域)倡导和实践交往行为理论。哈贝马斯认为,交往行为理论具有一种"多元主义特征",它的价值和作用并不局限于纯粹的哲学理论层面,而是体现在许多层面和许多领域。"一种其能力仅限于关注基本概念之清晰性的哲学,由于它的多语性,将在元理论层面上发现一些令人惊讶的相互融贯。因此,交往行动理论的基本设定也分成各种不同论域:在那里,它们必须在自己碰巧进入的论辩情境中证明自己的价值。"②而进入政治领域的交往行为理论的宗旨,概括起来,就是要建立以商谈伦理为特征的平等的话语政治模式。

哈贝马斯的政治哲学包含很丰富的内容,在这里不可能逐一展开。从

---

① 曹卫东:《曹卫东讲哈贝马斯》,北京:北京大学出版社 2005 年版,第 45 页。
② 哈贝马斯:《在事实与规范之间》,童世骏译,北京:生活·读书·新知三联书店 2003 年版,前言第 2 页。

总体上概括,可以把哈贝马斯的政治哲学概括为话语政治,他主张"一种程序主义政治,要求把交往理性的商谈原则贯彻到政治领域,以达到超越自由主义政治和共和主义政治的目的"①。哈贝马斯的政治哲学不仅着眼于社会不同阶层和群体之间的利益关系,而且思考不同国家和民族之间的利益关系,因此,对"民族国家"的批判和对"后民族民主"的倡导是他的政治哲学的重要视角。我们在这里主要从这一问题入手简要介绍哈贝马斯的话语政治理论。

1. 民族国家批判

可以说,民族国家批判是哈贝马斯的现代性批判的政治维度。哈贝马斯在研究现代社会的本质特征即现代性问题时,在文化精神的层面上非常重视文艺复兴、宗教改革、法国大革命、德国古典哲学等标志性事件,而在政治层面上则特别突出民族国家的形成的意义。他认为,现代性的产生同权力世俗化,即欧洲从基督教宗教权威中解脱出来,产生了世俗的民族国家这一历史事件密切相关,因此,应当从民族国家的特征分析来展开现代性批判。

首先,民族国家的成就在于在法律上和文化上解决了个体的团结和社会一体化问题。哈贝马斯指出:"'联合国'一词已经告诉我们,当今国际社会是由诸多民族国家组成的。民族国家这种历史类型是法国大革命和美国资产阶级革命之后形成的,现已遍布全球。"②在欧洲,不同的民族国家并立的格局取代宗教文化共同体这一历史事实,带来了深刻的变化,例如,从宗教权威向世俗权力的转变,从贵族民族向人民民族的转变,从臣民向公民的转变,等等。概括起来,民族国家的历史成就就在于,通过在法律上和文化上确立了公民资格而成功地解决了个体的团结和社会的一体化。具体说来,宗教共同体的解体带来了双重问题:一是对上帝的信仰崩溃后出现了"多元化的世界观";二是"民众的流动性和个体化"加强,从而使世俗的国家的合法化出现了问题。哈贝马斯认为:"民族国家通过把公民在政治上动员起来,来回应这两种新的发展要求。已经形成的民族意识,能够把抽象的社会一体化形式与变化了的政治决策结构联结在一起。这种逐渐盛行的民主参与和公民资格,创造了一种新的法律团结基础,同时也为国家找到了世俗化的合法化源泉。"③

---

① 曹卫东:《曹卫东讲哈贝马斯》,北京:北京大学出版社2005年版,第70—71页。
② 尤尔根·哈贝马斯:《包容他者》,曹卫东译,上海:上海人民出版社2002年版,第125页。
③ 同上书,第132页。

显然,在民族国家的这些成就中,包含着现代社会的许多本质特征,例如,个体的自由和公民资格、社会经济政治运行的理性化机制、国家治理的法制化、民主与政治参与、文化认同,等等。因此,哈贝马斯把民族国家视作现代性的重要标志,对民族国家在人类历史进程中的积极意义给予充分肯定。"民族的自我理解形成了文化语境,过去的臣民在这个语境下会变成为政治意义上的积极公民。民族归属感促使以往彼此生疏的人们团结一致。因此,民族国家的成就在于,它同时解决了这样两个问题:即在一个新的合法化形态(Legitimationsmodus)的基础上,提供了一种更加抽象的新的社会一体化形式(soziale integration)。"①

其次,虽然民族国家取得了许多历史成就,但是,民族国家的出现和强化也带来了一系列内部的和国际范围内的问题,特别是全球化背景下的民族主义和共和主义、特殊主义和普遍主义的紧张关系,甚至矛盾冲突。其中的核心问题在于,随着民族国家的出现,"国家主权的意义""民族存亡意识""民族自由""民族独立性"等问题②也随之出现并且不断强化,这些因素同全球化背景下的民族关系,以及共同体内部的民族成员之间的关系等问题交织在一起,就带来了上述的紧张关系和冲突,这也是现代性危机,即现代社会面临的矛盾的一种突出表现。

民族主义和共和主义的张力或冲突主要在于对民族国家的理解不同,因此对于民族主权、民族自律、民族自由的理解也有很大的差异。一般说来,共和主义倾向于把民族国家理解为平等的法律共同体,而民族主义倾向于把民族国家理解成通过文化和种族形成的、带有自然主义色彩的历史共同体。因此,在民族国家的相互关系上就出现了不同的态度。就共和主义的倾向来说,"如果一个民族是一个由法律建构起来的整体,并且是由公民构成的,那么,公共自律模式将占上风。这些公民很有可能是爱国主义者,他们把国家历史发展过程中形成的宪法看作是民族财富,并加以捍卫。但他们完全从康德的世界主义意义上来理解民族自由,也就是说,他们认为,民族自由是一种权利和义务,在国际联盟范围内促进相互理解保持利益均衡,从而达到维护和平的目的"③。而对民族主义倾向来说,则有不同的解释,这是一种自然主义的解释。"自然主义解释截然不同,它认为民族是一

---

① 尤尔根·哈贝马斯:《包容他者》,曹卫东译,上海:上海人民出版社2002年版,第131页。
② 同上书,第133—134页。
③ 同上书,第134页。

种前政治实体。所谓民族自由,就其本质而言,主要是一种在危急情况下用军事力量来捍卫自身独立性的能力。就像个人在市场上一样,各个民族在国际政治舞台上角逐也按照自身的利益行事。这种外部主权的传统概念披上了民族色彩,并由此而焕发出新的能量。"① 应当说,哈贝马斯通过民族国家在民族自由和民族主权等问题上的不同理解,十分清晰地展示出共和主义和民族主义的冲突之所在,这也的确是全球化背景下十分现实和紧迫的问题。

与民族主义和共和主义的张力或冲突相类似,特殊主义和普遍主义的张力和冲突也源于对民族共同体的不同理解。一般说来,普遍主义的观念倾向于把民族理解为法律共同体,而特殊主义观念倾向于把民族理解为历史共同体。普遍主义是一种非自然主义的、世界主义的民族概念,它同共和主义的理解相一致,强调"民族国家的历史成就归功于它用公民的内在团结替代了已经瓦解的早期现代社会的合作纽带"②。在这里,一个人要成为一个民族的成员,并非由他的种族和出身决定,只要信仰这个民族的宪法、法律等,就可以获得这个民族的成员资格。而特殊主义是一种自然主义的民族概念,在它那里,"由公民组成的民族的一体化力量被还原成一个自然生成的民族的前政治性,也就是说,被还原成独立于公民的政治意见和政治意志之外的东西"③。这样,一个人成为一个民族的成员,主要由血缘、文化、种族、语言等因素决定。所以,哈贝马斯断言:"民族国家概念包含着普遍主义和特殊主义之间的紧张,即平等的法律共同体与历史命运共同体之间的紧张。"④

应当承认,哈贝马斯从民族国家批判的视角所分析的民族主义和共和主义、特殊主义和普遍主义的紧张关系问题,是当代人类社会面临的重大现实和理论问题,也的确是当代政治哲学应当集中探讨的问题。特别是在当今的世界格局中,随着各民族国家面临的内部多元文化的挑战和外部全球化的挑战的加剧,这些问题的紧迫性就更为明显。从总的价值取向来看,哈贝马斯倾向于共和主义和普遍主义的民族概念,但是,他的理论特色就在于,不是简单地同这些观点认同,而是试图在各种紧张和冲突的两级之间找

---

① 尤尔根·哈贝马斯:《包容他者》,曹卫东译,上海:上海人民出版社2002年版,第134页。
② 同上书,第135页。
③ 同上。
④ 同上。

到一条新思路,具体说,这就是他所倡导的"后民族民主"的、程序主义的、商谈伦理的对话政治。

2. 后民族民主:以商谈伦理为特征的对话政治

后民族民主是哈贝马斯以交往理性为核心构想的一种话语政治模式。这一以商谈伦理为特征的对话政治既关乎民族国家作为法治和民主国家的发展,也关乎一种合理的国际秩序和世界格局的形成。

第一,对于民族国家应当采取一种历史的、理性的、现实的态度,不能采取不加分析地捍卫或抛弃的简单化立场,而应当在扬弃民族国家的局限性的前提下,逐步建立一种以后民族民主为特征、由"后民族国家"形成的世界格局。

哈贝马斯指出,在对待民族国家的态度方面,存在着两种极端的观点:一是新自由主义,主张坚决捍卫民族国家;一是后现代主义,主张彻底抛弃民族国家。新自由主义是关于民族国家的保护主义态度,它的出发点在于"强调垄断了权力的国家的防护功能,国家在它自身的疆域当中捍卫法律和秩序,为公民的私人生活世界提供安全保障。一旦出现无法控制的外来'冲击',他们就强调封闭的政治意志"①。而后现代主义则持完全对立的开放的观点,一种"自由的冲动",主要是基于对民族国家的矛盾和消极方面的关注而主张取消或废除民族国家。后现代主义"强调主权国家的权力具有一种压制的性质,它使得民众不得不臣服于喜好管理的行政机关的压迫,陷入了同质性的生活方式的囚笼之中。自由的冲动呼吁开放领土的疆界和社会的疆界,认为这是双重意义上的解放——既是被统治者从国家管理的垄断权力当中获得的解放,也是个体从民族集体强制认同一种行为模式当中获得的解放"②。

基于上述分析,哈贝马斯认为,新自由主义和后现代主义在民族国家问题上所提出的封闭的和开放的两种极端的观点都是不可取和不切实际的。无视民族国家面临的危机和困境的保守主义立场是无法应对全球化的挑战的,同时,无视民族国家的历史成就而全盘否定和抛弃民族国家的激进观点也是不切实际的。哈贝马斯认为,现实的历史经验已经否定了这两种极端的立场,"我们必须充分意识到,开放和封闭之间有着一种特殊的均衡关

---

① 尤尔根·哈贝马斯:《后民族结构》,曹卫东译,上海:上海人民出版社2002年版,第93页。
② 同上。

系。在欧洲历史上,凡是现代化比较顺利的时候,都是因为这种均衡关系取得了成功。如果在后民族格局中能够形成一种新型的社会民主自我控制的形式,那么,我们就将只能用一种理性的方式来应对全球化的挑战"①。

具体说来,哈贝马斯的做法是扬弃民族国家,以后民族国家构成世界主义的政治。后民族国家的特征是:在保持民族国家作为国家政治和国际政治主体的前提下,抛弃民族国家的种种不合时宜的政策,建立行之有效的跨国机构,用以补充民族国家职能上的严重不足。这也就是他所说的"后民族民主"(postnational democracy)。他认为,后民族民主是一种话语政治,主张在全球化的进程中,民族国家应当在保持民族完整的情况下,持一种理性的开放态度,同各种新的文化生活方式展开对话和交流,走向后民族国家的世界格局。"全球化似乎迫使民族国家在自身内部向各种外来的或新型的文化生活方式保持开放状态。与此同时,全球化又限制了一国政府的活动空间,具体表现为:主权国家对外,也就是面对国际管理机构同样也必须保持开放状态。"②在这方面,他特别强调欧洲发达国家的重要性,主张使欧盟实现联邦制,推动后民族民主进程,在此基础上,"我们才可以去考虑在未来建立一个全球性的秩序,既保持着差异性,又实现了社会均衡"③。

第二,在后民族民主的具体构想上,哈贝马斯一是强调交往理性的规范潜能,主张建立一种程序主义的话语政治模式;二是强调生活世界的文化功能,突出交往理性的道德内涵,提出了商谈伦理的话语政治模式。前者具体表现为在民主和法治的国度中建立以商谈伦理为基础的程序主义范式;后者具体表现为一种包容他者、尊重差异的普遍主义伦理文化。

以商谈伦理为基础的程序主义范式的提出,主要是为了超越自由主义和共和主义在个体和共同体关系上的截然对立。具体说来,哈贝马斯既反对自由主义将个体权利置于共同体之上的做法,也反对共和主义以共同体的名义压抑个人的权利,而主张在民主和法治国度中,通过建立符合商谈伦理的合理的对话程序,一方面保证个体的政治参与和合理诉求,另一方面保证共同体的一体化或团结不受损害。哈贝马斯强调这种以商谈伦理为基础的程序主义范式的重要性,他在《在事实与规范之间》中分析了当今世界围

---

① 尤尔根·哈贝马斯:《后民族结构》,曹卫东译,上海:上海人民出版社2002年版,第101页。
② 同上书,第97页。
③ 同上书,前言第2页。

绕着民主问题而产生的各种冲突和争论,指出这些争论和不安中透露出一种直觉:"在完全世俗化的政治中,法治国若没有激进民主的话是难以形成、难以维持的。本书的目的,是从这种直觉中提炼出一种洞见。归根结底,作为私人的法权主体,若他们**自己**不通过对其政治自主(Autonomie)的共同运用而澄清正当的利益和标准,并且就在哪些相关方面平等者应该受平等对待、不同者应该受不同对待达成一致,是无法充分享受平等的主观自由的。"①

这种通过合理的程序保护主体的自由和政治参与,维持个体和共同体平衡,以商谈伦理为基础的程序主义范式,在哈贝马斯那里,还有更为宽广的视野和更为深刻的道德内涵,这就是平等地保护和对待一切人,特别是弱者和具有差异的他者的权利。这就是他提出的新的普遍主义。他在《包容他者》中强调,商谈伦理的话语政治,一方面要充分考虑共和主义的普遍主义内涵所带来的消极后果,但是,并非像后现代主义那样笼统地抛弃普遍主义,而是要确立一种表达"关于他性和差异性的相对结构"的正确的普遍主义。这是"一种对差异性十分敏感的普遍主义",它"平等地尊重每一个人,并非仅仅针对同类,而且也包括他者的人格或他者的他性"。② 这种普遍主义主张一个道德共同体:"这种道德共同体的结构原则就是要消除一切歧视和苦难,包容一切边缘群体,并且相互尊重。这样建构起来的共同体不是一个迫使一切成员用各自的方式都彻底趋于同化的集体。"③

从上述分析可以看出,哈贝马斯在对科学技术异化原因的分析以及扬弃异化途径的探讨方面比霍克海默、马尔库塞等人更为深刻,更具现实感,这正是他同马尔库塞在这一问题上的分歧之所在,也是他在技术理性批判领域的独特贡献之所在。在合理的交往行为中,理性开始从意识哲学的理性范畴向语言哲学和社会哲学的日常交往实践的理性范畴转变,它不再是主体哲学的主体自我反思能力或驱动历史的整体的、逻各斯中心主义的历史理性,而是具有包容性、多维性、对话性、非排他性的日常交往实践的交往理性。交往理性不同于工具理性的征服自然和控制社会的实体理性,而是体现为行动主体间的非强制性协商和意见一致的规则。进而,在社会哲学

---

① 哈贝马斯:《在事实与规范之间》,童世骏译,北京:生活·读书·新知三联书店2003年版,前言第6—7页。
② 尤尔根·哈贝马斯:《包容他者》,曹卫东译,上海:上海人民出版社2002年版,前言第1页。
③ 同上书,前言第2页。

的视野和政治哲学视野中,交往行为理论通过生活世界理论和话语政治理论深刻地切入了我们时代的焦点性问题,对于困扰着当代人类的现代性危机和现代社会面临的重大挑战作出了富有建设性的回应。

　　正是在这种意义上,维护现代性是哈贝马斯理论的一个重要特征。他在为《现代性的哲学话语》所写的作者前言中指出:"'现代性———一项未完成的设计'是我在1980年9月荣膺'阿多诺奖'时答谢致辞的题目。后来,我一直都没有放弃过这个设计,尽管它在许多方面引起了广泛的争议。"[1]哈贝马斯强调,现代社会中的理性危机不是理性和现代性的彻底终结,以理性化为特征的现代性并没有穷尽自己的积极的价值,相反,它的潜能还远远没有发挥和展示出来。现代性是一个未完成的方案或设计,它的潜力和价值应当在交往理性中充分发挥。应当承认,与20世纪许多激进的文化批判思想家相比,哈贝马斯的交往行为理论更为全面,更富有建设性。

---

[1] 于尔根·哈贝马斯:《现代性的哲学话语》,曹卫东等译,南京:译林出版社2004年版,作者前言第1页。

第八章
萨特的存在主义马克思主义

存在主义马克思主义是西方马克思主义的重要流派之一。从思想来源和理论资源来看,西方马克思主义的主要流派一方面坚持和发扬马克思思想中的某些重要的方面,另一方面广泛借鉴和吸取现代西方哲学中的人本主义和科学主义的理论资源,由此,在西方马克思主义中形成了弗洛伊德主义马克思主义、存在主义马克思主义、结构主义马克思主义、实证主义马克思主义等不同的理论流派。存在主义是20世纪西方哲学中最有影响的人本主义流派之一,把存在主义同马克思主义相结合是第二次世界大战后存在主义演化的重要趋势之一,例如,法国哲学家萨特、梅洛-庞蒂、列斐伏尔等都在某种程度上探索存在主义同马克思主义的结合点。相比之下,萨特是存在主义马克思主义最有影响、最典型的代表人物。

在西方马克思主义的不同流派中,把马克思主义同西方某种哲学流派相结合,通常有两种基本的类型:一是从马克思的思想出发,吸收和借鉴西方某一哲学流派的观点,马尔库塞和弗洛姆的弗洛伊德主义马克思主义就属于这种类型;二是从西方某一哲学流派的基本立场出发,转向马克思主义,把马克思的思想同原有的哲学立场相结合相融合,萨特的存在主义马克思主义就属于这种类型。萨特在接收或转向马克思主义之前已经是存在主义的著名代表人物,他对存在主义和马克思主义的结合产生了重大的影响。

让-保罗·萨特生于法国巴黎。他很小就喜欢阅读文学作品,到中学时,又通过接触尼采、柏格森等著名哲学家的思想而对哲学产生了浓厚的兴趣,这些奠定了他日后成为著名哲学家和文学家的基础。1924年,萨特就读法国知名学府巴黎高等师范学院,专攻哲学。这所前身诞生于法国大革命时期,培养过10位诺贝尔奖得主的著名高等学校,被誉为"哲学家的摇篮"和"文学家的摇篮",这里培养出了罗曼·罗兰(Romain Rolland)、雷蒙·阿隆(Raymond Aron)、马克·布洛克(Marc Bloch)、西蒙娜·德·波伏娃(Simone de Beauvoir)、皮埃尔·布尔迪厄(Pierre Bourdieu)和米歇尔·福柯(Michel Foucault)等闪耀的群星。1929年毕业后,萨特曾到中学担任哲学教师,后到德国柏林的法兰西学院专门研究现象学,正是在那里,他深入地研读了现象学大师胡塞尔的哲学思想以及海德格尔的现象学存在主义,奠定了他作为存在主义重要代表人物的思想基础,发表了一系列关于现象学的论文。第二次世界大战期间,萨特参加了反法西斯的抵抗运动,曾被德军俘虏,在战俘营继续进行哲学研究,集中思考关于人的存在、人的自由与责任等重大问题,并于1943年出版了代表作《存在与虚无》,成为存在主义的著名代表人物。1945年萨特与梅洛-庞蒂、波伏娃等人创办了《现代》杂志,并于1946年发表了《存在主义是一种人道主义》,该文风格通俗而简明,产生了不同寻常的学术和社会影响,极大地张扬了存在主义哲学,使之于第二次世界大战后在西方学术界和社会各界成为最有影响的理论思潮。正是在这一时期,萨特的思想开始向左转,开始信奉马克思主义,他不参加共产党,只做共产党的同路人,主要集中力量把存在主义和马克思主义相结合,先后出版了《共产党人与和平》(1952)、《辩证理性批判》(1960)等著作。《辩证理性批判》建构了存在主义马克思主义的基本理论,成为存在主义马克思主义的代表作。60年代后期,萨特成为西方激进主义新左派的重要代表人物,积极支持席卷西方的学生造反运动,并成为其理论上的代言人与精神领袖。萨特不仅是著名哲学家,也是著名文学家,荒诞派文学的重要代表人物,1964年他获得了诺贝尔文学奖,但是拒绝领奖,充分彰显了他的自由与抗争的性格。萨特一生呼唤自由,张扬个性,强调责任,在西方社会产生了巨大的影响,1980年他辞世时引起了世界范围内的关注,巴黎数万人自发地为他送葬。

在存在主义思想家中,萨特以倡导和固守人的自由而著称,在他后期的存在主义马克思主义理论体系中,人的自由和责任依旧是核心问题,因此,我们从分析萨特的自由理论入手,探讨他的存在主义马克思主义。

一、存在哲学的自由理论

存在主义是20世纪最有影响的哲学流派之一,严格意义上讲,存在主义不是一个统一的哲学派别,而是一种具有共同关切的哲学思潮或哲学运动。由于存在主义者的主要关注点是超越人的生存困境和张扬人的自由,因此,这一思潮不仅在20世纪哲学发展中占据重要的地位,而且对西方发达社会的许多阶层也产生了深刻的影响。

一般说来,存在主义的正式形成可以定位于第一次世界大战之后的德国,其主要代表人物是海德格尔和雅斯贝尔斯。两次世界大战期间,存在主义成为在德国、法国等地最为流行的哲学思潮之一。随着萨特、加缪、马塞尔、梅洛-庞蒂等一批法国存在主义哲学家和文学家的影响不断增大,到第二次世界大战后,存在主义的中心逐步由德国转移到法国。存在主义运动会在两次世界大战期间崛起,并在尔后相当长的时期内不断引起西方世界的共鸣,其深层原因是这一哲学运动是作为20世纪西方发达工业社会理性文化危机的哲学表达而出现的。应当说,科学技术飞速发展和物质财富迅速增长背景下的理性文化危机是20世纪许多哲学流派共同关注的重大问题。其中,法兰克福学派等西方马克思主义流派把主要注意力用于具体揭示理性文化危机背景下技术理性、意识形态、大众文化等异化和物化的力量对人的统治和压抑,而存在主义流派则侧重于分析理性文化危机中人的生存困境和异化的生存状态,他们通过对西方传统理性形而上学的批判而把哲学的目光转移到人的生存本身,建立起以人的生存困境批判为核心的存在哲学。

为了更为深刻地把握存在主义的文化根源,需要从内在精神的角度对西方的文化危机加以简要的概括。众所周知,西方文化深深根植于希伯来精神和希腊理性主义之中,前者的"上帝"和后者的"理性"相互交织构成了西方文化的核心精神,为人的生存和社会运行提供了自明的标准、规范、价值、意义和力量。但是,这样的一种文化样态在现代出现了问题。先是随着科学技术的发展和工业文明的发达,西方人逐步在技术对自然的征服中确立了前所未有的乐观主义信念,而使"上帝"所代表的文化标准渐渐边缘化,导致了尼采所说的"上帝死了"。进而,随着科学技术发展的成果和各种文化力量在增加物质财富的同时逐步走向自律,成为统治人、压抑人的异化和物化的力量,特别是世界大战的爆发,把科学技术自律所导致的破坏性后果淋漓尽致地展示出来,"理性"所代表的文化力量也陷入了深刻的危机之中。西方人相继经历了"上帝死了"和"技术主义的幻灭",陷入了前所未有的文化悖论:一方面是自由、创造性和人的本质力量的不断增长;另一方面是人的孤寂感、异化和无能为力感的不断增长。传统文化模式内在所包含的自明的标准、规范、价值、意义和力量突然失落,人突然变得孤独,生活于一个"无神的殿堂",相应地,生命的悲剧意识、生存的空虚感和孤独感等开始成为20世纪上半叶西方文化的基本色彩。

在这种文化危机的背景下,海德格尔率先以《存在与时间》等著作奠定了存在哲学的基础。他严厉指责和批判了传统理性主义形而上学,认为这是一种撇开人之存在而探究世界之本质的"无根的本体论",主张从人的存在(此在)入手建立一种"基本本体论"。海德格尔深刻揭示了此在(人之存在)的"被抛入状态",即此在毫无理由、毫无原委地"已经在此"的存在境遇。他以此说明人被抛入世,不得不肩负起自己本身的命运,无法摆脱在世的这一状态。以此为基础,海德格尔进一步揭示与"共同在世",也就是此在转化为"人们"("常人")直接相关的"此在之沉沦",即人性的异化。他由此以"畏"和"烦"为基点建立起此在(人之存在)的"整体结构",将人之有限的、缺憾的存在状态当作人的命定的存在状态。萨特在《存在与虚无》等哲学著作和文学著作中,对现代人的生存困境作了更为详细的剖析,特别揭示了人的烦、孤独、无意义和绝望的生存状态。在他看来,人作为"自为的存在"永远不是什么,而老是不断地要成为什么,即是说,人没有先定的或给定的本质,人的自由与存在先于人的本质。既然人是自由的,没有固定的和给定的本质,人就必须承担起自己选择的生存方式和责任,不得不为自己的存在负责,并要对人类未来命运负责。萨特由此在《存在与虚无》(1943)和《存在主义是一种人道主义》(1946)等著作中由绝对的自由和责任展开了自己的存在哲学。

(一) 人的自由的理论前提

萨特的存在哲学的核心是强调人的自由的绝对性,强调人必须自己选择自己的本质规定性。他提出这一理论的一个基本前提是"上帝"之不存在。"上帝"这一文化形象在西方文化中占据特殊重要的地位,它构成了作为西方文化重要来源之一的希伯来精神的核心,是我们透视西方文化内涵及其历史变迁的重要视角。

"上帝"的重要性在于,他是西方文化中基本道德、价值、规范的标准和尺度。希伯来精神集中体现于犹太教和基督教的创世说、原罪说与末日拯救说等神话之中。这些学说构成一幅完整的人之图像:人之初始拥有清白无辜的纯真本质,因为上帝是按照自己的形象创造了人;由于邪恶的诱惑,人丧失了原有的纯真本质,犯有在尘世中将永远缠绕着他的原罪;人自身是软弱和无能为力的,但上帝是全能的,它会在世界末日将人拯救;因此,人之生存的真谛不在尘世,而在来世,信徒在尘世生活中应以对痛苦的忍耐、对上帝的信仰和对同类的仁爱而取得进入天国的入场券。在西方哲学和文化的演进中,特别是经过经院哲学的论证和阐释,关于上帝和人的形象的这一理解逐步演变为一种基本的文化精神。著名经院哲学家托马斯·阿奎那曾运用古希腊的理性主义哲学思想来论证上帝的存在。亚里士多德在研究事物的本原和构成时,曾提出著名的"四因"说,他认为,任何事物的生成和存在都有四种不可或缺的根本原因,即质料因、形式因、动力因和目的因。其中,质料是构成事物的最基本的材料,是"所从出的东西",形式因是赋予质料以本质规定性的东西,动力因是让事物得以开始运动的原因,而目的因是事物生成和存在的目标。实际上,形式因、动力因和目的因可以合而为一,作为统一的形式因。质料和形式在不同层次的结合构成了不同层次的事物和存在,最低层次的存在是没有内在本质和形式的被动的"纯存在",而最高层次则是作为最高目的的"纯形式"。纯形式是最高的实体、最终的目的、"最高的善""不动的推动者"。托马斯·阿奎那认为,上帝正是这样的"第一推动者""不动的推动者""第一作用因"。经过这种理性化的论证,上帝逐步变成西方文化中道德、价值等的最高的标准和尺度,是人的生存的绝对依据。

由此,"上帝死了"在西方文化中是一个十分重大的事情,它不仅关系到基督教的上帝是否存在的问题,更关系到人们赖以安身立命的文化根基和价值标准是否能够继续坚持的问题,关系到人应当如何生存的问题,关系到应当如何重新评价人的问题。因此,当近现代科学技术飞速发展导致人们关于上帝的文化观念越来越淡漠时,很多思想家对此高度关注,把这一事件看作西方文化精神的重大转折。著名德国哲学家尼采在19世纪末,当世人还沉浸在科学技术的伟大成就当中时,就以震撼人心的方式宣布了"上帝死了"。他认为,是迷信于现代技术成就的人们的麻木不仁,导致"上帝死了",现代人是杀死上帝的凶手。尼采进一步认为,"上帝死了"的后果是严重的,它将导致人们的文化价值的坍塌与重建。由于"上帝死了",柏拉图的理念和基督教的上帝所代表的理性、道德等绝对的文化价值都成了"黄昏的偶像",人的生存失去了绝对的标准。他在《快乐的科学》中指出,我们麻木不仁地杀死了上帝,"我们把地球从太阳的锁链下解放出来,再怎么办呢?地球运动到哪里去呢?我们运动到哪里去呢?离开所有的太阳吗?我们会一直坠落下去吗?向后、向前、向旁侧、全方位地坠落吗?……上帝死了!永远死了!是咱们把他杀死的!我们,最残忍的凶手,如何自慰呢?……我们必须发明什么样的赎罪庆典和神圣游戏呢?这伟大的业绩对于我们是否过于伟大？我们自己是否必须变成上帝，以便显出上帝的尊严而抛头露面？"①尼采认为，由于上帝死了，传统的文化价值坍塌了，必须"**重估一切价值**"②；由于没有什么绝对的文化价值成为人的生存的绝对的依据和标准，人必须成为价值的创造者，并且必须对自己的行为负责。

萨特的存在哲学的自由观也是从"上帝不存在"这样一个基点出发的，在他看来，这一事实是人的自由得以确立的基本的理论前提。萨特认为，"上帝不存在"是一个我们无法回避，并且必须承受其后果的事实。"我们的意思只是说上帝不存在，并且必须把上帝不存在的后果一直推衍到底。"③"上帝不存在"对于人的生存来说是一件十分重大的事情，在萨特看来，这一事实至少带来双重后果。一方面，"上帝不存在"导致人的孤独和文化上的无家可归，"如果上帝不存在，一切都是容许的，因此人就变得孤苦伶仃了，因为他不论在自己内心里或者在自身以外，都找不到可以依靠的东西"④。在这种意义上，同那些沉浸于科学技术的胜利的人们不同，存在主义者认为，"上帝不存在是一个极端尴尬的事情，因为随着上帝的消失，一切能在理性天堂内找到价值的可能性都消失了。任何先天的价值都不再存在了，原因是没有一个无限的和十全十美的心灵去思索它了"⑤。另一方面，"上帝不存在"在带来人的孤独的同时，也使人的自由成为绝对可能的事情，使责任成为人不可推卸的责任。由于上帝不存在，"决定论是没有的——人是自由的，**人就是自由**"，同样，"也就没有人能够提供价值或者命令，使我们的行为成为合法化。这一来，我不论在过去或者未来，都不是处在一个有价值照耀的光明世界里，都找不到任何为自己辩解或者推卸责任的办法。我们只是孤零零一个人，无法自解。当我说人是被逼得自由的，我的意思就是这样。人的确是被逼处此的，因为人并没有创造自己，然而仍旧自由自在，并且从他被投进这个世界的那一刻起，就要对自己的一切行为负责"⑥。正是从上述理解出发，萨特把绝对自由和绝对责任置于哲学的核心。

---

① 尼采：《快乐的科学》，黄明嘉译，桂林：漓江出版社2000年版，第151—152页。
② 尼采：《偶像的黄昏》，周国平译，北京：光明日报出版社1996年版，第3页。
③ 让-保罗·萨特：《存在主义是一种人道主义》，周煦良、汤永宽译，上海：上海译文出版社1988年版，第11页。
④ 同上书，第12页。
⑤ 同上。
⑥ 同上书，第12—13页。

（二）绝对自由与绝对责任

从"上帝不存在"这一理论前提出发，萨特认为，面对人的孤独的生存困境，存在哲学的基本思路不是在人的存在之外再去寻找某种绝对的力量取代上帝的地位，为人提供一种新的外在的安身立命的依托，而是应当关注人的存在本身，使人的自由的可能性充分发挥，并促使人勇敢地面对行为的后果，确立起以绝对自由和绝对责任为核心的人道主义理论。可以说，在各种关于人的自由的理论中，萨特的见解是最为彻底、最为极端的一种表述。

1. 人的主体性的超越性

萨特在阐述了"上帝不存在"这一理论前提之后，又从人主体的超越性特征出发，来阐述人的自由的根据。他区分了自在的存在与自为的存在，把人理解为一种不断超越的自为的存在，这种自为的存在的基本规定性就是个体的绝对的自由。

第一，自在的存在与自为的存在。萨特区分了两种基本的存在样态，一种是自在的存在（being-in-itself），一种是自为的存在（being-for-itself）。一般说来，外在的世界和事物，或者说没有同人的意识和活动发生联系的事物属于自在的存在，而人的意识活动和人的主观性的存在使人成为一种自为的存在。当然，两种存在样态的划分不只是领域的区别，更为重要的是存在方式的不同。萨特以此来说明有意识的人的存在同一般的给定的自在存在的本质差别。

自在的存在是一种直接给定的、自然而然的存在。关于自在的存在，萨特用非常精练的语言加以概括："存在存在。存在是自在的。存在是其所是。这是我们初步地考察存在的现象之后，能给现象的存在规定的三个特点。"①实际上这三个特点的含义是一致的，都强调事物的直接给定性、自在性和自然而然性。所谓"存在存在"，是强调自在的存在的给定性，它是纯粹的、同自觉的意识没有关系的、没有任何其他理由和规定的存在，"这意味着存在既不能派生于可能，也不能归并到必然……自在的存在永远既不能是可能的，也不能是不可能的，它**存在**"②。所谓"存在是自在的"，表达着同样的意思，都强调自在的存在的直接给定性。强调存在是自在的，是说存

---

① 萨特：《存在与虚无》，陈宣良等译，北京：生活·读书·新知三联书店1987年版，第27页。
② 同上。

在就是给定的样子,它的存在既没有内在的原因,也没有外在的原因,"存在不可能按意识的方式而是**自因的**。存在是**它自身**。这意味着它既不是被动性也不是能动性。这两个概念都是**人的**,并且表示人的行为或人行为的工具"①。可见,自在的存在同人的有意识的活动无关。同时,自在的存在完全在其自身之中,不包含任何关系,"存在并不是与自己的关系,它就是它自己"②。所谓"存在是其所是",概括了上述两重意思,进一步说明自在的存在的直接给定性,关于它我们除了它"存在"以外什么也无法说,它就是它所是的那个样子,这是一种"自在如一性",其中不包含任何否定和超越,它已经"脱离了时间性"。萨特指出:"它是其所是,这意味着,它本身甚至不能是其所不是;事实上我们已看到,它不包含任何否定。它是完全的肯定性。"③

　　自为的存在是超越性、生成性、自由性的存在。关于自为的存在,萨特一直是联系人的主体性、联系人的有意识活动加以阐述的。同自在存在的直接给定性和自在性特征刚好相反,自为存在的特征刚好是非给定性、生成性、创造性、超越性,一句话,是自由。萨特指出,同自在存在的"存在是其所是"刚好相反,"自为的存在被定义为是其所不是且不是其所是"。④ 这里显然揭示了人的存在的基本特征,人作为有意识的主体性存在,不是直接给定的存在,而是对现存的不断的否定和超越;人的意识活动不是简单地同对象认同,而是否定对象的自在性和给定性,因而这是一种导致自在存在的"虚无化"的活动,"自为不是别的,只不过是自在的纯粹虚无化"⑤。人作为自为的存在,一方面总是趋向于超越现存的给定性,通过否定自在存在的给定性而改变现存的世界,使世界获得新的价值和意义;另一方面总是不断超越自我,超越自己已经获得的规定性,在自由的创造中实现自己的本质力量。因此,萨特断言,自为的存在不是给定的实体,而是"非实体的绝对","它的实在纯粹是考问性的。它之所以能提出问题,是因为他本身总是**处在问题中**;它的存在永远不被**给定**,而是被考问的,因为相异性的虚无总是把他与他本身分开;自为永远是悬而未决的,因为它的存在是一种永恒的延期"。⑥

---

① 萨特:《存在与虚无》,陈宣良等译,北京:生活·读书·新知三联书店1987年版,第25页。
② 同上。
③ 同上书,第27页。
④ 同上书,第26页。
⑤ 同上书,第786页。
⑥ 同上书,第788页。

第二，存在先于本质。在对自在的存在和自为的存在作了本质特征上的划分之后，萨特又进一步从这两种存在样态内在地包含的存在和本质的不同关系，来进一步说明人作为自为的存在的超越性和自由的本质。在这里，萨特提出一个著名的，同时也是引起很大争议的命题：对于自为的存在而言，存在先于本质。

萨特从存在与本质的关系的角度比较了自在存在与自为存在的根本差别。自在的存在是直接给定的、肯定性的、"存在是其所是"的存在，因此，当一个自在的事物存在时，它已经获得了自己的本质规定性，对它而言，在某种意义上本质先于存在。萨特曾举了一个例子，对于一把裁纸刀而言，在它制作之前，关于它的用途和规定已经形成了，"所以我们说，裁纸刀的本质，也就是使它的制作和定义成为可能的许多公式和质地的总和，先于它的存在"①。与此相反，自为的存在是非给定的、超越性的存在，因此，人作为一个自为的存在，当他来到世上，并没有取得他的所有的规定性，是通过自己的选择和努力而把自己塑造成他所是的样子，并且不断超越自我，不断创新，在这种意义上，对自为的存在而言，存在先于本质。萨特指出："如果上帝并不存在，那么至少总有一个东西先于其本质就已经存在了；先要有这个东西的存在，然后才能用什么概念来说明它。这个东西就是人，或者按照海德格尔的说法，人的实在(human reality)。我们说存在先于本质的意思指什么呢？意思就是说首先有人，人碰上自己，在世界上涌现出来——然后才给自己下定义。如果人在存在主义者眼中是不能下定义的，那是因为在一开头人是什么都说不上的。他所以说得上是往后的事，那时候他就会是他认为的那种人了。"②

用"存在先于本质"来揭示自为的存在，即人的存在的样态，在萨特的自由理论中占据重要的地位，其中包含着重要的理论结论。首先，"存在先于本质"的存在样态表明人没有给定的、不变的本质和规定性，没有现成的"人性"，所谓人的本质、普遍的人性，都是历史的生成。萨特说："我不能把我的信心建立在人类的善良或者人对社会改善的兴趣上，因为人是自由的，而且没有什么人性可以认为是基本的。"③再进一步说，即使有某种普遍的

---

① 让-保罗·萨特：《存在主义是一种人道主义》，周煦良、汤永宽译，上海：上海译文出版社1988年版，第7页。
② 同上书，第7—8页。
③ 同上书，第17—18页。

人性,也不是给定的,而是通过人的自由选择而生成的。"在这个意义上,我们可以说有一种人类的普遍性,但是它不是已知的东西;它在一直被制造出来。在选择我自己时,我制造了这种普遍性;在理解任何别的人、任何别的时代的意图时,我也在制造这种普遍性。"①其次,"存在先于本质"的存在样态表明人的自由是可能的,而且人的自由就在于人的自我选择、自我设计、自我创造。"人性是没有的,因为没有上帝提供一个人的概念。人就是人。这不仅说他是自己认为的那样,而且也是他愿意成为的那样——是他(从无到有)从不存在到存在之后愿意成为的那样。人除了自己认为的那样以外,什么都不是。这就是存在主义的第一原则。"②其实,萨特在这里并不是在抽象和普遍的意义上一般地谈论"人是什么"的本质,而是说,每一个体,尽管其成长要受到各种给定条件的制约,但是,并没有什么力量和因素先天地决定他一定成为一个哲学家、科学家、商人或是其他的什么人,每一个人的规定性都是自己的选择和活动的结果。因此,人的自由是人的本质的规定性,是绝对的。

2. 个体自由的绝对性

应当说,许多哲学家都承认人是自由的,并且承认自由的活动是人区别于其他动物的本质的或重要的特征。然而,萨特的存在主义的自由理论是最彻底、最激进的自由理论,它强调人的自由是绝对的,换句话说,人之为人,不能是不自由的。必须看到,萨特强调个体的自由是绝对的,并非断言作为个体的人无所不能或者可以随心所欲,而是强调人特有的存在样态:一方面,人作为自为的存在,存在先于本质,没有自然给定的现成的本质;另一方面,上帝不存在,没有什么权威的力量为人规定普遍的本质和绝对的标准,因此,人只能在自己不断展开的存在中,自由自主地选择自我,形成自己的规定性。这是人的自由的生存本体论的规定。可以从以下两个方面具体阐述萨特关于绝对的自由的思想。

第一,人命定是自由的,人不得不自由。萨特认为,断言"存在先于本质"也就是断言"自由先于本质",自由并不是人的本质的某一种属性,而是使人的本质得以生成和成为可能的前提性条件。如果没有人的存在和自由,自在的存在就是一种给定的、未分化的、充实的、肯定的、停滞的存在。

---

① 让-保罗·萨特:《存在主义是一种人道主义》,周煦良、汤永宽译,上海:上海译文出版社1988年版,第23页。

② 同上书,第8页。

由于人作为自为存在的意识活动,由于人的自由和主体的超越性,人对自在的存在形成了否定性的关系,使自在的存在"虚无化",同时也通过选择和创造而形成了自我的规定性。"我们试图定义的东西,就是人的存在,因为他制约着虚无的显现,而且这个存在已对我们显现为自由。因此,自由,作为虚无的虚无化所需要的条件,不是突出地属于人的存在本质的一种**属性**。此外,我们已经指出在人那里,存在(existence)与本质的关系不同于在世间事物那里的存在与本质的关系。人的自由先于人的本质并且使人的本质成为可能,人的存在的本质悬置在人的自由之中。因此我们称为自由的东西是不可能区别于'人的实在'之**存在**(être)的。人并不是**首先**存在以便**后来**成为自由的,人的存在和他'是自由的'这两者之间没有区别。"①

第二,自由的绝对性具体体现在选择的不可逃避性,人必须通过选择来实现自己的本质。人投身于或者"被抛入"这个给定的世界,必须同各种给定的自在存在打交道,必然受到各种条件和境遇的制约,但是,既没有上帝也没有哪一种事物能够完全地、绝对地规定每一个体的本质,实际上,在每一个人的面前总是摆放着各种各样的可能性,人究竟成为一个什么样的人取决于自己的设计、选择、谋划和自我塑造,这是人区别于其他动物和自在存在的根本特征。人的自由具体体现为人是一种不断地自我设计、自我选择、自我谋划、自我表现、自我造就,并不断自我否定、自我超越、自我创新的自为的存在。"人只是他企图成为的那样,他只是在实现自己意图上方才存在,所以他除掉自己的行动总和外,什么都不是;除掉他的生命外,什么都不是。"②"一个人不多不少就是他的一系列行径;他是构成这些行径的总和、组织和一套关系。"③在这种意义上,萨特认为,像自由是绝对的一样,选择也是绝对的;人无法不选择,不选择也是一种选择;无论面临何种境遇,人都无法不进行选择。④ 萨特指出:"说不管我们怎样选择都没有关系,这是

---

① 萨特:《存在与虚无》,陈宣良等译,北京:生活・读书・新知三联书店1987年版,第56页。
② 让-保罗・萨特:《存在主义是一种人道主义》,周煦良、汤永宽译,上海:上海译文出版社1988年版,第18页。
③ 同上书,第19页。
④ 这些断言看似极端,实际上包含着存在主义对人的存在的特殊理解。萨特在回应人们关于绝对自由和选择的质问时,曾列举了许多事例,来说明任何情况下、任何境遇中,人都逃避不了自我选择的命运。例如,小到结婚生子、职业设计和选定,大到生死抉择时的英雄与懦夫,即使监狱中的囚犯,虽然不可能自由地逃出监狱,但是,也可以选择以什么样的态度来对待坐牢。这使我们想起了西方马克思主义著名代表人物葛兰西,他恰恰就是在监狱中完成了传世名作《狱中札记》。

不对的。在某种意义上,选择是可能的,但是不选择却是不可能的,我是总能够选择的,但是我必须懂得如果我不选择,那也仍旧是一种选择。"①

第三,自由的绝对性还体现在自由是价值的源泉和基础。萨特认为,人作为一种自为的存在,他并非自发地存在于自在存在所构成的未分化的自然体系中,而是生活于人的世界中。人的世界是一个价值和意义的世界,这是一个环绕着人的自由活动而建构起来的世界。价值和意义不是自在存在本身给定的规定性,而是与人的活动和自由选择密切相关的主客体关系,正如李凯尔特断言的那样,"关于价值,我们不能说它们**实际上**存在着或不存在,而只能说它们是**有意义的**,还是**无意义的**"②。在这种意义上,萨特认为,人是价值的源泉,这也就是说,自由是价值的源泉。他说:"当人一旦看出价值是靠他自己决定的,他在这种无依无靠的情况下就只能决定一件事,即把自由作为一切价值的基础。这并不是说他凭空这样决定,这只是说一个诚实可靠的人的行动,其最终极的意义,就是对自由本身的追求。"③进而,在这种意义上,萨特断言,对于人的生存而言,世界就是人的世界,是人通过自己的自由活动而创造的世界。"世界从本质上讲是我的世界,因为它是虚无的自在相关物,也就是我在建立自身为在应该是的形式下我所是的东西时所超出的必然障碍的自在相关物。没有世界,就没有自我性,就没有个人;没有自我性,没有个人,就没有世界。"④

3. 个体责任的绝对性

从萨特关于自由和选择的论述,的确可以看出他对个体自由的极端强调,甚至带有某种极端个人主义倾向。然而,如果认为萨特断言个体自由的绝对性是在强调人之无所不能,或者强调人可以随心所欲、不忌后果,那就大错特错了。恰恰相反,在萨特看来,正因为人是如此自由的,所以人不能任性和随心所欲,必须对自己的选择和行为后果负责。因此,个体责任的绝对性和个体自由的绝对性是存在主义自由理论不可分割的两个方面。萨特对人的责任同样强调到了极端的地步,并由此以知识分子的良心和责任感

---

① 让-保罗·萨特:《存在主义是一种人道主义》,周煦良、汤永宽译,上海:上海译文出版社 1988 年版,第 24 页。
② H.李凯尔特:《文化科学和自然科学》,涂纪亮译,北京:商务印书馆 1986 年版,第 21 页。
③ 让-保罗·萨特:《存在主义是一种人道主义》,周煦良、汤永宽译,上海:上海译文出版社 1988 年版,第 27 页。
④ 萨特:《存在与虚无》,陈宣良等译,北京:生活·读书·新知三联书店 1987 年版,第 152 页。

介入社会,批判各种不人道的罪行,以至有人把他誉为"20世纪的良心"。

第一,正如人无法摆脱自由一样,人也无法摆脱责任,必须对自己的自由选择和行为后果担负不可推卸的责任。在萨特看来,这是自由理论的必然结论,既然上帝不存在,人又不是一种给定的自在存在,人的存在先于本质,因此,没有什么能替人负责,人必须自己承担自己的自由选择的责任,这是存在主义的基本原则和核心思想。萨特指出,对于一个个体而言,"不管他怎样选择,鉴于他现在的处境,他是不可能不担当全部责任的"①。进而,萨特强调,责任意识对于存在主义具有极端重要性,"存在主义的核心思想是什么呢?是自由承担责任的绝对性质"②。

第二,个体责任的绝对性不仅体现在责任的不可逃避性,而且体现在责任的双重性,即他不仅要对自己负责,也要对所有人负责。萨特认为,每一个体在自我选择和自我设计时,不仅关涉自身的规定性,而且也涉及他人,因为人总是在选择一种人的形象和价值,因此他的选择也同样涉及所有人的存在和人的价值世界。萨特对此作了分析和推论,他指出:"如果存在真是先于本质的话,人就要对自己是怎样的人负责。所以存在主义的第一个后果是使人人明白自己的本来面目,并且把自己存在的责任完全由自己担负起来。还有,当我们说人对自己负责时,我们并不是指他仅仅对自己的个性负责,而是对所有的人负责……当我们说人自己作选择时,我们的确指我们每一个人必须亲自作出选择;但是我们这样说也意味着,人在为自己作出选择时,也为所有的人作出选择。因为实际上,人为了把自己造成他愿意成为的那种人而可能采取的一切行动中,没有一个行动不是同时在创造一个他认为自己应当如此的人的形象。在这一形象或那一形象之间作出选择的同时,他也就肯定了所选择的形象的价值;因为我们不能选择更坏的。我们选择的总是更好的;而且对我们来说,如果不是对大家都是更好的,那还有什么是更好的呢?"③基于上述推论,萨特得出结论:"所以我这样既对自己负责,也对所有的人负责;我在创造一种我希望人人都如此的人的形象。在模铸自己时,我模铸了人。"④

---

① 让-保罗·萨特:《存在主义是一种人道主义》,周煦良、汤永宽译,上海:上海译文出版社1988年版,第25页。
② 同上书,第23页。
③ 同上书,第8—9页。
④ 同上书,第9页。

(三) 存在哲学:一种人道主义

从上述关于绝对自由和绝对责任的论述可以看出,存在主义不同于传统理性主义哲学,它的主要关注点不是普遍、抽象的理论原则和知识体系,而是人的生存境遇和生存状态。在这种意义上,萨特把存在主义定义为一种人道主义哲学。

第一,存在主义反对传统的乐观主义的人道主义。萨特认为,有不同类型的人道主义,特别是存在着一种同存在主义完全不同意义的人道主义,这就是传统的人道主义。这种人道主义"主张人本身就是目的而且是最高价值"①,它把人当作给定的最高的价值,而没有看到人的本质和价值都是不断超越和不断生成的过程,它相信人的主体性的无所不能的创造性,从而把人或人类当作盲目崇拜的对象,形成一种乐观主义的历史观。萨特认为:"这种人道主义是荒谬的,因为只有狗或者马有资格对人作出这种总估价,并且宣称人是了不起的……存在主义从来不作这样的判断;一个存在主义者永远不会把人当作目的,因为人仍旧在形成中。"②

第二,存在主义主张一种直面人的生存困境,坚持个体的绝对自由和绝对责任的人道主义。与传统乐观的人道主义相反,存在主义在强调人绝对自由的时候,非但没有盲目乐观地把人视作最高的价值,没有盲目乐观地为人类设定完满的结局,反而强调人的生存境遇的艰难与悲壮,强调人在生存困境中永远开放的抗争和对自由的献身。一方面,由于上帝不存在,人的存在先于本质,不得不自由地选择,无法摆脱对自己和他人的责任,因此,人总是处于孤独、匮乏、有限、不完善的生存状态。在这种意义上,绝对的自由并不是人的福音和人的骄傲,而是人的重负,正如有的思想家所断言的那样,在萨特那里,"自由意味着恼人和可怕"③。另一方面,个体还面临着同他人的紧张和冲突的关系。每一个体总是从自己的主观性出发去思考问题、进行选择的,但是,人的世界是一个"主观性林立"的世界,其他的个体也同样是从自己的主观性出发进行选择的,因此,一定程度的张力和冲突,甚至对立,都是不可避免的。这样,处境和他者都是对个体的限制,自我和他人之间形

---

① 让-保罗·萨特:《存在主义是一种人道主义》,周煦良、汤永宽译,上海:上海译文出版社 1988 年版,第 29 页。
② 同上书,第 29—30 页。
③ L. J. 宾克莱:《理想的冲突》,马元德等译,北京:商务印书馆 1984 年版,第 224 页。

成了某种否定性的关系,因此,萨特在剧本《禁闭》中甚至得出了"他人即地狱"的结论。

因此,存在主义主张的不是盲目乐观的人道主义,而是一种直面人的孤独的、痛苦的、有限的生存困境的人道主义,是一种把个体的自由理解为对生存困境不断抗争,对现存不断超越,对责任勇于承担的悲剧性的、悲壮的人道主义。而这正是人之为人的命运。对于存在主义的人道主义,萨特作了一个概括,我们也可以把这个概括作为存在哲学的自由理论的概括总结。萨特写道,存在主义的人道主义的基本含义是:"人始终处在自身之外,人靠把自己投出并消失在自身之外而使人存在;另一方面,人是靠追求超越的目的才得以存在。既然人是这样超越自己的,而且只在超越自己这方面掌握客体(objects),他本身就是他的超越的中心。除掉人的宇宙外,人的主观性宇宙外,没有别的宇宙。这种构成人的超越性(不是如上帝是超越的那样理解,而是作为超越自己理解)和主观性(指人不是关闭在自身以内而是永远处在人的宇宙里)的关系——这就是我们叫做的存在主义的人道主义。所以是人道主义,因为我们提醒人除了他自己外,别无立法者;由于听任他怎样做,他就必须为自己作出决定;还有,由于我们指出人不能返求诸己,而必须始终在自身之外寻求一个解放(自己)的或者体现某种特殊(理想)的目标,人才能体现自己真正是人。"①

二、存在主义与马克思主义的结合

萨特的存在主义是20世纪特有的学术和文化现象,他不仅以其彻底的自由理论对人的生存困境和异化状态进行了深刻的文化批判,引起强烈的社会共鸣,而且还因为20世纪五六十年代向马克思主义的转变而引起了更大的关注,并以公共知识分子的批判姿态介入社会,抗争困境,批判现存,彰显人的自由的价值。从早期的现象学研究到《存在与虚无》的存在哲学自由理论,再到1946年的《存在主义是一种人道主义》和《唯物主义与革命》,萨特一直远离马克思主义,并且对马克思主义的唯物主义持批判的态度。萨特向马克思主义的转变或靠拢,是从《共产党人与和平》(1952)开始的,到《辩证理性批判》(1960),萨特基本上建立起存在主义马克思主义的理论

---

① 让-保罗·萨特:《存在主义是一种人道主义》,周煦良、汤永宽译,上海:上海译文出版社1988年版,第30页。

体系,一种以个人的具体活动或个人的实践为基础的历史的人类学(历史人学)。

(一) 走向马克思主义

应当说,萨特转向马克思主义,在 20 世纪西方的学术界是一件很大的事情,因为萨特在此之前已经是著名的存在主义的代表人物,而马克思主义在西方发达国家因其彻底的批判精神而具有深刻的社会影响,并一直处于激烈的争议之中。这两种原本被视为彼此冲突的批判性的社会理论的结合,的确会引发人们的震动和深思。在这里,为了深刻把握存在主义马克思主义的基本内涵,以及它的理论优势和局限性,我们应当首先弄清楚萨特的哲学转折的基本动因和他对马克思主义的基本评价。

1. 哲学转折的动因

萨特向马克思主义的转折和靠拢发生在第二次世界大战后。应当说,1945 年,当世界人民战胜法西斯,又一次逃过了人类毁灭性的劫难,的确给人们带来了希望。但是,敏感的思想家发现,第二次世界大战后社会的普遍形态不像第一次世界大战结束时那样乐观。可以说,之前人们还把世界大战当作人类的一种偶然的失误来对待,而第二次世界大战的爆发则使人们发现了科学技术的可怕的破坏力量,尤其当第一颗原子弹在广岛坠落,在人们心灵上激起的冲击波远远大于它实际造成的危害:它把技术自律发展可能带来的可怕的非人道后果直接呈现在世人面前,引起人们心灵的震颤,把敏感的人道的人们从理性和技术的迷梦中惊醒过来。在技术的急速发展和"庄严的新大陆"中向人们走来的不再是"上帝的王国",而是世界的"末日"。蒂利希这样写道:"一次世界大战结束时一种重新开端的情绪流行,而二次世界大战结束时则是末日感盛行。"①因此,第二次世界大战之后,在西方发达国家,特别是经历过法西斯蹂躏的国家,理性文化危机带来的幻灭感、沮丧感、失望感已经不是少数理论家和思想家的体验,而是开始在社会的许多阶层流行。萨特的存在哲学曾经对人的空虚、孤独、畏惧、烦恼、无意义、无助无力、异化等生存状态进行了深刻的揭示和抗争,然而,第二次世界大战之后的问题是如何能在社会各个阶层唤起反抗文化危机的冲动,并通

---

① Edward Cell ed., *Religion and Contemporary Western Culture*, New York: Nashville Abindon Press, 1967, p.97.

过现实的社会实践一方面使每一个体能够成为真正自由的,并对自己的行为后果负责的主体,另一方面倡导"一种行动的和自我承担责任的伦理学"①,建立社会的团结。正是在这种背景下,萨特越来越突出其公共知识分子的社会批判的职能,逐步走向了富有深刻的历史感和实践精神的马克思主义。具体说来,促成萨特的哲学转折的主要因素或动因有两个方面。

第一,在理论层面上,存在主义的内在理论缺陷促使萨特开始吸收马克思主义的一些理论观点和文化精神。通过上述关于萨特存在哲学的自由理论的阐释,不难看出,存在主义的基本理论价值定位于人的个体自由和自我价值,强调个体通过自由选择和自我设计来抗争普遍的焦虑、孤独、异化的生存境遇。虽然萨特在《存在主义是一种人道主义》中也在努力尝试思考个体自由和他人自由、对自己负责和对所有人负责的关系,但是,他更多地表明自由的"恼人性""被逼性""悲剧性",强调个体与他人之间不可避免的张力和冲突,带有某种极端个人主义的特征;虽然存在主义试图具体地而不是抽象地展现人的生存,但是由于脱离了人的具体的实践和历史进程,其展现往往不具有丰富的、具体的历史性和现实性,从而使存在哲学所倡导的自由选择和主体抗争具有强烈的悲剧色彩,带有某种抽象人本学的特征。因其如此,存在主义在面对和解决人的具体的历史问题时,就丧失了有效性和阐释力。面对这样的理论困境,努力吸收马克思的实践哲学思想和社会历史理论,在总体性的历史实践活动中考察人的存在,解决自由问题,显然是摆脱原有理论困境的有益尝试和选择。

第二,在实践层面上,存在哲学自由理论的理论诉求同工人阶级的现实命运的巨大反差促使萨特走向以无产阶级解放和人类解放为己任的马克思主义。萨特生活的时代是矛盾丛生、危机不断的时代。资本主义条件下的现实的生存状况仍然是非人道和不自由的。阶级斗争、民族、种族之间的冲突、人与人之间的利益争夺,显现了资本主义的严重弊端和危机。特别是随着第二次世界大战前后理性文化危机的加深,异化作为人的一种不自由的和非人的生存,越来越成为人,尤其是工人阶级现实的存在状况。萨特曾以积极的态度投身于反法西斯的革命斗争,战后以更大的热情继续从事社会活动,支持争取民族独立和人类自由的进步事业。在这些斗争实践中,萨特看到,工人阶级及其政党以马克思主义的理论为指导,在争取自身自由和解

---

① 让-保罗·萨特:《存在主义是一种人道主义》,周煦良、汤永宽译,上海:上海译文出版社1988年版,第21页。

放的斗争中日益发挥着重大的历史作用,尤其是共产党人在反法西斯的战争中,表现出大无畏的英勇献身精神。实际的斗争经验不能不引起萨特思想认识上的变化,使他逐步认识到,就共产主义而言,基本的问题不是哲学演变问题,也不是这种演变的结果问题,而是某种社会演变的结果问题。因此有必要在存在主义的思想体系中融入社会历史的维度,重新理解和审视人的自由问题。正如萨特所言:"是战争打破了我们思想的旧框框。是战争、德国占领的时期、抵抗运动以及其后的几年。我们希望和工人阶级一起斗争,我们终于懂得,具体是历史的和辩证的运动。"①

通过工人阶级的状况和工人阶级的斗争,萨特更清楚地看到了马克思主义理论的力量,因为在根本上,工人阶级是"马克思主义的现实"。萨特明确指出,正是工人阶级这一现实,使马克思主义对存在主义产生了巨大的吸引力,并且改变了存在主义的价值和文化。萨特说,他曾经阅读了《资本论》《德意志意识形态》等马克思的著作,然而,"这种阅读并没有改变我,与此相反,开始改变我的是马克思主义的**现实**,是在我眼前工人群众的沉重存在,这个巨大而又阴沉的队伍在**体验**和**实行**马克思主义,并在远处对小资产阶级知识分子产生一种不可抗拒的吸引力……这种思想在表现为无产阶级真正的决心,成为这个阶级的行为——对它来说和在自身之中——的深刻含义时,就在不知不觉中不可抗拒地把我们吸引过去,使我们获得的整个文化都变了样"②。萨特反复强调,马克思主义之所以对存在主义产生了巨大的吸引力,不只是它的理论视野,更在于这种实践学说在现实中同工人阶级的命运和行动的紧密结合。他说:"当时使我们感到震惊的不是这种思想,也不是工人的状况,对工人的状况我们有抽象的认识,但没有亲身的体验。使我们震惊的是这两者联系在一起,如果用我们这些同唯心主义决裂的唯心主义者的习惯用语来说,就是作为一种理念的体现和载体(véhicule)的无产阶级。我认为,在此必须对马克思的话作一些补充:当新生的阶级意识到自己时,这种意识就对远处的知识分子产生作用,并使他们头脑里的想法分化瓦解。"③

---

① 让-保罗·萨特:《辩证理性批判》上卷,林骧华等译,合肥:安徽文艺出版社1998年版,第21页。
② 同上书,第18—19页。
③ 同上书,第19页。

2. 萨特的马克思主义观

在理论层面和实践层面上,我们揭示了萨特的存在主义在第二次世界大战之后转向马克思主义的主要动因,在此基础上,我们还要进一步分析萨特对马克思主义的基本理解和评价,以及他所确定的存在主义和马克思主义的基本结合点。这些都是我们具体分析存在主义马克思主义的主要思想和理论观点的基础。

第一,马克思主义仍然是我们的时代有生命力的哲学,它在我们的历史时代是不可超越的。对于马克思主义的历史地位,萨特给予了高度的评价,他明确把马克思主义定义为我们的时代不可超越的、富有生命力的哲学。"马克思主义非但没有衰竭,而且还十分年轻,几乎是处于童年时代:它才刚刚开始发展。因此,它仍然是我们时代的哲学:它是不可超越的,因为产生它的情势还没有被超越。我们的思想不管怎样,都只能在这种土壤上形成;它们必然处于这种土壤为它们提供的范围之内,或是在空虚中消失或衰退。"①

萨特在上述断言中强调了两层基本意思:一是马克思主义是我们的时代具有生命力和创造力的年轻的哲学;二是马克思主义深深植根于其中的文化土壤是我们的时代任何想获得生命力的哲学都不能脱离的生命之源。需要指出的是,萨特并没有简单地把马克思主义神化,他对哲学与自己时代的本质关联有着特别深刻的理解。萨特反对把哲学变成远离现实的抽象的理论体系,他认为,真正有生命力的哲学的构成"是用来表达社会的总体运动;只要这种哲学还活着,它就是同时代人的文化领域"②。进而,萨特强调,作为文化领域的哲学本质上是实践的,"任何哲学都是实践的,即使是起初表现为极度沉思性质的哲学也是如此"③。因此,哲学总是要在实践中渗透到群众的文化精神之中,而真正渗透到时代文化精神之中的哲学就是不可超越的。"只要产生哲学、负载着哲学性并被哲学阐明的**实践**(Praxis)仍然生机勃勃,哲学就依然有效。但是,它发生了变化,失去了它的独特性和它原来的、时代性的内容,原因是它逐渐渗透到群众之中,以便在群众中、

---

① 让-保罗·萨特:《辩证理性批判》上卷,林骧华等译,合肥:安徽文艺出版社1998年版,第28页。
② 同上书,第7页。
③ 同上书,第8页。

并通过群众成为一种集体的解放工具。"①萨特强调,"如果一个人或一群人的这种特殊观念成为文化的本质,有时则成为整个阶级的本质",那就会形成"哲学创造的时代"。②

萨特认为,在人类历史上,这种"哲学创造的时代是罕见的",在近现代,只有三个时代可以称为这种"哲学创造的时代",而马克思主义是其中依旧有效的"哲学创造的时代",因此,它是我们的时代不可超越的哲学,在这种情况下,反对马克思主义只能使自己的哲学变得更糟。"在十七世纪后和二十世纪之间,我看到有三个时代可以称为著名的时代:笛卡尔和洛克的时代、康德和黑格尔的时代以及马克思的时代。这三种哲学依次成为任何特殊思想的土壤和任何文化的前景,只要它们表达的历史时代未被超越,它们就不会被超越。我常常看到,一种'反马克思主义的'论据只是马克思主义以前的一种观念的表面更新。对马克思主义的一种所谓的超越,在最坏的情况下是回到马克思主义以前的时代,在最好的情况下则是重新发现一种已包含在人们自以为超越的哲学中的思想。"③正是在这种意义上,萨特明确宣称,他的人道主义的存在主义不同于那些反对马克思主义的存在主义,"这种存在主义是在马克思主义的边缘发展起来的,它不是为了反对马克思主义"④。

第二,虽然马克思主义是我们的时代不可超越的哲学,但马克思主义并非完美无缺,而是存在着自身的缺陷,其中突出的问题在于,在当代马克思主义⑤的理论体系中,存在着"人学的空场",即对人,特别是对个体存在价值的忽视,从而导致当代马克思主义的僵化。因此,不能简单地从存在主义走向马克思主义,而是要用存在主义关于个体和自由的理论补充马克思主义。

萨特对马克思主义作了具体的分析,主要是区分了马克思的思想和当代马克思主义的理论。他认为,马克思本人并不忽略个体的价值,而是研究具体的人,马克思在探讨人类实践活动时"研究的中心是具体的人,这种人

---

① 让-保罗·萨特:《辩证理性批判》上卷,林骧华等译,合肥:安徽文艺出版社1998年版,第9页。
② 同上书,第10页。
③ 同上。
④ 同上书,第18页。
⑤ 萨特在这里使用"当代马克思主义"主要是指苏联的哲学教科书的马克思主义,而不包括西方马克思主义流派。

同时由他的需要、他生存的条件和他劳动的性质,即他反对事物和人的斗争的性质来确定"①。然而,在马克思身后,事情发生了很大的变化,当代马克思主义在强调历史进程的必然性和社会运行的总体性特征时,越来越忽略人的主体价值,使辩证法脱离了人类实践活动和主客体的统一,成为客体化的理论体系:"辩证思想自马克思以来更多地关心自己的客体而不是关心自己。"②这一客观化的辩证法的主要缺陷是导致马克思主义理论体系中的"人学的空场"。萨特说:"我们指责当代马克思主义在偶然性方面抛弃了人类生活的一切规定性,并且不保留属于历史整体化的任何东西,只保留有其普遍性的抽象轮廓,结果它完全失去了人的含义。"③正是在这种意义上,萨特提出要将马克思主义和存在主义结合,用存在主义关于个体自由和价值的理论来填补马克思主义的"人学的空场"。

第三,建立存在主义的马克思主义,就是要把马克思主义的历史理论和存在主义的自由理论结合起来,其核心是要在马克思主义内部恢复人的地位,从而建立一种以人的具体活动或个人的实践为基础的历史人类学④。

萨特认为,存在主义和马克思主义之所以能够有机地结合,就在于二者都有各自不可替代的理论优势,并且具有互补的性质。他断言:"历史唯物主义对历史作出了唯一合理的解释,存在主义仍然是研究现实的唯一具体的方法。"⑤具体说来,马克思的历史唯物主义由于以人类实践活动为基础,因此其理论具有深厚的历史感和现实感,并且对人类历史的总体演进有深刻的把握,而存在主义由于一直弘扬个体的自由和价值,因此强调对于人的具体的现实的把握。在这种意义上,二者具有互补性,所以,萨特断言,人道主义存在主义在对待马克思主义和存在主义的关系上,既反对以马克思主义取代存在主义,也反对抛弃马克思主义的存在主义,"不是以第三条道路或唯心主义的人道主义名义来抛弃马克思主义,而是在马克思主义内部重新恢复人"⑥。由此可见,在《辩证理性批判》中,萨特哲学的视野从本体论

---

① 让-保罗·萨特:《辩证理性批判》上卷,林骧华等译,合肥:安徽文艺出版社1998年版,第15—16页。
② 同上书,第3页。
③ 同上书,第71页。
④ 人们也有把萨特的存在主义马克思主义概括为"历史人学"的。考虑到Anthropology这一概念准确的翻译是"人类学",我们在这里还是把萨特的观点称为历史人类学。
⑤ 让-保罗·萨特:《辩证理性批判》上卷,林骧华等译,合肥:安徽文艺出版社1998年版,第21页。
⑥ 同上书,第71页。

转向了历史理论,从抽象的哲学人类学转向了历史人类学,从一般的生存伦理转向了具体的历史实践。应当说,转向马克思主义之后,萨特提出的存在主义马克思主义,即历史人类学的核心问题仍然是人的自由问题及个人与他人的关系问题,只是他已经把人的自由的可能性,以及个体与他人的关系问题放到了具体的历史实践之中,从而用马克思主义的理论优势在更高的层次上解决人的自由和价值问题。正如宾克莱在《理想的冲突》一书中指出的那样:"萨特委身于马克思主义并不意味着他放弃了个人第一。他的新目标是使个人重新成为当代马克思主义的注意中心。可是他对世界上各种事情的知识使他看到,他必须投身实践,致力于解放人们,改变工人阶级的命运,否则他的哲学就只是中产阶级为现状作出的又一次辩护。"①

(二)历史人类学的基本思想

从上述关于萨特转向马克思主义的双重动因的分析与萨特对马克思主义以及存在主义和马克思主义关系的理解,可以清楚地看出,他所理解的存在主义的马克思主义是一种以个体实践为基础的历史人类学,也就是历史的辩证法或实践的辩证法。萨特说,他在写《辩证理性批判》一书时思考的问题是:"今天,我们是否有能力建立一种结构的和历史的人类学?这种人类学在马克思主义哲学内部找到自己的位置。"②围绕这样的思路,我们可以从存在主义马克思主义的方法论、人的实践活动的历史运动、人类社会结构大变化几个方面展开萨特的历史人类学的主要内涵。

1. 历史人类学的方法论基础

在《辩证理性批判》中,萨特专门写了"方法问题"一章来讨论历史人类学的方法论问题,因为在他看来,马克思主义的历史理论的优势和当代马克思主义的局限性都同方法论有密切的关系。具体说来,马克思主义是以整体化(或译作总体化)为基本方法的社会历史理论,这在保证马克思主义的巨大历史感和现实感的理论优势的同时,也带来抑制个体自由和价值的消极倾向,因此,存在主义的马克思主义应当吸收存在哲学的中介方法和前进—回溯方法来完善总体化方法。

第一,整体化(总体化)方法是马克思主义的方法论特色,它用普遍性

---

① L. J. 宾克莱:《理想的冲突》,马元德等译,北京:商务印书馆1983年版,第271—272页。
② 让-保罗·萨特:《辩证理性批判》上卷,林骧华等译,合肥:安徽文艺出版社1998年版,第2页。

和整体性来阐述历史过程;但是,马克思主义的过分普遍化则导致了人类学的空场。因此,必须对总体化方法加以完善。

萨特认为,与存在主义强调个体自由不同,马克思主义对于总体化具有特别的偏好。一般说来,"马克思主义的力量和宝贵之处,在于它曾是整体性阐述历史过程的最激进的尝试"①。在萨特看来,马克思本人是富有创造性地运用总体化方法进行历史分析的典范,其成功的主要之点在于,在马克思那里,总体化不是脱离具体的"实体",不是抑制或否定个性和个体的整体性,而是包含着具体的丰富多样性的总体化,因此,能够形成关于人类社会历史运动的合理的把握。萨特特别列举了马克思在总的历史进程中对许多历史事件和人物的具体分析。"活的马克思主义是具有**启发性的**:同它的具体研究相比,它的原则和它以前的知识显现为**调节性的**。在马克思那儿,永远找不到**实体**(entités):那些整体(例如在《路易·波拿巴的雾月十八日》[*Le 18 Brumaire*]中的'小资产阶级')是活的:它们在研究的范围内通过它们自己来自我确定。"②

然而,萨特认为,对马克思主义的总体化方法应当作具体的分析,在当代马克思主义那里,马克思所坚持的这种具体的总体性或总体化不存在了,剩下的是强调抽象的普遍性,强调整体对个体和特殊性的压抑的绝对的总体化。"对于当今大部分马克思主义者来说,他们认为思考就是在整体化,并以此为藉口而用普遍性来代替特殊性;也就是说把我们重新引向具体,在基本的但又抽象的规定性这个标题下来显现我们。黑格尔至少让作为被超越的特殊性的个体存在下去;而一个马克思主义者认为,试图理解一种资产阶级思想的特殊性,就将是浪费时间。在他看来,重要的是表明这种资产阶级思想是唯心主义的一种形式。"③显而易见,当马克思的具体的总体化方法在当代马克思主义这里变成抽象的总体化方法时,个体自由和价值、历史的多元差异的丰富内涵都无法保留,当代马克思主义中的"人学的空场"就是这样形成的。因此,萨特断言:"这种方法不能使我们感到满意:它是先验的;它不是从经验中得出自己的概念——或者至少不是从它力图了解的新经验中得出的——它已经形成了这些概念,它已经确信它们的实在性,它

---

① 让-保罗·萨特:《辩证理性批判》上卷,林骧华等译,合肥:安徽文艺出版社1998年版,第27页。
② 同上书,第25页。
③ 同上书,第44—45页。

将把构成性模式的角色分配给它们：它唯一的目的是把被研究的事件、人或行为放入预先制造好的模子。"①

第二，要防止和避免抽象的总体对个体和特殊性的压抑，首要的一点是要用中介方法来补充和完善总体化方法。具体说来，中介方法的主要特征是，在对人的行为的分析中，不是简单断言社会构成因素对人的直接决定，而是寻找人和历史条件之间相互作用的中间环节和因素，如与人的活动直接相关的家庭、童年的经历、周围的直接环境、个体心理、情感因素、两性关系等。它们对于人和历史的影响比经济、社会因素更具有直接性。这样的研究结果，会使人成为历史运动中的丰富的个体。

萨特认为，当代马克思主义使总体化方法变成抽象化和强制性方法的重要原因之一在于，它在对个体的活动和历史事件进行分析时，忽略了各种社会条件和普遍性因素同个体行为之间的许多中介因素，从而把个体的特殊性看得微不足道，结果这种总体化方法使当代马克思主义者变成了"模式化工作者"，他们的工作似乎就是把各种个体和特殊性都按照一种归类模式纳入普遍化的框架中。例如，在分析作家瓦勒里时，当代马克思主义的"模式化工作者"的主要注意力似乎就在确定他是一个小资产阶级作家。萨特分析道："瓦勒里是一位小资产阶级知识分子，这是没有疑问的。但是，任何小资产阶级知识分子并非都是瓦勒里。当代马克思主义的启示性不足，就包含在这两个句子里。要理解在一定的历史时刻以及在一个阶级和一个社会的内部产生人和他的产物的过程，马克思主义缺少一种中介等级。马克思主义把瓦勒里看作小资产者，把他的作品看作是唯心主义的，就只会在这两者之中重复找到它已经确定的东西。正因为这种缺陷，所以它最终会抛弃特殊性，并把它确定为偶然的结果。"②

要避免在历史分析中成为"模式工作者"，就应当真正确立起中介方法。萨特指出："实际上，辩证唯物主义不能再长期失去可以从中获益的中介，因为中介能使它从一般的和抽象的规定性转入某些特殊的和个别的特点。"③从这样的视角出发，萨特认为，历史人类学要充分重视精神分析学、微观社会学等辅助学科的作用，更加行之有效地分析个体实践和社会整体

---

① 让-保罗·萨特：《辩证理性批判》上卷，林骧华等译，合肥：安徽文艺出版社1998年版，第35页。
② 同上书，第50页。
③ 同上书，第54页。

运动之间的许多具体的中介因素,例如,家庭的氛围、童年的经历、无意识的心理、周围的自发的集体背景,等等。实际上,我们在这里看到了萨特早年存在哲学坚持的一个基本观点。他认为,尽管每一个体被抛入这个世界,在各种自在的存在和他人的存在的包围中,受到社会整体环境的决定和制约,但是,每一个体还是要通过自己的自主选择来实现自己的本质。只是在历史人类学中,萨特不再极端地强调个体的自主选择的决定性意义,而是在个体的实践和生存中,考虑众多中介性因素的多维度的影响,从而肯定了每一个体的自由、特殊性、个性等。

第三,与中介方法密切相关,还要用前进—回溯方法来补充和完善马克思主义的总体化方法。前进—回溯方法强调,在分析历史运动时,不仅要把人置于历史的框架内,探讨历史的普遍性和整体性,而且要对个人的活动及其相关的中介因素进行回溯性分析。换言之,要具体分析社会整体和个人实践之间的复杂关系,无论是社会整体通过各种中介因素对个体行为的影响和决定,还是个体实践在各种中介因素的制约下对社会环境的自主选择,都不是单向和一次性完成的运动,而是双向往复的运动。因此,历史人类学必须善于掌握在社会整体和个人实践之间进行的"一来一往"且循环往复的分析和研究方法。这种前进—回溯方法和中介方法相结合,能够真正形成关于个体实践,即关于具体的、现实的人的分析,它不是"把人吸收在理念之中",而是"在**他所在的**所有地方,即在他工作的地方、在他家里、在街上寻找他"。①

萨特认为,当代马克思主义使总体化方法走向抽象化和僵化的重要原因,除了忽视各种中介因素的作用之外,还在于它没有掌握社会整体和个人实践之间的这种前进—回溯方法。当代马克思主义在把人置于他的环境之中,即置于社会整体之中时,没有再回溯个体的实践和各种中介因素,因此"当代马克思主义者在此停止了。他们认为在历史过程中发现了客体,在客体中发现了历史过程。实际上,他们用一整套直接引证原则的抽象论述来取代这两者。相反,存在主义依然希望使用**启发式**的方法。它只有'双向往复'(va-et-vient)这种方法:在深入了解时代的同时逐渐确定(例如)个人经历,在深入了解个人经历的同时逐渐确定时代。它并不急于把个人经历同时代融为一体,而是将它们维持在分离状况,直至相互包含自行产生,

---

① 让-保罗·萨特:《辩证理性批判》上卷,林骧华等译,合肥:安徽文艺出版社1998年版,第27页。

使研究暂时告一段落"①。萨特认为,这种前进—回溯方法同中介方法本质上是一致的,这两种方法的运用可以有效地防止马克思主义的总体化方法被抽象化和僵化为压抑个体和特殊性的方法,从而为分析个体实践的历史运动奠定坚实的方法论基础。

2. 人的历史的实践内涵

萨特运用前进—回溯方法和中介方法来建构存在主义马克思主义,核心是形成关于人的具体实践活动的认识,因为,在他看来,历史的基础和基本内涵就是实践的运动,因此,历史人类学是对人的实践的把握。他指出:"人类学的基础是人本身,人并不是作为实践认识的客体,而是作为将认识产生为它的**实践**的一个契机的实践机构。"②所谓辩证法,就存在于人的实践中,就体现为人的活动的展开。

关于构成历史基本内涵和深层基础的实践的机构,萨特有非常清晰的描述。他在分析历史辩证法时指出:"在这里,我不可能描述主观的和客观的真正辩证法。必须指出'外部的内在化'和'内部的外在化'结合的必要性。事实上,**实践**是通过内在化由客观向对象的过渡;计划作为对象向客观性的主观超越,在环境的客观条件和可能性场域的客观结构之间的展开,它**在自身中**代表了主观性和客观性这些活动的基本规定性的运动统一。于是,主观表现为客观过程的一个必要契机。为了成为**实践**的真正条件,主宰人类关系的物质条件应该在特殊境况的特殊性中被体验。"③认真分析就会发现,萨特的这一段论述集中表述了他关于实践的基本认识,其中包括主体与客体的交互作用、人的活动与外部环境的内在化和外在化关系,等等。应当说,正是实践的基本运动,也就是它的基本结构的展开,构成了历史的主要内涵,因此,萨特把他的存在主义马克思主义理解为"结构的和历史的人类学"。

第一,实践是主客体之间的交互作用,具有外在的客观制约性。在《辩证理性批判》中,同早期存在哲学中突出强调个体自由的做法有很大的不同,萨特开始明确承认实践是主客观之间的相互作用和矛盾运动,也就是承认主体与外在的客观环境之间的相互关系和矛盾运动。特别是,萨特在其

---

① 让-保罗·萨特:《辩证理性批判》上卷,林骧华等译,合肥:安徽文艺出版社1998年版,第109—110页。
② 同上书,第141—142页。
③ 同上书,第81—82页。

中承认了实践辩证运动的外在的客观制约性。他认为,实践活动的否定、否定之否定、冲突、发展等,"简言之,辩证运动的**实在性**,一切都在总体上受到基础条件、物质性结构、最初情状、外部及内部因素的持续行动、在场的各种力量关系的平衡之统治。换言之,根本就没有**一种**像用康德的一套范畴硬套在现象上那样的、强加于事实的辩证法:但是,如果存在着辩证法,那它就是对其客体的奇特冒险。任何地方,头脑里、可理解的天体中,都不会有强加给奇特发展的预定模式"①。通过这些论述可以看出,萨特一方面反对康德等人过分强调普遍的理性逻辑和范畴对人的活动的外在强制的观点,另一方面也对自己早期一般地、脱离历史条件地强调个体自由和主体选择的做法进行了修正。在这里他比较明显地受到马克思关于具体的、现实的实践活动的思想的影响,把实践置于现实的环境和条件中加以理解。从这样的基点出发,萨特在描述个体的具体实践时明确承认人的创造活动中先在条件的历史制约作用,他指出:"描述一个人的'现在'的样子,也就是描述他所能做的事,反之亦然。他的存在的物质条件划出了他的可能性场域的范围……这样,可能性场域就是施动者在超越自己的客观境况时趋向的目的。而这个可能性场域也在很大程度上取决于社会和历史的现实。"②应当说,对实践活动的客观制约性的承认,奠定了萨特把存在主义同马克思主义结合起来的重要基础。

第二,实践是主观性对客观性的超越,主体性在主客体关系中起主导性的构成性作用。萨特虽然承认了实践活动的外在的客观制约性,但是,他在分析实践活动时侧重点还是实践活动所具有的能动性,特别强调主体对客体的超越本性。具体说来,在萨特看来,虽然实践活动面临着无数外在的制约因素和给定的条件,但是,它不是简单地与这些外在的因素和条件认同,而是表现出一种改变这些条件和因素的超越性和否定性的要求。因此,萨特断言:"对已知的事物来说,**实践**是否定性,但这始终是一种否定之否定;对于被当作目标的客体来说,它是肯定性,但这种肯定性通向'非存在'(non-existant),通向**尚未**存在过的东西。"③这一论述充分表明了实践活动中主体性的构成性作用,主体通过对外在的条件和制约因素的超越而改变

---

① 让-保罗·萨特:《辩证理性批判》上卷,林骧华等译,合肥:安徽文艺出版社1998年版,第171页。
② 同上书,第79页。
③ 同上书,第78页。

对象和自身,而人的实践的创新正在于使现存的东西走向"非存在",使尚未存在的东西得以生成,从而建立起体现人的价值和主体创造性的生活世界。萨特对实践活动中主体对客体的超越性特征,特别是人通过实践活动对外在世界和人自身的改变和再创造,作了明确的论述。他指出,人的活动的确受到外在条件的制约,然而,"尽管我们承受它的约束比以往任何时候都多,可是,要说历史在我们看来完全是一种外来的力量,却是不正确的。在每一天,它都通过我们的双手,变得同我们以为把它造就的样子不同,并通过一种再造,把我们变得同我们自以为的样子或以为自己已变成的样子不同"①。可以看出,对实践活动中主体的超越性的强调,表现出萨特同通常人们所理解的马克思主义的历史唯物主义有所不同,因为他的侧重点不是外部条件如何影响和制约了实践的发展,而是实践活动中如何超越和改变外在的条件,在这里我们又可以看到萨特早期关于自由的绝对性思想的某种延续。

第三,主体的超越性和创造性集中体现在人的活动的计划特征,实践是一种通过计划的展开来形成主客观的统一,并满足人的需要的过程。应当说,行为的计划性的确是人的实践活动独有的特征。人与其他动物一样,都要满足生理的或其他需要,然而,动物主要是依靠本能支配的自然行为而满足基本的生理需要,而人则通过理性的筹划和设计的行为来满足自己生理的、精神的和其他许多丰富的需要。因此,萨特在论述人的实践对给定的条件的超越和对尚未存在的可能性的创造时,特别强调了计划的地位,认为"它**在自身中**代表了主观性和客观性这些活动的基本规定性的运动统一"②。在萨特看来,无论是主体对客体的给定性的超越、主体的内在价值向客体的投射,还是塑造主客体统一的对象方面,计划都具有不可替代的作用。他指出:"主观在自身中留住了它所否认的、并朝着一种新的客观性超越的客观;而这种新的客观性,以它的**客观化**的身份,把计划的内在性外在化为被客观化的主观性。这**同时**说明,这样的实际经验会在结果中找到自己的位置,行动的被投射的意义出现在世界的实在性中,以便在整体化过程中获取自己的真实性。唯有计划,作为客观性的两个契机之间的中介,亦即

---

① 让-保罗·萨特:《辩证理性批判》上卷,林骧华等译,合肥:安徽文艺出版社1998年版,第76页。
② 同上书,第81—82页。

人类的**创造性**,才能阐明历史。"①

第四,历史不外乎实践活动的展开,辩证法就是人的实践的整体化(totalisation)的辩证运动。萨特认为,历史不是受某种外在的力量或必然性支配的外在于人的运动,而就是人的实践本身,同样,历史的运动并不服从于某种外在的规律或必然性,而是服从于人的实践本身的内在运动规律。具体说来,具有超越性和创造性的个体实践通过整体化而形成历史运动,在这种意义上,辩证法的实质性内容是整体化,也就是在个人的实践基础上生成和展开整体化的历史。萨特认为,任何个体的实践都不是孤立的,"我们每一个人在人类历史中同时地既是个体又是**整体**",因此个体的实践必然趋于整体化。但是,萨特认为,对于这种整体化必须作辩证的理解,他强调"这种整体化的暂时化",强调这是一种"整体化的运动"。② 具体说来,他反对那种取消个体实践特殊性和个体性的机械的整体化,反对在历史运动中形成一种否定个体性的"消极的整体",而主张一种开放的、坚持"多元复合性"的整体化的辩证运动。③ 显而易见,这是一种包容多样性、差别性和个性的整体化运动。萨特强调:"如果说某种变现为多样性的综合统一的事物确实应该存在,那么,这就只能是一种正在进行的统一,即一种行动……通过多元复合性,整体化继续进行综合的工作,这种工作把每个部分变为整体的一种表现,并通过各个部分的中介把整体和自身联系起来。但是,这是一种**正在进行的**行动,这种行为在多元复合性未恢复自身原先地位之前不会停止。"④在这种意义上,历史的规律也就是实践的整体化的活动规律,"辩证法是整体化的活动。它没有其他的规律,只有由正在进行的整体化产生的规律"⑤。

通过以上几个方面关于历史的实践内涵的阐释,萨特表述了历史人类学或历史辩证法的核心思想,即人是历史的主体,历史的运动就是人的实践活动的展开,历史辩证法就是实践的整体化的辩证运动。从这样的理解出发,我们不应当在实践活动之外来理解历史及其规律,历史学和辩证法的认识对象就是作为历史主体的人本身及其现实活动。在这里,我们可以看到,

---

① 让-保罗·萨特:《辩证理性批判》上卷,林骧华等译,合肥:安徽文艺出版社1998年版,第82—83页。
② 同上书,第192页。
③ 同上书,第179页。
④ 同上书,第180页。
⑤ 同上书,第181页。

萨特一方面接受了马克思关于实践和历史运动的一些思想,另一方面则在一个新的层面上延伸和拓展了他早期存在哲学的基本观点,即自由的绝对性和责任的绝对性的思想,只是他把这些思想提升到人的实践的辩证历史运动的层面上了。

3. 实践和历史的展开机制

把实践活动确定为历史的基本内涵,构成了萨特存在主义马克思主义的核心思想,它展示了人作为实践主体不同于其他动物的本质特征,即对给定的存在的超越性、否定性和创造性。然而,在现实的历史进程中,人的实践对于给定的外在环境及其客观性的超越,以及对于世界和自我的创造并非一个理想化的进程,而是在外在给定的环境、客体、工具、技术,以及各种非人的因素、异化、物化等形成的矛盾、冲突、张力的场域中展开的,萨特把这些制约因素称为"实践—惰性"的关系、"惰性集合体"①等。应当说,这些"实践—惰性"集合体一方面使得人的历史充满了艰辛、无奈和曲折,但另一方面也为人的实践的超越和创造奠定了开放的空间,使历史的不断超越成为可能。正因为如此,萨特是以匮乏和异化为核心来具体展开历史的演化机制的。

第一,匮乏是人类历史的起点,也是人类历史的基本条件和人类历史的根本关系。匮乏(scarcity)的含义比较明确,它是指人所拥有的和能够生成的,用以满足人的基本生存需要的物质资料的缺乏或者不足。萨特认为,这种意义上的匮乏虽然在不同历史时代或者不同地区程度上有所不同,同时同样的匮乏事实对于不同的人群或地区的影响也有所不同,但是,在根本上可以断言,"人类的总体发展,至少迄今为止,一向是在同**匮乏**作艰难的斗争"②。进而,在萨特看来,这种普遍的匮乏问题并非一个外在于人类历史和人的实践发展的问题,而是已经构成了人类存在的重要条件和重要关系。"匮乏除了具有视情况而异的因素之外,是一种非常根本的人类关系,对于自然来说和对于人来说都是如此。在这个意义上,匮乏应该被看作是使我们成为这些个体、产生这一历史、将我们自身界定为人的因素。"③这一段论述从人类存在的视角给予匮乏以十分重要的历史地位,对此,萨特有特殊的

---

① 让—保罗·萨特:《辩证理性批判》上卷,林骧华等译,合肥:安徽文艺出版社1998年版,第180页。
② 同上书,第262页。
③ 同上书,第263页。

思考。在他看来,匮乏本来是人类同物质性之间的一种特殊的、单一的、偶然的关系,但是,这种偶然对于人的存在又是一种必然性或者成为一种必然性,他断言:"在今天,任何一个人都应该看出这种基本偶然性(contingence)是一种必然性,这种必然性(通过几千年的时间,并且直接地通过现在)迫使他不折不扣地成为他现在的模样。在我们的渐进式研究中,我们应该研究历史的偶然性问题;我们应该看到,从人的未来角度来看,这个问题特别重要。在我们的思考中,匮乏显得越来越缺少偶然性。"①以匮乏作为历史的起点和历史发展的基本条件或背景,虽然还有许多值得探讨和质疑的地方,但是,这里可以清楚地看出萨特在走向存在主义马克思主义的途中,越来越重视物质条件对人类实践和历史的制约性。

第二,匮乏是人的实践的重要驱动力,是人类历史可能性的基础。按照萨特的观点,匮乏不仅是人类历史在出发点上就面临的重要的前提条件,而且是我们的历史的一种基本关系,它是使我们成为这些个体、产生这一历史、将我们自身界定为人的因素。为什么匮乏对于人的存在和人的历史会如此重要,以至于是人之为人的规定性因素?其根本原因就在于:匮乏是人类历史可能性的基础。必须全面准确地把握萨特的这一思想,在这里,不是说匮乏是历史的现实性基础,而是说它是可能性的基础,也就是说,匮乏本身并不是历史的内涵,但是,匮乏这一前提和事实使人之为人的历史运动成为可能,它驱动了人类历史的发展。我们可以在两点上把握这一思想。一方面,正是由于匮乏这一事实和前提的存在,人无法像其他动物那样凭借本能而生存,他必须发展起技术、手段、生产等来创造物质资料以满足人的基本的生存需要,必须使人的活动成为历史性的生产和劳动。因此萨特说:"匮乏是人类历史可能性的基础,但不是它的实在性的基础。换言之,它使历史成为可能,但是如果要产生历史,那么其他(尚未被规定的)因素就是必要的。"②另一方面,正是由于匮乏不是某一历史时期的暂时现象,而是迄今为止历史的基本前提条件,因此,人的历史才会呈现为不断超越而常新的开放的进程。萨特指出:"从对辩证法有效性的考察中我们可以得出的唯一结论是,无论启动历史发展,还是在发展过程中冲破将历史变为循环重复的阻塞力量,匮乏凭自身绝不能自足。相反,匮乏是人同他的环境、人同人

---

① 让-保罗·萨特:《辩证理性批判》上卷,林骧华等译,合肥:安徽文艺出版社1998年版,第263页。

② 同上书,第264—265页。

之间一种真实的、经常性的张力,**永远**可以用来解释一些根本性的结构(技术和习俗制度)——这并不是说它是一种真实的力量,它产生了这些结构,而是因为它们是由人在**匮乏的环境**里产生出来的,即使在他们试图超越它的时候,它们的**实践**也使这种匮乏内在化。"①从这两点可以充分论证,匮乏的确是人类实践活动不断超越、人类历史不断前行的内在驱动力。

第三,现实的历史是由匮乏所引起的人与自然、人与人异化的历史。在萨特的存在主义马克思主义中,匮乏是同异化和物化密切相关的范畴,而且,异化和物化不是历史的偶尔的伴随现象,而是同人的实践的对象化交织在一起的现实。萨特在分析前资本主义时期的农民运动时就曾指出历史的异化和外在性特征,他说:"这样,人创造了历史:这就是说人在历史中对象化和异化;在这个意义上,历史作为**所有人**的**整体**活动的产物,在他们看来是一种外在的力量。"②从萨特的分析来看,通常在匮乏结构中展开了双重异化。一是人与物或人与自然的异化。实践是人与物质之间或主体与客体之间的交互作用,人通过自身的计划活动使物按照人的需要来生成,即所谓的外部的内在化或物向人的生成,这是物被人中介化的情形。然而物也有其本身固有的规定性和独立性,它也要求人在实践中真切面对物的规定和要求,并且在某种意义上对人形成制约,甚至使人的意图和目的走向反面。结果,人被物所中介,人变成了自己产物的产物,实践就成为反实践,具有了"反合目的性"的特征,这就是人与物的异化。萨特还特别列举中国农民对树木的大量砍伐所引起的水灾、西班牙贵金属的增长导致贫困破产和贸易瘫痪,以此说明实践的逆转,说明实践在满足人的生存需要的同时产生的"反合目的性"。他在阐述人类历史发展时描述了人类劳动对自然的征服,指出:"在这个初级阶段,它以将自身铭刻进自然环境的方式,向整个大自然延展,并且在自身中包容整个大自然:大自然在**人类劳动中**并**通过人类劳动**,同时变成新的工具来源和新的威胁。人类的目标在自我实现的同时,在自己周围确定了一个反合目的性场域。"③二是人与人的异化,这是更深层的异化。人为了克服匮乏、满足生存需要而进行的实践在导致人与物的异化的同时,也导致人与人的分裂,导致人反对他人,使人非人化。萨特认为,

---

① 让-保罗·萨特:《辩证理性批判》上卷,林骧华等译,合肥:安徽文艺出版社1998年版,第266页。
② 同上书,第75页。
③ 同上书,第307页。

人与人的分裂和异化是匮乏的必然产物,他断言:"只要匮乏在继续统治,**每一个人和所有的人**就都包含了一种非人性的惰性结构,事实上它只不过是已被内在化的物质否定性。"结果,这种以物为中介的非人性成为人与他人之间的实在关系。"对于所有的他人而言,每一个人**都是**一个非人的人,同时所有的他人也是非人的人,而且事实上都没有人性地对待他人。"①萨特正是从这样的视角来分析人与人之间的冲突关系,包括阶级关系等。

第四,人的实践和人的历史就是不断超越匮乏、扬弃异化的开放的进程。从表面看,萨特把人的实践展开的历史描述成匮乏和异化的历史,提供了一种带有强烈悲观色彩的人之生存景观和历史图景。他本人也曾写道:"**人是一种发展受阻的不幸存在,麻木地受难,他活着是为了在一块没有回报的、威胁性的土地上用这些**(原始的)技术手段从早到晚地劳作。"②然而,在深层次上看,正是这种不断与匮乏和异化抗争的实践活动使人之为人的历史成为可能,使人自己创造的特有价值和意义成为可能。假使人可以凭借自发的本能而自在地从自然中获取生存的资料,假使人类可以一劳永逸地解决所面临的一切困难和问题,从而不需劳作而获得充足的生活资料,那么,人就不需要发明工具、改进技术、发展生产,也就不会有文化的创新和价值的创造。实际上,马克思恩格斯也是在如何满足人的基本生存需要的层面上开始关于人的实践和人的历史的分析的。他们指出,人们为了能够创造历史,必须首先能够生活,而为了生活,首先就需要生产出满足人的衣食住行需要的生活资料。而且,他们接着强调:"已经得到满足的第一个需要本身、满足需要的活动和已经获得的为满足需要而用的工具又引起新的需要,而这种新的需要的产生是第一个历史活动。"③有所不同的是,萨特在分析人的需要及其满足时,特别强调了匮乏这一人类历史无法摆脱的前提条件和基本关系,从而把人克服匮乏和扬弃异化的活动当作人的实践和人的历史运动的基本内涵,由此把匮乏和克服匮乏、异化和扬弃异化定义为历史的展开机制。

4. 共同实践与人类关系的具体历史形态

虽然萨特强调个人实践的重要性,但是,个体实践不是孤立的,而是趋

---

① 让-保罗·萨特:《辩证理性批判》上卷,林骧华等译,合肥:安徽文艺出版社1998年版,第270页。
② 同上书,第265页。
③ 《马克思恩格斯选集》第1卷,北京:人民出版社1995年版,第79页。

于整体化的,即在个人实践的基础上形成人与自然、人与人的相互作用,形成共同的实践。萨特认为,影响、制约实践和历史的前提性条件是匮乏的普遍存在,匮乏结构作为历史可能性的基础,一方面会推动人的实践改进技术、完善工具、发展生产等以满足人的基本生存需要,另一方面也会影响和决定共同实践中人际关系的样式和状况。基于个人实践所形成的各种相互性关系,萨特指出,匮乏"**可以制约群体的统一,因为从集体角度看,群体可以组织自身作出集体反应**"①。前者主要涉及人与自然的关系,后者主要涉及人与人的关系。在萨特那里,把握个体实践基础上的各种人类关系,构成他的历史人类学或历史辩证法的重要内涵。同以往的社会历史理论不同,萨特关于人的关系的历史形态的探讨,主要不是围绕着阶级和国家等宏观的社会关系和权力结构,而是围绕着集合和群体等共同体展开的。

第一,以微观社会学的视角来研究共同实践,应当把关注点放到集合和群体等直接影响人们的共同实践的因素上。萨特承认,在实际的历史境况中,人的具体存在在根本上受一般的生产关系、阶级关系、阶级利益等宏观因素的影响和制约。然而,他认为,我们不能忽略一些重要的中介因素,把个人的存在和共同实践简单地还原到这些宏观因素。在萨特看来,人们往往是通过局部的、直接的、确定的群体来理解自己的状况,例如,工人不但受生产群体的影响,也受居住群体的影响。群体是横亘在个人和阶级利益、生产关系之间的直接性因素,"在一定条件的基础上,人们之间的直接关系取决于其他特殊关系,而这些特殊关系又取决于另外一些关系,并以此类推,因为在具体的关系中存在着客观的约束"。因此,萨特强调,"必须从头开始研究集合体"。② 具体说来,萨特认为,应当运用微观社会学的方法,也就是运用历史人类学的中介方法,来研究人的具体的、现实的生存境遇,特别是揭示个体和阶级利益、社会关系之间的中介,即各种集合和群体。他指出:"这些研究的目的是要把'同群体的关系'变成一种实在,这种实在为它本身的目的而被体验,并具有一种特殊的有效性。例如,我们所关心的是,这种实在无疑像屏幕一样隔在个人和他的阶级的总体利益中间。群体的这种稳定性(不应把它同我也不知是何种集体意识混为一谈)本身就可以证

---

① 让-保罗·萨特:《辩证理性批判》上卷,林骧华等译,合肥:安徽文艺出版社1998年版,第267页。

② 同上书,第67页。

明美国人所说的'微观社会学'是有道理的。"①由此可见,萨特所强调的中介方法和前进—回溯方法在他的历史人类学或历史辩证法中占据十分重要的地位,不仅适用于分析家庭、环境等影响个体规定性的中介因素,也适用于分析集合和群体等制约人的共同实践和人类关系的中介因素。

第二,集合与群体。萨特认为,建立在个体实践基础之上,又影响和制约着共同实践中的人际关系的"实践集合体"有很多种类,它们处于相互分化与整合、统一与张力、矛盾与冲突的复杂关系之中,从不同侧面反映和折射了实践中各种不同的自由特性和惰性因素。在各种实践集合体中,我们首先需要区分的是集合与群体,它们是人际关系形态的两种基本类型。二者之间存在着内在的联系,都是经由个人的实践而形成的关联;然而,二者之间也存在着重要的差异。

所谓集合是指众多个人的惰性聚合。在这种集合中,各个个体之间往往没有共同的利益,没有形成共同的行动,是由于外部的制约,被外在的惰性力量客观地组织起来或聚集起来的消极的群体和分散基础上的被动行动,因此,萨特也把这种聚合称为"系列结构"。萨特指出,集合也有不同的类型,例如,一群人聚集起来等候公共汽车是一种在场的、直接的集合,而不同的听众在某一时刻共同收听无线电台节目则是一种不在场的、间接的集合。萨特认为,无论是直接的还是间接的集合都不是积极意义上的实践共同体,"事实上,首先必须指出,这里涉及的是孤独的多元性;这些人彼此间漠不关心,互不说话。一般来说人不互相观察;他们在一个信号柱周围并列存在"②。因此,萨特认为,应当超越这种被动的、并列的集合,代之以有机的群体。

所谓群体是指基于匮乏和个人的需要而形成的共同实践关系。群体的产生和形成,克服了集合的惰性,具有自由的特性,形成共同实践的自由结构,因为群体一方面是依据个人自身的需要而发动,另一方面是由于共同需要和利益的达成而形成共同的实践和合作行动。因此,萨特认为,群体与集合相比,在形成共同实践中的人际关系方面,有了质的区别,"群体是作为集合体的规定性和否定而形成的。换句话说,群体超越并保存了集合

---

① 让-保罗·萨特:《辩证理性批判》上卷,林骧华等译,合肥:安徽文艺出版社1998年版,第59页。

② 同上书,第407页。

体"①。从总体上看,集合与群体的根本区别在于,集合是个人化的、并列的、缺乏有机联系的活动,而群体则是共同的实践;集合是一种惰性的消极聚合,而群体则是自由的主动构成;集合关系中的人都是陌生的他人,而群体中的人则是众多的我。因此,群体构成了人的关系的高级形态,其中包含着人际关系中的自由的可能性。

第三,不同群体之间的关联与张力,构成了扬弃异化和面对新的异化相互交织的开放的历史景观。虽然从总体上看,群体超越了集合的消极聚合的特征,使包含自由的实践集合体具有了历史的可能性,但是,群体同样具有各种不同的形态,它们之间不仅存在着内在的联系,也存在着内在的张力,甚至存在着相互的矛盾和冲突。萨特依据不同的关联方式、自由与惰性、分化与整合的关系,将群体划分为并合中的群体、有组织的群体和机构三种不同的样态。这些群体的各种复杂的关联和张力关系,使人类的历史具有更加复杂的内涵,真正呈现为异化与扬弃异化、匮乏与克服匮乏相互交织的过程。

所谓"并合的群体",是指群体的初级形态。它通常是在外部的某种危险和压力下形成的具有共同目的的群体,萨特称之为"在一个敌对的实践的压力下对系列的否定"②,也即对集合体的系列关系的否定。个人为了克服和共同对付外部的威胁和压力,形成了共同的利益和目标,人们由集合的状态融合成集团,开展抵御外在敌对势力的压力或外在危险的共同行动。在这里,集合状态下的完全个人化和非人化的情形开始消失,开始进入到直接的自由实践关系。萨特指出,并合群体的根本特征是"自由的突然复合",每个人把自己的自由具体化,群体的结合是人性的开始。萨特认为,1789年的法国大革命,就属于典型的并合群体的类型。当时是"政府从外部把巴黎构成为整体",使巴黎的人民群众团结起来反抗暴政,攻占巴士底狱。③ 萨特强调,并合群体是自由的个体在外在压力和威胁下的突然复合,其构成具有不稳定性和临时性,时刻面临解体的危险;一旦外部压力和危险解除,就又重新回到集合的状态。这即是实践的惰性所在。

所谓"有组织的群体"是并合的群体的一种提升,它是并合群体中由外

---

① 让-保罗·萨特:《辩证理性批判》下卷,林骧华等译,合肥:安徽文艺出版社1998年版,第509页。
② 同上书,第512页。
③ 同上书,第514页。

在压力和目标纠合起来的团体通过个体内在的自觉而固化为一种新形态的自为的群体。萨特将有组织的群体又分别称为"幸存群体""誓言群体"或"博爱—恐怖群体"。这几个范畴具有内在的统一性,是从不同方面来阐述这一有组织的群体,其核心是誓言群体。幸存群体是指在外在威胁和敌对势力的压力消失后,群体也没有解体和重新落入惰性的集合,而是通过"**个体实践**在共同要求的形式下把共同危险的客观持久性内在化"[1]来使群体幸存下来。而这种共同危险的客观持久性的内在化,不是要让危险和压力总是不变地保持,而是要通过使并合的群体中的个人自觉地变成集团或群体的自觉成员,也就是使个人宣誓自愿地服从于集团和群体并形成对集团和群体的"自由的隶属"而实现的,因此,萨特把有组织的群体称为"誓言群体"。萨特指出:"这样,幸存群体的存有地位首先表现为在每个人中共同统一的自由和惰性持久性的实践创造。当自由变为共同**实践**和群体永久性的基础,通过它自己并在中介的相互性中产生它自己的惰性时,这种新的地位就称为**誓言**(serment)。"[2]萨特认为,誓言群体是"实践持久性的创造",但是,它在有效防止群体的解体的同时,也对个体自由形成某种威胁,因此它既是博爱的,也可能是恐怖的群体。具体说来,为了防止并合群体的解体危险,经誓言保证持久的统一性,个人为保证群体的公共的自由,牺牲了自己的个人自由。萨特认为,誓言群体为了维持自身的持久性,必须防止誓言的破坏,因而,誓言群体必然形成组织,具有某种权力结构。誓言群体常常与恐怖和暴力联系在一起。萨特说:"第一个契机——'我们发誓'——和共同地位的实际转化相对应:共同的自由构成为恐怖。第二个契机——依次或同时发出一个个誓言——是恐怖的物质化,是它在一个物质的客体中的体现(对剑起誓;在共同誓言的文本上签名;或建立约束性的机构)。"[3]

所谓"机构",在某种意义上是最高形态的群体。萨特认为,为了防止已形成的群体回退到群集的状态,有组织的群体或集团又会发展为制度性的群体,形成严密的机构。换言之,严密的机构在某种意义上是有组织的群体的必然逻辑。萨特在分析"从被组织的群体到机构"时指出,严格的有组织的群体实际上通过严格的实验不仅会抑制个体的自由,而且会制造新的

---

[1] 让-保罗·萨特:《辩证理性批判》下卷,林骧华等译,合肥:安徽文艺出版社1998年版,第578页。
[2] 同上书,第585—586页。
[3] 同上书,第599页。

对立。"这种相对立的、各自确定另一个为敌方,并且都作为对方的深刻的真实性而回到对方中去的、不可超越的个别与共同的冲突,自然会通过群体组织内部新的矛盾表现出来;而这些矛盾是通过群体的新变形而表现的;组织变成了等级,从誓言中诞生了**机构**。"①在机构性群体中,确立了各种制度性规范,人们与制度之间的关系明朗化、确定化、等级化,人们时刻处于权威的强制性支配和统治之下。在萨特看来,官僚国家是这种统治权的集中体现,个人失去了自由的本质,自由实践为惰性实践所代替,从而陷于严重的异化。结果,与有组织的群体和机构的确立相伴而来的惰性因素得到了加强,并由此产生了新的压迫,形成了新的匮乏。人们为克服这种匮乏,又要结合成新的并合集团,不断地进行反抗和斗争。这就是人类关系的开放式的组合与演变,这就是历史的辩证法。

由此可见,在分析人类关系的具体的历史演化时,萨特同样持一种开放的理论视野,把克服匮乏和扬弃异化视作一个开放的历史进程,并由此奠定了人的实践和历史的不断超越的可能性基础。在某种意义上,萨特的这些观点带有一些悲观色彩,甚至具有一点历史循环论的特征,但是,实际上,萨特本人还是强调自由的个体通过自觉的组织来进行抗争。他去世前最后一次接受记者采访时,还在强调这种充满战斗精神的自由的共同实践。他说:"我需要联合起来的人,因为光凭一两个单独的实体不可能动摇社会躯干并使之崩溃。这就需要想出一个由战斗的人们组织起来的团体。"②当然,萨特的这些期盼已经充满了绝望色彩,这就是他生前最后的追求:绝望之中的希望。

(三)希望本体论和道德共同体

从 1960 年出版《辩证理性批判》,到 1980 年去世,萨特一直在坚持他的历史人类学或历史辩证法思想,也就是他的存在主义马克思主义,并且积极践行自己的理论。他作为 60 年代西方激进主义新左派的重要代表人物,一直在努力推动他所倡导的充满战斗精神的自由的共同实践,积极支持席卷西方的、以"五月风暴"为代表的学生造反运动和青年反抗运动,一度成为

---

① 让-保罗·萨特:《辩证理性批判》下卷,林骧华等译,合肥:安徽文艺出版社 1998 年版,第 760 页。
② 让-保罗·萨特:《萨特哲学论文集》,潘培庆等译,合肥:安徽文艺出版社 1998 年版,第 178 页。

左派激进主义的理论代言人与精神领袖。在某种意义上,这二十年间是欧美发达国家所经历的最典型的文化焦虑和文化反抗的时期,萨特在其中深刻体验了直接参加社会反抗运动的战斗激情,同时也遭受了许多理论上和思想上的挫折感和沮丧感,经历了希望和绝望相互交织的心路历程。因此,在生命的最后几年,萨特一直在思考如何将他所建立的把马克思主义和存在主义结合起来的历史人类学更加明确地奠定在关于人的存在的本体论基础上,这就是他在《70岁自画像》(1975)、《今天的希望:与萨特的谈话》(1980)等访谈中所表述的希望本体论和道德共同体。

1. 希望本体论:人是"绝望之中的希望"

萨特晚年关于人的存在的本体论基础的思考回到了著名哲学家布洛赫的希望理论。布洛赫在《希望的原理》中强调,人是希望的主体。他认为,人的生存是被各种各样的激情与渴望驱使的,而希望是人的各种激情和精神中最本质的东西,它使人的生存直接指向未来,指向丰富的可能性,指向"尚未生成"的东西,驱使人展开自己的生存和历史。但是,布洛赫反复强调,这一希望并不是简单的心理学范畴,而首先是一个本体论范畴。换言之,希望所揭示的并非单纯是人渴望某种东西时的心理状况,而是一种面向未来展开的现实的生存结构,即"人的生存的本质的结构"。萨特也正是在人的生存的本体论基础的层面上,而不是在心理的层面上思考希望问题的。

第一,希望是人的基本的生存方式,是人的生存的本体论结构。萨特在1980年生前最后一次访谈《今天的希望:与萨特的谈话》中,一开始就谈到希望本体论问题。他一是强调,希望是人的存在的本质部分,是人的行动的内在结构,在人的行动方式中始终有希望在。"我认为希望是人的一部分;人类的行动是超越的,那就是说,它总是在现在中孕育,从现在朝向一个未来的目标,我们又在现在中设法实现它;人类的行动在未来找到它的结局,找到它的完成;在行动的方式中始终有希望在,我的意思是说,就确定一个目标加以实现这一点而言。"① 二是认为,希望对于人的存在而言的本质性就在于,希望的存在和意义并不由行动结果的成败来决定,而是由希望自身来决定;即使某种希望的目的没有达到,作为人的生存结构的希望也已经展开。因此,"在希望本身之中有一种必然性。对于我,在此时此刻,失败的

---

① 让-保罗·萨特:《萨特哲学论文集》,潘培庆等译,合肥:安徽文艺出版社1998年版,第164页。

观念并没有坚实的基础;相反,希望就其作为人与他的目的的关系,一种即使目的没有达到而仍然存在的关系而言,它是我思想上最迫切的问题"①。应当说,萨特以希望的特性展示了人的实践、人的生存的未完成性和开放性。

第二,希望是社会进步的基础,世界令人绝望,但希望依旧存在,因此,必须拒绝绝望。萨特早期关于个体自由和选择的思想一直积淀在他的思想之中,因此,他一直到晚年都在强调人的积极的抗争。一方面,萨特强调,虽然这个世界充满了绝望,但是,绝望并不是希望的否定和对立面,而只是希望的具体目标没有实现所引起的失败感,希望依旧存在,必须对进步抱有信心。萨特认为:"绝望不是希望的对立面。绝望是我的基本目的不可能实现,因此在人的实在中存在着一种本质的失败的信念。"②因此,他说道:"我从不绝望;我从未认真考虑过绝望可能作为一种属于我的品质。"③在这种意义上,他呼吁"人们必须相信进步"④。另一方面,萨特强调,必须拒绝绝望,以支撑希望。他在生前最后一次访谈结束时强调指出:"不管怎样,这世界似乎显得丑恶、不道德而又没有希望。这是一个老人的平静的绝望,而他将在这种绝望之中死去。但是我抵制的恰恰就是绝望,而我知道我将在希望之中死去;但必须为这种希望创造一个基础。"⑤萨特为希望所寻找的基础就是道德基础,一种基于个体自由的道德共同体。

2. 基于兄弟关系的道德共同体

在20世纪50年代后期接受马克思主义时,萨特的思想不同程度地发生了两个转变:一是从理论自由到历史现实,二是从个体自由到群体实践。到了晚年,萨特的思想又发生了另外一种转变,即在变革世界的方式上开始从暴力向道德转变,希望用一种道德共同体来为个体自由和希望奠定基础。

第一,道德是必不可少的,追寻道德的努力和反对匮乏的实践都是合乎人性的态度。萨特在反对殖民主义的意义上,曾经主张暴力,明确支持殖民地人民反抗殖民主义者的暴力斗争。但是,晚年他越来越强调暴力的局限

---

① 让-保罗·萨特:《萨特哲学论文集》,潘培庆等译,合肥:安徽文艺出版社1998年版,第168页。
② 同上书,第165—166页。
③ 同上书,第166页。
④ 同上书,第173页。
⑤ 同上书,第224页。

性,他认为,暴力只是打破某种阻挠人成为一个人的奴役状态,但是,它不会加速人性的完成,甚至还会走向反面。在这种意义上,萨特重视道德的力量,他承认世界存在着道德,并强调道德在未来世界中的不可或缺性。他指出:"道德是必不可少的,它真正意味着人或者前期人将拥有一个建立在集体行动基础之上的未来,而在此同时,在他们的周围将出现一个建立在物质基础之上的未来,这最终意味着匮乏。这意味着凡是我有的就是你的,凡是你有的就是我的,同时也意味着如果我陷于穷困,你给与我,如果你陷于穷困,我给予你。这是未来的道德。"①在这种意义上,萨特把追寻道德的努力和消除匮乏的努力视作两种主要的合乎人性的态度。"有两种态度,它们都是合乎人性的,虽然两者似乎不可相提并论,但是又必须同时存在。一种是要使人类得以实现,得以产生的努力:这是道德问题。接着是一个反对匮乏的斗争。"②

第二,道德的可能性基础在于兄弟关系的普遍性,即人类起源等方面的共同性。上述萨特关于未来道德的描述,似乎有一些理想化的、空想的色彩。然而,在萨特看来,道德的努力不仅具有必要性,而且具有可能性,具有现实的基础,这就是普遍存在的兄弟关系,一种带有博爱色彩的伦理关系。萨特首先承认,兄弟关系并不是一种平等的关系,而是一种情感的关系,是人们普遍具有的一种感受性。但是,由于兄弟关系在根本上基于人类的起源等方面的共同性和同源性,因此,对于形成自由个体的实践共同体具有重要的意义。萨特断言:"依我所见,当一切人,**人类**,他们心目中的目标一旦得到实现,那种完全真实的可以想见的经验就会存在。到那时候,就可以说出生人世的人都有一个共同的始源,不是凭母亲或父亲的繁殖的器官,而是由于数千年来采取的最后演变为人类的一系列步骤。这就将是真正的兄弟关系。"③因此,萨特强调,"这里需要的是一种把兄弟关系的观念扩大到使它变成一切人之间的一种独一无二的、无与伦比的、明显的关系的道德"④,从而真正建立起道德的社会、公正的社会。

以上我们分别阐述了萨特的存在哲学的自由理论、历史人类学或历史辩证法、希望本体论和道德共同体的基本思想。从这些思想的内在逻辑和

---

① 让-保罗·萨特:《萨特哲学论文集》,潘培庆等译,合肥:安徽文艺出版社1998年版,第203—204页。
② 同上书,第204页。
③ 同上书,第203页。
④ 同上书,第206页。

演变线索,我们不难看出,萨特一生一直经历着思想的冲突与理论和现实的冲突,在他的理论和思想中,一直存在着内在的张力和矛盾,主要表现在个体自由和群体实践、需要和匮乏、创造和异化、希望和绝望等等之间的冲突。为了克服个体自由的绝对性带来的抽象性和非现实性的局限,萨特选择了马克思的实践观点和历史观点;而在关于实践的整体化和人类群体关系的分析中,他又发现了压抑个体自由的可能性和危险,因此,他一直在这两极之间进行探索和调整。不可否认,萨特的理论具有内在的不一致、极端、偏激等局限,需要我们认真加以分析甄别,但是,他一生的不懈抗争所体现出的强烈责任感和批判意识又是人类健康发展和进步的重要的文化精神力量。我们应当记住,萨特留给世人的最后一句话是:"我们现在必须设法解释,这样可怕的世界何以在漫长的历史演变中只是短暂的一瞬,希望又何以始终是革命和起义的支配力量之一,而我又何以再一次把希望视为我对未来的概念。"①这是一个被誉为"20世纪的良心"的哲人留给世界的最后的希望。

---

① 让-保罗·萨特:《萨特哲学论文集》,潘培庆等译,合肥:安徽文艺出版社1998年版,第224页。

第九章
阿尔都塞的结构主义马克思主义

结构主义马克思主义是西方马克思主义的重要流派之一,同存在主义马克思主义一样,它也是马克思主义同西方某种哲学流派相结合的产物。虽然这两种马克思主义理论的主要代表人物萨特和阿尔都塞同属于法国哲学家,但是他们之间存在很大差异:萨特是从存在主义立场转向马克思主义,建立了存在主义马克思主义学说;阿尔都塞则是从马克思主义立场出发,吸取和借鉴结构主义的方法论思想,对马克思主义作出一种独特的解释。更为重要的是,从基本的哲学立场来看,结构主义马克思主义在20世纪60年代是作为存在主义马克思主义的直接对立面出现的。阿尔都塞反对萨特过分突出个体自由和人的主体性,并对马克思主义作人道主义解释的做法,坚持运用结构主义的方法,对马克思主义作出一种科学主义的解释。除了结构主义马克思主义之外,意大利哲学家加尔瓦诺·德拉-沃尔佩在20世纪50—60年代提出了实证主义马克思主义的构想,也对马克思主义作了科学主义的解读。但是,相比之下,阿尔都塞的结构主义马克思主义是最有影响的科学主义马克思主义流派。

路易·阿尔都塞出生于阿尔及利亚首都附近的比曼德利小镇,父亲是一家银行的经理。1924—1936年间他分别在阿尔及尔和马赛完成了小学和中学的学习。同萨特一样,阿尔都塞也就读于被誉为"哲学家的摇篮"和"文学家的摇篮"的法国知名学府巴黎高等师范学院,他1936年中学毕业后考入巴黎国立高等师范学院预科班学习,1939年成为文学院的学生。但是入学不久,就因德国法西斯入侵而应征入伍,随军驻守布列特尼半岛。1940年被德军俘虏,关押在集中营,直到战争结束才获释。1945年重返高等师范学院,在哲学家巴歇拉尔(Gaston Bachelard, 1884—1962)指导下研究哲学,完成了题为《黑格尔哲学中内容的观念》的博士论文,于1948年获哲学博士学位,同时开始了在这所著名高等学府的执教生涯。长期的战俘生活使他的肉体备受摧残,精神受到很大刺激,后来他多次出现的精神失常即与这段经历直接相关。1980年11月16日,他因精神病发作,于晚间将妻子埃莱娜·阿尔都塞勒死,被送进精神病院监护就医。1990年10月22日,因心脏病突发辞世。

阿尔都塞在反法西斯战争中就与工人农民有了密切的接触,结识了很多共产主义战士,在同法国共产党的接触中,逐渐开始信仰马克思主义和共产主义。战后,他于1948年加入了法国共产党,成为党内重要的理论家。50年代中后期,围绕马克思主义同人道主义和黑格尔哲学的关系问题,他同法共理论家加罗迪等展开了激烈论战。他从60年代初开始接受结构主义思潮影响,运用结构主义方法解释马克思的著作,对经验主义、历史主义和人道主义进行了批判。1965年阿尔都塞发表了《保卫马克思》和《读〈资本论〉》,提出了结构主义马克思主义的思想,在法国和国际范围内产生了巨大的影响,特别是受到相当数量的法国新左派学生的拥护。学生们认为,正是阿尔都塞把人们从马克思主义的官方注释者乏味的重复中解放出来,恢复了马克思主义的创造力,他的思想标志着马克思主义的复兴。阿尔都塞的结构主义马克思主义主要盛行于20世纪60—70年代。除了代表作《保卫马克思》和《读〈资本论〉》外,他还出版了《列宁与哲学》(1969)、《答雅恩·莱维》(1973)、《自我批评材料》(1974)、《立场》(1975)等著作和文集。

一、结构主义马克思主义的方法论

与萨特的存在主义马克思主义等西方人道主义马克思主义强调马克思的早期理论,即强调青年马克思的异化理论的做法相反,阿尔都塞强调马克思的成熟著作,特别是《资本论》的重要性,以此来强调马克思哲学的科学性。为了论证马克思思想的科学性,阿尔都塞借用当时在法国非常流行的结构主义来重新解释马克思主义。其主要意图是以结构主义所强调的结构和系统的重要性来限制个体的自主性,从而使马克思主义成为一种科学的社会历史理论体系。

阿尔都塞本人并不情愿把自己关于马克思主义的理论阐释命名为结构主义马克思主义,但是,从他关于马克思思想的文本解读到理论阐述,还是明确无误地透露出结构主义方法论的色彩,因此,人们习惯于把他的思想定义为结构主义马克思主义。要深入理解阿尔都塞关于马克思的思想和理论观点的解读和阐述，应当从他所建立的独特的方法论入手。

（一）结构主义方法论的基本思想

严格说来，所谓结构主义不同于实证主义、存在主义、实用主义、哲学解释学等具有相对系统的理论体系的哲学流派，它不是一个统一的哲学流派，而是一种起源于语言学，逐步贯穿于人类学、历史学、心理学、文学等人文历史学科的结构方法论，并于20世纪五六十年代在法国哲学中成为居于主流地位的最有影响的哲学方法论之一。在结构方法的形成和流行过程中，语言学家索绪尔(Ferdinand de Saussure,1857—1913年)和人类学家列维-斯特劳斯(Claude Lévi-Strauss,1908—2009)起到了十分重要的作用。

1. 索绪尔的语言学结构主义思想

通常人们公认，结构主义的先驱是瑞士语言学家索绪尔。索绪尔是第一位确立了语言学结构主义原则的思想家，早在20世纪初，他已经提出了基本的语言学结构主义原则。[①] 从后来的结构主义方法论的演进来看，索绪尔所提出的结构主义的语言学模式中，有两点思想产生了重要的影响。

一是索绪尔在语言学研究中区分了共时态(同时性)语言研究和历时态(历时性)语言研究，并突出共时态研究的重要性。所谓共时态研究主要关注作为社会现象的语言，是从一个时期的语言的横断面来研究语言；而历时态研究主要关注作为个人现象的语言，是从一种语言的历史发展过程来看语言。索绪尔并没有明确反对传统语言学的历时态研究方法，但是他更强调对语言进行共时态研究。他认为，以往的语言学家在语言学研究中多注重语言的历史发展和历时态演变，研究词形、词义等语言因素的历史形态，而实际上，现实语言的词和其他语言因素与其历史形态的联系并不是主要的，应当通过阐明它与系统的其他因素的关系来显示其完整意义。这种方法把语言学研究的重点从历时态研究转向共时态研究，就是把研究重点从研究语言要素各自的历史，转向研究要素的关系，因此，是把现实的语言当作一个系统来看待，即研究语言的静态结构。

---

① 这些思想主要体现在索绪尔的《普通语言学教程》(Course in General Linguistics)一书中，该书系根据索绪尔1907—1911年在日内瓦大学三次讲授普通语言学课程的记录整理而成，由索绪尔的学生在其去世后于1916年编辑出版。

二是根据共时态语言研究,索绪尔阐述了语言结构的重要性①。索绪尔认为,作为一种社会现象的语言整体,不同于具体的日常情境中由具体的个人发出的语言表达,它是一个独立于个人的体系,是一种在人们的集体活动中无意识地形成并独立地流传的先验结构。个人的言语,即语言的具体表达必须服从社会的语言结构,才能加入语言系统,起到表达作用。在索绪尔看来,语言作为一个符号系统,是一个独立的封闭整体。语言的特点和规定性并非简单地由语音和意义所构成,而是由语音和意义之间的关系构成一个语言的网络,一种符号体系。具体说来,语音和意义之间的关系是通过语言符号的"能指"和"所指"而形成的语言本身的内在结构。一个词即是能指,这里的词主要具有"音响—形象"意义;而词所反映的概念即是所指。能指和所指的关系构成一个语言符号,但是,无论是能指还是所指都和实际代表的物质无必然的符合之处,所以,为了承认一个词,不能求助于语言结构之外的现实,而应求助于语言结构自身,正是语言的结构使一个词只有代表某一特定客体时才有意义。语言结构系统对语言要素(词)意义的定义作用取决于语言符号系统各要素的基本关系,即对立和差异关系。一个语言要素只有在同其他要素的对立和差异状态中,也即在语言的整体结构中才有意义。

2. 列维-斯特劳斯的结构主义社会理论

如果说索绪尔是作为方法论的结构主义的创始人,那么,把索绪尔的结构主义语言学方法推广到哲学和社会理论研究之中,特别是使结构主义方法论成为20世纪五六十年代法国的主流思潮,应当归功于法国人类学家列维-斯特劳斯。第二次世界大战以后,列维-斯特劳斯把索绪尔的结构主义语言学方法应用到人类学研究中,通过对原始人思想过程及其文化现象的研究,去探究人类心智的结构原型,考察人类文化的基础结构。列维-斯特劳斯对结构主义的深化、推广和传播作出了十分重要的贡献,被称为"最纯粹的、标准的结构主义者",他不仅影响了人类学的研究,而且深刻地影响了哲学和社会理论的研究。

首先,列维-斯特劳斯把语言学的结构主义方法应用于社会科学和人文科学,赋予结构主义方法以普遍意义。索绪尔的结构主义语言学方法提出

---

① 严格说来,索绪尔并没有直接使用过"结构"这一概念,他当时使用"系统"一词,后来人们公认,他的"系统"就相当于后来结构主义者所说的"结构"。

后,很快引起人们的注意,很多人都有将这一特殊方法普遍化的想法和要求。列维-斯特劳斯把语言学结构主义方法运用于人类学研究,创立了结构主义人类学。如在神话研究中,他根据语言学结构主义方法,提出了神话分析的结构主义原则。他认为,神话有神话故事和神话结构之分,前者相当于言语,是有意识的产物,后者相当于语言,是无意识的产物,每一种神话尽管有多种版本,但却有一个共同的神话结构;既然一种神话的各种不同表达、不同版本反映了这一神话的共同结构,所以只能对神话作共时性研究;神话也像语言一样,是一个系统,它由许多因素即"神话素"构成,神话的每一情节即是"神话素";神话的意义不存在于各孤立的"神话素"之中,而存在于"神话素"的组合方式,即结构中。正是在列维-斯特劳斯把结构主义方法普遍化的意义上,有人认为列维-斯特劳斯是结构主义的真正创始人。

其次,列维-斯特劳斯强调结构的普遍性并对结构的特征作出了比较明确的概括。列维-斯特劳斯认为,结构来自于人的心灵的无意识,是先验的。这种先验的结构可以表现在人所创造的一切文化现象之中。"结构"一词是结构主义的核心概念,其拉丁文原型"structura"原指一物的各部分、要素之间联系或关系的总和,结构主义的"结构"概念保留了这一含义。列维-斯特劳斯对结构的特征作了很多重要的总结和概括。一是他强调,结构展示了一个系统的特征,它由几个成分构成,其中任何一个成分的变化,都将引起其他成分的变化。也就是说,具体成分或要素的规定性和意义不在自身的规定性之中,而在这些成分和要素的组合方式之中。二是他认为,如果结构的一种或者数种成分发生变化,可以根据这些成分的关系及其变化来预测模式将如何反应。在这里,列维-斯特劳斯肯定了结构的自调性,他把结构的变化理解为体系的内在的变化,强调结构具有一种不断自我产生、自我维持的特性,从而断言结构可以维持自己的独立性而不受外部因素的影响。三是他指出,模式的组成应使一切被观察到的事实成为直接可理解的东西。这一点强调了结构的可理解性,或者说它使事实成为可理解的。这说明结构主义的结构是一种理性结构,这正是结构主义属于现代理性主义而不同于精神分析理论的根本特征。

3. 结构主义方法论的主要特征

除了索绪尔和列维-斯特劳斯分别在语言学和人类学中提出、运用和发展了结构主义的方法论,还有许多理论家以其理论,例如,法国精神分析家拉康(Jacques Lacan,1901—1981)的结构主义精神分析学、瑞士心理学家和哲学家皮亚杰（Jean Piaget,1896—1980）的发生认识论、法国文学批评家巴特（Roland Barthes,1915—1980）的文本批判论等，在不同领域运用和推广了结构主义的方法。我们在这里不需要详细展开不同思想家对于结构主义方法论的阐述和运用，可以根据上述关于索绪尔和列维-斯特劳斯思想的简要介绍，并结合其他理论家的观点，概括出结构主义方法论的主要特征或思想要点。

其一，结构主义强调整体性和层次性。这些理论家无论面对什么对象和问题，都强调结构的整体性特征。他们认为，结构表现为一个系统或整体，是许多要素、成分或单元按照一定的模式和规则组成的整体。其中，任何一个要素或成分的变化都会在不同程度上引起其他成分和要素的变化，同时，每一成分或要素的规定性或作用取决于成分或要素之间的关系，即取决于结构和系统的整体性。在整体和它的各个部分的关系中，整体处于主导地位。结构主义理论家不仅强调结构的整体性，而且特别强调深层结构的重要性。他们认为，结构是具有层次性的，通常我们可以把结构分为深层结构和表层结构。一般说来，表层结构只是事物和现象的外部联系，而深层结构则是事物和现象的内在的本质的联系，它一般是未受到外在的感性经验影响的无意识结构。因此，深层结构具有特别的重要性。

其二，结构主义强调非个体性。同强调结构的整体性特征密切相关，结构主义理论家们大都否认个体性，特别反对突出主体性和个体特征的人本主义或人道主义理论框架。具体说来，他们强调结构作为一种理性的存在或观念的存在具有独立性和自主性，不把结构还原为个人意识，不把结构看作个人的自由选择。把这种思想运用到个体和整体的关系上，他们大都反对传统的强调个体自由和主体性的人道主义。

其三，结构主义强调非历史性。对于共时态研究和历时态研究两种方法，结构主义理论家都毫无例外地强调共时态研究方法的重要性或首要性，他们认为，人的认识的主要目的不应当是揭示现象和事物的具体变化和历史演变，而应当是揭示所研究对象和现象背后的深层结构，这种结构往往具有超时间性，也就是具有非时间性和非历史性的特征。结构构成了现象和事物的本质，离开深层结构去描述一般的变化过程，无法把握真正的本质。

显而易见，这样一种强调结构的整体性、非个体性和非历史性的理论思潮，是同强调个体性、个体自由和主体性的人道主义针锋相对的。因此，面对第二次世界大战之后以萨特等人为代表的存在主义，以及存在主义马克思主义等人道主义思潮的流行，结构主义方法论就成为反对人道主义的各种理论思潮最有力的思想武器。也正因为如此,阿尔都塞也借用结构主义的方法论,对马克思思想进行了具有结构主义色彩的解读。

(二) 症候阅读法的确立

阿尔都塞提出"保卫马克思"的口号,实质上是要"保卫科学"。在他看来,马克思的哲学是一种科学的理论,而当时流行的把马克思主义"人道化"的做法使马克思的学说从一种科学的理论体系变成一种非科学的意识形态。他认为,导致马克思主义"人道化"的重要原因之一在于人们对马克思的著作往往停留于表面的和直接的阅读,没有深入到马克思思想的深层结构,因此忽略了成熟时期的马克思思想所实现的从人道主义向科学理论的深层转变。因此,为了能够对马克思主义进行科学的解读,阿尔都塞首先借鉴结构主义的方法论思想,提出了不同于"直接阅读"(immediate reading)的"症候阅读"(symptomatic reading)方法,并通过"读《资本论》"而把马克思的学说表述为一种科学的理论。

这样一种带有明显的结构主义色彩的症候阅读法贯穿于阿尔都塞的全部理论之中,其基本规定性往往是通过对马克思文本的具体阅读而表述出来。我们在这里可以简要地概括阿尔都塞的主要思想,通过文本的双重结构、对文本的双重阅读、总问题、总问题的转换、认识论断裂等几个基本范畴,展示症候阅读法的基本思想。

1. 文本的双重结构和对文本的双重阅读

阿尔都塞认为,对于马克思思想的不同理解在很大程度上与对马克思的文本的阅读方式密切相关,而阅读方式的不同又与文本本身的结构特点密切相关。依据结构主义关于结构的层次性的理论,阿尔都塞提出了文本的双重结构和对文本的双重阅读的思想。

首先,在阿尔都塞看来,任何文字构成的著作,即文本(text)都是一个双重结构:表层结构和深层结构。表层结构往往是外显的,它是文本通过表面的文字结构、语言间的逻辑关系等直接表达出来的结构。而深层结构则是内在的,是表面的文字结构和直接的语言逻辑所掩盖的深层的思维理论结构,它通常是潜藏于表层结构背后的,包括文字之间的空白、标点符号的间断、文章对某些问题的沉默和空缺等。毫无疑问,深层结构与表层结构是不可分离的,深层结构并非仅仅由这些空白、间断、沉默、空缺等组成,也包括明确形诸文字的东西,它的部分内容也作为明确的文字表现出来,但是,其整体结构却是深深隐藏着的,因此,必须运用特殊的阅读方式才能够真正加以揭示。

其次,与文本的双重结构相对应,对文本的阅读也有两种不同的方式。一般说来,通常的直接的阅读,即人们通常所说的"看"只能发现表层结构,主要是发现文本表面的文字和意思,而要把握文本的深层结构,则必须运用另外一种阅读方法,即"依据症候的阅读"。这一阅读方法的基本含义是:依据文本表现的各种"症候"包括原著中的"沉默"(silence)、"缺失"(lacunae)、"空白"(blank)和"严格性上的疏漏"(failures of rigor)等,揭示文本的深层结构。这一方法是阿尔都塞从精神分析学那里借来的。弗洛伊德在日常谈论中出现的错误、疏忽和梦境的荒唐中看出无意识的复杂和隐藏的结构。拉康则根据此理论得出一个重要的结论,即没有说出的东西是和已经说出的东西同样重要的。具体说来,人的有意识的语言和话语是有空隙的,在这些空隙处,失言、沉默、玩笑、疏漏等便以一种掩饰的、不可理解的形式,使无意识的内容显露出来。阿尔都塞强调要用这种症候阅读法,通过对马克思文本的深层阅读,去努力挖掘"字行之间"、文字背后的被著者无意识地投射于理论中的深层次结构,以找出理论的深层含义,并把握问题的本质。

2. 文本的深层结构与思想的总问题

通过文本中的疏漏、沉默、缺失、忽略等症候把握文本深层的、表面看不到的结构,是症候阅读法的核心。需要进一步明确的是,在阿尔都塞那里,这种文本的深层结构主要表现为理论的总问题,这一总问题在文本解读中处于核心地位。

第一,阿尔都塞反复强调,为了深刻理解对于文本深层结构的解读的重要性,他借用自己好朋友雅克·马丁的"总问题"的概念①,把文本的深层结构定义为理论的总问题(Problematic)②。他认为,这一总问题十分重要,它并不是总体的思想或思想总体的抽象,而是一种使相关思想得以产生的理论结构,是一种决定思想的特征和本质的问题框架。他指出:"为了认识一种思想的发展,必须在思想上同时了解这一思想产生和发展时所处的意识

---

① 参见路易·阿尔都塞:《保卫马克思》,顾良译,北京:商务印书馆1984年版,第13页。
② 对于 Problematic,学术界有各种不同的翻译方法,有的学者译为"问题框架",有的学者译为"问题式",而目前阿尔都塞的几部主要著作的译者大多译为"总问题",我们在这里遵从后者。

形态环境,必须揭示出这一思想的内在整体,即思想的总问题。"① 具体说来,每一思想的内在组成成分,它所包含的各种特定的理论问题的性质,都是由理论的总问题这一深层结构决定或制约的。"确定思想的特征和本质的不是思想的素材,而是思想的方式,是思想同它的对象所保持的真实关系,也就是作为这一真实关系出发点的总问题……一切**都取决于总问题的性质**,因为总问题是组成成分的前提,只有从总问题出发,组成成分才能在特定的文章里被思考。"②

第二,阿尔都塞进而认为,理论的总问题的重要性不仅体现在对于思想的特征和本质的决定意义,而且还在于它决定理论家提出问题的方式和范围,是使一种理论能够以特定方式提出某些问题而拒斥其他问题产生的整体结构。具体说来,理论家在把他的思想形诸文字时,所明确表达的只是经过思索、提炼而成的部分思想,而不是全部思想。理论家之所以能够提出某些问题,而没有提出或忽略其他问题,都是由深层的理论总问题决定的。"科学只能在一定的理论结构即科学的总问题的场所和视野内提出问题。这个总问题就是一定的可能性的绝对条件,因此就是在科学的一定阶段**整个问题借以提出的诸形式**的绝对规定。"③这也就是说,一个哲学家能够提出什么问题、理解什么问题完全是由理论的总问题决定的,"最终决定问题的提出(因而生产)的,是总问题领域的规定,在这个总问题领域中,这个问题必然会被提出"④。

正是从这样的视角出发,阿尔都塞在《读〈资本论〉》中用了大量篇幅来分析思想家在自己的理论论述中"提出什么问题"和"没有提出什么问题","看到什么"和"没有看到什么",以此来具体分析理论的总问题领域是如何限定或决定理论家的视域的。他还特别通过马克思对古典政治经济学家的评价来说明理论深处的理论总问题对于理论家提出问题的视界和范围的约束作用。他指出,马克思经常使用"古典经济学看到了……""但是它又没有看到……"的句式来论述自己的理论同古典政治经济学的连续性和差异性,并在这种差异中找到了古典政治经济学所没有看到的"剩余价值"来揭示资本主义的剥削本质。在阿尔都塞看来,这种"看到"和"没有看到"是由

---

① 路易·阿尔都塞:《保卫马克思》,顾良译,北京:商务印书馆1984年版,第50页。
② 同上书,第48页。
③ 路易·阿尔都塞、艾蒂安·巴里巴尔:《读〈资本论〉》,李其庆、冯文光译,北京:中央编译出版社2001年版,第17页。
④ 同上书,第43页。

理论的深层的总问题决定的,任何一个既定的总问题都能使问题框架内的对象或问题成为可见的(visible),而为该问题框架拒斥在外的对象和问题则是不可见的(invisible)。任何一个理论和本文都有其可见的对象和问题与不可见的对象和问题,因此,都有其对对象和问题的"觉察"和"失察"。所谓"觉察"(sight)是理论家在一特定的问题框架内,对其可见的对象及与之相关的问题所进行的考察和思考活动。所谓"失察"(oversight)则是那些被问题框架排除在外的不可见的对象和问题受到可见事物的压抑而未能被"觉察"到。任何一个理论家的"看到"和"没有看到"、"觉察"和"失察"都不是随意的,而是由深层的总问题决定的,因此我们应当从这两个相互联系的"对立面"来把握特定理论家的思想实质。例如,"古典政治经济学没有看到的东西不是它没有看到的东西,而是它**看到的东西**;不是没有出现在它面前的东西,而恰恰是**出现在它面前的东西**;不是它疏忽的东西,而恰恰是**它没有疏忽的东西**。因此,疏忽是没有看人们看到的东西。疏忽与对象无关,而**与看**本身有关。疏忽是与**看**相关而言的疏忽,而没有看是看所固有的,是看的一种形式,因此同看必然联系在一起"①。这些论述有些晦涩和绕口,但是,阿尔都塞通过这些对比性论述,清楚地告诉我们,"依据症候的阅读"在文本"遗漏""空缺"和"空白"之处解释总问题,对于从实质上理解一种理论和思想的极端重要性。用他的一句富有哲理的话来说,"**古典著作本身告诉了我们它所沉默的东西**:它的沉默是它**特有的话**"②。

3. 总问题的转换与"认识论断裂"

依据症候阅读法来解释文本深层的理论结构,即"字里行间"掩盖的理论总问题,是阿尔都塞结构主义马克思主义方法论的核心思想。对于总问题的把握不仅对于深刻理解思想的特征和本质、对于把握特定理论家的思想的定位和视界具有重要的意义,而且对于把握特定思想家的思想转变和所实现的理论变革也具有重要的意义。阿尔都塞就是通过总问题的转换来说明马克思在哲学思想史上所实现的变革,以及他的前后期思想的深刻转变的。即是说,在阿尔都塞看来,无论是一个思想家对另一个思想家的根本变革,如马克思对黑格尔的革命性变革,还是一个思想家对于自己早期思想的彻底变革,都体现为深层问题结构的改变,即以一种新的总问题来取代原

---

① 路易·阿尔都塞、艾蒂安·巴里巴尔:《读〈资本论〉》,李其庆、冯文光译,北京:中央编译出版社2001年版,第12页。

② 同上书,第13页。

有的总问题。

第一,阿尔都塞强调,研究马克思在哲学上对于黑格尔的超越和革命性变革,不能停留于表面上的理论改变和范畴变换,而要通过症候阅读法在马克思文本的字里行间揭示马克思在理论的总问题上实现的转换。这是一项很艰巨的工作,因为"一般说来,总问题并不是一目了然的,它隐藏在思想的深处,在思想的深处起作用,往往需要不顾思想的否认和反抗,才能把总问题从思想深处挖掘出来"①。例如,谈到马克思和黑格尔的关系,人们通常断言,马克思把黑格尔头足倒置的体系颠倒过来了,把观念的辩证法归结到物质的辩证法。阿尔都塞认为,这是一种似是而非的断言,"说到底,如果问题的确仅仅是把颠倒了的东西颠倒过来,那么事物的颠倒显然并不会因简单的位置移动而改变本质和内容!用头着地的人,转过来是用脚走路,总是同一个人!"如果按照这种理解,实际上马克思并没有实现对黑格尔的变革,因为在这种意义上,"事实上,哲学的结构、问题,问题的意义,始终由**同一个总问题**贯穿着"②。阿尔都塞认为,马克思对于黑格尔的变革真正体现在总问题的转换上,事实上,"关于把辩证法颠倒过来这个不确切的比喻,它所提出的问题并不是要用**相同的方法**去研究**不同对象的性质**(黑格尔的对象是观念世界,马克思的对象是真实世界),而是从辩证法本身去研究辩证法的**性质**,即**辩证法的特殊结构**,不是对辩证法'含义'的颠倒,而是**对辩证法结构的**改造"③。阿尔都塞认为,马克思与黑格尔的本质区别就在于总问题的转换,即矛盾结构的转换,从黑格尔的"一元决定的矛盾"到马克思的"多元决定的矛盾"。正是这种症候阅读法对于隐藏的总问题的挖掘,使阿尔都塞从特殊的视角发现了马克思对于辩证法理论所实现的革命性变革。

第二,阿尔都塞认为,马克思不仅在辩证法的总问题上实现了对黑格尔的根本革命,而且也对自己早期的问题框架进行了本质性的改造,在自己的思想转变过程中实现了总问题的转换,即实现了从人道主义的意识形态到科学的转换,建立起科学的理论体系。为了说明马克思前后期理论的总问题的根本性转换,阿尔都塞借用了他的老师巴歇拉尔的一个范畴,即"认识论断裂"。他强调,已被公认的科学总是已从它的史前时期脱胎而出了,并

---

① 路易·阿尔都塞:《保卫马克思》,顾良译,北京:商务印书馆1984年版,第50页。
② 同上书,第53—54页。
③ 同上书,第71页。

且在把史前时期作为谬误而摒弃的同时,继续不断地从史前时期脱胎而出,这种脱胎方式就是巴歇拉尔所说的"认识论的**决裂**"。他明确指出:"我向巴歇拉尔借用了这个思想,为了把意思表达得更加透彻起见,我把它称之为'认识论**断裂**',并把它当作我的早期论文中的中心范畴。"[①]正是在这种意义上,阿尔都塞强调反复阅读《资本论》的重要性,但是,这里的阅读不同于经济学和历史学那种直接阅读,是哲学家用症候阅读法来把握《资本论》中"以看不到的东西的形式存在的东西",从根本上说,是要在其中把握不同于"费尔巴哈的人本主义总问题和黑格尔的绝对唯心主义总问题"的属于马克思的总问题。也正因为如此,阿尔都塞认为,为了真正理解马克思的哲学革命和他的思想实质,必须运用症候阅读法发现马克思后期思想和前期思想的不同的总问题之间的"认识论断裂",从而使马克思主义哲学真正成为一门科学。

二、从意识形态到科学:马克思思想进程中的"认识论断裂"

依据自己所确立的具有结构主义色彩的症候阅读法,阿尔都塞在《读〈资本论〉》和《保卫马克思》等名著中集中力量对马克思思想的深层结构,即总问题的转变进行探讨,以此抵御人道主义在马克思主义内部的流行,建立科学的马克思主义理论体系。通过这种深层解读,阿尔都塞认为,马克思早期的人道主义思想是一种意识形态,而意识形态是非科学的;1845 年马克思的思想发生了一次"认识论断裂",也即理论总问题的转换,马克思开始从意识形态的非科学的立场转向科学的立场,在《资本论》等成熟的著作中建立起反人道主义和反历史主义的科学理论,也就是"多元决定"的辩证法。

(一)意识形态与科学的对立

阿尔都塞对马克思早期的人道主义理论明确持否定的态度,他的重要依据就在于,人道主义属于意识形态,不是一种科学的理论。在他的理解框架中,科学和意识形态是相互对立的,它们包含着不同的理论总问题。因此,要想深刻把握阿尔都塞关于马克思思想转变,即"认识论断裂"的划分依据,就必须首先把握意识形态与科学的不同,即从科学的立场对意识形态

---

① 路易·阿尔都塞:《保卫马克思》,顾良译,北京:商务印书馆1984年版,第226页。

进行批判性分析。

在人们的常识中,意识形态常常是一个中性范畴,指各种系统化的理论形态。但是,在20世纪的各种理论争论中,意识形态越来越失去中性的含义,成为各种哲学社会科学理论的批判对象。20世纪关于意识形态的争论与马克思和恩格斯的理解有很大的关系,马克思和恩格斯更多地是在批判的意义上谈论意识形态,把意识形态当作批判的对象,这其中既有对具体的意识形态的批判,如对"资产阶级意识形态""政治意识形态"的批判,也有对意识形态本身的批判。马克思和恩格斯认为,神学、哲学、道德、理论等意识形态产生于精神生产和物质生产的分工,是特定历史阶段的精神生产独立化的产物,往往体现了占统治地位的统治阶级的意志。事实上,到了19世纪下半叶和20世纪上半叶,意识形态的政治功能也的确越来越突出,往往成为政治统治和阶级斗争的重要组成部分,同政治冲突以及社会革命密切相关;与此同时,意识形态的文化统治功能也在不断加强,成为20世纪发达国家文化危机的重要表征。因此,许多西方马克思主义者把意识形态批判视作重要的主题。然而,西方马克思主义者们批判意识形态的视角和价值取向并不尽相同。具有人道主义或人本主义性质的西方马克思主义流派,例如法兰克福学派,往往把意识形态视作消解人的主体性和超越意识的一种具有异化性质的"虚假意识"而加以批判。而阿尔都塞对意识形态的批判与人道主义的批判根本不同,他从科学主义的立场出发强调,虽然人类不能彻底摆脱意识形态,但是,必须坚持一种拒斥意识形态的立场,尤其是马克思主义更要同意识形态断裂,因为意识形态是同科学对立的理论形态。

第一,断言意识形态与科学对立的重要依据之一在于,从起源和基本内涵来看,意识形态是一种客观的无意识结构。即是说,意识形态不是自觉的意识,不是理性化的科学体系,而主要是一种基于形象和体验的无意识结构,是外在地强加于人的一种强制性结构。阿尔都塞用结构主义深层结构的观点来理解意识形态,他认为,"意识形态是具有独特逻辑和独特结构的表象(形象、神话、观念或概念)体系"①。断言这种无意识结构不属于科学,主要有两层基本含义。

一是意识形态虽然与意识有关,但从根本上不属于意识,而是属于无意识的表象结构,属于外在地、无意识地加诸人的客观的文化结构。阿尔都塞强调,虽然意识形态属于"意识"的范围,但是它同"意识"的关系很小。"即

---

① 路易·阿尔都塞:《保卫马克思》,顾良译,北京:商务印书馆1984年版,第201页。

使意识形态以一种深思熟虑的形式出现(如马克思以前的哲学),它也是十分**无意识**的。意识形态是个表象体系,但这些表象在大多数情况下和'意识'毫无关系;它们在多数情况下是形象,有时是概念。它们首先作为**结构**而强加于绝大多数人,因而不通过人们的'意识'。它们作为被感知、被接受和被忍受的文化客体,通过一个为人们所不知道的过程而作用于人……因此,意识形态根本不是意识的一种形式,而是人类'世界'的一个客体,是人类世界本身。"① 显而易见,这样一种无意识的结构明显缺少科学的理论体系的本质规定性。恩格斯曾经谈到过类似的观点,他晚年在致梅林的信中这样论述:"意识形态是由所谓的思想家通过意识、但是通过虚假的意识完成的过程。推动他的真正动力始终是他所不知道的,否则这就不是意识形态的过程了。因此,他想象出虚假的或表面的动力。"②

二是人们通过意识形态对自身行为及其同人类世界关系的把握,不是一种科学的理性认识,而是一种体验关系。具体说来,意识形态是人类体验自身同其生存条件的关系的方式,人类通常通过并依赖意识形态,"在意识形态中体验自己的行动",同样,人们也正是在意识形态的这种无意识结构中,"才能变更他们同世界的'体验'关系"。这就是说,人类对环境、世界和社会历史的一切自觉意识都是受意识形态这种无意识的客观结构支配的。结果,这种"**人类通过并依赖意识形态**,在意识形态中体验自己的行动"的行动,竟然被误以为是人的自觉的理性活动,"被传统归结为自由和'意识'"。③ 这意味着,传统上被称为自由和意识的这些支配人的行动甚至直接等同于人的行动的东西,是要通过并依赖于意识形态才能实现的。因此,阿尔都塞断言,意识形态作为人类体验自身同其生存条件之间关系的方式,显然不属于科学,"因为意识形态所反映的不是人类同自己生存条件的关系,而是他们体验这种关系的**方式**;这就等于说,既存在真实的关系,又存在'体验的'和'想象的'关系。在这种情况下,意识形态是人类依附于人类世界的表象,就是说,是人类对人类真实生存条件的真实关系和想象关系的多元决定的统一。在意识形态中,真实关系不可避免地被包括到想象关系中去,这种关系更多地**表现为**一种**意志**(保守的、顺从的、改良的或革命的),

---

① 路易·阿尔都塞:《保卫马克思》,顾良译,北京:商务印书馆1984年版,第202—203页。
② 《马克思恩格斯选集》第4卷,北京:人民出版社1995年版,第726页。
③ 路易·阿尔都塞:《保卫马克思》,顾良译,北京:商务印书馆1984年版,第203页。

甚至一种希望或一种留恋,而不是对现实的描绘"①。意识形态的这些特征显然同严格意义上的科学相去甚远。

第二,断言意识形态与科学对立的重要依据之二在于,从社会功能上看,意识形态的基本职能是实践的和社会的,而且这种职能往往具有紧迫性,尤其在它同占统治地位的阶级的要求相结合时更是如此。意识形态的这种实践的要求会压倒人们对自己的实践进行合理的理性分析的科学要求,从而使自身在本质上不同于科学。

一是阿尔都塞强调,意识形态并不是我们可以任意取舍的东西,而是在任何社会条件下都会存在的一种基本的结构,这是因为它具有十分强大的实践功能,而正因为这种实践功能,使它不可能摆脱那种无意识的、体验的特征而成为一种严格的科学。阿尔都塞强调,认为科学可以在某一天彻底取代意识形态是一种幼稚的幻想,实际上,意识形态是"社会的历史生活的一种基本结构"②,"作为表象体系的意识形态之所以不同于科学,是因为在意识形态中,实践的和社会的职能压倒理论的职能(或认识的职能)"③。这里所说的"实践的"和"社会的"职能,指的是意识形态对人的实践活动和社会生存的根本意义。具体说来,"在任何社会中,尽管表现形式可以变化万端,但始终有一种基本的经济活动、一种政治组织和一些意识形态形式(宗教、伦理、哲学,等等)。意识形态因此是一切社会总体的有机组成部分。种种事实表明,没有这些特殊的社会形态,没有意识形态的种种表象体系,人类社会就不能生存下去。人类社会把意识形态作为自己呼吸的空气和历史生活的必要成分而分泌出来。只有意识形态的世界观才能想象出**无意识形态**的社会,才能同意这样的空想:意识形态(并非其某种历史形式)总有一天会被**科学**所代替,并从世界上消失得无影无踪"④。阿尔都塞更为具体地说:"显然,为了培养人、改造人和使人们能够符合他们的生存条件的要求,任何社会都必须具有意识形态。正如马克思所指出的,历史是对人类生存条件的不断改造,即使在社会主义社会中也是如此;因而人类必须不断地改造自己,以适应这些条件。这种'适应'不能放任自流,而应该始终有人来负责、指导和监督,这个要求的表现形式就是意识形态。"⑤可以看出,在

---

① 路易·阿尔都塞:《保卫马克思》,顾良译,北京:商务印书馆1984年版,第203页。
② 同上书,第202页。
③ 同上书,第201页。
④ 同上书,第201—202页。
⑤ 同上书,第205页。

意识形态中起支配作用的乃是与人类的生存密切相关的价值和利益要求。在阿尔都塞看来,这正是意识形态与科学的根本区别:科学与意识形态相反,它乃是求真的学问,是价值中立的。

二是阿尔都塞认为,在阶级社会中,意识形态始终与阶级属性有密切关系,占统治地位的阶级还特别把自己的意识形态变成统治阶级的化身,从而使意识形态离科学越来越远。阿尔都塞强调,意识形态在统治阶级那里并不是一种单纯的工具,而是变成一种总体性的力量。"占统治地位的意识形态是统治**阶级**的意识形态。但统治阶级并不同占统治地位的意识形态保持一种功利性的或纯粹策略性的外在关系,尽管这种意识形态是它自己的意识形态。"①例如,当欧洲新生的资产阶级宣传关于平等、自由和理性的人道主义意识形态时,把自身的权利要求说成是所有人的权利要求,这当然是一种神话。但是,资产阶级在说服别人相信他们的神话以前,自己一定先相信了这种神话,因为他们的意识形态就是对真实生活条件的想象的依附关系,这种关系使他们能够对自己施加影响(赋予自己法律的和伦理的意识以及自由经济的法律条件和伦理条件),并对他人(即现在受剥削的人和即将受他们剥削的"自由劳动者")施加影响,以便承担和完成其作为统治阶级的历史使命。在这种真实关系和想象关系中,真实关系(资本主义自由经济的权利)是被包裹在想象关系(人人都是自由的,包括自由劳动者在内)之中的。这说明资产阶级需要像被剥削者体验自由那样去体验自己的阶级统治。所以阿尔都塞说:"使用意识形态为其效劳的阶级也屈服于阶级的意识形态。我们说意识形态具有阶级的职能,就是说,占统治地位的意识形态是统治阶级的意识形态,它不仅帮助统治阶级统治被剥削阶级,并且使统治阶级把它对世界所体验的依附关系作为真实的和合理的关系而接受,从而**构成统治阶级**本身。"②

由上述分析可见,阿尔都塞并非一般地、笼统地批判和拒斥意识形态,而是从意识形态作为一切社会总体的有机组成部分、从意识形态的无意识本质和特殊的社会实践功能,来具体分析意识形态同科学的对立。他甚至断言:"**历史唯物主义不能设想共产主义社会可以没有意识形态**,不论这种意识形态是伦理、艺术或者'世界的表象'。"③这样一来,意识形态存在的普

---

① 路易·阿尔都塞:《保卫马克思》,顾良译,北京:商务印书馆1984年版,第204页。
② 同上书,第205页。
③ 同上书,第202页。

遍性就决定了意识形态批判的艰巨性和长期性。人类必须在发挥意识形态的社会和实践职能的同时批判和限制意识形态的非科学的特征，这对于马克思主义这样的科学的社会历史理论尤其重要。因此，在科学和意识形态的对立关系中解读马克思的文本，努力把马克思主义重建为科学的理论，就成为阿尔都塞理论的主要旨趣。

（二）马克思思想进程中的"认识论断裂"

按照意识形态与科学的对立这一参照系，阿尔都塞断定，虽然以《1844年经济学哲学手稿》的异化理论为代表的马克思早期的人道主义思想产生了重大的影响，对于资本主义进行了深刻的批判，但是，这一时期的人道主义理论还属于意识形态，因此是非科学的。实际上，后来的马克思也彻底批判了早期的人道主义哲学，实现了理论总问题的转换，建立起科学的哲学体系。

1. "认识论断裂"的发生

阿尔都塞认为，马克思后期理论实现了理论总问题的转换，建立起与早期的意识形态相对立的科学理论，其突出的标志是他的思想进程中所发生的"认识论断裂"。

第一，"认识论断裂"的确定。阿尔都塞认为，马克思思想进程中的"认识论断裂"发生在1845年他同恩格斯合写的《德意志意识形态》中。"这种'认识论断裂'把马克思的思想分成两个大阶段：1845年断裂前是'意识形态'阶段，1845年断裂后是'科学'阶段。"①

阿尔都塞的"认识论断裂"的判断引起了很大的争议，例如，许多人道主义理论家强调应当把马克思的全部思想统一于青年马克思的人道主义，主张以《1844年经济学哲学手稿》为代表的青年马克思的人道主义是马克思思想发展的顶峰，并断言在马克思的思想进程中并不存在所谓的"断裂"，马克思后期的思想，包括《资本论》在内，都是这种人道主义立场的进一步发展。而阿尔都塞则不这样认为，他强调马克思思想在其演进过程中，确确实实有一个从早期的意识形态到成熟期的科学的"认识论断裂"，他在后来(1974年)所写的"自我批判材料"中依旧坚持，马克思思想进程中的"认识论断裂"是一个历史事实。"'断裂'并不是一种幻觉，也并不如雅

---

① 路易·阿尔都塞：《保卫马克思》，顾良译，北京：商务印书馆1984年版，第14页。

恩·莱维所说的那样是'凭空捏造'。在这个问题上,很遗憾,我是寸步不让的。我刚说过,应该对'断裂'作出解释,而不贬低其意义。"①阿尔都塞认为,之所以断言马克思思想进程中的"认识论断裂"是一个重要的事实,是因为,马克思在1845年前后并非是一般地改变一些术语或观点,而是采取了两种根本不同的理论总问题:在此之前是人道主义的总问题,而在此之后是科学的总问题。

第二,"认识论断裂"前的人道主义的理论总问题。阿尔都塞认为,马克思在1845年之前,无论批判的对象和观点有多少变化,本质上都停留在人道主义的,特别是费尔巴哈的人本学或者伦理学的总问题框架内。

阿尔都塞具体分析了"认识论断裂"发生之前马克思思想的理论总问题的特点。在1840—1842年为《莱茵报》撰文时期,马克思同书报检查令、莱茵省的封建法律和普鲁士的专制制度等作斗争,把政治斗争及其依据即历史理论,建立在人的哲学这一理论基础上,强调历史只有依靠人的本质,即自由和理性,才能被人理解。同时,他强调哲学所要求的国家是符合人性的国家:只要国家承认其本质,就会自动进行改革,并成为理性,成为人类的真正自由。阿尔都塞认为,这一时期马克思的思想"占主导地位的是离康德和费希特较近而离黑格尔较远的、理性加自由的人道主义"②。而在1842—1845年间的著作,如《论犹太人问题》《黑格尔法哲学批判》等著作中,马克思思想中"占主导地位的是另一种形式的人道主义,即费尔巴哈的'共同体的'人道主义"③。在这里,国家的弊端不再被认为是国家与其本质的分离,而是其本质(理性)与其存在(非理性)的真实矛盾。这一理论依然建立在哲学人本学基础上,但是,人已不再由理性和自由所规定,因为人首先是一种普遍关系即"共同体",然后才能是自由和理性。

对于马克思在"认识论断裂"前的人道主义总问题的特征,阿尔都塞还特别通过马克思对黑格尔的批判来加以说明。他断言,除了《1844年经济学哲学手稿》以外,实际上马克思从来不是黑格尔派,这一时期马克思对黑格尔的所有批判(如《黑格尔法哲学批判》等)都是在费尔巴哈的人本学的总问题框架内进行的。"这是一次对黑格尔哲学的**思辨**和**抽象**所进行的批判,一次根据人本学的异化总问题的原则而进行的批判,一次需要从抽象和

---

① 路易·阿尔都塞:《保卫马克思》,顾良译,北京:商务印书馆1984年版,第219页。
② 同上书,第193页。
③ 同上书,第194页。

思辨转变到具体和物质的批判,一次企图从唯心主义总问题得到解放,但依旧受这个总问题奴役的批判,因而也理应属于马克思在1845年与之决裂的理论总问题的一次批判。"①而且阿尔都塞还强调,只要不对理论总问题实现转换,无论具体的主题和思想观点有多少变化,实质上都没有本质的改变。"例如费尔巴哈的人本学不仅能成为宗教的总问题(《基督教的本质》),而且能成为政治的总问题(《论犹太人问题》),甚至能成为历史和经济的总问题(《1844年手稿》),而在本质上它依旧是**人本学的总问题**,即使费尔巴哈的'词句'已经被抛弃和扬弃。"②

第三,"认识论断裂"与理论总问题的转换。阿尔都塞认为,1845年马克思思想中的这一次"认识论断裂"具有重大的思想革命的意义,它最深刻地展示了马克思在人类思想史上所实现的哲学变革的意义,即使哲学理论从非科学的意识形态转变为科学的社会历史理论。然而,这一断裂并非简单的一蹴而就的瞬间,它实际经历了十多年的艰难时期,才在《资本论》等著作中真正完成了理论总问题的转换,奠定了哲学的科学体系。对此,我们应当从以下两点加以把握。

一是阿尔都塞强调马克思思想的"断裂"是一个过程。他认为,从1845年的《德意志意识形态》到1857年的"经济学手稿",都属于马克思思想的"认识论断裂期",他也把这一时期的马克思著作称为**"成长时期的著作"**。在这一时期,通过对早期的人道主义总问题的不断批判,马克思逐步确立起新的、科学的理论总问题。阿尔都塞指出,实际上,这一断裂和转变"并不能一下子就以**完美无缺**的形式,产生出它在历史理论中和哲学理论中开创的新的总问题"③。这是一个较长的转变过程。例如,"《关于费尔巴哈的提纲》的闪光使所有接近它的哲学家惊叹不已,但大家都知道,闪电的光只能眩目,而不能照明;对于划破夜空的闪光,再没有比确定它的位置更困难的事情了。总有一天应该把这十一条提纲的谜解开"④。同样,处于"认识论断裂"焦点上的《德意志意识形态》也尚未系统地提出新的理论总问题,而是集中于批判原有的理论总问题。"《德意志意识形态》实际上是对马克思所抛弃的形形式式的意识形态总问题所作的评论,这个评论往往表现为对

---

① 路易·阿尔都塞:《保卫马克思》,顾良译,北京:商务印书馆1984年版,第18页。
② 同上书,第49页。
③ 同上书,第15页。
④ 同上书,第17页。

这些总问题的否定和批判。马克思必须进行长期**正面**的理论思考和理论创造,才能够产生、形成和确立一整套适用于他的革命理论计划的术语和概念。新的总问题是要逐渐取得其最终形式的。"①

二是阿尔都塞强调《资本论》在马克思哲学革命中的核心地位。他认为,1857年以后的马克思著作才真正进入了成熟期,而在所有成熟期著作中,《资本论》占有独特的地位,它用生产力、生产方式、生产关系、社会形态、经济基础、上层建筑、意识形态、阶级、阶级斗争等概念真正确立起历史唯物主义的理论总问题,从而为科学的哲学奠定了坚实的基础。阿尔都塞指出,以《资本论》为代表的经济学著作有些产生于一门科学的理论实践,有些产生于经济和政治实践或对这些实践的思考,表面看起来并不是哲学著作,但在其深层结构中包含着重要的哲学思想。"在这些著作中,我们不仅可以看到包含在资本主义生产方式理论以及革命行动的一切成果中的马克思主义历史理论,而且也可以看到马克思的**哲学**理论。马克思的哲学理论深深地影响了这些著作,有时是不知不觉地影响到这些著作,以至于它们不可避免地、近似地成为马克思主义哲学理论的**实践**的表述。"②具体说来,阿尔都塞认为,"马克思主义哲学的**实践**的存在"以实践的形态具体"存在于分析资本主义生产方式的科学实践即《资本论》中,存在于工人运动史上的经济实践和政治实践中",对于《资本论》的哲学阅读的任务是要通过症候阅读法在这些科学实践、政治实践和经济实践的字里行间,读出直接决定和支撑马克思主义哲学的"实践的存在"的理论存在形式,即理论总问题。"我的要求无非就是对马克思以及马克思主义的著作逐一地进行'**症候**'阅读,即系统地不断地生产出总问题对它的对象的反思,这些对象只有通过这种反思才能够被**看得见**。"③正是在"总问题对它的对象的反思"中,阿尔都塞提出了多元决定的辩证法,把它作为马克思主义的科学的哲学理论。

只有基于这样的分析,我们才能真正理解阿尔都塞的《读〈资本论〉》一书的主旨。阿尔都塞曾用"双重阅读"的提法,十分精练地概括了对《资本论》的症候阅读对于理解马克思主义哲学革命的重要意义:"不借助马克思主义哲学就不能真正阅读《资本论》,而我们同时也应该在《资本论》中读出

---

① 路易·阿尔都塞:《保卫马克思》,顾良译,北京:商务印书馆1984年版,第15页。
② 路易·阿尔都塞、艾蒂安·巴里巴尔:《读〈资本论〉》,李其庆、冯文光译,北京:中央编译出版社2001年版,第25—26页。
③ 同上书,第26页。

马克思主义哲学。如果这种双重的阅读,也就是不断从科学的阅读回复到哲学的阅读,再从哲学的阅读回复到科学的阅读是必要的和有成效的,那么我们就有可能在这种阅读中认识到马克思的科学发现所包含的这一哲学革命的本质:一次开创了全新的哲学思维方式的革命。"①

2. 马克思哲学革命的理论特征

阿尔都塞认为,经历了"认识论断裂"之后的马克思哲学,特别是在《资本论》等成熟著作中作为新的理论总问题而体现出的哲学,是一种与早期的人道主义立场,即意识形态立场相对立的科学。关于作为科学的马克思主义哲学,阿尔都塞从不同方面揭示了它的基本特征,而其中最根本的理论特征就是理论的反人道主义和反历史主义。这两个相互联系的基本特征显示了马克思思想进程中的"认识论断裂"的深度。

第一,理论的反人道主义。阿尔都塞认为,理论的反人道主义是马克思主义哲学的最根本的规定性,这是因为"人道主义的本质是**意识形态**"②。在某种意义上,人道主义和反人道主义的对立,已经成为意识形态和科学的对立的具体表征。阿尔都塞断言:"从1845年起,马克思同一切把历史和政治归结为人的本质的理论彻底决裂。"③所谓理论的反人道主义,一方面是指,马克思在成熟期的著作中彻底批判任何"建立在**人性**(或人的本质)这个总问题的基础上"的人道主义的理论要求,反对任何主张"普遍的人的本质"和"人的真正主体"的非科学的理论;另一方面是指,马克思的历史唯物主义开始建立在与人道主义根本不同的科学的概念之上,它"制定出建立在崭新概念基础上的历史理论和政治理论,这些概念是:社会形态、生产力、生产关系、上层建筑、意识形态、经济起最后决定作用以及其他特殊的决定性因素等等"④。

正是基于上述分析,阿尔都塞断言,是否坚持反人道主义立场,关系到马克思主义哲学能否成为科学的关键问题。"就理论的严格意义而言,人们可以和应该公开地提出关于**马克思的理论反人道主义的问题**;而且人们可以和应该在其中找到认识人类世界(积极的)及其实践变革的绝

---

① 路易·阿尔都塞、艾蒂安·巴里巴尔:《读〈资本论〉》,李其庆、冯文光译,北京:中央编译出版社2001年版,第80—81页。
② 路易·阿尔都塞:《保卫马克思》,顾良译,北京:商务印书馆1984年版,第201页。
③ 同上书,第196页。
④ 同上书,第196—197页。

对可能性条件(消极的)。必须把人的哲学神话打得粉碎;在此绝对条件下,才能对人类世界有所**认识**。援引马克思的话来复辟人本学或人道主义的理论,任何这种企图**在理论上**始终是徒劳的。而在实践中,它只能建立起马克思以前的意识形态大厦,阻碍真实历史的发展,并可能把历史引向绝路。"①

需要指出的是,阿尔都塞反复强调他是在理论上反对人道主义,或者称为"理论的反人道主义",这表明,他并非在不加限定的意义上使用反人道主义的概念。实际上,他也认为,不能一般地反对人道主义,例如,不能一般地反对在实践的和价值的意义上强调人的价值的那种人道主义。"因此,马克思虽然否认人道主义是理论,但他毫不取消人道主义的历史存在。无论在马克思以前或以后,人的哲学在真实世界中还是经常出现的。"②强调理论上的反人道主义,是反对把马克思的哲学理论全部建立在普遍的人性和人的主体性基础之上的作为全部理论前提的人道主义。用阿尔都塞的话说:"马克思主义对于人道主义意识形态的政策,就是说,马克思主义对人道主义的政治立场——它可以在伦理和政治领域内对当代意识形态或者拒绝,或者批判,或者使用,或者支持,或者发展,或者恢复为人道主义——只能建立在马克思主义的哲学基础上,而否认人道主义是理论又是马克思主义哲学的前提;离开这个绝对条件,马克思主义的意识形态政策就讲不通。"③

第二,反历史主义。阿尔都塞认为,历史主义和人道主义本质上是一致的,是相辅相成的,所谓历史主义就是把人理解为历史的主体,把历史理解为人的本质的转化。历史主义的本质特征是从人的本质和普遍的人性去说明生产关系和社会关系,说明人的历史,因此,它从根本上说还是一种建立在人的本质之上的人道主义。阿尔都塞对此作了十分清楚的描述:"这样,历史就成了人的本质的转化形式,而人的本质则成为改变它的历史的真正主体。人们通过这种方式把历史引入人的本质,从而使人同以人作为主体的历史结果成为同时代的,这样(这一点是决定一切的),生产关系、政治的和意识形态的社会关系则被归结为历史化的'**人的关系**'即人与人之间的,主体与主体之间的关系。这就是历史主义的人道主义的理想场所,它的最

---

① 路易·阿尔都塞:《保卫马克思》,顾良译,北京:商务印书馆1984年版,第199页。
② 同上书,第200页。
③ 同上书,第200—201页。

大的利益就是使马克思倒退到在他之前的、产生于18世纪的意识形态潮流中去,从而抹煞他在理论上实行革命决裂的独特功绩。"①

因此,阿尔都塞明确断言:马克思主义不是历史主义。他认为,马克思反对黑格尔那种强调同质的、连续的历史的观念,而是强调结构的各个层次相对独立、相互制约的历史。"马克思主义的整体同黑格尔的整体是根本不同的。马克思主义的整体的统一性完全不是莱布尼茨和黑格尔的表现出来的或'思辨'的统一性,而是由某种**复杂性**构成的、**被构成的整体**的统一性,因而包含着人们所说的不同的和'相对独立'的层次。这些层次按照各种特殊的、最终由经济层次决定的规定,相互联系,共同存在于这种复杂的、构成的统一性中。"②因此,马克思反对把历史归结为人的本质展开的统一过程,而主张在复杂的整体结构中分析历史结构,"首先思考整体的特殊结构,才能够理解结构的各个环节和构成关系的**共同存在**的形式,理解历史的结构本身"③。

因此,阿尔都塞认为,马克思同时反对人道主义和历史主义,这是他实现"认识论断裂",建立科学理论的前提。"从理论的角度来看,马克思主义既不是历史主义,也不是人道主义……在许多情况下,人道主义和历史主义都是建立在同一意识形态总问题之上的;**从理论的角度来说**,马克思主义由于是在唯一的认识论的断裂的基础上建立起来的,所以同时既是反人道主义又是反历史主义的。严格地讲,我应该说马克思主义是非人道主义和非历史主义。我有意识地使用反人道主义和反历史主义是为了强调断裂的全部意义。"④因此,只有站在理论的反人道主义和反历史主义的高度,才能把握阿尔都塞为什么如此强调理论总问题的决定意义,才能理解他反复强调总问题的转换,即"认识论断裂"的根据。

三、"多元决定"的辩证法

阿尔都塞引入结构主义的方法论对马克思的思想进行重新解读,按照他本人的说法,其中最重要的发现,就是在马克思的思想进程中找到了一次

---

① 路易·阿尔都塞、艾蒂安·巴里巴尔:《读〈资本论〉》,李其庆、冯文光译,北京:中央编译出版社2001年版,第160页。
② 同上书,第107—108页。
③ 同上书,第109页。
④ 同上书,第134—135页。

深层的理论总问题的转换,即深刻的"认识论断裂"。他认为,这一理论总问题的转换和断裂具有革命的意义,真正体现出马克思在人类哲学史上所实现的革命性变革的实质:从早期的人道主义的非科学的、意识形态的立场转到后期的反人道主义和反历史主义的科学的立场。在上文对这一"认识论断裂"及马克思哲学革命的理论特征作了基本的描述之后,现在有必要具体展示阿尔都塞的革命的、科学的马克思主义哲学的基本内涵。按照阿尔都塞的概括,马克思哲学的这一科学的理论具体地表现为多元决定的辩证法。他认为,强调事物结构和矛盾结构的复杂性和多元性是贯穿马克思思想各个层面的核心思想,具体体现在矛盾理论、实践理论和社会历史理论中。

(一)"多元决定"的矛盾观

如前所述,阿尔都塞认为,马克思和黑格尔之间的真实关系并不像人们表面理解的那样,即所谓马克思把黑格尔头足倒置的体系颠倒过来了,把观念的辩证法归结到物质的辩证法。他认为,马克思对于黑格尔的变革真正体现在理论总问题的转换,这又首先体现在矛盾结构的转换。马克思同黑格尔一样,强调矛盾对于推动事物运动的重要作用,但是,他所理解的矛盾同黑格尔的矛盾具有本质的差别,由此决定了二人辩证法的根本差别。

第一,单一的、简单的、可还原的矛盾和结构的、复杂的、非还原的矛盾。阿尔都塞认为,马克思和黑格尔的差别不在于强调矛盾是观念性的还是物质性的,而在于他们所理解的是两种性质不同的矛盾:黑格尔的单一的、简单的、可还原的矛盾和马克思的结构的、复杂的、非还原的矛盾。

黑格尔的矛盾从根本上讲属于简单的和单一的矛盾,他所理解的矛盾运动属于"只有一对矛盾的简单过程"。具体说来,黑格尔的矛盾属于分离为两个对立面的、简单的原始统一体,这个原始统一体在把自己分裂成两个对立面的同时实现了自己的异化,使自己既是自身又是他物,分裂的双方各自是对方的对立面和抽象。由于两个对立面在两重性中又具有统一性,在这种分裂和异化中各自得到丰富,克服了对立面的抽象,重归于统一,重建起新的简单统一体。通过这种简要的描述,阿尔都塞断言,黑格尔的矛盾本质上属于简单的和单一的,而且是可还原的。"黑格尔模式的这个严格的逻辑推理势必把简单性、本质、同一、统一、否定、分裂、异化、对立面、抽象、否定之否定、扬弃、总体等等概念紧密地联系在一起。黑格尔的辩证法在这里就和盘托出了。"①阿尔都塞认为,黑格尔的这种作为原始统一体的简单矛盾属于非科学的意识形态。

而马克思的矛盾则从根本上不同于这种简单的和单一的矛盾。马克思强调的是作为复杂的结构整体的复杂矛盾,这种具有结构的复杂统一体与黑格尔的单一的原始统一体具有根本的差别,它是非还原的、真正体现发展的矛盾。"马克思主义否定了所谓原始哲学(及其所包含的各种概念)这个意识形态神话,而把承认一切具体'对象'具有复杂结构的既与性上升为原则,并认为正是复杂结构决定着对象的发展,决定着产生其认识的理论实践的发展。因此,不论认识的根源可以向上追溯得如何遥远,我们所找到的就不再是原始的本质,而始终是一种既与性。不再是任何简单的统一体,而只是有结构的复杂统一体。不再是任何原始的简单统一体,**而是有结构的复杂统一体的既与性**。"②阿尔都塞认为,只有建立在这种有结构的复杂矛盾运动基础上的辩证法才可能是科学的辩证法。

第二,"一元决定"的发展和"多元决定"的发展。阿尔都塞认为,由于矛盾的性质不同,矛盾所推动的发展模式也具有本质的差异。黑格尔所理解的矛盾是简单的和单一的,因此,他所理解的发展是"一元决定"的发展模式;而马克思所理解的矛盾是结构的和复杂的,因此,他所理解的发展是多元决定的发展模式。

黑格尔在考察矛盾运动和发展时,虽然看到了事物整体和各个部分的相互关系,但是,由于他强调矛盾的单一性、简单性和可还原性,因此,有一个理论上的预设前提,即一切整体都可以还原为一个原始的内在本质,而构成整体的各个局部则无非是这一原始的内在本质的现象和外部表现。这样一来,黑格尔采取还原主义路线,把整体还原为某种简单的性质和本质,试图以此来解释整体的复杂性,把发展理解为这种原始统一体的内在规定性的展开和外在表现,强调事物的发展是单纯矛盾自始至终地一元决定的,否认了发展的复杂性和结构性。阿尔都塞认为,黑格尔的这种"一元决定"的简单发展实际上是不存在的,因此,只是停留在他的唯心主义观念中的抽象的发展模式。"**黑格尔的总体**是简单统一体和简单本原的异化发展,这一发展又是观念发展的一个阶段。"③实际上,在黑格尔那里,由"一元决定"的

---

① 路易·阿尔都塞:《保卫马克思》,顾良译,北京:商务印书馆1984年版,第169页。
② 同上书,第170页。
③ 同上书,第175页。

发展并不是真实的发展,而是退回到原始的统一体。"这个辩证法完全取决于一个根本的前提条件,即简单的原始统一体通过否定的作用在自身内部不断发展,而在它的整个发展过程中,在它每次变为一个更加'具体的'总体时,它所恢复的无非还是那个原始的统一性和简单性。"①

而马克思在考察矛盾运动和发展时,则着眼于总体的复杂的结构性,强调结构的各个子结构和结构要素都是非还原的,由此,马克思强调事物的发展是矛盾的"多元决定的"。阿尔都塞认为,事物过程的复杂性是马克思主义的一个核心和基本的要点,而矛盾的复杂性具体表现为矛盾的不平衡性,因此,任何事物的运动都不可能是简单矛盾"一元决定的"结果,而是多种矛盾的结构性相互作用、多元决定的结果。阿尔都塞很赞同毛泽东关于事物发展不平衡的思想,他认为,矛盾发展的不平衡性在于一事物中诸多矛盾主从关系的不平衡性。在任一复杂结构的统一体中,必有一个主要矛盾,它支配着其他矛盾。这意味着该矛盾所处的复杂整体是个有结构的统一体。在这种结构中,各矛盾间存在着明显的主从关系,这种主从和支配关系从属于复杂整体的结构,即主导结构。阿尔都塞说:"马克思讲的统一性是**复杂整体的统一性**,复杂整体的组织方式和构成方式恰恰就在于它是一个统一体。这是断言,**复杂整体具有一种多环节主导结构的统一性**。归根到底,正是这种特殊结构确立了矛盾与矛盾之间、各矛盾方面之间存在的支配关系。"②而这种不平衡的矛盾结构决定了事物的运动发展一定是多元决定的。"矛盾在不再具有单一含义以后,它的定义、作用和本质就得到了严格的规定;根据有结构的复杂整体赋予矛盾的职能,矛盾从此就有了复杂的、有结构的和不平衡的规定性。请读者原谅我用这一长串修饰词,不过我承认,我更喜欢用一个较短的词:多元决定。"③

第三,阿尔都塞认为,矛盾的多元决定构成了马克思主义哲学的核心思想,它是事物运动和发展的真实机制,换言之,正是这种多元决定的矛盾运动推动着现实的运动,因此,多元决定的矛盾观是理解人的实践和社会运动发展的关键思想。"如果说矛盾是动力,那也就是说:矛盾在复杂整体结构中的某些确定的地点引起了**真实的斗争和冲突**。"④这种多元决定的运动是

---

① 路易·阿尔都塞:《保卫马克思》,顾良译,北京:商务印书馆1984年版,第169页。
② 同上书,第174页。
③ 同上书,第181页。
④ 同上书,第186页。

发展的核心，也是马克思主义辩证法的核心。阿尔都塞非常精练地概括了马克思的"多元决定的"矛盾观："**马克思主义矛盾的特殊性在于它的'不平衡性'或'多元决定性'**，而不平衡性本身又是矛盾的存在条件的反映，换句话说，始终既与的复杂整体的特殊不平衡结构（主导结构）就是矛盾的存在。根据这种理解，矛盾是一切发展的动力。建立在矛盾多元决定基础上的转移和压缩，由于它们在矛盾中所占的主导地位，规定着矛盾的阶段性（非对抗阶段、对抗阶段和爆炸阶段），这些阶段构成了复杂过程的存在，即'**事物的发展**'。"① 阿尔都塞正是从多元决定的矛盾观出发来具体理解和阐述马克思关于人的实践和社会发展的思想。

（二）"多元决定"的实践观

阿尔都塞认为，有结构的复杂矛盾的"多元决定性"是事物运动和发展的推动力量，体现在人的实践和社会运动之中，因此，这一思想也构成马克思主义的唯物辩证法的核心。他按照这种结构主义的矛盾理论具体分析人的实践活动，把实践理解为由各种实践的多元决定构成的复杂统一体。

第一，阿尔都塞认为，实践有广义和狭义之分，广义的实践不仅包括物质生产活动，而且包括政治活动、意识形态活动和理论活动等，是由各种实践活动所构成的复杂统一体。他指出，广义的实践又称社会实践，"关于**实践**，我们一般指的是任何通过一定的人力劳动，使用一定的'生产'资料，把一定的原料**加工**为一定产品的**过程**"。而所谓狭义的实践"是人、生产资料和使用生产资料的技术在一个特殊结构中发挥作用的**加工阶段**"。② 阿尔都塞使用的是广义的实践范畴，他认为，实践主要包括：（1）生产实践。所谓生产实践是现有的人在一定的生产关系范围内，通过有计划地使用一定的生产资料，把一定的实物（原料）加工成日常用品的实践。（2）政治实践。所谓政治实践是把一定的社会关系作为原料加工成一定的新产品，即新的社会关系的活动。他指出，马克思主义政党从事的政治实践不再是自发的，而是根据历史唯物主义的科学理论组织起来的。（3）意识形态实践。意识形态不论表现为宗教、政治、伦理、法律还是艺术，都是在加工自己的对象，即人的"意识"。人们往往并不真正把意识形态的存在当作一种实践，然而，承认这一点正是一切意识形态理论不可缺少的条件。（4）理论实践。

---

① 路易·阿尔都塞：《保卫马克思》，顾良译，北京：商务印书馆1984年版，第187—188页。
② 同上书，第139页。

理论实践也属于一定的人类社会中的社会实践的复杂统一体,是一种加工表象、概念、事实等特殊原料的实践,这些原料是由"经验"实践、"技术"实践或"意识形态"实践等实践所提供的。理论实践生产特殊的产品,即"认识"。

第二,阿尔都塞认为,社会实践这个复杂统一体具有一定的结构,而生产实践是其中最后起决定作用的因素。他指出,社会实践统一体的结构性的形成根源于各种具体实践的特殊性,"因为实践尽管有机地属于同一个复杂的整体,但不同的实践毕竟有不同的特点",由此,实践也内在地呈现为有结构的复杂矛盾的多元决定特征。当然,在这种多元决定的复杂结构中,生产实践还是具有特殊的重要性。"'社会实践'这个复杂统一体具有一定的结构,而在其中最后起作用的实践,就是现有的人在一定的生产关系范围内、通过**有计划地**使用**一定的生产资料**、把一定的实物(原料)加工成为日常用品的那种实践。"①从这些基本的论述可以看出,阿尔都塞运用结构主义的方法论思想,主要目的还是要对唯物辩证法的基本理论作出更为严密更为科学的论证,而在关于矛盾和实践等问题上,他的观点与通常理解的唯物辩证法思想基本上是一致的。

第三,如果说,阿尔都塞关于实践的理解与唯物辩证法的一般理解有什么不同的话,就在于,他把理论也理解为一种实践形式。应当说,在社会实践的复杂统一体中,同其他实践相比,理论实践是一种特殊的实践。阿尔都塞认为,理论实践也有广义和狭义之分。就其最广泛的形式而言,理论实践不仅包括科学的理论实践,而且包括先于科学的"意识形态"的理论实践。但是,阿尔都塞主张在狭义上使用理论实践这一范畴,把严格意义的理论实践界定为科学的理论实践。换言之,这种严格意义上的理论实践是同它的史前时期的即意识形态的理论实践划清界限,发生了"认识论的断裂"的实践,是严格的科学的实践活动。在科学的理论实践中,可以包括真实科学的特定理论体系,如万有引力理论、波动力学理论等,还特别应当包括一般的理论实践,即唯物辩证法。

阿尔都塞对于一般的理论实践的分析,集中于马克思《〈政治经济学批判〉导言》中关于从抽象到具体的思想。他认为,理论实践运用特殊的"生产资料"("理论"概念以及概念的使用法,即方法),加工和作用于特殊的原料(表象、概念和事实)并产生特殊的产品,即"认识"。这一过程就是马克思在《〈政治经济学批判〉导言》中所说的"从抽象到具体"的过程。同其他

---

① 路易·阿尔都塞:《保卫马克思》,顾良译,北京:商务印书馆1984年版,第139页。

实践过程一样,这一过程包括三个实践要素即"原料""生产资料""产品",以及加工过程。在理论实践这一从抽象到具体的过程中,无论是"原料""生产资料"还是"产品"都是以一般概念的形式存在的,阿尔都塞分别把它们称作"一般甲"(原料)、"一般乙"(生产资料)、"一般丙"(产品)。具体说来,首先,作为理论实践之原料的"一般甲"是原初的抽象,它包括意识形态概念、"事实"、理论;已经过科学加工,但仍属于前科学阶段的概念,深深地带有意识形态的烙印,或者只是科学"事实"。其次,对"一般甲"进行加工的,是被称为"一般乙"的概念群。"一般乙"这些概念的矛盾统一体实际上构成科学在特定历史阶段的理论总问题,它规定科学的任何"问题"必然在什么场合被提出,也就是说科学在其对象中,在其"事实"和"理论"的对照中,在其原有的"认识"和"理论"的对照中,以及在其"理论"和新认识的对照中所遇到的"困难"将在什么场合以问题的形式被提出。再次,所谓"一般丙"是具体体现认识结果的科学概念和理论,阿尔都塞认为,它就是马克思在《〈政治经济学批判〉导言》中所说的"思维中的具体"。"一般丙"由"一般乙"对"一般甲"加工而来,但是已与后者有了根本的区别,"因为它已经变成了另一种一般,这后一种一般不再是意识形态的一般,也不是属于科学的过去阶段的一般,而是在质的方面已经焕然一新的具体的科学一般"①。这样,阿尔都塞通过关于"从抽象到具体"的深层的结构分析,具体展示了马克思的实践理论何以成为科学的理论。也正因为如此,阿尔都塞反复强调要通过阅读《资本论》来理解马克思主义哲学。

(三)"多元决定"的社会历史观

阿尔都塞的社会历史理论是他的多元决定的矛盾观在社会历史领域的直接体现,换言之,历史辩证法的核心就是矛盾的多元决定思想。阿尔都塞明确指出,多元决定的矛盾观不是一种抽象的理论,它直接体现在社会历史运动之中,因此,如果不在社会历史运动中揭示出这种多元决定的矛盾,马克思主义的多元决定的辩证法就是不完备的。他强调,我们必须思考马克思的社会观怎么能在多元决定中得到反映的问题,"这个问题十分重要,因为如果不指出马克思的矛盾的特有结构同他的社会观和历史观之间的关系,如果不把多元决定在马克思主义历史理论的概念中确立下来,这个范畴

---

① 路易·阿尔都塞:《保卫马克思》,顾良译,北京:商务印书馆1984年版,第160页。

仍然会'落空'"①。正是基于这样的考虑,阿尔都塞在《保卫马克思》和《读〈资本论〉》中用了很大的篇幅来阐述社会历史领域中的多元决定的矛盾运动。

第一,阿尔都塞认为,马克思的历史观同黑格尔的历史观有着根本的区别。黑格尔基于简单的和单一的矛盾运动,把历史理解为由观念所支配的、线性决定的历史运动。而马克思反对黑格尔的历史主义,强调社会结构的多层次性和历史发展的多元决定的矛盾机制。

在阿尔都塞看来,黑格尔的历史主义是一种用统一的理念完全否定了历史结构的不同层次、不同组成部分的特殊性的一元决定的历史观,他关于历史时代的理解的基本特征是"时代的同质的连续性和同时代性"。一方面,黑格尔强调理念的辩证发展的连续性,把历史时代也看作表现理念发展过程的一种辩证连续性。这样一来,"历史科学的全部任务就在于按照与各个辩证整体的相继顺序相一致的**分期**来切割这种连续的东西。理念有多少个环节,时代的连续性就被精确地切割成多少个历史**时期**"②。在这种连续性中显然是没有特殊性和差异存在的。另一方面,黑格尔强调历史的同时代性,他认为,社会整体或历史存在的结构的不同层面或各个环节,都是同一时代的理念的表现,不具有各自的特殊性和差异性。"黑格尔的整体具有这样一种统一性,就是说,整体的每一个环节,不管是何种物质的或经济的规定、何种政治制度、何种宗教形式、何种艺术形式或哲学形式,都不过是概念在一定的历史环节上在自身中的现实存在。正是在这个意义上,各个环节的共同存在以及它们在整体中的现实存在就都是以理所当然的预先存在为基础的:概念在其全部存在规定中获得完全的现实存在。由此,时代的连续性,作为概念在其积极规定中的现实存在的连续性现象,就有可能存在。"③通过阿尔都塞的这些分析,我们可以更加深刻地理解黑格尔历史观的本质特征,应当说,正是由于对矛盾简单性和单一性的设定,正是由于对"时代的同质的连续性和同时代性"的强调,黑格尔的历史观是一种排除任何发展的特殊性的、泛理性主义的、一元决定的历史观。

阿尔都塞认为,马克思在这一点上与黑格尔是完全不同的,马克思强调

---

① 路易·阿尔都塞:《保卫马克思》,顾良译,北京:商务印书馆1984年版,第84页。
② 路易·阿尔都塞、艾蒂安·巴里巴尔:《读〈资本论〉》,李其庆、冯文光译,北京:中央编译出版社2001年版,第103页。
③ 同上书,第104页。

的是有结构的复杂的、多元决定的矛盾,因此,他充分肯定了历史发展的各种特殊性和多元差异的特征。阿尔都塞指出:"根据马克思主义的历史经验,一切矛盾在历史实践中都以**多元决定的矛盾**而出现;这种多元决定正是马克思的矛盾与黑格尔的矛盾相比所具有的**特殊性**;黑格尔辩证法的'简单性'来源于黑格尔的'世界观',特别是来源于在世界观中得到反映的历史观。"①针对黑格尔的"时代的同质的连续性和同时代性"思想,阿尔都塞强调,马克思在这一点上是与黑格尔截然不同的,马克思充分肯定社会整体中不同层面、不同组成部分、不同阶段的相对独立性,一方面强调整体的组成部分各自的特殊性,另一方面又充分明确这些组成部分对整体的依存。这样,通过强调社会整体和历史结构的不同组成部分及其不同阶段的"相对的自主性和独立性是建立在整体的某种联系的基础之上的,因而是建立在对整体的某种**依存性**基础之上的"②这一基本思想,马克思确立起多元决定的社会历史观的理论基础。阿尔都塞对此总结道:"可以从马克思主义的整体的特殊结构中得出结论:不能**在同一历史时代中**思考整体的不同层次的发展过程。这些不同'层次'的历史存在不属于同一类型。相反,我们必须赋予每一个层次以相对自主的,因而在它对其他层次的'时代'的依存性本身中相对独立的**特有的时代**。我们应当而且可以说:每一种生产方式都有自己固有的、以生产力的发展为特殊标志的时代和历史;都有自己固有的特殊的生产关系的时代和历史;都有自己固有的政治的上层建筑的历史……都有自己固有的哲学的时代和历史……都有一个自己固有的美学生产的时代和历史……都有一个自己固有的科学形态的时代和历史等等。这些特有的历史都有自己的节拍。只有确定了每一个历史的特殊的历史时间性的概念以及它的节拍划分(连续发展、革命、断裂等等),这种历史才能够被认识。"③这样一来,马克思就把历史理解为包含着各种差异和特殊性的多元决定的发展过程。

第二,阿尔都塞认为,马克思的多元决定的历史观强调社会不同层次的相对自主性和独立性的思想,突出地表现在他关于以经济基础和上层建筑的关系为主要内涵的社会结构运动的分析。马克思一方面肯定了经济因素

---

① 路易·阿尔都塞:《保卫马克思》,顾良译,北京:商务印书馆1984年版,第84页。
② 路易·阿尔都塞、艾蒂安·巴里巴尔:《读〈资本论〉》,李其庆、冯文光译,北京:中央编译出版社2001年版,第111页。
③ 同上书,第110—111页。

在历史发展中归根结底的决定性作用,另一方面也充分肯定了上层建筑和其他因素的相对独立性和独特的作用,从而把社会结构的运动理解为多种因素和层面交互作用的多元决定的历史进程。

多元决定的历史观认为,在经济基础和上层建筑的矛盾中,必须承认上层建筑的独立性和真实存在。在阿尔都塞看来,马克思虽然强调生产方式(经济因素)归根到底是决定性因素,但他同时也承认上层建筑及其特殊效能具有相对独立性。因此,马克思提出了"在构成一切社会形态本质的结构和上层建筑复合体中各**决定性领域**相互关系的**新观点**"①。恩格斯则进一步批判了把经济因素看作历史的唯一决定性因素的思想,强调历史发展是多种有效决定性因素作用的结果。阿尔都塞指出:"恩格斯后来说得更多的是,经济归根到底决定历史进程。但历史进程要在上层建筑的许多形式(从地区传统到国际环境)中为自己'开辟道路'。"②这就是说,在经济基础和上层建筑的矛盾中,每一方都能够决定包括其自身作为组成部分的历史整体结构的本质,同时又为这一结构所决定。当然,经济因素归根到底是决定性因素,但是,它在任何时候都不是单独起作用的,而是在经济、政治、理论等等之间主要作用的相互调换中行使的,它决定其本身在一个社会结构中,在特定时间里是决定的还是非决定的,并在自己是非决定性因素时,决定上层建筑中哪个因素成为决定性因素。因此,阿尔都塞总结道:"只要承认上层建筑的形式和国内外环境在多数情况下是特殊的、独立的和不能归结为单纯**现象**的真实存在,矛盾的多元决定就是不可避免的和合乎情理的。把话说到底,我们还必须指出:矛盾的多元决定并非由于出现了似乎是离奇古怪的历史形势(例如在德国)才出现,它具有**普遍性**;经济的辩证法从不**以纯粹的状态**起作用;在历史上,上层建筑等领域在起了自己的作用以后从不恭恭敬敬地自动引退,也从不作为单纯的历史现象而自动消失,以便让主宰一切的经济沿着辩证法的康庄大道前进。无论在开始或在结尾,归根到底起决定作用的经济因素从来都不是单独起作用的。"③

第三,阿尔都塞认为,马克思对于历史发展进程中的革命变革,也是从多元决定的矛盾运动来加以理解的。多元决定的历史观认为,历史的复杂结构整体的剧烈变化是由革命引起的,成功的革命则是由多种矛盾促成的。

---

① 路易·阿尔都塞:《保卫马克思》,顾良译,北京:商务印书馆1984年版,第89页。
② 同上书,第90页。
③ 同上书,第90—91页。

阿尔都塞指出，生产力和生产关系的矛盾足以造成革命的必要性，但却不能激发革命的爆发并促成革命的胜利。革命的爆发和胜利需要有各种根源、方向不同的"矛盾""形势"和"潮流"汇集在一起，融合成统一的破坏力量。阿尔都塞承认，在这种促成革命发生的多元矛盾中生产力和生产关系的矛盾具有主导性，但是，它同样不能单独地发挥作用。实际上，在革命的发生中聚集了许多甚至性质不同的矛盾。多种矛盾汇成了革命的环境和潮流，"环境和潮流有的属于生产关系，而生产关系虽然是矛盾的**一个方面**，但同时又是矛盾的**存在条件**；有的属于上层建筑，而上层建筑虽然是生产关系派生的领域，但它具有自己的稳定性和有效性；有的属于国际环境，而国际环境是作为起着特殊作用的规定性而起作用的"①。这些矛盾之所以汇合成一个促使革命爆发的统一体，其根据在于它们特有的本质和效能，以及它们的现状和特殊的活动方式。它们在构成统一体的同时，重新组成和实现自身的根本统一性。换言之，不同矛盾构成的力量既形成统一的合力，又在革命中实现着自己的目的。由此可见，阿尔都塞认为，多元决定的矛盾观贯穿于马克思的全部社会历史思想之中。

综上所述，我们不难看出，捍卫马克思主义哲学的科学性，是阿尔都塞一以贯之的理论出发点和思想立足点。应当说，他关于科学和意识形态关系的划分、关于症候阅读方法和理论总问题的思想、关于社会历史的复杂结构性和多元决定的矛盾的思想，对于维护社会科学理论的严密性、严谨性、合理性、科学性，的确有重要的启示和积极的作用。同时，阿尔都塞反对把矛盾简单化，并进而在历史观上反对单纯的经济基础决定论，反对把经济基础和上层建筑对历史发展的作用绝对化，而把革命的产生和历史的发展看作由多种矛盾构成的复杂有机体多元决定的结果，这有助于克服某些马克思主义研究者把历史简单化的倾向。这些思想，对于人们在对马克思思想进行人道主义解释时如何防止理论的片面性和主观随意性，提供了重要的警示。然而，我们必须看到，阿尔都塞在强调马克思主义的科学性的同时，出于同人道主义思想针锋相对的斗争的需要，也经常使自己的理论陷入极端和偏执。例如，他的反人道主义和反历史主义的主张显然不能正确概括马克思的思想本质；他将马克思后期思想和早期思想完全对立起来，用"认识论断裂"来决然地划分为相互对立的两个阶段，显然是片面的，而且理论后果也是很严重的，在强调科学性的同时，实际上走向了彻底否认人的主体

---

① 路易·阿尔都塞：《保卫马克思》，顾良译，北京：商务印书馆1984年版，第78页。

性和人的自由的极端。显而易见,我们应当超越阿尔都塞的结构主义马克思主义同萨特的人道主义马克思主义的截然对立,更加全面地理解马克思的思想,使人道主义和自然主义、个体主义和整体主义等对立面在人的实践的基础上得到统一,更加全面地建构马克思主义的实践哲学。

第十章
列斐伏尔的日常生活批判和都市革命思想

亨利·列斐伏尔是法国现代著名的哲学家和思想家,西方马克思主义的著名代表人物。他在20世纪马克思主义思想的演进中占有重要的地位,一些研究者甚至把他视作西方马克思主义的创始人之一。列斐伏尔是西方马克思主义代表人物中的长寿者之一,他于20世纪40年代后期就在新马克思主义中率先开启了日常生活批判的研究领域,到了六七十年代,又以对都市化、空间生产和国家问题的研究深刻影响了哲学社会科学领域关于现代性的反思,直到90岁逝世前还思想不竭、笔耕不辍,通过节奏分析把空间和时间的批判分析结合起来,进一步丰富了他的日常生活批判理论。

1901年,列斐伏尔生于法国朗德省阿热莫(Landes,Hagetmau)。中学毕业后,他先是考入艾克斯的一所大学,后由于法国年鉴学派主要代表人物费尔南·布罗代尔(Fernand Braudel)的影响,转至知名学府巴黎大学学习和研究哲学,并获得了哲学博士学位。列斐伏尔在政治上一直接近左翼进步力量,较早地接触和研究青年马克思的哲学著作,并由此转向和接受了马克思主义,他是较早将马克思主义介绍到法国的马克思主义理论家之一。1928年,列斐伏尔在法国创办首家马克思主义哲学刊物《马克思主义哲学杂志》,翌年,加入法国共产党。从1930年到1940年,列斐伏尔在大学教授哲学。他对希特勒的法西斯主义行径持激烈的反对态度,在二战法国沦陷时期,被解除教授职务。1940年列斐伏尔积极参加了当时的反法西斯抵抗运动,战争胜利后,重新开始执教,活跃于法国学术思想界。即使在1958年由于理论观点问题被法国共产党开除出党,列斐伏尔在理论上也一直坚持以马克思主义为基本立场,与存在主义进行呼应和对话,批判资本主义国家的社会危机和文化状况。列斐伏尔的哲学理论对当时的新左派和学生运动有着十分深远的影响,以至被引为精神上的领袖。

列斐伏尔在六十多年的学术生涯中,著述颇丰,写作和发表了六十多部著作和三百多篇论文。在列斐伏尔的学术生涯中,有两个时期的著述及其思想影响比较大。从 20 世纪 30 年代后期到 50 年代初是列斐伏尔从马克思的异化理论和人道主义出发,创立日常生活批判理论的时期。列斐伏尔较早出版的著作主要有他与古特曼(Norbert Guterman)的《被神秘化的意识》(1936)和《列宁论黑格尔辩证法的笔记》(1938),他的《辩证唯物主义》(1939)、《存在主义》(1946)、《马克思与自由》(1947)、《日常生活批判》第 1 卷"概论"(1947)、《论对马克思思想的理解》(1948)等。这一时期具有代表性的著作是其中的《辩证唯物主义》和《日常生活批判》第 1 卷"概论"。列斐伏尔学术生涯中第二个影响很大的时期是 20 世纪 60 年代到 70 年代,这是他从都市社会研究出发对现代世界的日常生活进行批判性的分析,从空间生产理论出发进行资本主义批判和现代性批判的时期,主要著作有《日常生活批判》第 2 卷"日常生活社会学基础"(1962)、《现代性导论》(1962)和《元哲学》(1965)、《马克思的社会学》(1966)、《现代世界中的日常生活》(1968)、《进入都市的权利》(1968)、《从乡村到都市》(1970)、《都市革命》(1970)、《马克思主义思想与城市》(1972)、《资本主义的幸存》(1973)、《空间的生产》(1974)、《论国家》(1976—1978)等。20 世纪 80 年代之后,列斐伏尔还出版了《在场和缺席》(1980)、《一种变成世界的思想》(1980)、《日常生活批判》第 3 卷"从现代性到现代主义"(1981)、《什么是思想?》(1985)、《1955 年的卢卡奇》(1986)、《辩证法的复归》(1986)、《节奏分析要素:节奏知识导论》(1992)等。这些研究引起国际学术界的高度关注,列斐伏尔被誉为城市社会学的重要奠基人,他开启了城市空间研究的范式转向,为解决西方国家自 20 世纪 60 年代以来普遍面临的城市危机提供了理论资源。

列斐伏尔在大半个世纪的学术生涯中留下了十分丰富的思想资源,我们显然无法在有限的篇幅中全面展开这些理论内容。从列斐伏尔在 20 世纪新马克思主义中所占据的独特地位,以及他对 20 世纪人类思想的主要贡献着眼,我们应当以他对马克思的人道主义思想的阐发为理论基础,主要展示他独具特色的日常生活批判思想,并且尝试用日常生活批判来囊括他的全部理论追求。

一、马克思人道主义的系统阐释

综观列斐伏尔哲学的基本理论旨趣和核心精神,它主要是一种关于资本主义的异化批判理论,也就是立基于人本主义哲学立场和人道主义价值对资本主义的种种异化现象和人的生存困境进行一种文化层面和社会层面的批判。这个思想基点最集中地反映出列斐伏尔理论的马克思主义根源。美国学者伊迪丝·库兹韦尔在《结构主义时代》一书中曾经指出,自1933年,列斐伏尔就开始研读青年马克思的哲学著作,之后他一直忠诚于马克思的历史观和存在主义的主体性观念。对于列斐伏尔来说,"相信作为一个整体的存在者的人,相信人的能动性,相信人愿意使他自己提高到存在的最高程度……他经常讲到他自己如何努力成长为这样的理想的人,如何努力在开放的社会中通过劳动而克服种种局限性。这个目的使他采用主体性概念以及用理论指导行动来使马克思主义存在主义化,以便解放社会和自己"[①]。

可以说,关于人与自然的分裂、人的异化、人的存在的分裂、人的个体自由与存在命运等问题,不仅是存在主义关注的当代人类面临的重大困境,也是20世纪所有人本主义文化批判理论所共同致力解决的重大问题。所有这些文化批判理论,都可以在马克思的人道主义理论,主要是他的异化理论和实践理论中找到思想资源和理论根基。在列斐伏尔哲学中,马克思主义的立场始终是其整体构架的主导性的成分。他从早期的《辩证唯物主义》等著作开始,直接从马克思的《1844年经济学哲学手稿》等著作出发,来阐释马克思的人道主义理论,而人道主义理论的核心是关于人的存在,特别是人的实践的阐发。

(一)人的实践及其丰富内涵

列斐伏尔认为,按照马克思的理解,人类社会历史运行的主体始终是社会的人、现实的人。因此,马克思思想的核心是关于人的活动,特别是作为人的本质规定性的实践的研究。"当我们到达马克思思想的核心……我们发现的乃是一项关于人类行为和它的成就之间关系的一个整全(over-all)

---

① 伊迪丝·库兹韦尔:《结构主义时代》,尹大贻译,上海:上海译文出版社1988年版,第50页。

论题的研究。"①因此,列斐伏尔围绕着《1844年经济学哲学手稿》《关于费尔巴哈的提纲》《德意志意识形态》等著作,多方面阐发了马克思关于人的实践的规定性,以及关于自然和社会的基本理解。

1. 人的实践的基本规定性

马克思认为,同其他各种存在形式相比,人从根本上是一种实践性的存在,人通过自己的实践活动创造了人的世界,因此,这种实践活动构成了人的本质,"自由的有意识的活动恰恰就是人的类特性"②。列斐伏尔依据马克思的思想,进一步阐述了实践的基本规定性和特征。

首先,列斐伏尔从多方面揭示了人的实践的基本规定性和特征,在最基本的意义上把实践理解为由人的需要刺激和推动的感性的、创造性的活动。他指出:"所有实践都依赖于一个双重的基础:一方面是感性;另一方面是由需要刺激起来的创造性活动,而这需要又为活动所改变。"③

列斐伏尔强调,感性是实践的最基本的规定性,是感性把我们引向了实践的概念,"实践的概念预设了感性世界的复兴,以及作为对感性世界之关注的实践感的恢复"④。列斐伏尔之所以强调实践的感性基础,是因为马克思所理解的实践不是抽象的思辨活动,而是人实际地改变现存世界和自身的创造性活动。这一感性世界是人的现实的生活世界,它不是现成给定的、自然的存在,而是人根据自己的需要创造的属人的世界。这是人和其他动物的本质性区别。所以,列斐伏尔反复强调人的需要的重要性,他指出,"人类首先是一种需要的动物(creature of need)。他在很大程度上比动物更'是'需要的动物,因为几乎所有人从一出生就拥有在他们自身的身体中和直接的环境中生存的手段。如果没有这个,他们便无法存活,无论是就个人还是物种而言都一样。在人类的所有活动中,需要作为人类生活的一个条件普遍地存在。在人类的生活中,没有什么东西不对应于某些需要,或者不创造某种需要,即使在距文化和技术最遥远的领域都是如此,更不用说在

---

① 亨利·列斐伏尔:《马克思的社会学》,谢永康、毛林林译,北京:北京师范大学出版社2018年版,第4页。
② 《马克思恩格斯文集》第1卷,北京:人民出版社2009年版,第162页。
③ 亨利·列斐伏尔:《马克思的社会学》,谢永康、毛林林译,北京:北京师范大学出版社2018年版,第29页。
④ 同上书,第26页。

经济生活中了。"①

其次,列斐伏尔从人与自然的关系及人与社会的关系的基本维度来把握人的实践的规定性和重要地位,把实践理解为人和自然之间交互作用、人和社会之间交互作用的基本活动,换言之,正是在人的实践活动中,建立起人与自然、人与社会以及人与人的统一,也即建立起人在其中生存的感性世界。

列斐伏尔把人的实践活动区分为"与物理的自然相关的活动"和"与人类相关的活动"这两类基本的活动,并用"创制"和"实践"(狭义的实践)来分别加以标识。"创制将人类形式赋予感性;它包括人类与自然的关系——人类作为农民、匠人和艺术家的劳动——更一般地说,人类对自然的占有,对外在于自身和内在于自身的自然的占有。实践包含了人与人之间的关系、管理活动,在国际存在的时候还包括国家的功能。"②在这种意义上,列斐伏尔强调指出,"实践首先并且首要的是**行动**,是在人和自然、意识和物……之间的辩证关系"③。由此不难看出实践在人类社会运行和人类历史发展中的基础地位和重要作用,我们应当以实践为基础,来理解和把握人与自然的关系、人与社会(人与人)的关系。

2. 人与自然的统一

人与自然的关系是人类生存和历史发展的最基本的关系之一。一方面,人与其他存在物一样,也是从属于大自然的肉体的、感性的存在,用马克思的话来说,"人直接地是**自然存在物**"④;但是另一方面,人又不同于其他存在物,不是被动地服从大自然的规律,而是凭借自己的创造性实践活动而打破人与自然的天然的、自在的联系,并且按照人的需要和价值重建人与自然的统一。在这种意义上,"人不仅仅是自然存在物,而且是**人的**自然存在物,就是说,是自为地存在着的存在物,因而是**类存在物**。他必须既在自己的存在中也在自己的知识中确证并表现自身"⑤。正是依据这样的理解,列斐伏尔以人的实践为依据来理解人与自然的统一。

---

① 亨利·列斐伏尔:《马克思的社会学》,谢永康、毛林林译,北京:北京师范大学出版社 2018 年版,第 27 页。
② 同上书,第 31 页。
③ 同上。
④ 《马克思恩格斯文集》第 1 卷,北京:人民出版社 2009 年版,第 209 页。
⑤ 同上书,第 211 页。

首先,作为基本的出发点,列斐伏尔肯定自然界是一种独立于人类之外的自为的存在,也就是承认自然界的给定性。他指出,"对'自为'的自然界、独立于人类之外的自然界,最好的理解毫无疑问应当是其反面:即自然界是'无动于衷'的,这并不是说它是与我们对立的,或根本与我们格格不入的,而是说同我们理解的客体或主体相比而言,它是不分什么主客体的"①。显然,"无动于衷"意指自然界本身是非主观性的,没有主客体之分,因而其本身不是一种有意义的存在,而是一种自在的存在。

关于这一问题,列斐伏尔一方面强调人对自然的依赖,他反复强调马克思在《1844年经济学哲学手稿》中关于人是作为自然的存在的论断,另一方面他也强调自然本身是自在的,不具有自觉性,是人在自己的活动中赋予自然以主体性。人类产生以后,人不断地通过自身的活动、通过自身的创造性活动作用于自然界,改变自然界,从而使自然在客观性的基础上又获得了新质,获得了主观意义。此时的自然界已经不是原有意义上的自然界,而是以人为中心、存在于人类之中的属人的自然界。

其次,列斐伏尔认为,强调人作为自然的存在,并非断言人的被动性和完全被自然所决定,相反,人不仅对自然具有依赖和一致的一面,还存在着另一重异质性关系,就是人与自然的对立、疏离和分裂性关系。"人类历史就是人类的诞生史,就是独立于自然之外与自然作斗争,又是从自然脱胎而出的历史。在这个历史过程中,人凌驾于自然界之上并逐步统治着自然。"②

在列斐伏尔看来,我们所面对的自然界,就其未被人类掌握而言,充斥着必然性和偶然性,是一种人类尚不能支配和主宰的原始状态的存在。这使人类处于一种与人赖以生存却又无法驾驭的东西相分离的境地。所以人类的根本生存面临着威胁和死亡的命运,人类在自然存在物面前永远无法摆脱彼此的对立,因而将陷入无能为力的痛苦之中。人的特殊性就在于,他不会屈从于这种处境,而是努力通过自己的自由自觉的活动而与自然抗争,作为主体在实践活动中确立自己的生存。"人不仅仅是自然界的生物,他是有人性的,自然界就是在人类中间并被人类分裂的,它与自己抗衡,与自身作着比以往任何斗争、比任何个人之间或生物之间的斗争更为深刻的斗争。人这个自然界的生物,转而与自然作斗争。对人来说,自然界是源泉和

---

① 亨利·列斐伏尔:《人类的产生》,《西方学者论〈1844年经济学—哲学手稿〉》,上海:复旦大学出版社1983年版,第165页。
② 同上书,第167页。

母亲,然而,自然界只不过是人的行动的对象。"①

再次,人作为自然的存在,同时又通过自己的实践活动积极地改造自然,其结果是人通过劳动和实践在更高的层面上自觉地重建了人与自然的统一。对于这一思想,列斐伏尔从两个方面阐释其主要内容:一方面,他强调人在自己的活动中促使自然从自在的存在变为属人的存在,即强调自然的人化或者人化自然。目前人类所面对的整个自然界已成为人的一种产物,成为人化自然,这种产物本身具有主观和客观双重的存在性质。"自然界成了人类的自然界。它以人为中心,存在于人类之中,成了一个世界,一种有组织的尝试。而人则成为一种具体的存在,一种能动的力量。人的劳动使以人为中心的自然界人化。自然界内部的人化具有明显的生命力,成为一种摆脱了天然和被动本能限制的本能力量。人类的自然界是一个相互依存、摆脱分裂的统一体。"②另一方面,他强调在重建人与自然更高的、自觉的统一的过程中,人自身也取得不断的进步和提升。"马克思说,'历史就是人类的自然历史',但人类的诞生是一种改造,是一种越来越自觉的改造。精力充沛的人类以自己为中心改造着自然并使自然也变成人类。人类以自然界为对象创造着自然,把自己变成自然界而又把自然界变成人类。人类按照自己的需要塑造自己,也在自己的活动中改变着自己并提出新的要求。在创造客体、'产品'的同时,人类形成了并成为一种巨大的力量,人类在积极解决自己活动中出现的问题的同时不断进步。"③

3. 人的实践的丰富性和内在矛盾

实践的基础地位和重要性不仅体现在重建人和自然的统一,而且还体现在它构成了人的全部日常生活、社会生活和社会结构的基础,以及人类社会矛盾运动和人类历史发展的驱动力量。换言之,在人的实践活动中,不仅展开了人和自然的交互作用,而且还展开了人与人的交往、人与社会的互动。正因如此,列斐伏尔特别强调人的实践的丰富性和实践概念的丰富性。他指出,"实践的概念包含着诸多差别、层次、分裂和矛盾"④。

---

① 亨利·列斐伏尔:《人类的产生》,《西方学者论〈1844年经济学—哲学手稿〉》,上海:复旦大学出版社1983年版,第166页。
② 同上书,第189页。
③ 同上书,第167页。
④ 亨利·列斐伏尔:《马克思的社会学》,谢永康、毛林林译,北京:北京师范大学出版社2018年版,第24页。

首先，列斐伏尔对实践作出了独特的层次划分，通过重复性实践、模仿性实践和创新性实践三个层次的区分，使实践最大限度地涵盖了个体生存和社会生活的所有领域，并成为人类社会结构和人的世界的真实基础。

列斐伏尔认为，人们通常把实践区分为基础（由技术和劳动组织构成的生产力）、结构（生产关系、财产关系）和上层建筑（制度、意识形态）等几个主要层面。在他看来，这样的层次划分在某些方面与马克思的某些文本相关，但是，还不能全面地、准确地展示出人的实践的全貌。列斐伏尔根据自己对马克思思想的理解，提出了关于实践的另一种层次划分："实践有三个层次：重复性层次、创新性层次和在这两极之间的模仿性层次。在重复性实践中，同一个姿态，同一个行动，在被决定的循环中一遍又一遍地重复进行。模仿性实践遵循着诸多模式；它偶尔创造而不模仿——在不知道如何和为何的情况下创造——但更多的时候，它模仿而不创造。至于发明的、创造的实践，它的最高层次在革命活动中达到。这样的行动可以运用在知识和文化（意识形态）中，同样也可以运用在政治领域。"①

仔细分析列斐伏尔的上述论述，可以看出，他关于实践的这一新的层次划分的确可以进一步拓宽人们关于人类活动领域和人类社会结构的理解。从人类活动的角度看，按照这样的划分，实践不仅包括生产活动、政治活动、文化活动乃至革命运动等更多具有创新性和突破性的社会活动，而且包括个体的重复性的日常活动。从人类社会结构的角度来看，按照这样的划分，人的实践不仅创造出经济基础、社会制度、文化创造、精神生产等自为的对象化领域和社会结构，而且也形成了衣食住行、饮食男女、婚丧嫁娶等以个体生存和个体再生产为主要内涵的自在的对象化领域。这样的理解充分展示了实践概念的丰富性。

其次，列斐伏尔揭示了实践后果的双重性，通过对象化和异化两种后果的分析深刻揭示了人类实践内在的矛盾性，揭示了人的不完善性和历史的开放性。这种状况一方面显现出人类实践和人类历史的局限性，另一方面也在更大的空间中展示出人的实践的创造性和革命性，以及人类不断进行历史创造和革新的可能性。

列斐伏尔认为，人的实践的确具有创造性和革命性，它可以打破人与自然的自在的联系，并根据人的价值和需要重建人和自然的统一；实践还可以

---

① 亨利·列斐伏尔：《马克思的社会学》，谢永康、毛林林译，北京：北京师范大学出版社2018年版，第37页。

破除任何不合理的现实,实现社会体制和社会关系的革新。但是,实践并不具有神奇的力量,它不但无法一劳永逸地解决人类所面临的一切问题,而且会在解决问题的过程中导致新问题的产生。正是这种内在的矛盾机制推动人的实践和历史不断超越,不断发展。列斐伏尔指出:"在马克思看来,'主体'始终是社会的人,是处于其群体、阶级和社会整体的实际关系中的个人。他认为'对象'是自然的产物,是人类的产品,包括技术、意识形态、制度、艺术品和文化作品。那么,人与他独立努力的产品之间的关系就是双重的。一方面,他在产品之中实现自身。没有一种活动不将形式给予特定的对象,没有一种活动不造成它的创作者直接或间接地享受的某些成果。另一方面,——或者毋宁说是同时——人在其工作中失去自身。他在他自己努力的成果中迷失方向,这些成果反过来反对他、贬低他,成为他的一个负担。"① 显而易见,列斐伏尔在这里阐述的是人的活动的对象化和异化的相互矛盾和相互交织,前者是对人的本质力量的肯定和彰显,后者是对人的本质力量的否定和贬损。只有从对象化和异化相互交织的视角去把握实践、社会、历史,才能形成关于人的存在和人类社会的完整的认识。

(二)人自身的异化和现代社会的普遍异化

关于上述所提及的实践的内在矛盾和人的生存悖论,列斐伏尔有着深刻的认识,他指出:"在人类征服自然的过程中,这种矛盾依然存在并且更为深刻。人的活动是创造性的,人通过自己的活动创造了自身。人创造自身,但并不是自己的产物。人的活动逐渐地统治着自然界,但是,当这种活动转而反对人的自身时,就有了外部的性质,并把人类引入社会决定论之中,使人类蒙受了极大的不幸。"② 在列斐伏尔看来,人的存在的有限性和矛盾性,最集中地体现在马克思所揭示的异化现象中,而且,在现代社会,异化越来越呈现普遍化和深化的态势。"目前的状况是难以忍受的,因为人类的实在性比以往任何时候更完全地被分离。似乎分化、分散、矛盾等一切不好的东西今天都出现并集中在为数众多的不幸的人类身上。人类的实在性

---

① 亨利·列斐伏尔:《马克思的社会学》,谢永康、毛林林译,北京:北京师范大学出版社2018年版,第4—5页。
② 亨利·列斐伏尔:《人类的产生》,《西方学者论〈1844年经济学—哲学手稿〉》,上海:复旦大学出版社1983年版,第188页。

处在危险之中,它在精神上变得模糊不清,实际生存中也受到威胁。"①

正因如此,列斐伏尔高度重视马克思的异化理论,同时,对现代人的异化状态的批判在他毕生的理论探讨中都处于重要的地位,他的理论旨趣就在于揭示和分析人的存在状况和历史命运,尤其是资本主义时代的人的状况和命运。异化理论对于列斐伏尔哲学而言,处于一种基础和核心的地位,可以说,是其理论构架中的骨骼部分,无论是他的日常生活批判,还是他的国家和官僚制批判、现代性批判、空间生产理论、都市革命理论,都离不开马克思的异化理论。

列斐伏尔清楚地意识到现代社会中异化的普遍存在。他指出,马克思并不把异化局限于剥削上,实际上,"异化是全面的,它笼罩了全部生活"。在现代世界,异化反映在人类生活的各个领域之中,包括需要的异化、个人与社会的异化、思想观念的异化、政治的异化、技术的异化和日常生活的异化等,"异化就这样扩展到全部生活,任何个人都无法摆脱这种异化"②。因此,列斐伏尔在自己的多部著作中都对马克思的异化理论和现代人的异化问题作了深入的探讨。

1. 人的本质的异化

列斐伏尔高度重视马克思的异化理论,他认为,马克思这一思想不只是对现代人和现代社会某些方面的认识和批判,而是对人的生存状态和人类社会运行机制的深刻认识,因而涉及人类社会历史理论的根本性问题。"异化是一个概念,一种现实和一个与社会科学相联系的哲学理论,马克思的这些表述不仅让异化随处可见、无所不在的特征非常清晰,与生产力相关的异化,与意识形态相关的社会关系的异化,而且,马克思的这些表述更深刻地涉及到了**人与自然**的关系和**人与他自己的属性**的关系。"③

马克思的异化理论之所以能够深刻揭示人与自然的关系及人与自身的关系,主要在于这一理论所揭示的异化是根植于人的存在方式、人的本质之中的。列斐伏尔仔细梳理了马克思在《1844年经济学哲学手稿》《资本论》等著作中所阐述的各种异化机制和异化现象,例如,把劳动者变成客体的异

---

① 亨利·列斐伏尔:《人类的产生》,《西方学者论〈1844年经济学—哲学手稿〉》,上海:复旦大学出版社1983年版,第193页。
② 同上书,第196页。
③ 亨利·列斐伏尔:《日常生活批判》第1卷"概论",叶齐茂、倪晓晖译,北京:社会科学文献出版社2018年版,第59页。

化、生产活动的异化、作为物种的人的异化、作为自然存在物的人的异化、社会关系对人的异化、技术和机器对人的异化，等等。他认为，在所有方面的异化中，在所有的异化表现形式中，最为根本的是马克思所描绘的劳动的异化；而劳动的异化、实践的异化就是人的本质的异化，是人的基本生存方式的异化。"对于马克思来讲，人是创造者，劳动构成这种人的本质：一种创造他自己的需要的存在；异化羞辱的正是劳动，异化摧毁的正是劳动，异化制服的正是劳动。"①

这种劳动异化的后果是严重的，它既贬损了劳动，也贬损了劳动者。一方面，创造性的劳动变成了一种谋生的、雇佣的和买卖交换的活动，"异化了的劳动已经丧失了劳动的社会本质"；另一方面，劳动者变成了物的工具，"人不再是人，人变成了被另一些工具（生产工具）使用的工具，变成了另一个东西（财富）使用的东西，变成了被一个阶级利用的对象，变成了一大群自己剥夺了现实和真相的个体（资本家）。应该人化的劳动变成了被迫做的事情，做出来的东西未必一定是人所需要的东西，劳动不过是一种（挣一份生活的）手段，而非对人与生俱来的本质的一种贡献"②。可见，异化对人类个体和整个人类而言是一个生死攸关的根本问题，任何一种社会历史理论，如果不能正视和批判异化问题，不能积极地推动异化的扬弃，就不可能是一种深刻的、有生命力的社会历史理论。

2. 现代社会异化的普遍性

列斐伏尔的异化理论，并没有停留于对马克思异化理论内涵的理解和阐发，而是对现代人的异化现象，尤其是对资本主义的种种异化现象进行最为全面、最为彻底的揭露和批判的一种理论表述形态。列斐伏尔关于现代社会的异化形式和异化现象的批判几乎涉及社会生活和个人生活的所有方面，因为在现代社会，异化具有普遍性。"异化一直都在剥夺一切生活……这种异化是**经济的**（劳动分工；'私有'财产；经济拜物教的形式：货币、商品、资本）、**社会的**（阶级的形式）、**政治的**（国家的形式）、**意识形态的**（宗教、形而上学、道德教条）。"③

第一，经济层面的异化。在资本主义生产和商品经济条件下，经济异化

---

① 亨利·列斐伏尔：《日常生活批判》第 1 卷"概论"，叶齐茂、倪晓晖译，北京：社会科学文献出版社 2018 年版，第 59 页。
② 同上书，第 152 页。
③ 同上书，第 230 页。

是非常普遍的、常见的异化形式。列斐伏尔特别运用马克思在《资本论》等著作中关于商品拜物教的批判,来阐述现代社会的经济异化:"在马克思看来,他经过一系列的变形追踪到的这个商品形式,拥有掩盖商品本质的特殊能力,掩盖商品起源于以它为生和以它来谋生的人类这一事实。这个形式被拜物教化了。它作为一个被赋予了无限权力的东西出现。这个形式反作用于它自身的内容,并占据这个内容。这个物把人变成它的物,掩盖它自己的起源和诞生的秘密,也就是说,掩盖了它作为人类特殊的相互关系的产物这一事实。"①因此,列斐伏尔认为,这种商品拜物教的机制导致了现代社会的普遍的经济异化,"它将社会的整体带进了一个非常特殊的过程:物化"②。这种普遍的物化表明,现代人的需要严重异化了,因为现代人将金钱视为人生的主要目的和意义,对金钱的追求成为至高无上的需要,以至于对金钱的拥有成为衡量人的价值的尺度。资本家是这种异化的典型代表。在这种异化状态下,一切都变成了可交换、可买卖之物;道德、意识、爱情和科学都是贸易的手段;人贪婪成性,成为纯粹的经济动物,生存失去了人性的特质。

第二,政治异化。列斐伏尔断言:"国家理论是马克思思想的核心,或者也可以说是它的顶点。"③他之所以如此强调马克思国家理论的重要性,就在于他认为马克思深刻地揭示了现代政治的异化性质,提出了"国家消亡"的重要思想。列斐伏尔认为,政治上的异化在某种意义上是最严重的异化,这种严重性就在于:国家拥有非人性的势力,并且支配着全部社会生活和人们的日常生活;国家具有凌驾于社会生活之上最大的权威性,并使之成为一种迷信。也正是基于此,列斐伏尔在《论国家》一书中指出,在马克思看来,"国家理论应包含着对国家的彻底批判,就像政治理论包含着对政治的彻底批判、经济理论包含着对政治经济学的彻底批判一样"④。列斐伏尔特别阐述了马克思关于官僚制的批判,在他看来,日益发达的现代官僚机构是最典型的政治异化形式之一。他揭示和批判了官僚机构的异化特征,例如,取得了凌驾于社会之上的独立性、把特殊利益群体的特殊利益普遍

---

① 亨利·列斐伏尔:《马克思的社会学》,谢永康、毛林林译,北京:北京师范大学出版社2018年版,第33页。
② 同上。
③ 同上书,第95页。
④ 亨利·列斐伏尔:《论国家——从黑格尔到斯大林和毛泽东》,李青宜译,重庆:重庆出版社1993年版,第123页。

化、形成了一种神秘化的等级制和权威崇拜、导致这一机构中的官僚丧失了主体性和人文关怀、为不合理的社会现状辩护、对所有社会生活和个体生活进行操控,等等。①

第三,意识形态或思想观念的异化。意识形态的异化是指人无法形成对事物和自己的真正认识,而歪曲和颠倒事物的本来秩序。人由此形成对荒唐无稽的事物的偶像崇拜,即关于上帝、命运等绝对的形而上学真理的信仰。在列斐伏尔看来,现在的人类比以往任何时候都更是自己偶像的牺牲品,这种思想意识成为一种现实的力量,左右、影响和操纵人,它是由人所创造的,却转而与人相敌对。列斐伏尔细致地阐发了马克思和恩格斯的意识形态批判思想,尽管他承认在一定的条件下特定的意识形态也会从片段性的、部分的现实出发,以折射的方式来反映现实,但是,在整体上更加致力于对意识形态的辩护特征的批判,认为意识形态的目标就是使"一种社会状态可以一劳永逸地被固定"②,尽管这是无法实现的目标。

第四,技术与科学的异化。在列斐伏尔看来,技术异化属于发达资本主义社会的崭新现象。它是一种为现代资本主义国家所共有的新的异化方式。这种异化是随着科技的发展和生产力的进步而出现的。它日益更新的手段拥有了一种对人进行全方位操控的力量,使人们陷于技术的统治和工具的奴役之中。这种奴役所产生的新的匮乏甚至比以往的阶级剥削和统治更具有历史危害性,它使人失去个性和创造力,丧失自由和主动性。它通过对人的心理和精神的压抑,使工人失去了政治的革命性,从而维护和巩固资本主义的统治结构。不仅技术,而且各种自然科学和社会科学的学科,也会由于自己的封闭和固执己见而走向僵化和异化,成为阻碍人们自主地思考的控制力量。列斐伏尔在《都市革命》中曾经批判了"科学的帝国主义",他指出,在面对都市现象这种整体性现实时,"专家只能从自己研究领域的观点出发,用数据、术语、概念与假设来理解这一综合体。他们固执己见,对此毫无意识,而且越是有能力,就越是固执己见。如此一来,就在经济学、历史学、社会学、人口学等领域中阶段性地产生了一种科学的帝国主义。每位学者都觉得其他'学科'是他的辅助者、附庸或仆从"③。

---

① 参见亨利·列斐伏尔:《马克思的社会学》,谢永康、毛林林译,北京:北京师范大学出版社2018年版,第108—115页。
② 同上书,第58页。
③ 亨利·列斐伏尔:《都市革命》,刘怀玉、张笑夷、郑劲超译,北京:首都师范大学出版社2018年版,第60页。

第五，日常生活的异化。从日常生活的视角来揭示发达工业社会人的异化，是列斐伏尔哲学一个比较突出的理论着眼点，具有非常重要的理论意义。因为人正是在日常生活中被发现和创造的，日常生活的异化距离个人的生存最近，内在于人的生存本身，因而对人的本质的压抑、对人的历史创造性的窒息也最为严重。列斐伏尔认为，无论是经典意义上的工业文明，还是他所理解的都市社会，都对个体的日常生活形成了全方位的渗透和操控，从而导致了日常生活的衰退、萎缩和异化。因此，日常生活批判的范式和基本思想贯穿于列斐伏尔毕生所作的理论思考之中。

（三）异化的扬弃与总体的人的生成

列斐伏尔所阐述的人道主义思想，核心内容是消除现代人的普遍异化，扬弃一切压抑人、奴役人的物化力量，其宗旨是促进人自身的进步和发展。列斐伏尔根据马克思所强调的人的自由和全面发展的基本思想，把人自身的进步与提升理解为人的总体性的恢复或者总体的人（完整的人）的生成。在日常生活批判的层面上，他有时也把这种全面发展的总体的人称为"新人"。关于总体的人的基本内涵，我们从列斐伏尔的论述中，至少可以提炼出以下几个方面的基本内涵。

首先，总体的人的生成的重要标志之一是形成人与自然在更高层面上的自觉的统一，同时形成人与他自己、人与社会的统一。一方面，总体的人体现了人与自然的统一。"总体的人就是整个自然界。它包括所有的物质的和生命的力量，包括世界的过去和未来。"①这里所说的对自然的改造，并不是强调人对自然的简单征服，而是要形成一个通过人的实践活动而生成的"人类的自然界"，它既不一般地服从于自在的自然决定论，也不服从于异己的外在社会决定论，而是建立在人的自由自觉的对象化活动基础之上。另一方面，总体的人体现了人与他自己、人与社会的统一。"**完整的人定义的本质方面是人与他自己的统一，尤其是个人与社会的统一。**"②

其次，要建立这种意义上的人与自然的统一，即"人类的自然界"，就必须达到主客体的统一，因此，总体的人是消除了异化的人。列斐伏尔指出：

---

① 亨利·列斐伏尔：《人类的产生》，《西方学者论〈1844年经济学—哲学手稿〉》，上海：复旦大学出版社1983年版，第190页。

② 亨利·列斐伏尔：《日常生活批判》第1卷"概论"，叶齐茂、倪晓晖译，北京：社会科学文献出版社2018年版，第69页。

"总体的人是变化的主体和客体,它是与客体对立并克服这种对立的有生命的主体,是被分成许多局部活动和分散的规定并克服这种分散性的主体,它既是行为主体,又是行为的最后客体,甚至是行为在生产外界客体时的产物。总体的人是有生命的主体—客体,是起初被弄得支离破碎,后来又被禁锢在必然和抽象之中的主体—客体。总体的人经历了这种支离破碎走向自由,它变成自然界,但这是自由的自然界。它象自然界一样成了一个总体,但又驾驭着自然界,总体的人是'消除了异化'的人。"①

再次,总体的人是自由自觉的和个性得到充分发展的人。"在这种人道主义中,最高的权力机关不是社会,而是总体的人。总体的人是自由集体中自由的个人。它是在差别无穷的各种可能的个性中充分发展的个性。"②显而易见,这也就是马克思、恩格斯在《共产党宣言》中所强调的自由人的联合体,在一个真正自由的联合体中,所有人的个性都能得到张扬,都会获得全面发展。

当然,同普遍异化的现实相比,上述关于总体的人的概括带有很大的理想性。列斐伏尔清楚地认识到这一点,他指出,这种总体的人迄今尚未生成,"人尚处在生产阵痛阶段,还未诞生,几乎还没有被认为是一种统一体和结果,还只存在于自己的对立物之中并通过自己的对立物而存在,这个对立物就是:人中的非人的东西"③。在这种意义上,列斐伏尔强调:"在矛盾中,即在异化中,贯穿于整个矛盾过程,即异化过程,人和对象化了的人总是构成一个整体。作为完整的人——**普遍的**、**具体的**和活生生的,相对于社会发展的无限性而言,他只能被认为是有限的人。"④进而,列斐伏尔又指出总体的人的开放性、生成性和未完成性,"完整的人是相对无穷大的一个极限"⑤。尽管如此,在列斐伏尔看来,这种关于总体的人的追求并不是单纯的乌托邦,而是人类社会进步发展的必不可少的力量。一方面,如欲使人成为真正意义上的自由自觉的主体,就必须努力恢复人的总体性,"对于希望真正解决问题的人来说,可以走的路只有一条,即努力把握总体内容";而

---

① 亨利·列斐伏尔:《人类的产生》,《西方学者论〈1844年经济学—哲学手稿〉》,上海:复旦大学出版社1983年版,第197页。
② 同上书,第199页。
③ 同上书,第191页。
④ 亨利·列斐伏尔:《日常生活批判》第1卷"概论",叶齐茂、倪晓晖译,北京:社会科学文献出版社2018年版,第62页。
⑤ 同上书,第64页。

另一方面,哲学必须不懈地对物化和异化进行彻底的批判,不懈地渴望和追求总体性,"这种努力将决定哲学的生命"。①

二、日常生活批判的理论范式和基本理论框架

从上述分析可以看出,列斐伏尔的异化理论堪称是对人的本质的异化,特别是对资本主义普遍异化的全方位的、多角度的揭示和分析。这种分析主要是立足于人的本质和生存本性,渗透着对现代社会人的困境的理性审视,有着鲜明而浓郁的时代感。这种异化理论与马克思早期对资本主义的批判取向有着直接的关联。列斐伏尔的异化理论,可以说是从马克思的异化理论中直接生发出来的,并且将其扩展到更为广阔的方面和领域,如经济领域的异化、技术的异化、政治领域的异化、思想观念的异化、日常生活的异化,等等。列斐伏尔之所以对马克思的异化理论作这种延伸和推广,就是因为,在发达工业社会和后工业的都市社会,异化已经伴随着资本的逻辑致命地渗透到社会的各个层面,渗透到社会生活和日常生活的每一个角落之中,渗透到人的意识结构之中。面对这种普遍的异化,必须回归生活世界,对现代日常生活世界进行具体的、多维度、多层面的微观分析和批判,才能真正找到现代人克服分裂、扬弃物化和异化的现实途径。正因如此,以"总体的人"为目标,在日常生活层面上对资本主义社会的种种异化现象进行批判,就成为列斐伏尔的主要理论关切。

(一)理性向现实的生活世界的回归

列斐伏尔的日常生活批判理论具有独创性,在西方马克思主义和20世纪的思想发展中具有重要的地位。理性向生活世界的回归是20世纪哲学发展的重要趋势之一,这一重要的哲学转折的自觉开启,人们通常认为始自胡塞尔于1936年出版的《欧洲科学的危机和超验现象学》。列斐伏尔关于日常生活批判的思考开始于20世纪30年代后期,他的《日常生活批判》第1卷出版于1947年,毫无疑问属于较早的生活世界理论的代表性著作之一。不仅如此,与胡塞尔等人主要在精神的意义结构的层面上来把握生活世界有所不同,列斐伏尔清晰地在人类的生存活动中揭示出日常生活的领

---

① 亨利·列斐伏尔:《人类的产生》,《西方学者论〈1844年经济学—哲学手稿〉》,上海:复旦大学出版社1983年版,第201页。

域或者层面,在理性回归生活世界的大潮中自觉地开启了系统的日常生活批判。

进而,从西方马克思主义,乃至20世纪的新马克思主义发展来看,日常生活批判是其关注的重要主题之一。卢卡奇、科西克、哈贝马斯、科拉科夫斯基、赫勒等人都对日常生活批判进行了专门探讨或者深入研究。但是,卢卡奇于1963年在《审美特性》中才比较集中地表述了他关于日常生活和科学、艺术等更高的对象化形式之间关系的思想,科西克涉及日常生活批判相关思想的《具体辩证法》一书出版于1961年,赫勒专门探讨日常生活批判的专著《日常生活》出版于1970年,哈贝马斯集中讨论生活世界理论的著作《交往行为理论》出版于1981年。这些著作同列斐伏尔的《日常生活批判》第1卷相比,都晚很多。因此,可以说,列斐伏尔是日常生活批判理论的创始人,他全面而系统地确立起日常生活批判的理论范式和基本理论框架。列斐伏尔的日常生活批判具有深刻性和全面性:他确立了日常生活在个体生存和社会生活中的基础地位;他既致力于揭示和批判日常生活的自在性和给定性,也着力批判现代日常生活的异化和物化特征;而且他还在全球化背景下,分析了资本主义社会的日常生活的全面异化,探讨在微观层面上推动日常生活批判和社会变革的可能性。

列斐伏尔从对传统哲学和教条主义的马克思主义的反思入手,开启了向日常生活回归的思想之旅。

首先,列斐伏尔认为,马克思的思想在本质上是一种实践的和批判的社会历史理论,它密切关注每一时代人类的现实,对一切异化的和不合理的社会现实展开深刻的批判,致力于现存世界的革命化。而传统哲学和教条主义的马克思主义则脱离社会现实,对活生生的社会生活和日常生活视而不见,是一种抽象的、思辨的、教条的理论体系。

马克思曾经深刻地揭示和批判传统哲学远离社会现实的弊病,他在《关于费尔巴哈的提纲》中指出:"哲学家们只是用不同的方式**解释**世界,问题在于**改变**世界。"①马克思对抽象的理论思辨和脱离实际的空洞的理论推演深恶痛绝,他在批判德国哲学时曾指出:"哲学,尤其是德国哲学,爱好宁静孤寂,追求体系的完满……就像一个巫师,煞有介事地念着咒语,谁也不懂得他在念叨什么。"②列斐伏尔也反复批判传统哲学的抽象性和思辨性。

---

① 《马克思恩格斯文集》第1卷,北京:人民出版社2009年版,第502页。
② 同上书,第219页。

他认为,异化理论和总体性理论都是十分重要的理论,但是,如果脱离开具体的社会现实和生活,"孤立地看待异化理论和总体时,换句话说,在实践之外看待异化理论和总体时,异化理论和总体就被转变为与马克思主义相距甚远的体系,实际上,成为新黑格尔主义"①。在这方面,列斐伏尔特别批判了教条主义的马克思主义,他指出:"在过去的 20 年或 30 年的时间里,我们都目睹了对辩证法的公式化:对辩证法的斯大林主义的解释首先把这种非常深刻的思维方式简化为一种强大的和流行的常识……然后把这种非常深刻的思维方式简化为一个永久性的七点大纲:辩证法占四点,唯物主义占三点。随着定义物质,定义意识是对物质的反映,哲学就到头了。"②列斐伏尔认为,正是这种理论抽象病导致马克思主义在当代遭遇到危机,"马克思主义已经变得**枯燥**了。马克思主义已经令人感到失望,青年人对马克思主义失望是因为它不能提起他们的兴趣"③。

因此,列斐伏尔强调指出:"在我们看来,一方面,过去的哲学和哲学史;另一方面,马克思主义的哲学思想,都不能简化为几条关于物质与精神的判断。它们远比几条关于物质和精神的判断要丰富得多、复杂得多。"④要恢复马克思主义的丰富性和生命力,就要恢复马克思主义同社会历史现实的真实联系,使马克思主义植根于现实的生活世界。列斐伏尔认为,传统哲学和教条主义的马克思主义常常忽视或者贬损现实的日常生活,但是,任何一种哲学和专门化的理论都离不开生活的土壤。他把哲学与日常生活比喻成果实与沃土,"没有奇花异草或者瑰丽丛林的景观可能会令人沮丧,但是,奇花异草不应该让我们遗忘了土地,土地有它自己的生活和富足"⑤。因此,列斐伏尔强调:"正是在日常生活中,只有在日常生活中,哲学家使用一般的和抽象的哲学术语所做的解释,才是具体的、现实的。哲学家通过高度专门的活动,从日常生活中抽取出一般概念,当哲学家回到现实生活,这些一般概念并没有丢失。相反,这些一般概念对生活经验有了新的意义。"⑥

---

① 亨利·列斐伏尔:《日常生活批判》第 1 卷"概论",叶齐茂、倪晓晖译,北京:社会科学文献出版社 2018 年版,第 73 页。
② 同上书,第 78 页。
③ 同上书,第 79 页。
④ 同上书,第 70 页。
⑤ 同上书,第 81 页。
⑥ 同上书,第 88 页。

其次，列斐伏尔认为，强调哲学向生活世界的回归，是因为被传统哲学所遗忘和忽略的日常生活世界是人类全部社会结构和社会活动的最深层的基础，是人类所有活动的"交汇处"，是产生人类和个体的"关系总和"的整体形状和形式。因此，只有对日常生活的运行机制、社会历史方位、历史演变等形成深刻的把握，并积极推动日常生活的变革，才可能对整个人类实践、人类社会结构和社会生活形成系统的理解，建立起深刻的、具有批判性和革命性的社会历史理论。

列斐伏尔反复论证，日常生活处于人类所有活动的交汇处，构成人类全部社会结构的深层基础，他指出："日常生活从根本上是与**所有**活动相关的，包含所有活动以及它们的差异和它们的冲突；日常生活是所有活动交汇的地方，日常生活是所有活动在那里衔接起来，日常生活是所有活动的共同基础。正是在日常生活中，产生人类和每一个人的关系总和有了整体的形状和形式。"①因此，列斐伏尔强调，真正的实践哲学必须关注和守护日常生活，扬弃日常生活的物化和异化，为人类社会的健康发展奠定坚实的基础。

再次，列斐伏尔认为，马克思虽然没有为我们提供一个完整的日常生活批判理论，但他的理论中包含着丰富的日常生活批判思想，例如，对现实生活和社会现实的批判性关注、对无产阶级日常生活状态的揭示、对人类生活中的异化的批判，以及关于社会现实的微观分析的方法论等。因此，列斐伏尔断言："**作为一个整体，马克思主义实际上是对日常生活的一种批判性的认识。**"②

列斐伏尔指出，马克思和恩格斯思想的最显著特征就是强烈的现实感和批判性，他们拒绝成为历史进程和现实生活的旁观者，时刻关注现实的生活，时刻批判不合理的社会现实。"马克思和恩格斯的哲学思想最合乎逻辑地和最系统地涉及生活这个层面，洞察生活，揭示生活。拒绝离开现实世界去追逐另一个世界，批判的理性，笛卡尔和康德的批判的理性，成为实在的、积极的和建设性的理性，成为对人类的意识和对人类的批判，对人的批判和对人类状况的批判。"③不仅如此，马克思和恩格斯并不满足于对生活的一般关注，马克思在《1844年经济学哲学手稿》中，恩格斯在《英国工人阶

---

① 亨利·列斐伏尔：《日常生活批判》第1卷"概论"，叶齐茂、倪晓晖译，北京：社会科学文献出版社2018年版，第90页。
② 同上书，第136页。
③ 同上书，第131页。

级状况》等著作中,都对无产阶级和劳苦民众悲惨的命运和生活状况进行了描绘,对资本主义制度的不合理性进行了彻底的批判。"马克思主义描绘和分析了**社会的日常生活**,指出了可以改造社会生活的方式。马克思主义描绘和分析了**劳动者的日常生活**:劳动者与他们的工具分离,仅仅通过把他们与雇佣者联系起来的'合同'与他们劳动的物质条件联系起来,劳动像商品一样在劳动力市场上被出售,而这种交易具有'自由'劳动合同(法律的和意识形态)的外衣。"①

在列斐伏尔看来,马克思和恩格斯不仅对社会的日常生活,特别是无产阶级的日常生活进行了批判性描绘,而且还为日常生活批判理论范式的确立奠定了重要的理论基础。一方面,马克思关于异化的批判及关于自由和全面发展的人的理论构想,为日常生活批判提供了重要的理论依据。列斐伏尔强调,他的《日常生活批判》一书完全是围绕着异化理论建立起来的。"异化理论和'完整的人'理论依然是日常生活批判背后的推动力。异化理论和'完整的人'理论让我们把社会发展看作一个整体,决定社会向何处去。异化理论和'完整的人'理论还让我们分析这种转化,逼近这种转化的范例,渗透到这种转化的细节中,把转化与整个制度联系起来。"②另一方面,马克思对于社会现实的具体的批判,为日常生活批判提供了方法论指导。围绕着衣食住行、饮食男女、婚丧嫁娶等个体再生产活动而形成的日常生活,往往构成社会的微观层面,要真正理解日常生活,既需要宏观的整体把握,也需要微观的具体研究。列斐伏尔认为,马克思不仅是一个哲学家,他还广泛涉猎经济问题、历史问题、社会问题等,因此,"马克思不是一个社会学家,但在他的思想中有一种社会学"③。马克思的社会学不同于实证主义的社会学,它是一种批判的社会学,其核心是对人的异化的批判和扬弃。这样一来,通过社会学与哲学的互补来开展日常生活批判,既可以避免传统哲学的理论思辨和抽象性,又可以防止一般社会学对日常生活的实证主义研究和对现实的辩护,从而能够充分地展示日常生活的丰富性和日常生活变革的价值意义。

---

① 亨利·列斐伏尔:《日常生活批判》第1卷"概论",叶齐茂、倪晓晖译,北京:社会科学文献出版社2018年版,第136页。
② 同上书,第72页。
③ 亨利·列斐伏尔:《马克思的社会学》,谢永康、毛林林译,北京:北京师范大学出版社2018年版,第15页。

(二) 作为社会结构和社会生活根基的日常生活

日常生活是与每一个人的生存息息相关的领域,是每一个人都以某种方式从事的旨在维持个体的再生产的最基本的生存活动。但它很少引起人们的反思,被视作理所当然的给定性的王国。传统哲学和社会历史理论主要关注政治、经济、科学、哲学等非日常的社会活动领域和精神生产领域。针对日常生活世界被理性遗忘的状态,列斐伏尔在《日常生活批判》等著作中专门揭示了日常生活的基本内涵、基本特征、社会历史方位和历史演变,从而把日常生活作为社会结构和社会生活的深层基础从背景世界中揭示出来。

1. 日常生活的基本内涵和特征

开展日常生活批判,首先面对的一个问题就是如何定义或界定日常生活,在理论上建立起自觉的日常生活范畴。列斐伏尔认为,这是一个非常复杂和困难的课题,造成这一困难的原因之一是日常生活边界的模糊性,更为重要的是人们对日常生活的非反思的态度。古往今来的所有个体和群体都离不开日常生活,都在自己所熟悉的日常生活世界中展开自己的生存。然而,熟悉的并不一定是熟知的。"许多人,甚至所有人,**对他们自己的生活不那么了解,或者对他们自己生活的认识不适当**。"[①]列斐伏尔的《日常生活批判》第 1 卷出版于 1947 年,第 3 卷出版于 1981 年,他关于日常生活批判的理论建构前后经历了三十多年,如果算上他晚年在节奏分析理论中继续展开的日常生活批判主题,那么时间还要更长一些。但是,即使在如此长的时间内,列斐伏尔也是从不同侧面对日常生活开展批判性的分析,并没有给出关于日常生活的十分明确的定义。我们可以根据他不同著作中的相关思想,概括出他对日常生活的基本理解和日常生活批判的理论范式。

首先,列斐伏尔把日常生活界定为人类社会的一个基本的层次或层面,在他关于重复性实践、创新性实践和模仿性实践三个层次的划分中,日常生活主要对应于重复性实践的层次。更具体地说,与社会的经济基础、上层建筑等社会运行和社会再生产的层面不同,日常生活是与每一个人的生存息息相关的领域,是个体生存和再生产的层次或层面。在列斐伏尔看来,个人

[①] 亨利·列斐伏尔:《日常生活批判》第 1 卷 "概论",叶齐茂、倪晓晖译,北京:社会科学文献出版社 2018 年版,第 87 页。

首先是在日常生活中生成的,"正是在日常生活中,只有在日常生活中,**自然的人和生物的人人化了(成为社会的人)**"①。至于日常生活更为具体的内涵,列斐伏尔是通过工作、家庭和私人生活、闲暇活动的相互交织,以及宗教、道德等相关因素的调节作用而加以阐述的。

列斐伏尔认为,一般说来,"日常生活包括三个元素,三个方面(工作、家庭和'私人'生活、闲暇活动)。三个元素的统一和三个元素的整体性,以及日常生活,决定着具体的个人"②。这是列斐伏尔关于日常生活基本内涵比较明确的概括,这三个方面也的确涵盖了个体生存的主要方面,如衣食住行、饮食男女、婚丧嫁娶、私人交往等主要的日常活动。然而,列斐伏尔指出,即便提炼和概括出日常生活的这三个主要元素或者主要方面,也不能从根本上改变日常生活概念的模糊性,因为这三个方面之间的关系比较复杂,在不同的历史时代也会有很大的不同。例如,在传统农业文明条件下,生产劳动与日常生活、工作与家庭生活等等都是合一的或一体的,都属于严格意义上的日常生活。古代社会和传统社会各个领域的未分化的状态使得日常生活几乎涵盖了人们的全部生活,"所以,日常生活很容易就成了一种生活方式"③。而在工业文明和现代社会条件下,随着社会领域不断分化,非日常的社会活动领域和结构不断增强,生产劳动一般会与家庭生活分离,很多工作岗位也属于家庭生活之外的非日常生活。同时,闲暇活动的内容在传媒时代和信息时代也同各种社会化的艺术活动、体育活动等密切相关,因此,它同日常生活的关系也相对比较复杂。所以,在整个人类社会中,日常生活的比重相对而言不断变得狭小或萎缩,对于日常生活内涵的各种界定也具有相对性。然而,无论如何变化,列斐伏尔所列举的三个方面还是构成了个人的生存和再生产最为基本的内涵。正如后来赫勒在《日常生活》一书中准确地概括的那样,"如果个体要再生产出社会,他们就必须再生产出作为个体的自身。我们可以把'日常生活'界定为那些同时使社会再生产成为可能的个体再生产要素的集合"④。

除了从工作、家庭和私人生活、闲暇活动三个方面来揭示日常生活的主

---

① 亨利·列斐伏尔:《日常生活批判》第1卷"概论",叶齐茂、倪晓晖译,北京:社会科学文献出版社2018年版,第88页。
② 同上书,第28页。
③ 亨利·列斐伏尔:《日常生活批判》第2卷"日常生活社会学基础",叶齐茂、倪晓晖译,北京:社会科学文献出版社2018年版,第509页。
④ 阿格妮丝·赫勒:《日常生活》,衣俊卿译,哈尔滨:黑龙江大学出版社2010年版,第3页。

要内涵,列斐伏尔还分析了一些对日常生活发挥调节作用的重要因素,例如家庭、道德、宗教等。列斐伏尔也把财产、家庭、道德等称为日常生活的"常量"。在日常生活,特别是在传统农业文明条件下的天然共同体中,道德和各种相应的习俗习惯等自在的文化要素,对于日常生活的正常运行和延续发挥着重要的调节作用。在很多地方,宗教信仰及其组织在日常生活的组织和运行中发挥着更为重要的调节作用。列斐伏尔在《日常生活批判》第1卷中专门列了一章"一个周日在法国乡村写下的笔记",详细描绘了今天的村庄中依旧保持着的传统的节奏,其中用了很大的篇幅描绘伴随着清晨教堂的钟声,村民们参加弥撒等宗教活动的情景。他指出:"教会的权力来自这样一个事实:**教会渗透进了日常生活**。一方面,教会已经创造了一个去人性的、礼仪性的、盛大的、超出民族国家的、抽象的理论;另一方面,教会已经产生了一个极端微妙和精确的心理的和道德的技巧。"①

其次,列斐伏尔从日常生活的运行机制和图式的角度揭示了日常生活的基本特征,即其重复性和自在自发性。与非日常的生产活动、科学技术创新、政治活动、文化创造活动等相比,日常生活体现出一种重复性、模仿性的特征,一种平凡的和平庸的特征。日常生活的这种自在自发性特别突出地表现在它所呈现出的自然节奏或者类似自然的节奏,这种节奏往往给人一种恒久不变的感觉,只有战争和各种历史冲突的闯入才会使之中断,或者是一些特殊的节庆、献祭、仪式等的举行才会给平凡和平常的日常生活增添一点变化和色彩。

列斐伏尔认为,在传统农业文明,以及在日常生活之中(在某种意义上直至今天),循环的周期和自然的节奏发挥着重要的作用,它们强有力地调节着日常生活。"社会人的生活,从生到死,都是由一组循环和节奏组成的。小时、日、周、月、季节、年,有规律的返回,给最初与自然联系在一起的人提供了节奏。我们至今延续着超级循环,世界时间制度,以及自古典哲学和东方哲学以来(直到尼采和恩格斯),许多思想家都接受了柏拉图年。这些节奏不只是控制着个人的生活,村庄和城市也按照这些节奏运转着。"②列斐伏尔认为,在某些方面和某种程度上,今天的日常生活,特别是农村的

---

① 亨利·列斐伏尔:《日常生活批判》第1卷"概论",叶齐茂、倪晓晖译,北京:社会科学文献出版社2018年版,第207页。

② 亨利·列斐伏尔:《日常生活批判》第2卷"日常生活社会学基础",叶齐茂、倪晓晖译,北京:社会科学文献出版社2018年版,第276—277页。

日常生活与古希腊和中世纪的时代,也有很多相同之处。例如,他举了一个例子,一个年轻的农民,特别是一个非常落后地区的小地主的儿子,他的日常生活的节奏和图式基本上就是"日、周、季节;播种时间,谷物或葡萄收获;青春期、婚姻、成熟、老年;出生与葬礼"①。因此,列斐伏尔强调,自在自发性是日常生活的本质性特征,"日常生活给自发性一个位置和稳定性,日常生活是自发性表达自己的一个层次"②。

最后,列斐伏尔根据关于日常生活内涵的解释及关于日常生活重复性和自在自发性特征的分析,对日常生活本身作出价值判断,揭示了日常生活的两重性,即同时兼具平凡性和创造性的特征。

列斐伏尔指出,在对日常生活的各个方面进行一般性描述和研究时,我们直接面对的往往是日常生活的平常性、平凡性和平庸性。"日常生活研究会凸显一天又一天的琐碎细节,或不可避免地重复着的日常动作。日常生活不过是一个简单的表演:工作、家庭生活、周边关系(居住区、街区或村庄、城镇)、休闲。"③然而,这并不是有关日常生活的全部,日常生活无论表面看起来如何平常和平庸,它都是个人开始生成的寓所,是个体生存和再生产的土壤,同时也为其他各种更高层次的创造奠定了基础。"恰恰是在日常生活中,正是从日常生活开始,人实现真正的**创造**,人的这些创造产生了人,人的这些创造是人成为人的一个部分:创造性的成果。"④因此,对于日常生活的认识不能简单化,只有采取全面的、历史的视角才能真正把握日常生活对于个体生存和社会发展的真实影响。

2. 日常生活的社会历史方位和历史演变

以上关于日常生活内涵的揭示和关于日常生活图式和活动机制的分析,还主要聚焦于日常生活本身,主要着眼于日常生活对于个体生存和再生产的价值和意义,现在我们要转入另一个重要方面,即从日常生活与非日常的社会生活和社会结构的关系,或者用列斐伏尔的话来说,从日常生活与实践的其他层次的关系角度来深化关于日常生活的认识。我们重点要揭示日常生活在人类社会整体中的地位,以及日常生活与非日常的社会生活和社

---

① 亨利·列斐伏尔:《日常生活批判》第 2 卷"日常生活社会学基础",叶齐茂、倪晓晖译,北京:社会科学文献出版社 2018 年版,第 278 页。
② 同上书,第 424 页。
③ 同上书,第 272—273 页。
④ 同上书,第 274 页。

会结构的交互作用。

首先,日常生活构成全部社会结构的深层的基础和根基,是所有社会活动得以发生的基础和寓所。如前所述,列斐伏尔认为,日常生活是"所有活动交汇的地方"和"所有活动的共同基础"。他还强调,"日常生活担当了自然与文化的中介","日常生活是自然与文化结合在一起的界面"。① 在这种意义上,列斐伏尔甚至强调:"日常生活是最高法庭,智慧、知识和权力都被用来做裁决。"②

今天我们所面对的是已经十分发达的非日常世界,相比之下,日常生活往往退隐到背景世界之中,不被人们所关注,用列斐伏尔的话来说,在人们通常的理解中,日常生活不过是我们抽取出各种高级的社会活动之后的"剩余"。他在1947年出版的《日常生活批判》第1卷中就指出:"日常生活一定要作为一个整体来定义,通过分析,在所有清晰的、高级的、专门的、组织起来的活动都明确之后,还有剩余。"③在十五年后出版的《日常生活批判》第2卷中,列斐伏尔又进一步阐发了这一思想。他在分析不同层次的社会活动组合时指出,"当我们把这些组合抽取出来,还剩下什么?日常生活'鲜活了',**残余沉积物**(residual deposit)和所有这些组合的**产物**两个方面决定了这个鲜活的日常生活。这样,日常生活以它自己的方式表现为一个**完整**的现象,也就是说,日常生活整体表现为一个层次,而且,日常生活在它自己的层次上表现为一个整体"④。尽管如此,列斐伏尔认为,同非日常的社会生活和社会领域相比,日常生活更具有基础性,不仅社会生活和社会活动的主体(个人)首先是在日常生活中生成的,而且社会化的生产、有组织的经济政治活动最初都是从家庭活动中分化出来的,哲学、科学、艺术作为自觉的精神生产也是从日常生活这个母体中升华出来的。

其次,作为所有活动的共同基础的日常生活与各个层面的社会活动处于相互渗透、相互支撑和相互作用的关系之中。一方面,日常生活世界为所有社会活动领域的分化和产生,以及它们的继续存在奠定了基础,并不断给

---

① 亨利·列斐伏尔:《日常生活批判》第2卷"日常生活社会学基础",叶齐茂、倪晓晖译,北京:社会科学文献出版社2018年版,第542页。
② 亨利·列斐伏尔:《日常生活批判》第1卷"概论",叶齐茂、倪晓晖译,北京:社会科学文献出版社2018年版,第5页。
③ 同上书,第90页。
④ 亨利·列斐伏尔:《日常生活批判》第2卷"日常生活社会学基础",叶齐茂、倪晓晖译,北京:社会科学文献出版社2018年版,第285页。

它们提供具体性和丰富性的滋养;另一方面,各种更高的社会活动领域反过来向日常生活渗透,它们既可能压缩日常生活的领地,也可能为日常生活的改善提供帮助。

关于各种社会活动对于日常生活这一深层基础的依赖,列斐伏尔作了很多阐述。经济活动和生产活动与日常生活密不可分的关联无须赘言,我们可以以政治和精神生产为例,对这一关系作更为深入的分析。关于日常生活与政治活动的关系问题,列斐伏尔认为,政治活动在现代社会中占据重要的地位,包含着丰富的内涵,例如,政治活动可以建立在已经确立的政权、已经建构起来的法律之上,或者可以建立在神秘化和暴力的基础之上,也可以建立在知识的基础之上。但是,"就以知识形式出现的政治活动而言,政治活动要求最细致入微地关注日常生活。进步的或社会主义的政治家必须了解人民的生活和需要,了解人民的眼前利益或根本利益。如果这个政治家偏离了他的这个职责,他也就不再有资本从事政治活动了。只有在这个政治家有了这种知识的情况下,他才是进步的或社会主义的。涉及住房、道路、孩子的游戏场所、公共交通之类的最简单的问题都在需求层次上有它们的相应位置,这些要求可能导致国家的改革。政治家的才能在于他能否分析这些因素,确定哪个因素在一个给定的时刻是最重要的"①。进而,在列斐伏尔看来,哲学、科学、艺术等分化了的高级精神活动,表面看起来似乎是独立的,是最远离日常生活的,但是实际上,其深层根基都建立在日常生活实践之上。"高级的、分化的和专门的活动从来就没有与日常实践分开过,它们只是表面上呈现出与日常实践分开。高级的、分化的和专门化的活动与日常实践分离的意识本身就是一种联系;仅仅因为高级的、分化的和专门化的活动把它们自己上升到日常实践之上,它们才意味着对日常生活的一种间接的或隐含的批判。这样,法国 18 世纪的哲学、文学、艺术、伦理和政治与资产阶级的**日常生活**一致:对幸福、愉悦、奢侈、收益和权力新的追逐。同样,18 世纪的理性主义与'杂记'中表达的日常生活态度一致。当科学家得出一个公式或一条规律的时候,实际上,他必然积累了长期经验,在这个长期经验中,最低级的助手和最简单的工具已经发挥出了它们的作用。"②

从另一个角度看,各种非日常的社会活动领域在依赖日常生活基础的

---

① 亨利·列斐伏尔:《日常生活批判》第 1 卷"概论",叶齐茂、倪晓晖译,北京:社会科学文献出版社 2018 年版,第 82 页。
② 同上书,第 80—81 页。

同时,也以各种方式强有力地向日常生活渗透。在现代社会,由资本驱动的经济活动通过广告、传媒等手段无所不在地渗透到日常生活之中;政治领域通过越来越细致的社会治理和各种形式的管理而渗透到日常生活之中;文学、艺术等通过大众传播、文化事业、文化产业等而成为日常生活和休闲活动不可或缺的组成部分;甚至最为抽象的理论领域——哲学也以自己的方式进入日常生活。"哲学是建立在日常生活之上的,甚至在哲学沉思生活和具体时,也是建立在日常生活之上的。哲学也是一种社会活动,存在于一定的群体之中,有着它们的模式、规范和社会角色,如哲学讲座、中学、城镇、大学,哲学进入日常生活。"①而在所有非日常的社会活动领域中,列斐伏尔谈论最多的是科学与技术(特别是技术)对日常生活的渗透和影响。可以说,科学与技术对日常生活的渗透和影响是全方位的,我们今天的日常语言和日常生活中充满了来自科学的术语和观念,而不断更新的技术更是通过建筑、设备、生活用品等源源不断地进入日常生活。列斐伏尔指出:"虽然技术已经远离和高于日常生活了,而且这种技术发展倾向还会继续下去,但是,技术一直都没有把日常生活这个被忽视了的部门扔给技术设备。在一定程度上讲,日常生活已经不再是未开发的部门。日常生活的一个长期特征就是**技术真空**,现在,这个技术真空已经部分地得到了填充。技术已经引入了大量家用设备。这些小技术设备已经为人所熟悉。"②不仅如此,技术还进一步控制和影响了日常生活的组织和调控。"无可争议,最近几年我们已经看到,最现代的技术已经用到了日常生活的组织方式上,也就是说,应用到了至今无人问津的部门。"③

最后,还要简单地概述日常生活的历史演变。如上所述,日常生活是一个自在自发的个体生存和再生产领域,因此,日常生活本身,特别是日常生活的习惯、模式等通常变化缓慢。但是,即便如此,日常生活也在发生着变化,特别是日常生活和非日常的社会活动领域之间的关系在不同的文明时代经历着变化。这种变化突出表现在两个方面:一是从总体演变趋势上看,呈现出日常生活领域不断缩小,而非日常的社会活动领域不断拓宽和增长的态势;二是非日常的社会活动领域对日常生活的渗透和影响具有双重后

---

① 亨利·列斐伏尔:《日常生活批判》第2卷"日常生活社会学基础",叶齐茂、倪晓晖译,北京:社会科学文献出版社2018年版,第284—285页。
② 同上书,第300页。
③ 亨利·列斐伏尔:《日常生活批判》第1卷"概论",叶齐茂、倪晓晖译,北京:社会科学文献出版社2018年版,第6页。

果,它们在促进日常生活的改善的同时,也带来了日常生活的新问题,特别是物化和异化的问题。

如前所述,在以农业文明为主要形态的传统社会中,日常生活是大多数人的主导性生存方式,而随着工业文明和现代社会的来临,人类社会经历了越来越深刻的分化,社会生产、经济、政治、科学技术、精神创造领域等不断分化并迅速发展,极大地压缩了日常生活的空间,把日常生活从总体上推到了背景世界之中。而在日常生活和非日常的社会活动领域的相互作用中,非日常的社会活动领域的影响呈现不断增强的趋势。这种相互作用虽然在一定程度上改善了现代人的日常生活,但是也带来了一系列新的问题。比如,消费社会的出现导致日常生活的普遍物化和传统道德规范体系的松动;全方位的政治管理和技术管理形成了对现代人日常生活的全方位的操控,使个人陷入更加普遍的异化之中。再比如,技术向日常生活的渗透打破了日常生活原有的自然节奏,但是又没有建立起新的节奏,从而引发了日常生活的碎片化和紊乱。列斐伏尔指出:"日常生活仅仅是部分地技术化了,日常生活还没有产生出自己的特殊风格或节奏。不相关联的对象(吸尘器、洗衣机、收音机或电视机、冰箱、小汽车,等等)决定了一系列没有联系的行动。小技术活动干扰了旧的节奏,这种干扰很像一般生产活动中分割开来的劳动。"①他认为,日常生活的这种物化和异化现象十分普遍,在深层次上显现出现代社会的普遍异化。这正是日常生活批判必须面对的重大课题。

(三)对日常生活的反思批判

通过上述分析可以看出,列斐伏尔同胡塞尔、卢卡奇、赫勒等思想家一样,明确强调日常生活对于人的生存和社会生活的基础性地位,自觉地要求哲学的理性回归生活世界,从日常生活中获得理论和思想的丰富性。但是,当涉及生活世界理论的价值维度时,不同思想家之间存在很大差异。在这方面,列斐伏尔不同于胡塞尔和维特根斯坦等人,不像他们那样带着技术理性异化时代的某种"乡愁",将生活世界当作给定的和现成的价值和意义世界而回归。因为在列斐伏尔看来,日常生活本身也充斥着物化和异化,他没有对日常生活世界持简单的非批判的赞扬态度,相反,在他那里,回归生活世界,不是要简单地同日常生活的实践和意识认同,而是要对日常生活本身

---

① 亨利·列斐伏尔:《日常生活批判》第 2 卷"日常生活社会学基础",叶齐茂、倪晓晖译,北京:社会科学文献出版社 2018 年版,第 301 页。

的自在性和异化进行理性的反思和批判,从而为现代人的健全的社会奠定坚实的基础。

1. 关于日常生活的自在性和落后性的反思

首先,同很多日常生活批判理论一样,列斐伏尔也注意到了日常生活的自在性、自发性和重复性的特征。因此,日常生活批判的维度之一是打破这种自在性对人的生存,特别是个性发展的束缚。

一般说来,传统自然经济条件下的(在很大程度上也包括现代的)日常生活,在基本图式上的突出特点表现为给定性和自在自发性,这一特征往往突出表现在日常态度、日常意识、日常思维的自然性、经验性,甚至是无意识性。而且,即使在现代社会,虽然日常生活世界已经被各种非日常活动、知识、价值、信息等不断渗透,日常生活也无法完全摆脱重复性和自在性的特征。这种自在自发性不仅构成日常生活的本质规定性,而且在各个历史条件下都对非日常的社会生活和精神生活产生不可忽视的影响。因此,这个问题一直是日常生活批判所关注的核心问题之一。尽管我们不能要求日常生活彻底摆脱这种自在的和重复性的活动图式,但是必须看到,当这种自在自发的日常生活图式足够强大,就会阻滞特定时代的科学、艺术、哲学等自觉的精神生产领域和有组织的社会活动领域的创新和超越。因而,列斐伏尔强调要特别关注这一问题,如前所述,他曾指出,虽然每个人每时每刻都过着自己的日常生活,但是,他们并不了解和理解自己的日常生活,日常生活就像春去秋来、星移斗转那样自然而然地、自在自发地,按照亘古不变的自然节奏流逝着。显而易见,如果日常生活的这种自在自发性和重复性过于强大,就会抑制人的主体性的生成,使个人无法成为自由的和全面发展的创造性个体。因此,日常生活批判的目的之一,就是要打破传统日常生活过于强大的自在自发和重复性的图式和机制对个体的束缚,催生总体的人。正是出于这样的原因,东欧新马克思主义理论家赫勒认为她的《日常生活》一书的核心争端是"日常生活如何能在人道主义的、民主的和社会主义的方向上得以改变"①。这种意义上的日常生活批判对于那些没有经历过充分的现代化,社会结构和价值观点更接近传统自然经济的民族和国度而言,具有更大的关联性和针对性。

---

① 阿格妮丝·赫勒:《日常生活》,衣俊卿译,哈尔滨:黑龙江大学出版社2010年版,英文版序言第2页。

其次,列斐伏尔认为,与关于日常生活的自在自发性和重复性的反思密切相关,日常生活批判还要特别关注日常生活的落后性特征。由于主要受自在的、自发的、重复性的图式和模式的支配,尽管有非日常的技术创新、物质成果和精神成果向日常生活的不断渗透,日常生活的变化和革新依旧缓慢,在很多方面落后于、滞后于非日常的社会活动领域。

一般说来,无论是日新月异的现代科技所带来的物质文明成果,还是日渐发达的精神生产所创造的精神文明成果,都充分展示了人的创造性。这些非日常的社会实践成果向日常生活领域的渗透按理应当极大地促进日常生活主体的创造性的发挥,并极大地改善日常生活条件。然而,现实的情况并非如此。例如,如前所述,列斐伏尔曾指出,现代性用不断超越的线性节奏和不断更新的技术成果打破了日常生活的重复性的循环和自然节奏,但并没有建立起更加合理的日常生活新节奏,反而使日常生活陷入紊乱和碎片化之中。再如,大众传媒全方位地进入了日常生活,成为现代日常生活不可或缺的内涵,但是,并没有真正提升日常生活的文化内涵和品位。"对于广播听众和电视观众来讲,广播和电视不只是渗透到日常生活中……通过从日常生活大背景下提取日常生活,凸显日常生活,使日常生活表现它的不一般的特征,用意义强化日常生活,这些表达日常生活的艺术现在已经变成了高度熟练的技巧。但是,即使通过播音员、编辑和制片人的处理,'演出'了一出伟大的生活和美好的生活,其实,它无非还是日常生活,而不会是什么其他的东西。"①

列斐伏尔还特别关注现代技术飞速发展背景下日常生活在物质条件层面上的改善状况,他认为,日常生活条件改善的程度远远落后于现代科技进步所能达到的程度,换言之,日常生活的改善远远落后于非日常的社会活动领域的发展,甚至出现了倒退,因此,出现了新的发展不平衡。"这个时期,人们目睹了日常生活应用技术方面的惊人发展,同时,人们也目睹了同样惊人的大众日常生活的倒退。任何一个没有受到社会学家兴趣影响的人很难想象,在我们周围,在法国,在巴黎本身,成千上万的儿童、青年人、学生、年轻的夫妇、单身家庭的生活条件是这样的:装修好的房子(越来越贵,越来

---

① 亨利·列斐伏尔:《日常生活批判》第 2 卷"日常生活社会学基础",叶齐茂、倪晓晖译,北京:社会科学文献出版社 2018 年版,第 302 页。

越肮脏)、贫民窟、过分拥挤的公寓、阁楼,等等。"①这种状况从一个侧面反映出在现代性的背景下日常生活世界的萎缩和被边缘化的问题。因此,如何通过改革建立更加合理的日常生活与非日常的社会活动领域之间的交互作用机制,是日常生活批判必须关注的课题。然而,这个问题的解决并非仅仅依赖于日常生活本身的变化,而在于整个社会体制和结构的改革和完善。因此,日常生活批判具有超日常生活的意义,是完整的社会历史理论和社会变革方案不可或缺的组成部分。

2. 关于日常生活的物化和异化的批判

对于列斐伏尔而言,同关于日常生活的自在自发性和重复性的反思相比,日常生活批判的另一个维度更为重要,更为紧迫和关键,这就是对日常生活的异化状态的批判。列斐伏尔认为,当今资本主义已经进入全面异化的状态,而其中的重要特征之一是日常生活已经成为人的本质异化的主要领域之一。日常生活的异化不仅构成了对个人的直接压抑,而且使个人丧失革命的主体性和创造性,不断地支撑和生产着资本主义的异化的社会关系。因此,他强调,开展日常生活批判是在新的形势下对马克思主义的创新和发展。

断言日常生活的物化和异化是现代人所面临的严重的危机之一,主要来自两个方面的原因。一方面,从日常生活自身的角度来看,日常生活的自在自发性和重复性特征虽然具有抑制主体的创造性的消极功能,但是,它的稳定性为处于现代性焦虑之中的现代个体提供了一个安身立命的自在的价值世界,而物化和异化向日常生活世界的渗透则是对人类社会深层根基的侵蚀和破坏;另一方面,从非日常的社会活动领域的角度来看,各种科技创新成果、物质文明成果和精神创造成果向日常生活的渗透并没有从根本上改善日常生活的质量,提升日常生活的品位,反而使各种物化和异化形式从非日常的社会活动领域深入到日常生活领域,这表明异化已经深入到人类社会的深层根基和每一个体的生存方式之中,因而,日常生活的物化和异化是现代性危机的最深刻的表征。正是基于这样的思考,列斐伏尔从多方面反思和批判日常生活的物化和异化。

在物质生活层面,列斐伏尔特别分析了充斥在社会生活和日常生活之

---

① 亨利·列斐伏尔:《日常生活批判》第1卷"概论",叶齐茂、倪晓晖译,北京:社会科学文献出版社2018年版,第7页。

中的商品拜物教和消费主义意识形态。列斐伏尔非常重视马克思对商品拜物教和货币拜物教，以及各种物化现象的批判。在资本的逻辑驱动下，现代生产和经济运动通过各种手段向日常生活世界倾泻着五光十色的商品，这些人们顶礼膜拜的财富、货币、商品、资本，掩盖了它们背后的人的关系，把社会生活和日常生活中的一切都变成可交易、可占有、可消费的东西。列斐伏尔将现代资本主义社会称为"控制消费的官僚社会"。这个社会不断地生产和创造新的商品，并通过新奇的广告宣传不断地刺激人们的消费欲望，影响人们的消费方式和习惯。列斐伏尔说："宣传不仅仅提供了一种消费的意识形态，而且更主要地创造着'我'这样才是自我实现的消费者形象，在这样的行为中消费者认识到自己并与他自己的理想相一致。"[1]他还指出，商品广告通过电视在每个家庭里的泛滥，导致了日常生活为经济利益所控制，变成了一个组织的领域和受控的东西。他这样描述道：你从那里知道，如何生活得更好一些，如何穿得时髦一些，如何去装饰你的房子，总而言之，如何去生活，你被完全地彻底地安排好了，消费活动保持着一种永恒的结构。物质商品的丰裕不断地促成和加剧着私人化。社会有组织的福利措施和消费控制，使个人全然不知自己作为社会公共存在的本质。资本主义的消费控制使个体日益远离社会，加剧着人与人之间的疏远，同时导致了文化的分崩离析。

在精神产品和文化产品层面，列斐伏尔重点分析了大众文化所导致的日常生活异化现象。20世纪，科学技术得到了飞速的发展，技术成果不断地被应用到日常生活中，其中信息和通讯技术的发展，造成了大众传播手段（电影、电视和半导体等）在日常生活中的广泛使用，也由此为大众文化的形成提供了物质技术基础。原本是作为少数人特权的文化产品走入了日常生活世界，变成了大众文化产品。这本应提升日常生活层次，唤醒自在的日常生活主体的创造性，但是，以现代传播技术和传播媒介为依托的大众文化往往是商品化的、平面化的，迎合消费主义口味的文化产品，因此，是丧失了创造性和艺术个性的平庸的文化商品，这种文化产品的传播只会进一步加剧日常生活的平庸化和物化特征。"电视这种大众媒体消除了参与——实在的、主动的或可能的，参与具有一种身临其境的奇妙感觉。坐在自己的椅子上，老婆和孩子围绕着，这些看电视的人正在目睹着世界。同时，日复一

---

[1] Henri Lefebvre, *Everyday Life in the Modern World*, New York and London: Harper & Row Publishers, 1971, p.90.

日、新闻、广告、意义表达，后浪推前浪，滚滚而来，翻来覆去，它们纯粹是奇迹，它们无法抗拒，它们让人昏昏欲睡，通过这样一个简单事实，它们其实大同小异。'消息'把观众淹没到了单调的新闻和事实性话题里，它们削弱着观众的敏感性，销蚀着观众求知的欲望。"①不仅如此，大众传播媒介和大众文化产品还是现代社会的重要的操控和统治手段。列斐伏尔认为，发达资本主义正是通过大众传播媒介维护自己的合理性存在和运转的。资产阶级通过大众文化对工人阶级和整个市民社会进行潜移默化的引导，借助看似无意识的文化价值观念的植入，对人们进行思想上的说服，从而使其接受资产阶级的意识形态。列斐伏尔在《现代世界中的日常生活》一书中指出，随着大众传播工具向日常生活的扩散，文字正被影像所代替，这些具有广泛性和大众性等特点的影像，处在信号的形式中，所以它们抚慰消费者，并在深刻的异化的关系中，用神秘的情报去轰击坐在汽车里和电视前面的消费者。日常生活被国家和官僚政治所一体化，同时又完全被片断化了。大众传播工具消除了听众的独立性和自主判断，在主体与这种客体的相互作用中，客体成为能动的，而主体变成了一种消极的东西。

资本主义社会的消费控制和大众文化导致了日常生活的支离破碎，也形成了这样一种自相矛盾的异化：一方面，生活比以往任何时候都舒服、自在，但另一方面也比过去任何时候都更糟糕，更令人苦恼。虽然通讯工具越来越发达，人们却越来越感到孤独，在符号和信息的不断增长和膨胀中缺乏交往。列斐伏尔认为，日常生活的异化产生了一种历史性的后果，那就是掩盖了资本主义的剥削和压迫，削弱了人们的主体性和革命性，因而维护了资本主义的现状和持续存在。

3. 扬弃异化与日常生活批判

列斐伏尔认为，通过上述关于日常生活异化的分析，可以看出，现代社会的物化和异化比马克思的时代要更为普遍、更为严重、更为深重，它不仅充斥了所有社会生活领域，而且深入到日常生活的微观世界之中。因此，要扬弃现代人的异化，不能单凭宏观的阶级革命，而首先要从克服最深层的异化，即日常生活的异化入手，这也是现代性批判的重要课题。而要消除日常生活的这种异化，必须进行深刻的日常生活的理论批判和实践重建，其核心

---

① 亨利·列斐伏尔：《日常生活批判》第 2 卷 "日常生活社会学基础"，叶齐茂、倪晓晖译，北京：社会科学文献出版社 2018 年版，第 301—302 页。

是总体的人,即具有创造性的、自由的新人在日常生活地平线上的生成。列斐伏尔充满激情地宣布:"新人可以开始他自己生活的征战,重新发现或创造平凡生活的伟大;新人可以开始了解日常生活,谈论日常生活。在这个时候,我们会进入一个新的时代。"①

关于如何具体地推进日常生活的改变和革命性变革,从人类社会的根基上扬弃异化,列斐伏尔有很多探讨,我们将在后面分析都市社会背景下的空间生产批判、日常生活批判和都市革命时具体加以阐发。综上所述,应当看到,列斐伏尔日常生活批判理论中扬弃异化的维度包含着丰富的内涵。一方面,就变革资本主义的社会制度,克服资本主义的人的本质异化,实现人的解放而言,列斐伏尔认为,必须从日常生活入手,进行日常生活的批判,因为正是日常生活的异化不断地支撑着并不断地再生产着资本主义异化的社会关系。而且日常生活还为资本主义的经济现实和政治上层建筑提供了一种掩蔽的面纱,并不断地生产这种面纱。日常生活批判就是要撕破这种面纱,使每个人认识到自身的处境,摆脱压抑,恢复自我的主体性,从而以实际的行动变革整个社会关系。另一方面,现代日常生活并非单纯是一个全面异化的领域,它作为全部社会生活的微观基础,内在地包含着变革的因素,只有在生活世界的根基上,在社会生活的微观层面上唤醒个体的创造性和对异化的反抗,才能真正实现深刻的社会变革,这正是日常生活批判思想家经常强调的"日常生活人道化"或者"日常生活革命"。在这种意义上,列斐伏尔认为,以苏联模式为特征的社会主义往往偏重于解决宏观的历史性的经济、政治问题,强调社会解放,而忽视日常生活的革命、忽视个人的解放的历史性意义。在他看来,社会主义革命是一种总体性的革命,是人的彻底的解放,是社会解放和个人解放的统一。日常生活批判的使命就是要克服那种忽视日常生活革命、忽视个人解放的倾向,将微观世界的革命置于社会变革的中心。在此基础上,列斐伏尔区分了两种不同层次的革命,即最低限度的革命和最高限度的革命。所谓最低限度是指一种形式的革命,它包括劳动的解放和生产关系的改变。而最高限度的革命则是生活的完全改变,包括劳动本身和家庭关系。没有家庭和日常生活的改变,生产关系就不会改变。日常生活批判的宗旨就是要通过日常生活的革命催生经济和政治的历史性革命,就是要使社会主义革命成为社会解放和个人解放的合一,达到

---

① 亨利·列斐伏尔:《日常生活批判》第1卷"概论",叶齐茂、倪晓晖译,北京:社会科学文献出版社2018年版,第119页。

社会主义与个人的真正统一。

三、都市社会背景下的日常生活批判

如前所述,列斐伏尔作为一名长寿的、一直保持创造力的思想家,一生不断对思想界和理论界产生重要影响。在早期开启了日常生活批判的地平线之后,20世纪60年代,列斐伏尔进入了其学术生涯中的第二个重要创作期。自60年代初期问世的《现代性导论》(1962),以及《日常生活批判》第2卷"日常生活社会学基础"(1962)起,列斐伏尔就开始了关于空间问题的思考,特别是1968年法国的"五月风暴",更是促使他从后现代的微观视角来审视现代性问题。伴随着《现代世界中的日常生活》(1968)的出版,他陆续推出一系列关于都市社会和空间问题的著作,例如《进入都市的权利》(1968)、《从乡村到都市》(1970)、《都市革命》(1970)、《马克思主义思想与城市》(1972)、《空间的生产》(1974)等。在这些著作中,列斐伏尔围绕着空间生产、当代社会的都市化、都市革命等重要概念和问题,发展起自己的社会空间理论和都市社会理论。

从表面看,似乎列斐伏尔在这里又提出了一种与早期思想不同的全新的理论,但实际上,社会空间理论和都市社会理论在列斐伏尔那里都是对他早期的异化批判和日常生活批判的进一步延伸和在新形势下的深化。列斐伏尔在谈到自己的《空间的生产》一书时曾明确指出:"这一社会空间理论,一方面包括对都市现实的批判分析,另一方面包括对日常生活的批判分析;实际上,日常生活与城市,是不可分割地联系在一起的,同时,产品和生产,通过这两者而占据着一个空间,而反过来也是如此。"[①]因此,空间生产理论和都市革命理论既是列斐伏尔面对人类社会发展的新问题所提出的新的重要理论范式,也是他早期开辟的日常生活理论范式在都市社会条件下的进一步延伸和拓展。

(一)空间生产的兴起与都市社会的来临

"空间的生产"和"都市社会"两个重要范畴的提出,涉及列斐伏尔关于人类的生产方式、人类社会结构和人类历史分期等重要理论问题的理解,限于篇幅,我们在这里只能简要地概括出他的基本思想逻辑。

---

① 亨利·勒菲弗:《空间与政治》,李春译,上海:上海人民出版社2008年版,第1页。

1. "都市社会"概念的提出

列斐伏尔在《都市革命》中首先梳理了不同学科对于当今人类所处时代的社会形态的定性和描述,社会学、政治经济学、历史学、人文地理学等学科分别提出了"工业社会""后工业社会""技术社会""丰裕社会""休闲社会""消费社会"等概念。相比之下,列斐伏尔更倾向于用"都市社会"概念来表征当今的人类社会。

首先,列斐伏尔认为,都市社会意味着"社会的完全都市化"。他指出,人们对都市概念的使用并不严谨,广义上,人们常常用"都市社会"来指谓任何时代的城市或城邦,如希腊城邦、东方的城市、中世纪的城市、商业城市、工业城市、小城市和大都会。而列斐伏尔是在狭义上使用"都市社会"的概念,用来特指在工业化进程中完全吸收和支配了农业生产,建立起城市对农村的完全统治的社会。

列斐伏尔明确说:"在这里,我们保留的'都市社会'这一术语,用来专指在工业化进程中诞生的社会,它通过工业化进程本身对农业生产的支配和吸收而建立起来。"①更具体地说,列斐伏尔谈论的都市社会,并非宽泛地指向工业化进程的任何一个阶段,而是特指高度发达的工业化,也就是人们通常所说的后工业社会的情形,其中,农业生产、农村被工业生产和城市完全吞并和吸收。在这个阶段,"经济增长和工业化成为最重要的原因和理由,并在各个领土、区域、国家和大陆上全面扩大影响。结果,传统的适于农民生活的组织形式,也就是农村(village)正在发生着变化,被更大的单位吸收或征用,被融入工业及其产品的消费中。人口的集中伴随着生产方式的集中。**都市组织**(tissue urbain)正在增生、扩张和侵蚀着农业生活的残余。'都市组织'并不仅仅是指城市中的建筑领域,而且指城市对乡村(campagne)实现统治的全部症状。在此意义上,一栋别墅、一条高速公路、一个乡村里的超级市场,都属于都市组织的一部分"②。

其次,根于都市概念的界定,列斐伏尔提出了关于人类社会发展阶段或曰人类文明时代的新的划分。众所周知,马克思和恩格斯的唯物史观依据生产方式来划分历史,把迄今为止的历史时间划分为亚细亚的、奴隶制的、封建制的、资本主义的和社会主义的几个历史阶段。而列斐伏尔则根据自

---

① 亨利·列斐伏尔:《都市革命》,刘怀玉、张笑夷、郑劲超译,北京:首都师范大学出版社2018年版,第4页。
② 同上书,第5—6页。

已对空间的独特理解,提出了新的历史分期,"可以将历史划分为三个时代:农业时代、工业时代和都市时代"①。

列斐伏尔认为,人类历史的这几个主要时代,城市本身也经历了演变过程。在古代社会,例如在希腊城邦时期,城市开始出现,那时的城市主要发挥政治功能,即政治城市;后来在中世纪,商业和市场在城市里出现,逐步发展起商业城市;而在工业时代,则进入了工业城市阶段;最后随着都市组织的扩张、乡村完全从属于城市、城市本身的日益集中化并对农村人口不断吸收,具有高度集中化的核心区域出现而形成了都市社会。②

从列斐伏尔的许多分析来看,他关于农业时代、工业时代、都市时代的划分也没有完全脱离开生产方式的问题,而且他把都市社会的空间生产理解为生产关系的生产与再生产,因而,上述两种历史分期有着内在的关联。二者的差别在于:依据生产方式演变所作的历史划分的聚焦点在于时间(历史时间),而依据空间生产所作的历史划分的聚焦点在于空间(社会空间)。社会历史分析重点从时间向空间的转变,是理解列斐伏尔空间理论和都市理论的关键。因此,我们在具体描述都市社会(都市现实)的规定性之前,首先要阐述列斐伏尔关于空间生产的理解。

2. 从"空间中的生产"到"空间的生产"

列斐伏尔认为,对于空间问题的思考,特别是空间生产概念的提出,是对马克思主义的发展。这是因为在马克思那里,并没有关于社会空间的系统阐述,更多的是关于生产力的增长和产品数量的增长所形成的生产规模问题的讨论。当然,列斐伏尔强调,断言马克思那里并没有关于社会空间和空间生产的论述,并不是指责马克思人为地忽略了这一重要问题。这一问题在马克思的时代并不存在或者并不严重,因为那时,资本主义的建立和发展是在自然空间中展开的,或者说,那时的空间只是生产场所的综合和各种市场的地盘。他认为,只是到了 20 世纪下半叶,随着资本主义通过城市的急剧扩张以及对农业的整合等,关于空间、城市、过度增长、过剩、空间的组织等方面的问题才开始涌现,并逐渐引起哲学社会科学的关注和质疑。

首先,面对 20 世纪下半叶的资本主义发展,列斐伏尔谈到"空间对于时

---

① 亨利·勒菲弗:《空间与政治》,李春译,上海:上海人民出版社 2008 年版,第 65 页。
② 参见亨利·列斐伏尔:《都市革命》,刘怀玉、张笑夷、郑劲超译,北京:首都师范大学出版社 2018 年版,第 10—18 页。

间的优先性",他强调资本主义生产方式凸显了空间的优先性,空间的重要性压倒了时间。这一变化的深层原因是资本主义条件下空间和生产的关系的转变,即从"空间中的生产"(也称"空间中的物的生产")向"空间的生产"(也称"空间本身的生产")的转变。在列斐伏尔看来,空间在社会生产和社会运行中地位的改变是人类历史发展的一次根本性的转变,它深刻地影响了人类社会生活和历史的发展机制。

列斐伏尔在《空间的生产》等著作中明确表述了生产向空间本身的生产转变的思想,他指出:"'生产空间'(to produce space)是令人惊异的说法:空间的生产,在概念上和实际上是最近才出现的,主要是表现在具有一定历史性的城市的急剧扩张、社会的普遍都市化,以及空间性组织的问题等各方面。今日,对生产的分析显示我们已经由**空间中的事物的生产**转向**空间本身的生产**。"①在列斐伏尔看来,促使"空间中的生产"(production in space)向"空间的生产"(production of space)转变的因素很多,例如生产力的自身成长、知识在物质生产中的直接介入等。这种转变的结果是:空间不再是外在于生产的背景或者寓所,而是生产要素本身,并且是根本性要素,"在目前的生产方式里,社会空间**被列为生产力与生产资料、列为生产的社会关系,以及特别是其再生产**的一部分。"②当然,在这种情况下,"空间中的生产"并没有消失,不过已被引至不同的方向,而且其重要地位也被"空间的生产"所替代。空间地位的转变使资本主义的生产发生了重要的变化,在一定意义上可以说,资本主义生产在相当程度上已经成为一种不断超越地理空间(自然空间)限制的社会空间的生产过程,甚至可以说,空间的生产在一定意义上就是资本主义生产关系再生产,而资本主义的扩张主要体现为空间生产的扩展。

其次,列斐伏尔认为,这种空间的生产之所以取得迅猛的发展并且取得了对空间中的生产的优先性和重要性,很大的原因在于,空间生产不是一个自发的过程,发达资本主义条件下被生产出来的社会空间和这一空间生产活动本身都是政治性的,是由城市规划或都市规划以及城市建筑学这一空间组织活动来自觉地推动和主导的;而城市规划或都市规划背后的决定力量和推动力量主要来自两个方面:一是空间的规划体现了国家的意志,服从

---

① 亨利·列斐伏尔:《空间:社会产物与使用价值》,包亚明主编:《现代性与空间的生产》,上海:上海教育出版社2003年版,第47页。
② 同上书,第51页。

于现存统治的需要,因而空间成为一种工具性的存在;二是空间的规划同时被资本的力量所左右,不动产的动产化推动了空间的买卖和交易成为现代社会经济活动的重要内涵。

列斐伏尔划分了几种不同类型的城市规划(都市规划):第一种为"人道主义的都市规划",它代表着一种抽象的乌托邦特征;第二种为"开发商的都市规划",它主要兜售幸福快乐;第三种是"国家机器技术官僚的都市规划",它体现了国家的意志和统治的秩序要求。但是,无论如何强调人道主义或者技术决定论(合理性要求),都市规划在根本上都摆脱不了现行体制框架,都必须妥协,同时也要受到开发商所代表的资本力量的制约。"都市规划专家不能为自己找到一个位置,也不能找到自己的角色。都市规划发现自身处于特殊利益与政治利益之间,处于那些依照'私人利益'而做出决定的人,与那些依照更高的制度与权力而做出决定的人之间。"①因此,列斐伏尔强调,城市规划在其专业性和科学性的外衣下,实际上隐藏着资本主义的都市发展诉求,"在其人道主义与技术决定论的善良外观之下,都市规划掩盖了资本主义的策略:控制空间,遏制一般利润的下降,等等"②。

列斐伏尔特别批判了空间的商品化,在资本主义条件下,空间不但被生产出来,而且也被作为商品销售,资本开始与房地产捆绑在一起。这种不动产的动产化,反过来又进一步刺激资本主义的空间生产和空间扩张。"最近,空间本身开始被购入与出售。不是土地、土壤,而是**社会空间**本身,因为这种目的或合目的性(可以这么说吧)而被生产出来。空间不再仅仅是中立的媒介、地点的总和,在那里剩余价值被创造、实现和分配。它变成了社会劳动的产物,非常一般的生产对象,从而是剩余价值的构成物。生产就是如此在其新资本主义的框架之中变成社会性的。"③列斐伏尔指出,空间原本像水、空气、阳光一样并不属于经济和商业,它们在使用中并没有交换价值,但是,现在空间的生产已经把这些不动产和天然的财富变成了商品。而且,空间的生产在资本的逻辑驱动下,有时会变得疯狂。"这种情况,特别地发生在城市的中心(纽约比巴黎更甚)。空间的动产化变得疯狂了,也推动了这些被生产出来的空间的自我毁灭。疯狂的投资,在没有停止寻找新

---

① 亨利·列斐伏尔:《都市革命》,刘怀玉、张笑夷、郑劲超译,北京:首都师范大学出版社2018年版,第180页。
② 同上书,第177—178页。
③ 同上书,第176页。

的领域、土地和地区,或者补偿的时候,是不会减缓的。"①显而易见,政治统治和意识形态的要求与资本逻辑的结合成为空间生产的巨大推动力量,而空间生产的快速发展又为都市社会的形成奠定了基础。

3. 资本主义"都市社会"的特征及其内在矛盾

在列斐伏尔关于人类社会发展阶段或人类文明时代所作的新划分中,都市社会是一个崭新的社会形态和历史阶段,它不仅代表着人类生产方式的重大转变,也代表着人类生存方式和社会关系的重要转变。然而,在他看来,虽然人类已经在相当程度上开启了都市化进程,但是,真正合理的都市社会尚未生成,我们面对的只是"一种正在进行的社会实践,以及正在形成的**都市实践**"②,因此,我们关于"都市社会"的认知在很大程度上是对现代人类社会演进趋势,特别是对都市实践发展趋势的判断和构想。不仅如此,迄今为止,大部分都市实践和都市化进程都是在发达资本主义条件下展开的。由于国家权力和资本逻辑的相互结合和共同驱动,资本主义条件下的空间生产和都市战略的宗旨并非是为人类形成更加自由平等的都市空间和都市社会,而是更加卓有成效地牟利及更加全面地对人的生存进行操控和压迫。在这种背景下,资本主义的空间生产并没有形成一个健全的都市社会,而是形成了一种异化的"都市现实",因此,列斐伏尔在《都市革命》中把资本主义的都市规划、都市实践和都市现实作为"都市幻象"而加以批判。

在这种意义上,列斐伏尔提出的"都市革命"包含着丰富的内涵:一方面,从宏观的角度看,通过都市化进程的进一步发展促进都市社会的生成,这对于人类社会历史的发展是一种革命性转变;另一方面,从现实的视角来看,对资本主义都市化进程中的物化、异化、危机和都市幻象进行深刻的批判,从而推进人类都市实践的健康发展,是都市革命更切近的主题。

都市社会是建立在空间生产的基础之上的,换言之,空间生产在某种意义上也是最重要的都市实践形式,正是这种特殊的生产所创造出来的都市空间的不断扩展形成了都市现实和都市社会,因此,研究都市社会在某种意义上也是研究都市空间。而在当代历史条件下,都市社会研究的首要任务是揭示资本主义空间生产和都市战略的基本特征和内在矛盾。

首先,列斐伏尔认为,都市现象和都市现实的本质特征是集中性,但是,

---

① 亨利·勒菲弗:《空间与政治》,李春译,上海:上海人民出版社2008年版,第102页。
② 亨利·列斐伏尔:《都市革命》,刘怀玉、张笑夷、郑劲超译,北京:首都师范大学出版社2018年版,第18页。

这不是一种封闭的集中性,而是一种多中心的、开放的集中性,是一种"多元的集中性",因此具有强有力的聚合力量和联合力量,把一切都联合起来,形成覆盖一切的都市现实;这种高度的集中性为资本主义进行更大规模的扩张创造了条件,资本主义的扩张也体现为空间生产的扩张,往往呈现为一种不可遏制的和无边界的空间扩张,这也是发达资本主义幸存的重要根源。

以空间生产为基础的都市现象的集中性,的确是一种非常独特的而且强有力的集中性。列斐伏尔指出:"都市现象的本质乃是其集中性,但我们对**集中性**的理解是与创造和毁灭它的辩证运动联系在一起的。事实上,任何一个点都可以变成中心,这正是都市时间—空间的意义。"①他认为,这种集中性的独特性在于,虽然它也关心它所聚合在一起的东西的内涵,但是从根本上说,所聚合起来的东西的确切性质对都市而言并不重要,换言之,这种开放的且多中心的集中性,可以在任何一点上把所有的东西都聚合起来,而不管所聚合的东西是什么。正因为如此,空间生产背景下的城市或都市就具有了生产性和创造性,"事实上,它不仅仅是毁灭性的活动、消费活动;它变成了生产性的(即生产资料),但起初是通过把生产要素联合在一起而做到这一点的。它把市场联合在一起(包括农业和工业产品市场——地方的、区域的、国家的以及全球的:资本市场、劳动力市场、土地本身的市场,还有符号物和象征物的市场)。城市把通过自然或劳动,由别处产生的一切汇聚在一起:自然产物与劳动产品、产品与生产者、作品与创造物、活动与情境。那么城市创造了什么呢?什么也没有。它只是将创造物**集中**起来。但它依然创造了一切。因为如果没有交换,没有联合,没有邻近(即没有**关系**),一切都不会存在。城市创造了一种情境即都市情境"②。正是这种具有集中性的都市现象和都市空间为"资本主义向整个空间的扩张"③奠定了基础。

其次,依据都市现象既是集中的,又是多元的,既是中心的,又是多中心的这种"多元集中性"的本质特征,列斐伏尔进一步揭示了都市空间的特征。他认为,同典型工业社会的"同质化空间"相比,都市社会的空间应当

---

① 亨利·列斐伏尔:《都市革命》,刘怀玉、张笑夷、郑劲超译,北京:首都师范大学出版社2018年版,第134页。
② 同上书,第135页。
③ 亨利·勒菲弗:《空间与政治》,李春译,上海:上海人民出版社2008年版,第112页。

是一种"差异性空间",应当是能够为人的自由平等的交往和真正的栖居提供条件的平等的空间。然而,在后面的分析中我们将会具体看到,由于资本主义的幸存,现实的都市空间并非是真正的、平等的差异性空间,而是一种等级化空间,在这种空间中,包含着都市的一切可能性,包含着都市社会的内在矛盾性:既包含着都市社会的无限创造性和自由的可能性,也包含都市社会的操控性和压迫性,即都市社会的异化。

列斐伏尔认为,都市空间不同于工业空间。具体说来,工业空间是取代了农业时代的自然空间后形成的一种同质化的空间。"取代自然环境异质性的是工业空间的同质化,毋宁说它意在同质化,与其量化的合理性一致。"①进而,列斐伏尔强调,"这种都市空间从根本上来讲不同于工业空间,正是因为它是**差异性的**(而不是同质性的)"②。这就表现为我们上述所分析的,都市现象既是集中性的,又是多中心的,属于一种多元集中性。列斐伏尔列举了都市空间中的多种"构成性中心",他指出,"构成性中心,有其特别的辩证性的运动。它树立了自己的权威。没有中心,就不会有都市的存在,这涉及到商业中心(它汇集了产品和物品)、符号中心(它将意义汇集起来并加以共时化)、信息中心、决策中心等等。而每一个中心都在进行自我瓦解。它通过饱和进行着自我瓦解;其瓦解的原因在于,它要转变为另一个构成性中心"③。列斐伏尔认为,这种差异性空间包含了都市社会的各种张力、矛盾和可能性:对象化与异化、创造性与毁灭性、自由解放与压迫性,等等。他关于都市空间的矛盾有各种不同的阐述,却没有统一的、确切的界定,这也反映出都市现实和都市空间的复杂性和丰富性。例如,列斐伏尔写道:"事实上,任何事情都可以在任何地方发生。人群可以集合起来,物品可以堆积起来,节日可以展开,某一事件——恐怖的或者快乐的——可以发生。这就是都市空间何以那样迷人的原因:集中总是可能的。与此同时,这个空间可以自我清空,清除其他内容,变成一个纯粹匮乏的或权力的场所。可以根据它的固定结构来把握它,它被分阶段、划等级,从公寓建筑到整个都市,均被行政法令和命令、可见的或不可见的界限所规定。它很容易被分为部分和不同区域,分为基本的客体和单元。都市空间可以供人们自由地

---

① 亨利·列斐伏尔:《都市革命》,刘怀玉、张笑夷、郑劲超译,北京:首都师范大学出版社2018年版,第143页。
② 同上书,第144页。
③ 亨利·勒菲弗:《空间与政治》,李春译,上海:上海人民出版社2008年版,第69页。

使用，而且同样令人着迷的是，它也可以被事先划分为任意的单元（譬如在住房群和居住区旁边的是行政区和选举区之间的官僚主义界限）。"①而在所有都市矛盾中，列斐伏尔特别关注压迫性的、工具性的都市空间对于日常生活和社会生活的操控，因为它呈现出都市社会的最深刻的异化和物化。

（二）作为都市革命的空间批判和日常生活重建

列斐伏尔社会空间理论和都市社会理论的宗旨不是要对当代人类社会的变化进行一种实证性描述，而是要有力地揭露都市社会的深刻的现代性危机，特别是都市空间对现代人无所不在的压迫和操控，并且寻找摆脱这种都市社会普遍异化的途径。

1. 压迫性空间与资本主义都市现实的异化

如前所说，都市空间应当是一种多中心的差异化空间（或差异性空间），这种空间提供了创造性的可能，但是，在资本主义都市化进程中，这种空间的生产实际上形成了一种压迫性空间（压制性空间）、工具性空间、等级化空间，它是一种对日常生活主体和社会生活、社会运动进行统治和操控的政治学战略，并使异化和物化以微观的、弥散化的方式渗透到生活的每一个角落和每一个层面。其结果是，都市社会的理想性的差异空间在现实中以异化的形式出现，表现为一种强制性的抽象空间，它包容无数差异性在自身之内，却又漠视和否定这些差异性。这一强制性的抽象空间压制或取代了人赖以栖居的具体空间。列斐伏尔明确指出，资本主义都市战略（都市规划）的机制出现了问题，导致"具体空间已经被抽象空间所取代。具体空间是**栖居**的空间"②。

具体说来，正因为资本主义空间生产形成的空间既是集中的，又是多中心的，所以它可以在不同的社会阶级或者等级之间、中心和边缘之间、发达和不发达之间形成等级化的空间隔离和空间操控，"压制性空间的逻辑重新确立了一致性"③；由于都市空间具有压迫性和压制性，所以它是一种工具性空间，从功能上看，"工具性的空间，首先进行的是一种普遍化的隔离，

---

① 亨利·列斐伏尔：《都市革命》，刘怀玉、张笑夷、郑劲超译，北京：首都师范大学出版社2018年版，第148—149页。
② 同上书，第210页。
③ 同上书，第203页。

这就是群体的、功能的和地点的隔离"①,政治和资本正是通过空间的隔离功能,形成对全社会的操控和统治。因此,列斐伏尔强调了批判和抵制都市的压迫性空间的重要性,"我已经把都市规划本身作为意识形态与制度、表象与意志、压迫与压抑来批判,因为它建立起一个压迫性空间,而此压迫性空间被描绘成客观的、科学的与中立的"②。列斐伏尔通过对资本主义"都市社会"(都市幻象)无所不在的压制现象和异化现象的揭示来揭穿这种所谓压迫性空间中性论的谎言。他在这方面的批判非常丰富,我们可以列举其中一些最为典型的论述。

首先,作为国家重要的政治工具,以及作为资本流动的重要手段,工具性空间和压迫性空间在中心和边缘、发达和不发达地区建立了新的等级化空间分割和隔离,列斐伏尔称之为"新殖民主义"。这种新殖民主义的等级化空间可以凭借空间生产的扩展逻辑延伸至世界的每一个角落,形成等级化的世界空间。

列斐伏尔指出:"空间已经成为国家最重要的政治工具。国家利用空间以确保对地方的控制、严格的层级、总体的一致性,以及各部分的区隔。因此,它是一个行政控制下的,甚至是由警察管制的空间。"③他以法国的状况为例,形象地描绘了以巴黎为中心的空间等级体系和控制体系。巴黎是一个庞大的首都,"这座首都把一切都向自身吸纳:人口、智力、财富。这是一个决策和舆论的中心。在巴黎周围,分布着一些从属性的、被等级化的空间,这些空间同时被巴黎统治着、剥削着。帝国主义的法兰西丧失了它的殖民地,却又建立起了一种内部的新殖民主义。现在的法国包含着一些超发达、超工业化、超都市化的地区。而在很多的地区,欠发达状况日益加剧,特别是在布列塔尼和南部"④。在列斐伏尔看来,资本主义所生产的抽象空间的统治功能就在于它没有固定的界限,随着资本和现代性的全球流动,它可以创造出等级制的"世界空间"。历史在世界性的层面上展开,而等级制的控制和统治也相应地在全球编织出自己的网络。空间生产从世界大都市延续到最悲惨的所谓"不发达的"地区和国家,中心和边缘的对立无所不在,

---

① 亨利·勒菲弗:《空间与政治》,李春译,上海:上海人民出版社2008年版,第150页。
② 亨利·列斐伏尔:《都市革命》,刘怀玉、张笑夷、郑劲超译,北京:首都师范大学出版社2018年版,第209页。
③ 亨利·列斐伏尔:《空间:社会产物与使用价值》,包亚明主编:《现代性与空间的生产》,上海:上海教育出版社2003年版,第50页。
④ 亨利·勒菲弗:《空间与政治》,李春译,上海:上海人民出版社2008年版,第129页。

占统治地位的中心对空间的支配保证了空间的一体化统治。

其次,作为一种阶级或阶层统治战略,工具性空间和压迫空间在不同的阶级和阶层之间进行空间隔离,加剧了社会的贫富差别,用空间隔离固化了阶级和阶层的等级制。而这一空间战略的最大受害者是工人阶级和低收入群体,他们被驱逐到都市的边缘,没有进入都市的权利。

关于这个问题,列斐伏尔从城市规划领域非常著名的"奥斯曼计划"(一译"欧斯曼计划"或"豪斯曼计划"),即奥斯曼巴黎改造计划开始进行分析。法国城市规划师奥斯曼男爵(Baron Georges-Eugène Haussmann)于19世纪50年代初被拿破仑任命为塞纳区行政长官,领导巴黎城市改建工作。面对当时巴黎的拥堵、交通瘫痪、基础设施落后等问题,他的改造计划通过中轴线、干道网、大型公园、城市广场等的建设对原巴黎进行了开膛破肚式的切割工程,这从根本上改变了巴黎的城市病,形成了今天我们见到的现代大都市巴黎。然而,奥斯曼计划的实施也招致了很多批判,主要在于都市中心的中产阶级化,而无产阶级被驱逐到边缘,与中产阶级和资产阶级之间形成了空间隔离。恩格斯在《论住宅问题》中就批判了这一计划,他指出,资产阶级宣称这一改造计划消灭了贫民区,发展起豪华的商业区和都市,但是,无产阶级的居住条件并没有得到改善,而是被原样搬离和隔离到边缘地带。"最不成样子的小街小巷没有了,资产阶级就因为这种巨大成功而大肆自我吹嘘,但是,这种小街小巷立刻又在别处,并且往往就在紧邻的地方出现。"①

列斐伏尔同样对奥斯曼计划持激烈的批判态度,他指出:"奥斯曼按照计划把巴黎开膛剖腹,将无产阶级驱逐到城市的边缘,与此同时,创立郊区和居住地,使中心中产阶级化、人口减少,并使中心衰落。然而,我想强调这种都市规划态度的某些方面。它怀有一种阶级战略所固有的逻辑,并试图使这种起源于拿破仑一世及其专制国家的理性一致性最大化。"②在列斐伏尔看来,奥斯曼巴黎改造计划是一个最早的范例,从那以后,人类社会的都市化和空间的生产呈现愈演愈烈的态势,这种基于阶级和阶层隔离的空间战略也实施得越来越彻底。具体说来,在历史上,巴黎中心的公寓和一些高级社区还曾经存在工人与资产阶级居住在一起的情形,通常是工人住在较

---

① 《马克思恩格斯文集》第3卷,北京:人民出版社2009年版,第303页。
② 亨利·列斐伏尔:《都市革命》,刘怀玉、张笑夷、郑劲超译,北京:首都师范大学出版社2018年版,第125页。

高的楼层,而资产阶级住在较低的楼层。现在这种情形不复存在,"人们被分散了,特别是工人,被疏离了都市的中心。在都市的这一扩张中占主导地位的,是经济的、社会的和文化的隔离行动"①。

再次,作为一种微观的都市战略,工具性空间和压迫性空间无所不在地笼罩着日常生活世界,渗透到日常生活的每一个角落,使自在的、自然而然的日常生活变成了被操控的异化之域,变成了新的内部殖民地。被新技术不断包装、取之不尽用之不竭、花样不断翻新的商品潮流被集中地倾倒到日常生活的蓄水池中,把日常生活变成一个追逐享乐和愉悦的平面化的消费空间;四通八达的城市道路、热闹无比的都市街景、繁华的商业场所,同传统的住宅和教堂等相比,极大地扩展了日常生活的空间,但是,却把日常主体的"栖居"变成了"定居",把传统街道上亲密的、熟悉的日常主体交往变成了都市大街上的随波逐流和擦肩而过的茫然偶遇,从而使日常生活不再是个人稳定和温馨的家园。

列斐伏尔认为,资本主义的都市战略和空间战略肯定不会满足于宏观的阶级战略和政治秩序,而必然会深入和渗透到日常生活的微观层面。他指出,资本主义通过空间生产,就是要不断地征服一个又一个部门和领域,其中毫无疑问包括日常生活。他在谈到20世纪40年代到60年代这一时期时指出:"那些年里,资本主义正处在征服新部门的过程中:征服农业部门,原先大部分还维持在前资本主义状态下;征服城市,通过向外扩展和内部更新,历史城镇面目全非;征服空间,旅游和休闲攻克了作为整体的空间;征服文化,把文明减至文化产业,并且从属于文化产业;最后,无独有偶,资本主义正在征服日常生活。"②列斐伏尔形象地描绘了资本主义空间生产和商品生产对日常生活的征服,日常生活取代了传统的殖民地。"不能维持旧的帝国主义,寻找新的统治方式,资本主义的领袖们已经决定依赖国内市场,对待日常生活就像当年对待殖民地化的地区一样:大规模交易场所(超级市场和购物中心);交换绝对支配使用;对生产者和消费者的能力实施双重剥削。"③他还特别指出,资本主义对日常生活的这种征服和渗透是打着技术创新的旗号的,"简言之,正是在实际创新和不可否认的技术进步的掩

---

① 亨利·勒菲弗:《空间与政治》,李春译,上海:上海人民出版社2008年版,第129—130页。
② 亨利·列斐伏尔:《日常生活批判》第3卷"从现代性到现代主义",叶齐茂、倪晓晖译,北京:社会科学文献出版社2018年版,第565—566页。
③ 同上书,第566页。

盖下,日常生活让自己被奴役的形式通过工具化的途径,潜入了日常生活中,这种被奴役的形式与解放的形式相冲突。否则,没有技术进步的掩盖,这些被奴役的形式是不可能强加给日常生活的。于是,日常生活进入了市场和管理(与自我管理相对立)圈,日常生活成了一个小商务、一个家庭承包方,一个从属于市场和管理的主导力量"①。因此,在很多情况下,日常生活往往心甘情愿地、心情愉快地、不知不觉地演变成一个物化和异化深重的领域。

这里我们还要特别强调一下列斐伏尔关于日常生活中的"栖居"和"定居"的分析。家(家庭)在日常生活中占据十分重要的地位,它是日常生活的主要寓所,更为重要的是,它为日常生活主体提供一种熟悉感、稳定感、在家的感觉。东欧新马克思主义理论家赫勒在《日常生活》一书中专门谈到:我们每个人通常都需要在空间中有一个我们熟悉的、支撑我们生存的坚实的位置,"这一坚实位置是我们称之为'家'的东西。'家'并非简单的是房子、住屋、家庭。有这样的人们,他们有房屋和家庭,却没有'家'。由于这一原因,尽管熟悉是任何关于'家'的定义所不可缺少的成分,熟悉感自身并不等同于'在家的感觉'。比这更为重要的是,我们需要自信感:'家'保护我们。我们也需要人际关系的强度与密度——家的'温暖'。'回家'应当意味着:回归到我们所了解、我们所习惯的,我们在那里感到安全,我们的情感关系在那里最为强烈的坚实位置"②。列斐伏尔认为,现代人的日常生活深刻异化的重要表现形式之一就在于:在日益热闹繁华的都市社会中,现代日常生活主体却失去了家园感,没有了在家的感觉,变得日益孤独和焦虑。其重要根源在于,都市的空间生产把海德格尔等思想家所说的具有诗意的"栖居"(法文 l'habiter,英文 habiting)简化为"定居"(法文 l'habitat,英文 habitat)。列斐伏尔指出:"在迈向 19 世纪的终点时,都市思想(假如可以这样形容)进行着强烈且无意识的**简化**,把'**栖居**'一词推到了一旁,从字面上来看就是把它用括号括起来了。它决定用'**定居**'取而代之,'定居'作为一种简化的功能,把'人类'局限于少数的基本活动上:吃、睡和再生产。这些基本的功能性活动甚至不能说是动物性的。就其自发性而论,动物性

---

① 亨利·列斐伏尔:《日常生活批判》第 3 卷"从现代性到现代主义",叶齐茂、倪晓晖译,北京:社会科学文献出版社 2018 年版,第 569—570 页。
② 阿格妮丝·赫勒:《日常生活》,衣俊卿译,哈尔滨:黑龙江大学出版社 2010 年版,第 230 页。

要更为复杂。"①从这些论述,我们不难看出,现代日常生活的物化和异化已经深入到生存的骨髓之中了。

2. 都市社会的微观反抗与日常生活重建

在全面揭示和批判了资本主义"都市社会"(都市幻象)的压迫性空间对日常生活和社会生活的全方位操控之后,列斐伏尔空间批判的落脚点依旧是扬弃日常生活的异化状态,只是在这里,结合资本主义空间生产的变化趋势,他致力于通过微观分析的方法,在资本主义生产性的抽象空间统治体系内挖掘反抗现代性的普遍操控的机制。在这一点上,列斐伏尔的观点同很多具有后现代特征的微观政治分析一样,他倾向于认为,弥散于日常生活和不同社会层面的多态化的、差异化的微观权力具有双重性,它们既可以在空间生产和技术理性逻辑的支配下编织无所不在的微观操控网络,又因为空间的矛盾性而可以成为反抗这种普遍化的理性统治的解放力量。

列斐伏尔把这种都市社会内部日常生活层面,以及社会的边缘化群体的微观反抗作为他所设想的都市革命的重要内涵。他清楚地看到,在都市时代,由于空间生产所具有的无限的扩张力和压迫性空间所具有的普遍的操控力,资本主义得以幸存,获得了极大的稳定性,在这种背景下,以全盘推翻现有体制为目标的宏观革命已经不可能发生,所以他提出以微观层面为主重新构想反抗普遍物化、反抗无所不在的操控的革命战略。列斐伏尔认为,这是在新的时代,即都市时代对马克思革命思想的发展和补充。"我已经给这种关于颠倒世界的理论增加了一点儿新要素,这便强化了颠覆此世界的使命,并通过谋划的都市革命,补充了马克思主义关于在工业组织体系中进行革命的理想而使其完整。"②我们可以从几个主要方面揭示列斐伏尔都市革命战略的主要内涵。

首先,需要指出的是,列斐伏尔的都市革命虽然不再坚持传统马克思主义的宏观革命观,侧重于日常生活层面的微观反抗,但是并非完全不考虑宏观层面的社会变革,而是坚持微观与宏观相结合的战略。他把社会体制层面的革新作为微观反抗的重要条件,在这方面,他着眼于扬弃资本主义都市实践(都市规划)的异化性质和资本主义属性,主要强调了两点:一是发达的民主对于都市规划,以及统治秩序具有重要的约束作用;二是通过消灭土

---

① 亨利·列斐伏尔:《都市革命》,刘怀玉、张笑夷、郑劲超译,北京:首都师范大学出版社2018年版,第91页。
② 同上书,第113—114页。

地私有制,实现土地的社会化,为全体人民占有和拥有空间创造前提条件。这些都市革命战略的宗旨是推动都市实践的合理化,推动真正自由平等的都市空间和适宜栖居的都市社会的生成。

如前所述,虽然城市规划和城市建筑往往具有专业化和科学的外观,但是实际上受制于政治和意识形态,以及资本的约束。由于民主的缺失和各种利益的交织,往往会降低参与都市规划进程或者参与关于都市规划争辩的人们的积极性,列斐伏尔认为必须通过发达的民主加以解决。"这些被卷入其中的人们的消极行为,他们的沉默,他们的谨慎的精明,都是都市民主缺失的标志,换言之,是具体的民主缺失的标志。都市革命与具体的(发达的)民主一致。"①进而,这种变革和革新不仅涉及政治体制,也涉及所有制问题,其中最为根本的就是消灭土地私有制对空间生产的约束和支配。在这方面,列斐伏尔提出了社会化的设想,他认为,"对空间的集体占有和集体管理,很明显需要一个先决条件:消灭土地所有制。如何消除?人们还没有找到适当的方式。国有化带来了一些灾难性的后果,因为它赋予了国家绝对的所有权。而土地的市有化(municipalisation)又增加了很多不便和局限。显然,剩下来的就是社会化,也就是全体人民,打破所有制关系,来占据和占有社会空间"②。在这一点上,列斐伏尔仍寄希望于真正的社会主义实践:"社会主义空间的生产,意味了私有财产,以及国家对空间之政治性支配的终结,这又意指**从支配到取用的转变**,以及**使用优先于交换**。"③

其次,都市革命的重要途径之一是都市空间内的微观反抗。列斐伏尔认为,资本主义空间生产和都市现实的本质特征是集中性,无论各种东西存在多大的差异,它都有足够的力量将其汇聚和集中起来。然而,都市并不特别关心都市空间内各种东西的规定性及其差异,有时甚至是漠不关心。一般说来,都市空间通过隔离和管控等手段有足够的力量来把这些差异统一起来、管控起来,但是,在特定的条件下,甚至一些看似偶然的因素都会引起都市空间内部的骚乱和反抗。这种反抗有时也会表现出阶级形式,但是,它同传统马克思主义所设想的统一的、集中的、自觉自为的无产阶级的宏观革

---

① 亨利·列斐伏尔:《都市革命》,刘怀玉、张笑夷、郑劲超译,北京:首都师范大学出版社2018年版,第156—157页。
② 亨利·勒菲弗:《空间与政治》,李春译,上海:上海人民出版社2008年版,第141页。
③ 亨利·列斐伏尔:《空间:社会产物与使用价值》,包亚明主编:《现代性与空间的生产》,上海:上海教育出版社2003年版,第55页。

命不同,往往表现为微观的、偶发的、自发的反抗,有时甚至表现为节庆般的狂欢和无序的骚乱。列斐伏尔指出,这种对资本主义空间压迫的微观反抗具有很大的破坏作用,但是在一定条件下对于反抗物化、扬弃异化也具有积极的意义。在这方面,他提及了1968年的法国"五月风暴"、拉丁美洲的"都市游击战"等。

列斐伏尔对都市社会的这种微观反抗或"现代都市骚乱"作了形象的描绘:"由于距离、时间与空间导致结构与群体分离开来,(社会)关系持续不断地恶化着。它们在对这种分离的(潜在的)否定中得到揭示。这就是内在于都市中的潜在的暴力来源,也是同样的节庆与假日的骚动不安特征的来源。沿着一条并不稳定的界限,一边是欣喜的狂乱,一边是残酷的狂乱,汇聚起巨大的人群,恍惚于游戏乐趣的掌控之中。如果没有某种'偶然',某些无法预料的民众运动,大众的晕厥、踩踏、死亡,几乎不会有某种节庆发生。"①在某种意义上,1968年的法国"五月风暴"是都市革命的一种范例的开端,列斐伏尔强调指出:"1968年,法国工人阶级几乎抵达了自己的客观可能性和主观可能性的极限。在被确立为社会的、政治的主体的过程中,它动摇了(在某个时刻)整个制度,而且同样成功地实现了这种确立;它让这一制度分裂、瓦解成了一些亚制度,而这些亚制度被错误地联系在了一起。"②我们知道,正是在1968年"五月风暴"之后,列斐伏尔开始了对空间生产和都市社会的系统研究。

再次,都市革命的另一重要途径是日常生活层面的微观反抗,也是列斐伏尔一直强调的以总体的人(完整的人)的生成为核心的日常生活的变革与重建。一方面,列斐伏尔提出,在日益加深的现代性危机中,要努力恢复日常生活的修补功能。虽然在都市社会条件下,日常生活已经严重萎缩和边缘化,家庭和宗教的传统价值功能也受到很大的削弱,但是,日常生活的基础依然存在着,可以重新凝聚起其独有的价值功能,因此,列斐伏尔强调**"栖居的优先性"**,要重新发现诗意地栖居的意义。③ 另一方面,列斐伏尔强调要在日常生活层面上抵御消费社会的普遍物化,改变日益平面化的日常生活世界,而这需要提出在日常生活层面重建主体性的任务。

---

① 亨利·列斐伏尔:《都市革命》,刘怀玉、张笑夷、郑劲超译,北京:首都师范大学出版社2018年版,第135—136页。
② 亨利·勒菲弗:《空间与政治》,李春译,上海:上海人民出版社2008年版,第154页。
③ 参见亨利·列斐伏尔:《都市革命》,刘怀玉、张笑夷、郑劲超译,北京:首都师范大学出版社2018年版,第92—93、101页。

列斐伏尔从许多方面讨论如何保存和维护日常生活的传统价值的问题。例如，在谈到家庭的功能时，他指出，家庭是日常生活最重要的"常量"之一，"这里所说的常量是指财产、家庭、道德，等等。我们几乎不需要提醒自己，曾几何时，家庭似乎很脆弱，家庭减到了两人世界，随着孩子们越来越早地离开父母，家庭的临时性毋庸赘言，家庭的使命都结束了。然而，我们现在正在目睹一种家庭凝聚，这并非说那种与血缘关系和亲属关系相联系的大家族恢复了。回头我们会谈到这个问题。家庭肯定不只是一个微观的消费中心，占着一小块空间（一个场所），实际上，家庭还是一个情感群体，由一种休戚相关的亲情维系，是对社会保障的道德补充"①。

而在涉及抵御日常生活的物化和平庸化的问题上，列斐伏尔主张从消费者运动等领域中寻找抵抗抽象空间统治的微观权力和差异性，他认为，"左翼力量最重大的要务之一，乃是支持那些尚未找到发言权，以及那些局限于狭窄框架，以致失落其行动的政治意蕴的消费者运动。因此，左翼的政治角色之一乃是**在空间中进行阶级斗争**"②。然而，在这方面，乃至在日常生活批判的所有运动中，推动日常生活主体走向自觉，重建主体性，具有特别的重要性。列斐伏尔特别描述了如何重建主体性："通过日常生活中的行动，追逐一个与现存秩序的运行模式不同的过程，也就是说，在实际斗争中，用差异对抗同一，用统一对抗分割，用具体的平等反对无情的等级化。主体的重新构造与实践相关。在理论思想中，主体必须按照一种新方式重新构造，这个新方式强调的不是肯定，而是否定和与否定相关的方方面面。不要害羞地离去或放弃主体，而是正视主体，主体勇敢地面对死亡、经历冲突和斗争，包括与时间作斗争。"③

综上所述，就思想内容而言，列斐伏尔的日常生活批判理论实际上已经超出了传统马克思主义哲学的原有视野。这一理论，对日常生活这一普通、平凡而又具有基础性意义的生存领域作了富有开创性意义的探索。这一领域可以说是传统社会历史理论的一块"飞地"。长期以来，宏大的历史叙述一直淹没了对个体的生存特性和琐碎的俗事的关注。列斐伏尔对日常生活

---

① 亨利·列斐伏尔：《日常生活批判》第3卷"从现代性到现代主义"，叶齐茂、倪晓晖译，北京：社会科学文献出版社2018年版，第585页。
② 亨利·列斐伏尔：《空间：社会产物与使用价值》，包亚明主编：《现代性与空间的生产》，上海：上海教育出版社2003年版，第54页。
③ 亨利·列斐伏尔：《日常生活批判》第3卷"从现代性到现代主义"，叶齐茂、倪晓晖译，北京：社会科学文献出版社2018年版，第677页。

的发现与揭示,是一种在超越的基础上对现实的关注和对生活的回归,使历史理论走上了不同的全新的道路。历史不再是与日常俗事全然无关的东西,历史的根基在日常的俗事之中,历史问题的彻底解决也依赖于对日常生活的关注与反思。

  列斐伏尔的日常生活批判和都市革命理论涉及多学科、多领域的理论和现实问题,他的阐述在不少方面带有一定的片面性,有些阐述还存在着缺陷和不合理的地方,需要我们全面地加以分析。但是,无论如何,他的理论敢于直面当代人类社会的深刻变化,敢于面对我们置身于其中的当代社会的复杂问题,这种思考对于我们在新的历史条件下丰富和发展马克思主义具有重要的借鉴意义。毕竟,历史的发展、社会的进步与个体日常的生存究竟具有一种怎样的互动关联,是历史理论必须解决的哲学课题,也是当代马克思主义者应当回答的重大问题。因而,列斐伏尔的日常生活批判理论对于拓展历史理论的研究视界、进一步深化日常生活的研究,具有深刻的理论价值。

结　语

　　一般说来，20世纪60年代是西方马克思主义十分活跃并产生重大社会影响的时期，是新马克思主义的黄金时代。七八十年代，霍克海默、卢卡奇、马尔库塞、弗洛姆、布洛赫、萨特等最有影响的西方马克思主义代表人物相继谢世，只有哈贝马斯等依旧健在的少数代表人物作为个体理论家而继续活动。应当说，到了这一时期，典型意义上的西方马克思主义作为总体性运动的历史已告结束。

　　然而，我们必须承认，在西方发达国家，新马克思主义依旧是一种开放的文化思想运动，依旧在思想的旅途之中。20世纪70年代后，世界思想领域缺少了霍克海默、阿多诺、马尔库塞、弗洛姆、萨特这样的思想大家和马克思主义理论家，但是，马克思主义的研究并没有停止，在发达国家和地区陆续出现了多种多样的新马克思主义流派。80年代末，苏联解体、东欧剧变，正当一些西方学者推测马克思主义将由此终结的时候，却在千年之交的转换时期，在发达国家和地区出现了新的"马克思主义热"。1995—2004年，在巴黎由《今日马克思》杂志等学术机构举行了四届"国际马克思大会"，此外，在莫斯科、图宾根、伦敦、纽约等地，近年来都相继召开了关于马克思主义和社会主义的国际学术会议，参加人数从数百人到上千人。1999年和2005年，英国广播公司（BBC）在国际互联网上评选"千年最伟大的思想家"和"全世界有史以来最伟大的哲学家"，马克思都名列榜首。

　　在这种历史背景下，70年代以后出现的众多新马克思主义流派又有了新的发展，产生越来越大的影响。我们在这里可以简要地提及其中的几个主要流派和思潮。

　　第一，分析的马克思主义。这一新马克思主义流派于20世纪70年代以后兴起，流行于英美等国家，是英美分析哲学与马克思主义相结合的产物，属于科学主义的马克思主义派别。同传统经典西方马克思主义的人物和流派相比,分析的马克思主义并不是一个有机的学派,同时这些理论家同传统的共产党组织和社会主义实践也没有什么关联,他们大多是在20世纪60年代接受正规的研究生教育,属于学院派的理论研究者。被归入分析的马克思主义流派的理论家在研究主题和理论观点上有很多差异,但是,他们有一个共同点,都是以分析哲学的基本方法和精神,对于马克思的经典文本重新进行解读,力求对马克思的学说有更深刻的理解和更准确的把握。具体说来,这一流派主张要对马克思的经典文本进行"刨根究底"的解读,以非教条主义的方式探讨马克思主义的历史唯物主义、阶级、剥削等主题,注重从理论上的分析来考察马克思的基本理论。

一般的研究认为,分析的马克思主义兴起的标志是 G. A. 科亨(G. A. Cohen)在1978年出版的《卡尔·马克思的历史理论——一个辩护》(*Karl Marx's Theory of History: A Defence*, Oxford University Press)。分析的马克思主义的代表人物多是一些知名大学的教授,除了牛津大学的 G. A. 科亨以外,还有耶鲁大学的约翰·E. 罗默(John E. Roemer)、芝加哥大学的乔恩·埃尔斯特(Jon Elster)、威斯康星大学的 E. O. 赖特(Erik Olin Wright)、圣何塞州立大学的威廉·H. 肖(William H. Shaw)等。主要代表作有:科亨的《卡尔·马克思的历史理论——一个辩护》(1978)、威廉·肖的《马克思的历史理论》(1978)、罗默的《马克思主义经济理论的分析基础》(1981)和《剥削和阶级的一般理论》(1982)、埃尔斯特的《理解马克思》(1985)等。

分析的马克思主义以对马克思的经典文本的解读而著称,他们在研究马克思主义理论时强调运用现代社会科学的分析方法。科亨曾把分析的马克思主义所运用的方法概括为三种:其一,使用分析哲学的语言分析法,以使马克思主义的概念更加明晰,逻辑更加严谨,这种方法是从主要流行于英语国家的实证主义和后实证主义哲学中发展起来的;其二,使用新古典经济学的数理逻辑的模型建构方法,以赋予理论论证过程严密的数学模式,这种方法最初来自亚当·斯密和大卫·李嘉图,后被新古典经济学赋予了严格的数学形式;其三,运用描述选择、行为和策略的各种方法,这些方法产生于新古典经济学,后同新古典经济学一道发展起来,也就是西方学术界现在所说的"决策理论""博弈论",以及更一般意义上的"理性选择理论"。分析学派对马克思学说的文本解读集中于阶级划分、阶级结构、剥削理论、阶级斗争等方面,他们对马克思学说中的这些观点加以论证,同时也提出批评和修正,其中也有许多具有启发性的理论观点,为我们对当代资本主义的阶级状况进行分析提供了一个建设性的路径。例如,科亨在《卡尔·马克思的历史理论——一个辩护》一书中,运用分析哲学的方法,对生产力、生产关系、经济基础、上层建筑、生产方式等历史唯物主义基本范畴进行了澄清,同时对历史唯物主义的一些基本原理作了新的解释和说明,如从人的理性和自然环境在满足人的需要方面的缺陷出发,来说明生产力和生产方式在社会发展中的决定作用,说明生产力对生产关系、经济基础对上层建筑在解释上的首要性。分析的马克思主义在英国和美国学术界具有很大的影响,在高等学校中也有很大的阵地。

第二,生态学马克思主义。生态学马克思主义和生态学社会主义也兴起于20世纪70年代,是西方社会主义、马克思主义思想同生态运动相结合的产物。由于生态危机加剧所导致的生态问题和环境保护问题日益成为哲学、伦理学、政治学、社会学等普遍关注的重大问题,20世纪下半叶全球范围内形成了声势浩大的生态运动。生态学马克思主义这一理论流派的出现不仅丰富了生态伦理和生态哲学的理论视野,而且对民主社会主义等社会实践产生了影响。主张生态社会主义和生态学马克思主义的理论家很多,主要代表人物有:加拿大学者威廉·莱斯(William Leiss)和本·阿格尔(Ben Agger)、波兰新马克思主义者亚当·沙夫(Adam Schaff)、英国学者戴维·佩珀(David Pepper)和默里·布克金(Murray Bookchin)、法国理论家安德列·高兹(Andre Gorz)、美国学者詹姆斯·奥康纳(James O'Connor)和约翰·贝拉米·福斯特(John Bellamy Foster)等。主要代表作有:莱斯的《自然的控制》(1972)和《满足的限度》(1976)、高兹的《生态学和政治》(1975)和《生态学与自由》(1977)、阿格尔的《西方马克思主义概论》(1978)、佩珀的《生态社会主义:从深生态学到社会正义》(1993)、奥康纳的《自然的理由:生态学马克思主义研究》(1998)、福斯特的《马克思的生态学:唯物主义和自然》(2000)等。

同其他生态伦理或生态哲学理论相比,生态学马克思主义突出强调马克思关于人的自由和全面发展及人的解放学说对于理解和解决生态问题的重要价值。生态学马克思主义认为,马克思关于人的自由和全面发展的思想、关于人与自然相统一的未来理想,包含了人与自然的和谐观念和环境保护的基本结论。例如,佩珀认为,在马克思的观念里,人一方面支配自然,但也人性化地重塑自然,人与自然的关系是同人与人、人与社会和历史的关系紧密联系在一起的。在这种意义上,生态学马克思主义认为,当代生态危机不是一般的环境危机,而是全球危机,造成生态危机的原因不能简单地归结为科学技术和生产力的发展及"人类中心主义"观念,而必须寻找深刻的制度原因。例如,佩珀认为,在资本主义社会中,生态危机的根源在于资本主义的生产方式和制度,在于对利润的追求,因此,消除生态危机的途径就是对资本主义实行制度变革,推行生态社会主义。莱斯也认为,人与自然的相互作用体现着人们之间的利益冲突、社会冲突,这种冲突使人们无法真正实现对自然的控制,这在根本上构成了生态危机的根源。所以,生态问题的解决不能单纯靠解决人与自然的关系问题,应该通过"社会化"的途径,坚持马克思生态社会主义的方向。

第三,女权主义马克思主义。以女权问题、女性问题为核心的社会平等问题是20世纪的重大理论课题和实践课题。进入20世纪70年代以后,女权主义开始与马克思主义,特别是各种新马克思主义展开交汇和对话,形成了性别平等问题上的新马克思主义视野。女权主义马克思主义的起源应当追溯到法国著名理论家西蒙娜·德·波伏娃和她的《第二性》(1949),其他重要代表人物和著作还有美国的莉丝·沃格尔(Lise Vogel)及其《马克思主义与女性受压迫:趋向统一的理论》、英国的朱丽叶·米切尔(Juliet Mitchell)及其《妇女:最漫长的革命》,以及美国的玛莎·吉梅内斯(Martha E. Gimenez)和特里萨·艾伯特(Teresa L. Ebert)等。女权主义马克思主义至今依旧活跃,美国左派学术刊物《科学与社会》在2005年1月出版了一期专刊,题为"今日的马克思主义——女权主义思想",其中发表了玛莎·吉梅内斯的《资本主义和妇女压迫:重读马克思》、特里萨·艾伯特的《女权主义再实现》等5篇从马克思主义的视角研究女权主义问题的论文。

西方早期的女权主义主要为女性争取更多的平等权利,包括参政权、财产权、受教育权等。20世纪70年代兴起的马克思主义的女权运动同传统马克思主义妇女理论一样,坚持认为,妇女问题、性别的社会不平等问题不是生物学问题,而是与经济和阶级问题、与资本主义制度的问题紧密联系在一起的。但是,新的女权主义观点认为,仅仅用经济观点来分析女性问题还不够,随着历史的发展,经济和政治方面的男女不平等的状况有很大改善,但是,女性问题并没有完全解决,必须从更广泛的方面来探讨和解决性别平等的问题。例如,这些具有新马克思主义背景的女权主义理论家不仅从妇女参加社会劳动的角度,而且从家务劳动、妇女与劳动力市场、以家庭为基础的再生产结构、儿童的社会化等方面探讨决定妇女地位的复杂因素;她们还从特定的文化和意识形态、妇女的价值观和社会文化心理等方面揭示妇女地位与家庭角色、意识形态、文化价值观之间的内在关系,强调在妇女解放问题上开展文化批判和意识形态批判,摆脱资本主义意识形态控制的必要性。

第四，文化的马克思主义。"文化的马克思主义"属于一个带有争议的概括，我们在这里主要用它来称谓兴起于20世纪七八十年代，分布于欧美地区，带有明显后现代思潮特征的新马克思主义文化批判思潮。在这种意义上，一些研究者也把文化的马克思主义划归"后现代的马克思主义"或"后马克思主义"。我们在这里的分类原则是，把具有后现代主义倾向或特征的新马克思主义代表人物划分为两部分：一是以文化批判为主要定位的，称之为"文化的马克思主义"；一是以政治批判为主要定位的，称之为"后马克思主义"。

文化的马克思主义的主要代表人物是美国的詹姆逊（Fredric Jameson）、法国的鲍德里亚（Jean Baudrillard）等。主要著作有：詹姆逊的《后现代主义与文化理论》（1989）、《后现代主义，或晚期资本主义的文化逻辑》（1991）、《文化转向》（1998），鲍德里亚的《消费社会》（1970）、《符号政治经济学批判》（1972）、《生产之镜》（1973）、《象征交换与死亡》（1976）、《拟像与仿真》（1981）和《仿真》（1983）等。

与传统马克思主义将文化与政治、经济相分离不同，文化的马克思主义非常重视文化因素的作用，认为文化在本质上不是社会生活中的局部现象，而是一种普遍存在，它体现在社会生活的各个领域，社会生活的一切内容都是文化。而当前的西方社会文化的每一个方面都成了商品，成为市场逻辑的从属者，人已经变成了消费动物，丧失了创造性和自主性。这一流派继承了马克思主义对资本主义的批判精神，对以后工业社会、消费社会、信息社会、大众传播社会等为特征的当代西方资本主义社会的文化异化进行了深刻批判。

第二次世界大战之后，随着电子技术、信息技术、大众传媒技术手段的发展和发达社会物质财富的增长，社会的文化问题越来越突出，发生了一系列变化：文化在人的生活中的比重越来越大；文化从精英走向大众；文化对社会的经济活动和人们的生存产生越来越大的影响。人们认为，人类社会已经超越了以物质生产为中心的工业社会时代，进入到以消费为中心的后工业社会，即通常所说的"后工业社会""消费社会""资讯社会"等。法兰克福学派曾对发达社会的大众文化的商业化特征进行了批判。从总体上看，法兰克福学派对发达资本主义社会的文化批判仍属于现代性和人道主义立场，而70年代后，一些具有后现代倾向的理论家把马克思主义和后现代主义结合起来，对消费社会的文化问题进行了更深入的分析。这些后现代的马克思主义思潮对于消费社会的文化问题的分析主要侧重于两个方面:一是文化产品的商品化和平民化问题;一是经济活动和商品消费的符号化问题。这两个方面的代表性成果是美国学者詹姆逊的后现代文化批判和法国学者鲍德里亚的后现代理论。

詹姆逊运用马克思主义和后现代主义相结合的方法分析晚期资本主义的文化逻辑,即文化的商品化问题。在《后现代主义,或晚期资本主义的文化逻辑》《文化转向》等著作中,他认为,在晚期资本主义的后工业社会,文化发生了很大的变迁:高雅文化和通俗文化之间的界限已经消失,文化倾向于通俗化和商品化;文化缺乏深度,没有对社会问题的深度分析和批判,而是一种迎合人们的消遣消费需要,具有商品拜物主义特征,无深度、缺乏内涵的平面文化;文化缺乏主体性,不再激发个体对社会现实的批判和否定的情感和情绪,缺乏创造性和个性的表达,成为一种拼盘杂烩式的产品。

鲍德里亚从另一个方面分析了后现代社会的文化问题,即商品生产和商品消费的符号化,也就是文化对于经济和人们生存方式的深刻影响。他在《消费社会》《符号政治经济学批判》等著作中,全面分析了文化符号对于现代社会的生产、消费的渗透和影响。他指出,我们所处的时代是一个仿真时代,其中,计算机、信息处理、媒体、自动控制系统构成的符号和模型体系决定了商品生产,不是物决定模型而出现仿制,而是符码与模型决定物的构成,构造着真实。相应地,人们的消费也不是出自直接的生存需要,而是被大量的文化符号所引导,商品的价值和功能已经变得与它们的具体用途无关,消费不是商品的消费,而成了符号、文化、象征的消费。消费本身成了目的,人们的生存被商品化的文化所控制。这里,实际上从一个新的侧面分析了晚期资本主义时代文化霸权对人的主体性的消解,对人的全面统治。

第五,后马克思主义。我们纳入"后马克思主义"范畴中的,主要是20世纪八九十年代一些具有后现代理论背景的新马克思主义观点。与同样具有后现代理论背景的文化的马克思主义有所不同,这些理论家的关注点开始从文化批判转向政治批判,属于政治哲学范畴。一般认为,后马克思主义思潮应当从法国著名后现代思想家德里达(Jacques Derrida)开始算起,他从解构主义立场出发,反对传统意识哲学和政治哲学的宏大叙事,对马克思学说作了自己的独特解释,肯定马克思理论在当代具有不可替代的价值。首次明确提出"后马克思主义"概念的是英国学者拉克劳(Einesto Laclau)和墨菲(Chantal Mouffe),此外英国学者雅索普(Bob Jessop)等人也可以纳入这一思潮。拉克劳和墨菲强调,在新的历史时期,在当代发达资本主义条件下,应当抛弃传统的教条主义的马克思主义,代之以具有民主精神和批判精神的后马克思主义。后马克思主义的主要代表作为：拉克劳和墨菲的《领导权与社会主义的策略——走向激进民主政治》(1985)，拉克劳的《马克思主义理论中的政治和意识形态》(1977)、《我们时代革命的新反思》(1990)，墨菲的《葛兰西和马克思主义理论》(1979)，雅索普的《资本主义国家：马克思主义理论与方法》(1982)、《普兰查斯：马克思主义理论与政治策略》(1985)、《国家理论：让资本主义国家归位》(1990)和《资本主义国家的未来》(2002)等。

拉克劳和墨菲等后马克思主义者一方面继承了葛兰西等西方马克思主义代表人物的"领导权"等重要思想，另一方面，受德里达、拉康等后现代理论家的深刻影响，他们反对传统政治哲学的宏大叙事，认为当代资本主义社会是复杂构造的，没有被充分固定的逻辑统一性，是一个多样性的时代。因此，他们同许多后现代理论家一样，把政治哲学的批判视野从宏观政治现象转向微观政治领域。一般说来，所谓宏观政治是指国家制度的安排和国家权力的运作等宏观的、中心化的权力结构和控制机制；而所谓微观政治是指内在于所有社会活动层面和日常生活层面的弥散化的、微观化的权力结构和控制机制。在现代性的视域中，宏观政治主要表现为理性化的权力运作和制度安排，而微观政治既包括不同形式的知识权力，也包括自发的文化权力。拉克劳、墨菲、雅索普等人通过领导权、社会主义策略、资本主义国家等问题的研究，在西方马克思主义中实现了这一微观政治哲学的转向。

虽然后马克思主义主张重新思考国家、社会、阶级等经典宏观政治哲学的基本范畴，但是，拉克劳和墨菲反对把国家当成是社会理论解释中的真实和独立的因素，反对依靠经济决定论、上层建筑理论、阶级工具论、国家自主论等观点来解释国家，而主张以领导权作为政治哲学的核心范畴。他们指出："我们进行研究的基础在于给予政治连接因素以优先权。在我们看来，政治分析的核心范畴是领导权。"①众所周知，领导权(hegemony，一译"霸权")是早期西方马克思主义代表人物葛兰西关于西方革命战略构想的核心范畴。我们在这里不去具体展开葛兰西的市民社会理论和领导权理论，只想指出一点，当他把市民社会及其文化领导权定位于国家上层建筑和经济基础之间时，已经自觉不自觉地打破了传统宏观政治的一统天下，使领导权从国家、政权、政府活动等宏观权力结构中游离出来，并与社会的文化结

---

① 恩斯特·拉克劳、查特尔·墨菲：《领导权与社会主义的策略》，尹树广、鉴传今译，哈尔滨：黑龙江人民出版社2003年版，第二版序言第5页。

构连接起来。我们发现,拉克劳和墨菲在关于领导权和社会主义策略的探讨中,也同样赋予领导权不同于传统宏观政治的内涵,他们从反本质主义的立场出发,强调社会关系的偶然性逻辑,强调建立在各种政治因素连接基础上的领导权的核心地位,强调权威关系的不可根除性,以及达到和谐社会的不可能性,由此摧毁了建立在宏观权力和本质主义、客观主义基础上的线性决定论,为对抗基础上的激进和多元的民主斗争提供了可能性。由此不难看出,他们的社会主义策略在某种意义上属于围绕着领导权而展开的微观政治斗争。他们明确指出,特别值得关注和再思考的是多元的新社会运动,例如,应当特别关注"新兴的女权主义,少数种族、少数民族和性少数的抗议运动,人口边缘阶层发动的反制度化生态斗争——所有这些都意味着社会斗争存在于更广阔的区域范围,它们正在开创潜在的、甚至不只是潜在的,而是更自由地走向民主和平等社会的趋向"①。他们非常重视这些斗争的重要性,"《领导权与社会主义的策略》的核心原则之一是需要把等同的链条与各种反对不同从属形式的民主斗争联系起来。我们认为,反对男性至上主义、种族主义、性歧视的斗争以及环境保护,需要与左翼领导权设计中的那些工人连接起来"②。

　　在这些研究中,他们坚持马克思的立场的重要性,拉克劳曾说过:"后马克思主义不意味着在马克思之外或反马克思主义,而是重视其他社会斗争形式的马克思主义,这些斗争形式从19世纪以来已经发展了性、性别、民族、种族等等方面的特征。后马克思主义意味着仍然是马克思主义的探索,但是它加入了所有社会构造特性中的多样化方面。"③

　　第六,发展理论的马克思主义。所谓发展问题并不是泛指人类社会的发展问题,而是特指第二次世界大战之后非西方国家走向现代化的道路选择问题。因此,发展理论也称作现代化理论。这里的"发展理论的马克思主义"主要指20世纪70年代以后一些拉美和非洲第三世界学者(包括一些西方学者)关于非发达地区和国家的发展问题的理论研究,他们许多人深受马克思主义的影响,在理论的提出和建立中运用了马克思的观点。比较有影响的是70年代以后出现的德国的弗兰克(Andre Gunder Frank)、巴西

---

① 恩斯特·拉克劳、查特尔·墨菲:《领导权与社会主义的策略》,尹树广、鉴传今译,哈尔滨:黑龙江人民出版社2003年版,导论第1页。
② 同上书,第二版序言第14页。
③ 同上书,中译者前言第4—5页。

的卡多索（Fernando Henrique Cardoso）、埃及的阿明（Samir Amin）、美国的沃勒斯坦（Immanuel Wallerstein）等。主要著作有：弗兰克的《不发达的发展》（1966）、《资本主义和拉丁美洲的不发达》（1967）、《拉丁美洲：不发达或革命》（1969）、《白银资本——重视经济全球化中的东方》（1998），卡多索的《依附和拉美的发展》（1979）、《绘制新路程的蓝图：全球化和社会改革政纲》（2001），阿明的《西部非洲的新殖民主义》（1971）、《不平等的发展》（1973）、《帝国主义和不平等的发展》（1976）、《全球性危机的动力机制》（1982）、《非洲和第三世界不良发展》（1989），沃勒斯坦的《非洲：统一的政治学》（1967）、《现代世界体系》（三卷本，1974—1989）、《资本主义世界经济》（1979）等。

20世纪50年代的现代化理论主要是一种以西方为中心的发展主义理论，它把西方发达国家作为发展中国家模仿的样板，把以工业化为特征的现代化和发展作为发展中国家解决贫穷问题的出路。联合国在60年代中期曾依据这些观点提出"两个发展十年"计划。到了70年代，西方社会自身的经济和政治问题，以及发展中国家以西方主流现代化为发展模式的探索所遇到的困难，使人们开始对传统现代化理论进行反思，开始超越西方中心主义，在全球的视野内探索现代化和发展的新思路。在这一方面，比较有影响的批判思潮是以弗兰克、卡多索、阿明等拉美和非洲第三世界学者为代表的"依附理论"，以美国学者沃勒斯坦为代表的"世界体系论"，以及各种全球化理论。

依附理论深刻检讨发展中国家以西方主流现代化为样板的发展战略的失败。他们认为，二战后实施多年的现代化战略，并没有解决拉美和非洲的发展问题，相反，发展中国家与发达国家的经济差距拉大、经济结构恶化、国民经济畸形化、国际债务危机加深，实际上走上了一条不得不依附于发达国家的发展道路。虽然一些学者认为，在这种依附中发展中国家也在某种意义上获得了低度发展，但是，人们更强调这种依附的负面效果。例如，具有马克思主义倾向的德裔拉美学者弗兰克在《不发达的发展》中强调：在今天，发达和不发达是一块金币的两面。不发达是伴随着发达的出现而出现的，是后者的产物，而不是它的过去状态。发达地区和不发达地区之间形成了"中心"和"卫星"的关系，中心对卫星的剥削越重，卫星就越贫困，中心也就越发达。阿明提出了"边缘资本主义"理论，他认为，在全球化体系中，处于中心的发达资本主义的发展在边缘地区的不发达国家中造就了"边缘资本主义"，这是一种封建和资本主义生产方式并存的畸形的资本主义经济结构。

在某种意义上,美国学者沃勒斯坦提出的著名的"世界体系论"是对"依附理论"的深化和超越。他在《现代世界体系》一书中,不是简单地从依附理论的"中心—边缘"的模式去分析发展问题,而是强调,当今资本主义已经变成世界资本主义,因此,不能从个别国家内部的生产方式、分配和分工关系来理解资本主义的实质和发展中国家的问题,而必须从世界分工和世界体系的角度来认识当代世界的问题。他具体分析了这一世界体系的分工及其对不同国家的影响,分析了体系的扩展同体系内在的矛盾相互作用导致的体系的变化,分析了世界体系的不平等、等级制和"压迫"统治的特征。他认为,世界体系有可能从文明的一元化向多元化发展,有可能通过整合而形成以平等、自由的方式为特征的社会主义的世界政府。总之,对于发展问题,人们越来越倾向于从全球化的背景去思考。

第七,解放神学的马克思主义。解放神学是20世纪六七十年代在拉丁美洲发展起来的一种深受马克思主义影响的基督教神学思潮。主要代表人物是秘鲁的天主教神甫、著名的神学家古铁雷斯,他的代表作是《解放神学》。

解放神学的马克思主义主张基督教与马克思主义结合,依靠现实的实践活动而不是仅仅依靠对上帝的心灵祈祷达到解放的目的。古铁雷斯认为,马克思主义为穷人的解放提供了理论武器,马克思主义的人道主义也是基督教所要求的人道主义。解放神学家接受了马克思的人道主义、异化、实践、乌托邦等西方马克思主义所理解的马克思的思想,接受了西方马克思主义只是把马克思主义作为"一种关于社会的理论,关于社会的学说"的观点。解放神学控诉资本主义,主张将被压迫者从不平等、受压迫的处境下解放出来。它运用马克思的阶级理论分析拉美国家贫穷的原因、阶级的状况,强调作为解放者的耶稣基督,把历史的人的解放当作末世审判和拯救的希望;它加速了教会内部的分化,尤其是培育出不少同情解放神学、团结普通民众、投身民族解放运动的所谓革命基督徒,即"赞成社会主义运动的基督徒"。

除了上述比较有影响的思潮、理论流派和批判性的理论家之外,过去三十多年还有许多学者和理论家在更为广泛的领域中运用马克思的思想批判现存社会,分析当代人类所面临的各种重大的理论问题和现实问题,深刻关注当代人类社会的状况和当代人的生存境遇。这些都充分表明马克思学说所具有的广阔开放的视野和发展前景。

应当承认,20世纪70年代以来,新马克思主义进一步多样化。同70年代以前的西方马克思主义相比,这些新马克思主义流派之间的差异和冲突更大,而且,它们同当代西方一些哲学理论和社会思潮的交汇和交融更深,需要我们具有特别的鉴别能力和批判意识才能加以判断和识别。然而,从各种新马克思主义流派的相继兴起,我们的确可以看到马克思学说作为一种深深植根于人类文化之中的永远开放的批判精神所具有的特别的生命力。同时,当今世界上各种新马克思主义流派的多样化格局再一次提醒我们,对于马克思学说这样一种彻底的批判精神,我们必须随着人类所面临的重大理论问题和现实问题的变换而不断地激发其深刻的文化批判精神,而不是为它的发展划上某种"权威"的句号,作出某种"权威"的评价。因此,我们在本书的结尾处,还是不想对西方马克思主义的各个流派作过细的价值学评判。换言之,我们不准备把前述的西方马克思主义的基本观点再梳理概括为几个方面,然后具体分析这些理论探索的是是非非或创新性及局限性,这些工作需要读者在同西方马克思主义及当代各种文化批判思潮的批判性对话中不断地展开,而且西方马克思主义自身也"总在途中"。在这里,我们主要想谈一点对于西方马克思主义的总体性的印象或感受,作为本书的结语。

  迄今为止的人类历史的发展证明,任何时代人们所提出的任何一种理论都不可能在终极的意义上是完备的,即使被人们视作最客观的自然科学的各种理论学说也不例外。至于关于人类社会运动的各种人文和社会历史理论更是如此,更要受特定时代特定条件的限制,更要随着人类历史的演进而不断地修正、发展与超越。西方马克思主义从根本上说是以20世纪人类的生存境遇和文化困境为批判对象的一种激进的文化批判理论,其批判的锋芒一方面指向人现实的生存境遇中的各种异化力量,另一方面指向传统的社会历史理论,包括马克思身后第二国际理论家、共产国际理论家、以苏联为代表的社会主义国家的理论家所阐述的马克思主义观点,同时与当代各种有影响的理论和文化思潮形成直接的对话。要在这样复杂的背景中从事这样复杂的理论批判,西方马克思主义的理论在形成和展开的过程中就注定是不完备的,注定是充满各种矛盾、局限性和错误的。这一点从西方马克思主义在20世纪所引起的东西方马克思主义及其他理论思潮的争论,以及西方马克思主义各流派及其不同代表人物在许多问题上的内在分歧,可以充分地看到。

  从学理层面看,西方马克思主义者在批判和超越"传统教科书"的马克思主义哲学体系时提出了许多哲学观点和理论构想,如实践一元论、实践哲学、主客体统一的辩证法、否定的辩证法、希望的原则、人学历史观、多元决定论等,既为我们提供了许多富有启发性的理论思路和创造性的见解,也存在许多问题和缺陷:其中有的观点比较极端或偏激,缺乏合理性和全面性;有的观点存在理论混乱和逻辑错误;也有的观点存在理论立场或具体见解方面的错误,甚至存在背离马克思的思想和基本原则之处。正因如此,西方马克思主义的许多见解和构想在提出之时就引起了许多争议,招致了各种批判,而且有关西方马克思主义理论观点的争论今后还将继续作为学术界的热门话题之一而存在。

从理论与现实的关联来看,经典的西方马克思主义的许多流派,致力于对发达工业文明条件下的许多不合理的现象和存在进行深刻的批判,形成了一种深刻的文化批判理论,他们提出了技术理性批判、启蒙理性批判、意识形态批判、大众文化批判、心理机制批判、性格结构批判、现代国家批判、实证主义批判等主题,并且提出了人道主义的社会主义、民主的社会主义、第三条道路、激进民主制、健全的社会、具体的乌托邦等各种理想社会的构想。这些批判比较深刻地揭示了发达资本主义社会的深刻异化,并且对发达工业社会的自我批判与改革完善起到了很大的推动作用。70年代之后的各种新马克思主义流派不再集中于关于发达社会的文化批判,它们在更广阔的视野中对马克思的思想作了多样化的阐释,既包括在新的历史条件下运用新的方法对马克思经典文本的重新解读,包括对生态危机、性别不平等、发展问题等当代人类的重大问题的反思,也包括对世界体系的不平等和社会的不平等的反抗。其中的各种流派和各种理论存在着许多差异,但是,处处都可以看到马克思学说的人道主义的批判精神。

不可否认,西方马克思主义者的许多设想缺乏合理性和现实的可操作性,往往流于表面形式,有些甚至马上被随后的历史进程所证伪,从而使他们的许多批判和设想变成了相对软弱和苍白的理念。显然,我们应当依据人类历史和理论的发展进程分析批判西方马克思主义在理论上的局限和失误,以及实践理性方面的弱点,从中汲取应有的理论和实践教训。但是,我们的分析不能停留于此,否则,我们对西方马克思主义开展研究的价值和意义将失去或减少很多。这是因为,如前所述,西方马克思主义从理论定位上讲,不是以一般地"解释世界"为特征的给定的知识和命题的理论体系,而是直面现代人的生存境遇的理性分析、批判和反思的文化精神,是现代发达工业社会的内在的自我批判意识。对于这样一种批判性的理论的把握,显然不应停留于具体的理论观点的是非对错,以及它所提出的各种社会改革方案是否最终实现,而应当深入到具体理论观点的背后去揭示深层的本质精神。

从这一角度着眼,无论如何评论西方马克思主义者的各种理论观点、学术见解和社会改革方案,我们都应当承认,他们在理论探索和现实批判活动中始终如一地表现出对人的深切关怀、对现存社会各种异化现象的无情批判、对未来理想社会的执着追求,这使他们在20世纪人类历史进程中占据着重要的地位,同时,他们所倡导的立根于人的实践本质的文化批判精神中的许多积极因素也将被整合到新世纪人类的文化精神中。我们发现,在某些方面,对于当代发达资本主义社会的许多深刻的文化批判并不是由资本主义社会之外的人们作出的,而是来自西方马克思主义激进的文化批判理论。这种文化批判的确对发达社会的精神状况的改变和社会政策的某些调整和改革起到了很大的促进作用。西方马克思主义者对发达工业社会各种具体的异化现象所作的各种批判,无论在具体理解上有什么差异和变化,但在一个基本点上是一致的,即他们始终是以人的解放、人的自由和发展为尺度的。因此,虽然西方马克思主义在使马克思的思想同20世纪的各种文化思潮交流与对话,以及同20世纪的历史进程相碰撞时,给马克思主义自身的发展带来了许多需要人们加以纠正的偏颇和错误,但是,在对人的存在的深切关怀这一基点上,在对奴役人、统治人、妨碍人的自由和发展的一切异己力量的无情批判上,西方马克思主义同马克思的思想有着根本性的关联。

马克思的学说的确博大精深,包含十分丰富的内容,需要我们从不同的层面和不同的角度去加以理解和发扬光大。但是,就更好地发挥马克思思想的当代意义和现实生命力而言,我们的着眼点主要应该是马克思学说的深层本质精神,而不是其具体结论。实际上,人类活动的超越本性已经清楚地表明,在较大历史尺度上保持生命力,并不断获得创新的思想或理论,绝不会是具体的、给定的理论体系和结论,而只能是深刻的文化精神与开放性的理性反思和批判活动,包括不断的自我批判与自我超越的本性。在这一点上,卢卡奇关于"什么是正统马克思主义"有一段很深刻的论述:"让我们姑且假定,最近的研究已经一劳永逸地证明了马克思的每一个个别的命题都是错误的,即使这样,每一个严肃'正统'的马克思主义者,将仍然可以毫不保留地接受所有这些现代结论,并由此不考虑马克思的任何一个单个的命题——然而,却一刻也未逼迫他们放弃马克思主义的正统性。所以,正统的马克思主义并不意味着不加批判的接受马克思的一些研究成果。它不是对这个或那个命题的'信奉'也不是对'圣书'的解释。与此相反,正统的马克思主义指的只是**方法**。"①应当说,卢卡奇道出了理论发展的本性。当然,我们认为,马克思思想的最深层内涵,不仅是方法,更重要的是一种深刻的文化精神。

从马克思主义产生以来一个多世纪的理论发展和历史进程来看,在马克思学说的各个层面的思想中,关于实践的哲学理解和关于异化的理论批判中所包含的关于人的存在的基本理解一直构成马克思学说的本质内核,也成为他的全部学说的价值追求。与其他动物相比,人的本质的最突出特征是超越性和开放性。马克思对哲学所作的最深刻的变革在于他依据现代工业文明条件下人的发展状况,从人的活动本身来确定人的本质和历史的内涵,把"自由自觉的活动",即对象化的实践视作人与动物的根本区别。他指出:"动物只是按照它所属的那个种的尺度和需要来建造,而人却懂得按照任何一个种的尺度来进行生产,并且懂得怎样处处都把内在的尺度运用到对象上去;因此,人也按照美的规律来建造。"②马克思认为,这种超越性、开放性、自由自觉的实践活动不仅是人的存在的本质特征,而且是人生活于其中的世界、人类社会和人类历史的现实基础。马克思和恩格斯指出:"这种活动、这种连续不断的感性劳动和创造、这种生产,正是整个现存的感性世界的基础。"③

自由自觉的实践所具有的超越本性不是人的活动可有可无的特征,而是人的存在的永恒的、不可或缺的本质维度,因为,人的存在和人的历史是一个开放的过程,在这一不断生成的过程中,人不仅要用自己的对象化活动扬弃自然存在物的给定性,而且要不断超越和扬弃人的造物及人的活动的异化。正因为如此,真正的哲学,作为人的生存意义之自我澄明和自觉展示,必然以人的实践的超越本性为基础,必然表现为人的实践的超越本性的自觉展现,以及人的存在的本质性文化精神的自觉表达。在这种意义上,阿多诺关于哲学的"反体系"和"拒斥综合"特征的断言是深刻的。从本质上讲,哲学是关于人的存在的自觉的批判性和超越性的文化精神,它的宗旨不是一种给定的理论形态或理想的社会状态,而是人的存在的展开、人的价值的丰富、人的全面发展。因此,哲学从根本上说是人的生命活动本身,是批判的、反思的、分析的、反省的、检讨的、自我批判的理性活动。在这种意

---

① 卢卡奇:《历史和阶级意识》,张西平译,重庆:重庆出版社1989年版,第2页。
② 《马克思恩格斯全集》第42卷,北京:人民出版社1979年版,第97页。
③ 《马克思恩格斯选集》第1卷,北京:人民出版社1995年版,第77页。

上,马克思关于实践哲学的构想对人的实践的超越本性和哲学的这种定位有十分自觉的认识,他从不刻意建构体系,而是把哲学的历史使命定位于"对现存的一切进行无情的批判",即对一切束缚和妨碍人的自由和全面发展的自然和异化的力量和存在都展开超越性的分析和批判,实现"哲学的世界化"和"世界的哲学化",并通过"消灭哲学"而"实现哲学"。

显而易见,正因为在马克思学说的具体结论和具体理论原则的深处包含着这种与人的实践的超越本性直接相关的历史性和实践性的文化批判精神,它才能具有来自人的存在本身的强大的生命力,才能对于不同时代人的生存都具有重要的意义。由于人的生存本身就是一个不断展开、不断超越的过程,因此,尽管马克思学说与不同时代的关联性或它的指向有所侧重,其实践性理论层面会随着时代的变化而不断改变,但是,它的理论核心和宗旨是一致的,即"**必须推翻**那些使人成为被侮辱、被奴役、被遗弃和被蔑视的东西的**一切关系**"①。由于人类历史是一个不断超越、不断发展、不断创造新的价值的开放过程,是一个不断超越给定的存在的自在性、异己性,不断扬弃异化和物化的过程,永远不会一劳永逸地、一次性达到完善完满的境地,因此,马克思思想所自觉体现的关于人的存在的批判性文化精神是人类历史进程不可或缺的内涵。

就人类历史迄今为止的发展而言,马克思学说的批判锋芒首先是指向前现代的人类自在自发的生存状态和自然主义文化精神。我们从《共产党宣言》等著作中不难看到马克思对传统农业文明条件下的专制主义、世袭制、封建割据、非理性关系、宗教、宗法血缘关系、封闭落后等社会关系和文化观念的无情批判。在这种意义上可以说,马克思学说与农业文明的文化精神是截然对立的。同时,马克思思想也表现为现代发达工业社会内在的深刻的文化批判精神。在某种意义上,马克思的思想体现了现代工业文明的理性主义精神,这从他对传统农业文明的社会关系和文化模式的批判、对资产阶级在历史上的革命作用的充分肯定、关于大工业和科学是"人的本质力量的公开展示"的断言等不难看出。但是,我们又不能断言马克思学说完全等同于工业文明的理性主义文化精神。实际上,马克思的思想同时包含着对工业文明的社会机制和理性精神的深刻批判,如关于资本主义"社会经济形态"的盲目运动所导致的经济危机的分析、关于劳动的异化的批判等,使他的思想成为20世纪的西方马克思主义、存在主义等文化批判

---

① 《马克思恩格斯选集》第1卷,北京:人民出版社1995年版,第10页。

思潮的重要理论依据,同时也对20世纪现代工业文明的自我批判和自我修正产生了深刻的影响。连存在主义大师海德格尔也明确承认这一点,他断言:"马克思在经验异化之际深入到历史的一个本质性维度中,所以,马克思主义的历史观就比其他历史学优越。"①我们在前面的论述中已经清楚地看到,西方马克思主义正是循着这一基本思路,在发达工业文明条件下,继承了马克思的实践哲学和异化理论的基本思想,建立起深刻的文化批判理论,对发达工业社会展开了全方位的文化批判。

从这样的分析视角来看,我们可以断言,虽然对于各种西方马克思主义流派的是非可以作出各种各样的分析与评判,但是,有一点可以肯定,西方马克思主义的出现从一个方面证明了马克思学说的强大的生命力。能够不断同现代理论与实践展开对话与碰撞,不断产生新的理论流派和新的实践模式,不断引发重大的理论和实践争论,这本身就表明了马克思学说特有的生命力和现代意义。而且,从马克思学说的本质特点来看,马克思学说的强大生命力和意义也绝不会为20世纪人类的理论与实践所穷尽。存在主义著名代表人物萨特对此有明确的认识,他断言:"马克思主义非但没有衰竭,而且还十分年轻,几乎还处于童年时代:它才刚刚开始发展。因此,它仍然是我们时代的哲学:它是不可超越的,因为产生它的情势还没有被超越。我们的思想不管怎样,都只能在这种土壤上形成;它们必然处于这种土壤为它们提供的范围内,或是在空虚中消失或衰退。"②

概而言之,对于西方马克思主义这一在20世纪人类历史进程中产生重要影响的文化批判理论,我们既不应当不加分析批判地全盘肯定和照搬,也不应当不加分析地全盘否定和拒斥,而应当把它置于20世纪的人类文化境遇中具体分析,并从信息时代人类文化精神的演化趋势入手汲取它的积极的文化特质和要素,为我们在新世纪发展和光大马克思学说的深刻的文化精神提供重要的借鉴。同时应当看到,马克思思想同当代各种文化和理论思潮的对话和碰撞还将继续下去,而这是马克思学说保持其强大生命力的重要途径。可以说,马克思学说的当代意义和生命力在于:它不是人类历史进程的一种外在的理论工具,而已经作为一种关于人的生存的本质性的文化精神内化到现实的历史进程之中,不仅对19世纪以来人类的历史进程产

---

① 海德格尔:《路标》,孙周兴译,北京:商务印书馆2000年版,第401页。
② 让-保罗·萨特:《辩证理性批判》上卷,林骧华等译,合肥:安徽文艺出版社1998年版,第28页。

生了不可估量的影响,而且一直影响并将继续深刻影响人类的精神状况,这从它对存在主义、西方马克思主义、后现代主义等理论思潮的影响已经可以清楚地看到。正如后现代主义重要代表人物德里达在《马克思的幽灵》中指出的那样:"不去阅读而且反复阅读和讨论马克思——可以说也包括其他一些人——而且是超越学者式的'阅读'和'讨论',将永远都是一个错误……不能没有马克思,没有马克思,没有对马克思的记忆,没有马克思的遗产,也就没有将来:无论如何得有某个马克思,得有他的才华,至少得有他的某种精神。"①

---

① 德里达:《马克思的幽灵》,何一译,北京:中国人民大学出版社1999年版,第21页。

主要参考文献

卢卡奇:《历史和阶级意识》,王伟光、张峰译,北京:华夏出版社 1989 年版。
卢卡奇:《关于社会存在的本体论》上、下卷,白锡堃、张西平、李秋零等译,重庆:重庆出版社 1993 年版。
乔治·卢卡契:《审美特性》第 1 卷,徐恒醇译,北京:中国社会科学出版社 1986 年版。
乔治·卢卡契:《审美特性》第 2 卷,徐恒醇译,北京:中国社会科学出版社 1991 年版。
乔治·卢卡奇:《民主化的进程》,寇鸿顺译,广州:广东人民出版社 2013 年版。
卡尔·柯尔施:《马克思主义和哲学》,王南湜、荣新海译,重庆:重庆出版社 1989 年版。
安东尼奥·葛兰西:《狱中札记》,曹雷雨、姜丽、张跣译,北京:中国社会科学出版社 2000 年版。
葛兰西:《实践哲学》,徐崇温译,重庆:重庆出版社 1990 年版。
恩斯特·布洛赫:《希望的原理》第 1 卷,梦海译,上海:上海译文出版社 2012 年版。
Ernst Bloch, *A Philosophy of the Future*, New York: Herder and Herder, 1970.
麦克斯·霍克海默:《批判理论》,李小兵译,重庆:重庆出版社 1989 年版。
马克斯·霍克海默、特奥多·威·阿多尔诺:《启蒙辩证法》,洪佩郁、蔺月峰译,重庆:重庆出版社 1990 年版。
阿多尔诺:《否定的辩证法》,张峰译,重庆:重庆出版社 1993 年版。
赫伯特·马尔库塞:《单面人》,左晓斯、张宜生、肖滨译,长沙:湖南人民出版社 1988 年版。
赫伯特·马尔库塞:《爱欲与文明》,黄勇、薛民译,上海:上海译文出版社

1987年版。

马尔库塞:《理性和革命》,程志民等译,重庆:重庆出版社1993年版。

马尔库塞:《现代文明与人的困境——马尔库塞文集》,李小兵等译,上海:三联书店1989年版。

E.佛洛姆:《逃避自由》,哈尔滨:北方文艺出版社1987年版。

E.弗洛姆:《追寻自我》,苏娜、安定译,延边:延边大学出版社1987年版。

埃利希·弗洛姆:《健全的社会》,欧阳谦译,北京:中国文联出版公司1988年版。

埃利希·弗罗姆:《占有还是生存》,关山译,北京:生活·读书·新知三联书店1988年版。

埃利希·弗洛姆:《在幻想锁链的彼岸》,张燕译,长沙:湖南人民出版社1986年版。

哈贝马斯:《公共领域的结构转型》,曹卫东、王晓珏、刘北成、宋伟杰译,上海:学林出版社1999年版。

哈贝马斯:《作为"意识形态"的技术与科学》,李黎、郭官义译,上海:学林出版社1999年版。

哈贝马斯:《认识与兴趣》,郭官义、李黎译,上海:学林出版社1999年版。

哈贝马斯:《交往与社会进化》,张博树译,重庆:重庆出版社1989年版。

尤尔根·哈贝马斯:《重建历史唯物主义》,郭官义译,北京:社会科学文献出版社2000年版。

于尔根·哈贝马斯:《后形而上学思想》,曹卫东、付德根译,南京:译林出版社2001年版。

哈贝马斯:《交往行动理论》第1卷,洪佩郁、蔺青译,重庆:重庆出版社1994年版。

哈贝马斯:《交往行动理论》第2卷,洪佩郁、蔺青译,重庆:重庆出版社1994年版。

哈贝马斯:《在事实与规范之间》,童世骏译,北京:生活·读书·新知三联书店2003年版。

尤尔根·哈贝马斯:《包容他者》,曹卫东译,上海:上海人民出版社2002年版。

尤尔根·哈贝马斯:《后民族结构》,曹卫东译,上海:上海人民出版社2002年版。

于尔根·哈贝马斯:《现代性的哲学话语》,曹卫东等译,南京:译林出版社

2004年版。

尤尔根·哈贝马斯:《合法化危机》,刘北成、曹卫东译,上海:上海人民出版社2000年版。

让-保罗·萨特:《存在主义是一种人道主义》,周煦良、汤永宽译,上海:上海译文出版社1988年版。

让-保罗·萨特:《存在与虚无》,陈宣良等译,北京:生活·读书·新知三联书店1987年版。

让-保罗·萨特:《辩证理性批判》上、下卷,林骧华等译,合肥:安徽文艺出版社1998年版。

让-保罗·萨特:《萨特哲学论文集》,潘培庆等译,合肥:安徽文艺出版社1998年版。

路易·阿尔都塞:《保卫马克思》,顾良译,北京:商务印书馆1984年版。

路易·阿尔都塞、艾蒂安·巴里巴尔:《读〈资本论〉》,李其庆、冯文光译,北京:中央编译出版社2001年版。

亨利·列斐伏尔:《马克思的社会学》,谢永康、毛林林译,北京:北京师范大学出版社2018年版。

亨利·列斐伏尔:《日常生活批判》第1卷"概论",叶齐茂、倪晓晖译,北京:社会科学文献出版社2018年版。

亨利·列斐伏尔:《日常生活批判》第2卷"日常生活社会学基础",叶齐茂、倪晓晖译,北京:社会科学文献出版社2018年版。

亨利·列斐伏尔:《日常生活批判》第3卷"从现代性到现代主义",叶齐茂、倪晓晖译,北京:社会科学文献出版社2018年版。

亨利·勒菲弗:《空间与政治》,李春译,上海:上海人民出版社2008年版。

亨利·列斐伏尔:《都市革命》,刘怀玉、张笑夷、郑劲超译,北京:首都师范大学出版社2018年版。

亨利·列斐伏尔:《论国家——从黑格尔到斯大林和毛泽东》,李青宜译,重庆:重庆出版社1993年版。

亨利·列斐伏尔:《人类的产生》,《西方学者论〈1844年经济学—哲学手稿〉》,上海:复旦大学出版社1983年版。

Henri Lefebvre, *Everyday Life in the Modern World*, New York and London: Harper & Row Publishers, 1971.

罗伯特·韦尔、凯·尼尔森:《分析马克思主义新论》,鲁克俭、王来金、杨洁等译,北京:中国人民大学出版社2002年版。

詹姆斯·奥康纳:《自然的理由》,唐正东、臧佩洪译,南京:南京大学出版社 2003 年版。

约翰·贝拉米·福斯特:《马克思的生态学》,刘仁胜、肖峰译,北京:高等教育出版社 2006 年版。

西蒙娜·德·波伏娃:《第二性》,陶铁柱译,北京:中国书籍出版社 1998 年版。

詹姆逊:《晚期资本主义文化逻辑》,张旭东编,陈清侨等译,北京:生活·读书·新知三联书店 1997 年版。

詹姆逊:《新马克思主义》,《詹姆逊文集》第 1 卷,王逢振主编,北京:中国人民大学出版社 2004 年版。

詹姆逊:《批评理论和叙事阐释》,《詹姆逊文集》第 2 卷,王逢振主编,北京:中国人民大学出版社 2004 年版。

詹姆逊:《文化研究和政治意识》,《詹姆逊文集》第 3 卷,王逢振主编,北京:中国人民大学出版社 2004 年版。

詹姆逊:《现代性、后现代性和全球化》,《詹姆逊文集》第 4 卷,王逢振主编,北京:中国人民大学出版社 2004 年版。

鲍德里亚:《消费社会》,刘成富、全志钢译,南京:南京大学出版社 2000 年版。

让-博德里亚尔:《完美的罪行》,王为民译,北京:商务印书馆 2000 年版。

特里·伊格尔顿:《后现代主义的幻象》,华明译,北京:商务印书馆 2000 年版。

雅克·德里达:《马克思的幽灵》,何一译,北京:中国人民大学出版社 1999 年版。

恩斯特·拉克劳、查特尔·墨菲:《领导权与社会主义的策略》,尹树广、鉴传今译,哈尔滨:黑龙江人民出版社 2003 年版。

恩斯特·拉克劳:《我们时代革命的新反思》,孔明安、刘振怡译,哈尔滨:黑龙江人民出版社 2006 年版。

乔纳森·沃尔夫:《当今为什么还要研读马克思》,段忠桥译,北京:高等教育出版社 2006 年版。

埃里克·欧林·赖特:《阶级》,刘磊、吕梁山译,北京:高等教育出版社 2006 年版。

L. J. 宾克莱:《理想的冲突》,马元德等译,北京:商务印书馆 1984 年版。

佩里·安德森:《西方马克思主义探讨》,高铦、文贯中、魏章玲译,北京:人民出版社 1981 年版。

本·阿格尔:《西方马克思主义概论》,慎之等译,北京:中国人民大学出版社 1992 年版。

罗伯特·戈尔曼编:《"新马克思主义"传记辞典》,赵培杰、李菱、邓玉庄等译,重庆:重庆出版社 1990 年版。

俞吾金、陈学明:《国外马克思主义哲学流派新编(西方马克思主义卷)》上、下册,上海:复旦大学出版社 2002 年版。

徐崇温:《"西方马克思主义"》,天津:天津人民出版社 1983 年版。

陈学明:《西方马克思主义教程》,北京:高等教育出版社 2001 年版。

陈学明:《走近马克思》,北京:东方出版社 2002 年版。

张一兵、胡大平:《西方马克思主义哲学的历史逻辑》,南京:南京大学出版社 2003 年版。

张一兵:《文本的深度耕犁——西方马克思主义经典文本解读》,北京:中国人民大学出版社 2004 年版。

衣俊卿、丁立群、李小娟、王晓东:《20 世纪的新马克思主义》,北京:中央编译出版社 2001 年版。

衣俊卿、尹树广、王国有、车玉玲、王晓东:《20 世纪的文化批判——西方马克思主义的深层解读》,北京:中央编译出版社 2003 年版。

第一版后记

这本教材的写作参照了我主持的国家社会科学基金项目①所完成的两部著作,即《20世纪的新马克思主义》②和《20世纪的文化批判》③,但是从本科生教学的特点和需求出发,从体例到内容都作了很大的改写。一是设计了简洁明快的体例,压缩了篇幅和内容。《20世纪的新马克思主义》问世后,被一些学校选作研究生教学参考书。但是,《20世纪的新马克思主义》所使用的流派、人物、主题相互交叉错位的复杂体例和结构,以及较大的篇幅,都明显不适应本科生教学的要求。本教材对西方马克思主义的流派和代表人物作了认真的筛选,只选择了卢卡奇、科尔施、葛兰西、布洛赫、霍克海默、阿多诺、马尔库塞、弗洛姆、哈贝马斯、萨特、阿尔都塞11位最有影响,而且是典型的西方马克思主义代表人物,完全按照人物的思想线索来加以阐述,同时对流派和主题的划分和描述都服从于人物思想的叙述。有"取"则必有"舍",还有许多流派和人物没有列入,原因是多种多样的:或是由于某些人物或流派虽然具有学术地位,但在社会上影响不是特别大(如德拉-沃尔佩和科莱蒂的实证主义马克思主义);或是由于地域和国别不是严格符合"西方马克思主义"的范畴(如南斯拉夫实践派、匈牙利布达佩斯学派、波兰意识形态批判学派和捷克的人道主义等东欧新马克思主义流派);或是由于篇幅的限制及其他原因(如列斐伏尔、本杰明、施密特、哥德曼、梅洛-庞蒂、赖希等)。二是采用了简洁的叙述文风。西方马克思主义的主要代表人物涉及不同的国别,其思想的丰富程度、语言风格等差异颇大,除了

---

① "西方马克思主义的文化批判理论及其启示",项目号00BZX029。
② 衣俊卿、丁立群、李小娟、王晓东:《20世纪的新马克思主义》,中央编译出版社2001年版。
③ 衣俊卿、尹树广、王国有、车玉玲、王晓东:《20世纪的文化批判——西方马克思主义的深层解读》,中央编译出版社2003年版。

弗洛姆等人的语言和理论逻辑比较简洁明快之外,大多数人物的理论内容都比较繁多,逻辑结构比较复杂,某些人的文字甚至十分晦涩难读,思想也非常深奥难懂。鉴于这种情况,本教材在论述中一般不纠缠于理论阐述的细枝末节和复杂的逻辑推演,而是根据每一思想家本人所强调的重点及其社会影响,尽力提炼出其主要理论要点和思想逻辑,并且尽可能以比较准确和简洁的语言加以表述。三是突出了知识性和信息量。为了在有限的篇幅中尽可能为学生提供比较丰富的知识和信息,使之获得对于西方马克思主义主要代表人物思想的相对完整的把握,本教材没有在具体叙述过程中加入过多的评价和批评,尽可能保证每一阐述对象自身理论逻辑和思想内容的完整性,防止过多的批判分析把相关思想家的理论和思想切割得支离破碎。这样,本教材只是在每一章结尾处对相关人物的思想作出一些引导性的批判分析,以激发学生的自主思考,形成思想对话和交流的空间。

从20世纪80年代后期在贝尔格莱德大学哲学系以南斯拉夫实践派哲学为题攻读博士学位开始,到现在,我涉足西方马克思主义研究领域已经有二十多年了。随着研究的逐步深入,随着对西方马克思主义了解的逐步加深,愈来愈感到西方马克思主义理论和思想的丰富性,愈来愈感到自身知识和理解能力的局限性。由于作为本科生教学用书的特殊限制,由于西方马克思主义流派和代表人物众多,观点错综复杂,加之我的能力和知识面都十分有限,本教材肯定存在很多不尽如人意的地方。对本教材理解和把握方面的局限性、不准确和错误之处,恳请所有的读者提出批评指正。我想,西方马克思主义同马克思思想都属于具有强烈现实感的批判理论,对于具有如此强烈的现实关怀和自觉的文化精神的理论,我们不能仅仅局限于书本上、字面上的阅读和理解,而应当把对于西方马克思主义的学习、研究和了解视作同20世纪的一种活生生的、自觉的文化批判精神的对话。

衣俊卿
2008年6月9日

第二版后记

本教材从2008年8月开始出版发行,迄今已十年有余。在新版中,主要作了两个方面的修订补充:一是根据最新的中文翻译文献,对第四章"布洛赫的乌托邦精神论和希望哲学"进行了文献充实和内容修订;二是新增补一章"列斐伏尔的日常生活批判和都市革命思想"。在西方马克思主义重要代表人物中,列斐伏尔的学术活跃期相对比较长,从20世纪40年代一直延续到90年代初。列斐伏尔前期构建的日常生活批判理论是20世纪文化批判理论的一种重要表达形态,后期开辟的空间生产和都市社会研究是目前国际学术界的热点领域之一。近年来空间理论研究也成为我国学术界最活跃的领域之一。因此,增补关于列斐伏尔思想这一章,既是对本教材内容和体系的充实,也有助于从一个新的方面展示西方马克思主义的晚近进展。

随着我国马克思主义理论学科的快速发展和国外马克思主义研究的深入开展,高等院校和科研院所对于西方马克思主义教材的需求量也在不断增长。因此,尽最大可能写出高水平的西方马克思主义教材,是我们从事这一领域研究的学者义不容辞的责任。但是,西方马克思主义是一个十分丰富的思想领域,其中学术流派和代表人物众多,思想理论观点几乎涵盖了20世纪以降人类社会所面临的所有重大问题,并且随着人类社会历史新课题、新问题的出现而不断拓展,所以,要在有限的篇幅中系统、准确、精练地概括和阐述西方马克思主义主要理论家的思想理论,也是一件挺不容易的事情。加之作者自身学术水平有限,教材肯定存在很多局限性,不准确之处和不正确之处在所难免,恳请使用本教材的教师、学生和其他专家学者提出批评指正。

衣俊卿
2019年5月4日